어린 양과 신부

세계복음화문제연구소
(The World Evangelization Research Center)는
한국 교회가 세계 복음화를 위하여
한 모퉁이를 담당해야 한다는 사명으로 사역하고 있습니다.

이 도서에 실린 모든 내용은
세계복음화문제연구소의 **도서출판 세 복**이 출판권자이므로,
학문적 논문의 인용을 제외하고는
본 연구소의 동의 없이 복제할 수 없습니다.

어린 양과 신부
새롭게 접근한 요한계시록

지 은 이   홍 성 철
발 행 인   홍 성 철
초판 1쇄   2021년 03월 30일

발 행 처   도서출판 세 복
주   소   경기도 파주시 문발로 123
전   화   070-4069-5562
홈페이지   http://www.saebok.net
E-mail   werchelper@hanmail.net
등록번호   제1-1800호 (1994년 10월 29일)

총 판 처   솔라피데출판유통
전   화   031-992-8691
팩   스   031-955-4433

ISBN 978-89-6334-034-0 03230
값 22,000원

ⓒ 도서출판 세 복 2021

◆ 표지 설명 : 백마를 탄 그리스도

> "또 그가 피 뿌린 옷을 입었는데 그 이름은 하나님의 말씀이라 칭하더라.
> 하늘에 있는 군대들이 희고 깨끗한 세마포 옷을 입고 백마를 타고 그를 따르더라."
> (요한계시록 19 : 13-14)

새롭게 접근한 **요한계시록**
Revelation in a New Approach

어린 양과 신부

The Lamb and The Bride

홍 성 철
John Sungchul Hong

The Lamb and The Bride
Revelation in a New Approach

John Sungchul Hong

Published in Korea
Copyright© 2021 Saebok Publishing House
All rights reserved.
Seoul, KOREA

── 홍성철(John Sungchul Hong) 목사의 저서 ──

국어 · 『고난 중에도 기뻐하라』 (빌립보서 강해)
· 『눈물로 빚어 낸 기쁨』 (룻기 강해)
· 『복음을 전하세 복음전도의 성경적 근거』
· 『불타는 전도자 존 웨슬리』
· 『성령으로 난 사람』 (요한복음 3장 1-16절 강해)
· 『십자가의 도』
· 『우리에게 일용할 양식을 주소서』 (주기도문 강해)
· 『유대인의 절기와 예수 그리스도』
· 『이렇게 예수 그리스도의 제자가 되자』
· 『절하며 경배하세』
· 『주님의 지상명령 성경적 의미와 적용』
· 『하나님의 사람들』 (마태복음 1장 1절 강해)
· 『현대인을 위한 복음전도의 성경적 모델』
· 『성령의 시대로! 오순절★복음★교제』 (사도행전 2장 강해)
· 『전도학 개론』
· 『기독교의 8가지 핵심진리』
· 『진흙 속에서 피어난 백합화』 (룻기 강해)
· 『회개하라! 천국이 가까이 왔느니라』 (마태복음 3-4장 강해)
· 『다니엘의 역설적인 인생』
· 『더 북』
· 『기독교 신앙에 대한 질의응답 50』
· 『거룩한 삶, 사랑의 삶』 (요한일서 강해)
· 『로마서에서 제시된 구원과 성화』
· 『화목제물』
· 『어린 양과 신부』 (새롭게 접근한 요한계시록)

영어 · *Born of the Spirit* (Emeth Press)
· *John Wesley the Evangelist* (Emeth Press)
· *The Great Commission: Its Biblical Meaning and Application*
  (Evening Star Enterprise, Inc.)
· *The Genealogy of Jesus Christ: Evangelistic Sermon on the Covenant
  from Matthew 1:1* (Emeth Press)
· *The Jewish Festivals and Jesus Christ* (Emeth Press)

편저 · 『나는 어떻게 예수님을 만났는가?』
· 『회심 거듭남의 의미와 적용』
· 『복음주의 실천신학개론』
· 『전도학』
· 『선교세계』
· 『불교권의 선교신학과 방법』
· *How I Met Jesus*

번역서 · 『주님의 전도계획』 외 30권의 기독교 서적

목차 *table of contents*

도해

추천사

존 나이스비트^{John Naisbit}는 『미래의 단서』^{Mastering Megatrends}에서 다가올 미래의 메가트랜드는 마치 15세기 유럽의 종교개혁과 유사하게 온다고 했다. 이 변화는 '세계 개혁'^{Global Reformation}으로 일컬어지는 새로운 힘의 이동으로 새로운 세계 질서로 이어질 것이라고 예측했다. 그 메가트랜드의 근간으로 디지털화와 세계화를 이미 예견하고 있었다. 이로 인한 세계 공동체의 힘의 구조 변화가 강렬하게 다가온다고 했다.

우리는 미래학자들의 오랜 격조 있는 연구와 깊은 통찰력의 결과로 내어놓는 세계의 미래에 대해 관심을 가진다. 특히 정치와 경제, 사회와 교육의 미래를 책임진 사람들뿐만 아니라 평범한 보통 사람들도 자신의 미래와 결부된 미래에 대해 관심을 가질 수밖에 없다. 하물며 종교 영역에 종사하는 사람들에게 미래에 대한 관심과 연구가 없을 수 있겠는가?

성경의 역사는 태초로부터 시작하여 종말을 향해 가는 역사이다. 창세기로 시작하여 요한계시록으로 끝이 난다. 미래학자들은 지나온 세계 역사를 연구하고, 현재 일어나고 있는 세계의 현상을 분석하여, 미래를 예측하려고 부단한 노력을 쏟는다. 그것도 확정된 것이 아닌 얼마든지 유동적으로 변할 수 있는 미래를 예측한다.

그런 반면에 하나님의 말씀인 성경은 일점일획도 변함이 없는 하나님의 권위로 주어진 종말에 관한 미래서로 이미 이천년 전에 전

인류에게 주어졌다.

변화하는 세계 속에서, 그것도 초고속으로 변화하는 시대를 살아가면서, 우리는 영원히 변함없는 확고부동한 진리의 말씀으로 주어진 종말에 대한 예언서를 통해 어떻게 미래를 대비하고 있는지 다시자문해본다. 세계 공동체의 힘의 구조 변화에 대해 성경은 어떻게 예견하고 있는지 궁금하다. 코로나-19$^{COVID-19}$로 인해 세계 역사의 전환기를 맞이하고 있는 이 시대를 성경은 어떻게 예견하고 있었을까 궁금해진다. 이 모든 역사의 과정을 성경은 당연히 내포하고 있기 때문이다. 그래서 요한계시록은 이전보다 더 큰 관심을 불러일으키고 있다.

요한계시록 연구가 우리에게 유익한 점은 단지 미래의 역사를 알려는데 머물지 않는다는 것이다. 우리는 우리의 신앙고백으로 천지를 만드신 하나님과 역사의 종말에 다시 오실 그리스도를 기다린다. 우리가 고대하는 예수 그리스도는 세상의 악을 심판하시고 그의 나라를 지상에 세우시고 통치하실 그리스도이시다. 이 신앙을 가진 그리스도인의 산 소망이신 그리스도의 재림이 역사의 종말이기에 요한계시록은 모든 그리스도인의 유익함을 넘어 필독서이다. 그가 어떤 모습으로 오시는지, 세상을 어떻게 심판하시는지, 새로운 나라는 어떤 모습인지 요한계시록을 통해 알 수 있기 때문이다.

지금 우리는 전 세계적으로 국제적인 교류가 단절되고 미래가 불투명한 혼란기를 살아가고 있다. 어떤 방향으로 변화와 새로운 질서가 구축될지 미지수이다. 이러한 시점에 다시 요한계시록을 펼친다는 것은 매우 현명한 그리스도인의 신앙적 반응이라고 본다. 이런 그리스도인의 필요를 채우기 위해 그리고 미래의 시간을 미리 바라보고 대비하기 위해 홍성철 박사께서 오랫동안 묵상하고 연구해 온 요한계시록이 드디어 세상의 빛을 보게 되었다.

홍성철 박사는 일찍이 태국에 파송되어 선교 현장을 체험했으며, 그 후에 미국 애스베리신학교Asbury Theological Seminary에서 수학한 후, 보스톤대학교Boston University에서 신학박사학위를 취득했다. 서울신학대학교에서 오랜 기간 교수를 역임했으며 교회를 개척하여 시무하기도 했다. 그는 목회 현장을 누구보다 깊이 알고, 후학 양성을 위한 교수로 봉직했다. 은퇴 후에도 서울신대 석좌교수로, 또 애스베리신학교 전도학 석좌교수로 초빙받아 국제적으로 사역했다. 그는 성경을 깊게 읽고 묵상하고 학문적인 연구를 거쳐 많은 성경 강해서를 저술하였다. 신학 전문서와 신앙 서적을 많이 번역 출판하기도 한 목회자들의 존경받는 스승이다.

금번 저술한 『어린 양과 신부』는 이 책을 읽는 모든 독자에게 신선한 유익함을 선사하고 있다. 그 특색은 요한계시록을 한 눈에 볼 수 있게 중간에 도표를 곁들여 전체를 설명한다. 그런 후에 주제별로 해석하고 있어서 독자로 하여금 요한계시록이 낯선 책이 아니라 친숙한 책임을 알게 해준다. 다음으로, 저자가 오랜 연구를 통해 발견한 주요한 주제별로 나누어 진술하고 있다. 복, 어린 양, 머리와 몸, 삼중적 심판, 삼중적 막간, 바벨론의 최후 등으로 흥미진진하게 서술하고 있다. 이를 통해 하나님의 치밀하고 섬세한 기획과 성품을 맛보게 될 것이다.

또 한 가지는 저자의 특기인 성경을 성경으로 푸는 해박한 성경 해석의 기법을 보게 될 것이다. 이는 평소에 성경에 대한 깊은 통찰과 묵상으로 얻어진 결과라고 본다. 어느 한 편으로 치우치지 않고 균형을 잡고 해석하는 독창적인 필력을 보게 된다. 그것은 각주로 소개되고 있는 많은 요한계시록 해설서를 참고하였기 때문으로 본다. 혹 목회자나 신학생이라면 이를 참고함으로써 좀 더 깊은 연구로 나아갈 숨겨진 첩경을 발견하게 될 것이다.

그동안 집필한 홍성철 박사의 많은 성경 강해서들은 주로 깊은 묵상으로 숙려의 기간을 가진 후 탄생되었다. 이번 작업은 전보다 더 많은 시간을 가지고 숙성하는 시간을 가진 것으로 알고 있다. 그렇기에 보다 평이하게 서술함으로써 모든 신자가 읽어도 쉽게 이해할 수 있도록 했다. 요한계시록이 어려운 책이라는 선입견을 가진 사람들도 이 책을 대하는 순간 그런 생각이 사라질 것이다. 진지하면서도 새로운 세계를 여행하는 자만이 발견하는 영성이 충만해지는 은혜를 누리게 될 것이다.

요한계시록을 우리에게 주신 하나님을 진정으로 찬양한다. 오늘과 같은 불안하고 미래가 불투명한 시간을 살아가는 인류는 선으로 악을 이기시고 승리하신 부활의 주님을 기다리며 새 하늘과 새 땅을 뜨거운 희망으로 바라본다. 이 소망을 가지고 나아가는 독자들에게 큰 도움과 힘을 줄 본서를 기쁜 마음으로 추천한다.

2021년 새봄에
평택성결교회 원로목사 정 재 우

서 론

요한계시록은 **해석**하기 어려운 책이다. 그 이유가 몇 가지 있는데, 먼저 내용이 미래에 초점을 두고 있기 때문이다. 인간의 시간은 과거와 현재와 미래로 나뉘기에 미래도 과거와 현재 못지않게 중요하다. 과거를 토대로 현재가 존재하며, 현재를 토대로 미래가 찾아온다. 그런 이유로 인간은 너나 할 것 없이 미래에 깊은 관심을 갖는다. 그리스도인들도 예외는 아니다. 아니, 그들은 불신자들보다 더 관심을 갖는데, 미래에 대한 많은 예언들 때문이다.

미래를 경험적으로 아는 사람은 없다. 과거와 현재를 토대로 미래에 대한 많은 것을 예측할 수 있지만, 그래도 그것은 예측에 지나지 않는다. 아무도 경험해보지 못한 미래에 초점을 둔 요한계시록이기에 어려운 책이다. 그뿐 아니라, 요한계시록은 초월의 세계를 제시하기에 어렵다. 인간은 땅에 사는 한계 있는 존재인데, 요한계시록은 반복적으로 천상의 세계를 묘사하기에 해석하기가 쉽지 않다.

요한계시록이 어려운 또 다른 이유는 많은 **상징**symbol 때문이다. 이 책에는 많은 것들이 상징의 도구로 표현된다. 예를 들면, '여자', '짐승', '음녀', '사자', '용', '두 증인', '바다' 등 헤아릴 수 없을 정도로 많다. 그런데 요한계시록의 저자인 사도 요한은 어떤 상징에 대해서는 해석도 해준다. '일곱 별과 일곱 촛대'는 각각 '일곱 교회의 사자와 일곱 교회'라는 것이다 (계 1:20; 이후부터는 요한계시록의 약자 '계'를 생략한다).

　'용'은 '옛 뱀 곧 마귀라고도 하고 사탄이라고도 하며 온 천하를 꾀는 자'라는 확실한 해석을 곁들였다. 한 가지 예만 더 들어보자. 17장 6절에서 묘사된 '…성도들의 피와 예수의 증인들의 피에 취한' 음녀는 '땅의 왕들을 다스리는 큰 성'이라는 것이다 (17:18). 그러나 불행하게도 대부분의 상징은 해석되지 않으며, 따라서 여러 가지 해석이 가능하다. 그런 까닭에 요한계시록은 어려운 책이다.

　더군다나 요한계시록이 해석되는 **방법**이 여러 가지로 제시되었는데, 많은 경우 그것들이 요한계시록을 더욱 어렵게 만드는 요소가 되기도 한다. 예를 들면, 요한계시록은 이미 과거에 성취되었다고 주장하는 사람들이 있는가 하면(preterist), 역사의 현장에서 일어나는 사실로 해석해야 한다는 사람들도 있다(historicist). 그런 해석 방법을 반대하면서 영적으로 해석해야 한다는 이상주의적인 사람들도 있다(idealist).

　그런가 하면 요한계시록 중 특히 4장 이하는 미래에 관한 사건이기에 미래의 안목으로 해석해야 된다는 사람들도 있다(futurist). 근자에 들어와서 이상의 모든 해석 방법에서 장점은 최대한 살리고 단점은 최소화하면서 종합적으로 접근해야 한다고 주장하는 사람들도 있다(eclectic). 그러므로 요한계시록의 해석은 어쩔 수 없이 선택적일 수밖에 없다. 그런 선택을 원하지 않는 사람들은 여러 가지 해석 방법을 나열하기도 한다.

　필자도 이처럼 어려운 요한계시록을 해석하면서 선택할 수밖에 없는 경우가 허다했다. 그렇다고 모든 해석 방법을 나열하고픈 마음은 조금도 없었다. 그런 이유 때문에 이 요한계시록의 해석은 전적으로 필자의 선택이며 동시에 책임이다. 그렇다고 아무 근거도 없이 주관적으로 선택하지 않았다. 다시 말해서, 비록 모든 사람이 필자의 해석을 수용하지 않을지 몰라도 객관적으로 인정받는 해석을 선택했다는 말이다.

하나의 실례를 들어보자. 12장에 '여자'가 등장하는데, 그 여자가 누구냐는 해석도 다양하다. 필자는 '이스라엘 백성'이라고 해석했는데, 혹자는 '교회'라고도 하고, '하나님'이라고도 하고, '마리아'라고도 한다. 필자의 선택은 그중 하나에 지나지 않으나, 그렇게 해석하는 사람들도 적지 않다. 다시 말해서, 많은 사람들이 받아들일 수 있는 해석이라는 것이다. 이처럼 선택을 강요하는 해석이 요한계시록의 특징이다.

요한계시록의 해석이 어려운 또 다른 이유는 **구조**framework 때문이다. 그 구조를 어떻게 보느냐에 따라서 해석이 달라질 수 있기 때문이다. 혹자는 요한계시록의 구조가 두 가지라고 하면서, 서신과 환상으로 나눈다. 1~3장과 22장 6-21절은 서신의 형태인데, 그 안에는 '교회'가 20번이 나온다. 나머지 부분, 곧 4장에서 22장 5절의 내용은 환상인데, 그 안에는 '어린 양'이 29번이 나온다. 확실히 독특한 구분이다.

요한계시록의 주인공은 '어린 양'이다. 그런데 '어린 양'은 마지막에 신부를 맞이하여 혼인 예식을 치른다 (19:7-9). '신부'는 다름 아닌 '교회'이다. 1장에서 예수 그리스도와 교회의 밀접한 관계를 제시했고, 21장에서 '어린 양'과 '신부'가 남편과 아내로 만나는 아름다운 장면을 묘사했다. 결국, 그 사이에 있는 심판은 '어린 양'과 '신부'의 만남을 준비한 사건이라고도 할 수 있다. 이런 이유로 이 책의 제목이 『어린 양과 신부』이다.

혹자는 요한계시록의 구조가 세 가지라고 하면서, 과거와 현재와 미래로 나눈다. 이런 주장은 1장 19절의 말씀을 토대로 한 것이다. "그러므로 네가 본 것과 지금 있는 일과 장차 될 일을 기록하라." '네가 본 것'은 과거이며, '지금 있는 것'은 현재이고, '장차 될 일'은 미래이다. 그러니까 1장의 내용은 과거에 해당하고, 2~3장의 교회는 현재에 해당하며, 4장 이하의 환상은 미래에 해당한다는 것이다.

필자는 요한계시록의 구조를 일곱으로 제시하였다. 본서 10장 "일곱"에서 자세히 다루겠지만, 간단히 설명해보자. 첫째는 일곱 가지로 제시된 초림주이다 (1장). 둘째는 일곱 교회이다 (2~3장). 셋째는 일곱 인 심판이며 (6장), 넷째는 일곱 나팔 심판이다 (8~9장). 다섯째는 일곱 대접 심판이며 (16장), 여섯째는 일곱 가지로 묘사된 바벨론의 최후이다 (17~18장). 일곱째는 일곱 가지로 제시된 재림주이다 (19장).

요한계시록의 구조가 위에서 언급한 것처럼, 그렇게 간단하지 않다. 왜냐하면 심판과 심판 사이에 막간interlude이 삽입되어 있기 때문이다. 막간은 연극을 상기시키는 표현인데, 무대 막과 막 사이에 잠깐 전개되는 것이 막간이다. 두말할 필요도 없이 막간은 요한계시록의 주제가 아니다. 주된 강조는 하나님의 의로운 심판, 곧 '삼중적 심판'이다. 그럼에도 불구하고 막간은 음식에 들어간 조미료처럼 그 음식에 맛을 더해준다.

달리 표현하면, 막간은 주제의 의미를 살리는 중요한 역할을 한다. 실제로 심판과 막간은 동전의 양면과 같다. 일곱 인 심판과 첫 번째 막간은 한 덩어리이다. 서로를 보완하면서 하나님의 심판과 은혜를 동시에 알려준다. 일곱 나팔 심판과 두 번째 막간도 마찬가지이다. 일곱 대접 심판과 막간도 역시 그렇다. 이런 상호적인 관계에 대해서도 10장인 "일곱"에서 구체적으로 제시할 것이다.

요한계시록의 주된 **내용**은 역시 '예수 그리스도의 재림'이다. 그분의 재림은 이 세상의 역사를 끝내고 새로운 역사를 시작하는 중대한 전환점이다. 현재의 땅은 불로 타서 없애버리고, 하나님은 '새 하늘과 새 땅'을 다시 창조하신다. 그런데 요한계시록은 왜 현재의 땅이 불에 타 없어져야 하는지, 그리고 어떻게 그렇게 되는지를 보여준다. 우선 예수 그리스도의 재림과 그분을 맞이할 사람들에 대해 도해하면서 설명해보자.

예수 그리스도의 재림

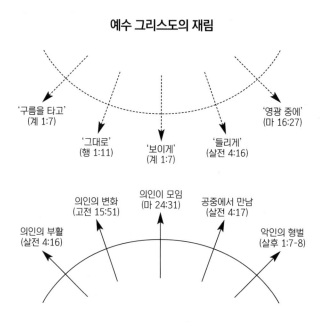

위의 도해를 설명해보자. 예수 그리스도는 구름을 타고 다시 오신다. 그분의 모습은 가실 때와 다름없다. 그때 모든 사람이 그를 보게 될 것이다. 주님은 '호령과 천사장의 소리와 나팔 소리'로 친히 임하실 것이다. 사방에서 택하신 자들을 모으신 그분의 모습은 영광 그 자체이다. 그분이 그렇게 다시 오실 때, 이 세상에 있는 사람들은 어떻게 되는가? 그들이 의인이냐 악인이냐에 따라 달라진다.

먼저, 악인의 경우를 보자. 악인들은 형벌을 받게 될 것이다. 말씀으로 확인하자. "하나님을 모르는 자들과 우리 주 예수의 복음에 복종하지 않는 자들에게 형벌을 내리시리니, 이런 자들은 주의 얼굴과 그의 힘의 영광을 떠나 영원한 멸망의 형벌을 받으리로다"(살후 1:8-9). 그리스도 예수의 재림은 악인을 심판하기 위함이지만, 그것이 전부가 아니다. 왜냐하면 그분은 의인들을 만나러 오시기 때문이다.

그분은 이미 죽은 의인들을 다시 살리신다. 그 후에 여전히 살아 있는 의인들을 썩지 않는 영원한 몸으로 변화시키신다. 그렇게 살아나고 변화된 모든 의인은 공중에서 그들의 구주이며 주님이신 예수 그리스도를 만난다. 그분은 모든 의인을 공중에 불러 모으는 것이다. 그 후 의인들은 불심판을 통해 상급이 결정된다. 그런 다음 그들은 신부로 예수 그리스도와의 혼인 잔치에 참여하게 된다.

그 후, 7년이 지나서 그분은 그 성도들과 함께 지상으로 오신다. 그러나 지상으로 오시기 전에 세 가지 심판, 곧 일곱 인 심판과 일곱 나팔 심판과 일곱 대접 심판을 통해 악인들을 제거하시고, 땅을 청소하신다. 그때 사탄을 따르던 자들도 가차 없이 심판을 받게 된다. 그렇게 정리하신 후, 그분은 세상으로 내려오셔서 천년왕국을 다스리신다. 그러니까 그분의 재림은 공중 재림과 지상 재림, 곧 "이중적인 재림"이다.

요한계시록의 몸통은 삼중적인 심판이다. 심판받을 사람들은 하나님을 대적했고, 우상을 섬겼으며, 한발 더 나아가서 하나님의 말씀을 의지해서 예수 그리스도를 증언한 성도들을 박해하고 무참히 죽였다. 그런 악인들은 그들의 지도자인 사탄과 더불어 불과 유황이 활활 타는 지옥으로 던져져서 영원한 심판을 받을 것이다. 그렇다! 하나님의 심판은 진리대로 되고, 또 공의롭게 진행될 것이다. 그렇게 정리하신 후, '새 하늘과 새 땅'을 창조하신다.

이처럼 엄청난 미래의 계시를 하나님은 그분의 종인 사도 요한에게 보여주셨다. 그리고 그는 보고 들은 바를 신실하게 기록했는데, 그것이 바로 요한계시록이다. 이처럼 놀라운 계시에 **필자**는 처음부터 압도되었다. 안타까운 것은 그런 놀라운 계시를 충분히 제시할 수 있는 능력이 제한적이라는 사실이다. 그것이 필자의 한계이다. 비록 필자는 요한계시록을 목회자들에게 몇 번 가르쳤지만, 무지와 뱃장의 혼합이 표출된 것이리라.

필자는 요한계시록에 대한 수많은 저서들을 만났는데, 그들과는 다르게 접근하고 싶은 욕구가 있었다. 그 욕구를 주님은 받아주셨는데, '복', '어린 양', '머리와 몸', '일곱' 등의 제목으로 접근할 수 있게 하셨다. 이런 제목을 설정하고 풀어나가는 희열도 맛보았다. 그렇지만 모두 이처럼 제목을 설정하고 풀어갈 수만은 없었다. 그래서 요한계시록의 몸통격인 '삼중적 심판', '삼중적 막간', '바벨론의 최후'는 구절들을 풀어가는 주석적 방법을 택했다.

두말할 필요도 없이 요한계시록을 깊이 섭렵한 많은 학자들의 도움이 컸다. 그러나 시시때때로 번득이는 깨달음도 주님으로부터 왔다. 주님은 이처럼 놀랍고도 깊은 요한계시록을 신약학자들이 신학적으로만 다루는 것을 안타깝게 여기셨는지도 모른다. 또 많은 지도자들이 다른 사람들의 깨달음을 너무 의지하는 태도를 기뻐하지 않으셨는지도 모른다. 거기다가 수없이 많은 사이비와 이단들이 요한계시록을 이용하는 것도 싫어하셨을 것이다.

필자는 이 책을 마무리하면서 감사할 분들에 대해 언급하지 않을 수 없다. 먼저, 필자를 위하여 기도해준 귀한 형제자매들이다. 그들은 순수한 사랑으로 기도의 끈을 놓지 않고 필자를 하나님 앞으로 이끌어주었다. 얼마나 감사한지 모르겠다. 또한 필자가 방해받지 않고 집필하도록 모든 환경을 조성해준 아내에게 감사하지 않을 수 없다. 그뿐 아니라, 아내는 이 원고를 꼼꼼히 읽으면서 잘못된 것들을 고쳐주었다.

감사해야 할 분이 또 있는데, 그분은 정재우 목사이다. 평택성결교회 원로이며 세계복음화문제연구소의 증경 이사장인 정 목사는 필자의 원고를 처음부터 끝까지 읽었다. 많은 오기를 정정해주었을 뿐 아니라, 여러 가지 좋은 제안도 했다. 그 제안에 따라 내용이 수정되기도 했다. 그뿐 아니라, 이 책의 추천사도 기꺼이 써주셨다. 이분만큼 이 원고를 철저하게 섭렵하고 추천사를 쓸 수 있는 분은 없을 것이다.

마지막으로, 감사할 분은 필자의 주님이시다. 이미 언급한 대로, 그분은 필자에게 성령의 조명으로 요한계시록의 진면목을 보고, 느끼고, 깨닫고, 그리고 기록하게 하셨다. 역사의 끝자락을 기록한 책이 가능한 한 많이 읽혀서, 그리스도인들은 보다 더 거룩하게 살고, 불신자들은 회개하고 그분께로 돌아오라는 하나님의 마음 때문이리라. 그 마음으로 필자를 만나주셨고, 인도하셨고, 그리고 요한계시록을 기록하게 하신 주님께 감사하며 영광을 돌린다.

The Lamb and The Bride
Revelation in a New Approach

1장

'복'

요한계시록에는 '복'이 일곱 번 나오는데, 그 일곱 번을 두 그룹으로 분류할 수 있다. 첫 번째 그룹은 인내하는 성도가 복이 있다는 것이다. 비록 그들이 환난을 당하지만 요한계시록에 있는 예언의 말씀을 기억하면서 참고 견디는 것이 '복'이라는 것이다 (1:3, 16:15, 22:7). 두 번째 그룹은 그렇게 참고 견디는 성도에게는 약속대로 엄청난 영적 보상이 기다리고 있기에 '복'이라는 것이다 (14:13, 19:9, 20:6, 22:14).

1. 인내의 복

첫 번째 그룹에 속하는 '복'을 알아보기 위하여 제일 먼저 나오는 '복'이 들어있는 말씀을 인용해보자. "이 예언의 말씀을 읽는 자와 듣는 자와 그 가운데에 기록한 것을 지키는 자는 복이 있나니 때가 가까움이라" (1:3). 하나님이 천사를 통해 사도 요한에게 주신 이 약속은 예수님이 직접 하신 말씀과 같다. 그분의 말씀도 들어보자: "예수께서 이르시되, '오히려 하나님의 말씀을 듣고 지키는 자가 복이 있느니라' 하시니라" (눅 11:28).

위의 두 말씀에 같은 내용이 들어있는데, 곧 '듣고 지키는 자'이다. 하나님의 말씀은 '듣게 하기' 위해서만 주어지지 않았다. 하나님의 말씀은 곧 하나님의 뜻을 기록한 책이다. 따라서 하나님의 말씀은 곧 하나님이시다. 사도 요한은 이렇게 분명히 표현했다, "태초에 말씀이 계시니라. 이 말씀이 하나님과 함께 계셨으니 이 말씀은 곧 하나님이시니라" (요 1:1). 그렇다면 어떻게 하나님의 말씀을 듣고만 끝낼 수 있는가?

구약성경에서도 하나님의 말씀을 듣는다는 것은 그 말씀에 순종해야 한다는 뜻이 포함되어 있었다. 구약성경에서 '듣기'와 '순종'은 같은 뜻으로 사용되기도 했다. 한 곳만 인용해서 확인하자. "네가 네 하나님 여호와의 말씀을 삼가 듣고 내가 오늘 네게 명령하는 그의 모든 명령을 지켜 행하면…네가 네 하나님 여호와의 말씀을 청종하면 이 모든 복이 네게 임하며 네게 이르리니" (신 28:1-2).

사도 요한은 말씀을 '듣고 지키는 것'이 신앙의 핵심인 것처럼 요한계시록에서 '지키다'를 반복적으로 사용한다. 마치 말씀을 듣기는 해도 지키지 않는 것은 진정한 의미에서 신앙이 아니라고 하는 것 같다. 그렇지 않다면 요한계시록에서 '지키다'를 열 번씩이나 사용하지 않았을 것이다 (1:3, 2:26, 3:3, 8, 10, 12:17, 14:12, 16:15, 22:7, 9). 10이 순종과 책임도 뜻하는 숫자임을 감안할 때, 요한계시록에서 '지키다'가 열 번 나오는 이유를 알 수 있다.[1]

첫 번째 그룹에 속하는 둘째 복에 대해 알아보자. "보라 내가 도둑 같이 오리니, 누구든지 깨어 자기 옷을 지켜 벌거벗고 다니지 아니하며 자기의 부끄러움을 보이지 아니하는 자는 복이 있도다" (16:15). 이것은 '어린 양'이신 예수 그리스도가 직접 하신 말씀이다.

그 이유는 성도들에게 임할 엄청난 위험 때문인데, 귀신의 영이 세상에 있는 많은 왕들을 꼬드겨서 아마겟돈으로 불러 모으기 때문이다 (16:13-16).

아마겟돈 전쟁이 발발한다는 사실은 그리스도의 재림이 매우 임박했다는 것을 뜻한다. 그 전쟁에서 이스라엘은 완전히 패배할 것이다. 그들이 그렇게 패배를 당하면서 울부짖을 때 주님은 재림하시어서 그 왕들과 군대를 섬멸시키실 것이다. 그뿐 아니라 이스라엘 백성은 그때야 비로소 오래 전에 십자가에 못 박은 그리스도 예수가 그들의 메시야라는 사실을 깨닫고 민족적으로 회개할 것이다 (슥 12:9-14).

이와 같이 도둑처럼 갑자기 재림하실 주님을 기다리라는 경고는 동시에 사랑의 표현이기도 했다. 왜냐하면 그들이 준비되지 않아서 '벌거벗은' 모습으로 주님을 만날 수 없기 때문이다. 특히 이스라엘 백성에게 '벌거벗은 모습'은 수치와 심판을 뜻한다 (사 20:4, 겔 23:29). 주님은 그들을 꼭 만나서 혼인 예식을 치루시겠다는 것이다. 그처럼 귀한 혼인 예식을 위하여 하얀 세마포 옷을 입고 기다리는 것이 진정한 복이다 (19:7-8).

세 번째의 복은 22장 7절에 나온다. "보라 내가 속히 오리니 이 두루마리의 예언의 말씀을 지키는 자는 복이 있으리라 하더라." 주님이 하신 이 말씀에서 '속히'라는 단어는 중요하다. 그렇지 않다면 22장에서만 이 단어가 네 번이나 사용되지 않았을 것이다 (22:6, 7, 12, 20). 신부인 교회를 만나기를 고대하시는 주님의 마음이 고스란히 담긴 표현이다. 그렇다! 그분은 '속히' 오셔서 혼인 잔치의 주인공이 되기를 원하신다.

'속히'는 주님의 마음이지만 동시에 그리스도인들의 마음이어야 한다. 왜냐하면 그들은 주님의 신부로 혼인 잔치에 참여할 것이기 때문이다. 베드로는 '속히'를 이렇게 풀었다: "사랑하는 자들아, 주께는 하루가 천 년 같고 천 년이 하루 같다는 이 한 가지를 잊지 말라. 주의 약속은 어떤 이들이 더디다고 생각하는 것 같이 더딘 것이 아니라. 오직 주께서는 너희를 대하여 오래 참으사 아무도 멸망하지 아니하고 다 회개하기에 이르기를 원하시느니라."

베드로도 주님처럼 생각지 않은 때, 도둑처럼 갑자기 임하신다고 이렇게 설명했다, "그러나 주의 날이 도둑 같이 오리니, 그날에는 하늘이 큰 소리로 떠나가고 물질이 뜨거운 불에 풀어지고 땅과 그 중에 있는 모든 일이 드러나리로다" (벧후 3:8-10). 그분은 생각지 않은 때에 도둑처럼 오셔서 불의한 자들을 심판하시고, 의로운 자들을 보상하실 것이다. 그런 이유 때문에 속히 오실 그분을 기다리며 거기에 걸맞은 삶을 사는 것이 복이다.

2. 보상의 복

이렇게 환난 중에서도 세 가지를 지키면서 예수 그리스도를 기다리는 성도에게 약속된 복은 네 가지인데, 곧 두 번째 그룹에 속하는 복이다. 두 번째 분류에 속하는 첫째 복을 읽어보자: "또 내가 들으니 하늘에서 음성이 나서 이르되, 기록하라! 지금 이후로 주 안에서 죽는 자들은 복이 있도다 하시매, 성령이 이르시되, 그러하다! 그들이 수고를 그치고 쉬리니 이는 그들의 행한 일이 따름이라 하시더라" (14:13).

'주 안에서' 죽는 자들은 무슨 뜻인가? 그것을 설명해주는 내용이 그 앞 절에 있다, "성도들의 인내가 여기 있나니, 그들은 하나님의 계명과 예수에 대한 믿음을 지키는 자니라" (14:12). 성도들은 두 가지 때문에 인내했는데, 그렇게 인내하다가 죽임을 감수한 자들이다. 한편 그들은 '하나님의 계명'을 지켰으며, 또 한편 예수에 대한 믿음을 지켰다. 만일 그들이 인내로 지키지 않았다면, 복은커녕 저주를 받았을 것이다.

그들이 받을 복은 두 가지이다. 하나는 '수고를 그치고 쉼'에 들어가는 것이며, 또 하나는 그들의 행위, 곧 환난 중에서도 인내를 가지고 충성한 행위에 대한 보상이다. 주님이 다시 오실 때 다른 무엇보다도 인내를 귀하게 여기면서 보상하실 것이다. 사도 요한은 이 책에서 '인내'를 일곱 번씩이나 사용하면서 '인내'의 중요성을 강조하였다 (1:9, 2:2, 3, 19, 3:10, 13:10, 14:12).[2]

두 번째 그룹에 속하는 둘째 '복'은 이렇다: "천사가 내게 말하기를, '기록하라! 어린 양의 혼인 잔치에 청함을 받은 자들은 복이 있도다' 하고, 또 내게 말하되, '이것은 하나님의 참되신 말씀이라'" (19:9). '어린 양'은 물론 예수 그리스도를 가리킨다. '혼인 잔치에 청함을 받은 자들'은 그리스도인들을 가리킨다. '혼인 잔치에 청함을 받은 자들'은 믿음으로 초청에 응했을 뿐 아니라, 자기를 부인하고 십자가를 짊어진 그리스도인들이다 (눅 14:16-27).

'어린 양의 혼인 잔치'는 '어린 양과 그리스도인들이 진정으로 하나가 되는 귀중한 예식이다. 물론 그들은 이미 예수 그리스도와 한 몸을 이룬 유기체였다. 그분은 머리이시며, 그리스도인들은 그 머리에 붙은 몸이었다. 이미 '어린 양'과 '혼인 잔치에 청함을 받은 자들'은 머리와 몸으로서 하나가 된 연합체였다. 그리스도인은 몸을 일군 지체들이기에 그 지체들은 머리이신 '어린 양'의 지시에 따라 움직였다.

그럼에도 불구하고 그리스도인들은 두 가지 문제 때문에 갈등하고 씨름했다. 하나는 밖에서 몰아치는 각종의 박해이고, 또 하나는 안에서 끊임없이 끌어당기는 죄의 속성이었다. 그러나 그들은 밖에서 몰려오는 모든 박해를 인내로 이겨냈고, 안에서 끌어당기는 유혹은 믿음과 말씀으로 극복하였다. 마침내 그들은 안팎으로 깨끗해졌고, 그 결과 순결해진 신부가 되어 혼인 잔치에 참여할 수 있게 된 것이다.

'어린 양'과 그리스도인들이 그때까지 영적으로는 하나였지만, 완전한 하나는 아니었다. 그런데 혼인 잔치를 통해 하나가 되었다. 마치 두 약혼자가 마음으로는 하나였지만 완전히는 하나가 되지 못하다가, 결혼예식을 통해서 하나가 된 것처럼 말이다. 그때부터 그들은 마음은 물론 몸도 하나가 되는 기쁨을 누리는 것과 같다. 이처럼 '어린 양'과 실제로 하나가 되게 한 그 혼인 잔치에 참여한 그들은 진정으로 '복'받은 그리스도인들이다.

두 번째 그룹에 속하는 셋째 '복'에 대해 알아보자: "이 첫째 부활에 참여하는 자들은 복이 있고 거룩하도다. 둘째 사망이 그들을 다스리는 권세가 없고, 도리어 그들이 하나님과 그리스도의 제사장이 되어 천 년 동안 그리스도와 더불어 왕 노릇 하리라" (20:6). 첫째 복에 참여하는 사람들은 '주 안에서 죽은 자들'이었다 (14:12). 그렇다면 죽은 자들이 어떻게 '어린 양의 혼인 잔치'에 참여할 수 있는가? 물론 그들이 부활했기 때문이다.

그렇지 않다면 셋째 복이 '첫째 부활에 참여하는 자들에게' 있다고 기록하지 않았을 것이다. 그러니까 '보상의 복'에 속하는 네 가지 복을 받은 사람들은 모두 똑같은 그리스도인들이다. '주 안에서 죽은 자'와 '혼인 잔치에 청함을 받은 자'와 '이 첫째 부활에 참여하는 자'와 넷째 복인 '자기 두루마기를 빠는 자'는 모두 같은 그리스도인이라는 말이다. 주님에 대한 신앙 때문에 죽은 자들은 반드시 그 주님으로 인해 다시 살아난다.

'이 부활에 참여하여 복'을 받은 자들은 세 가지 특권을 누리게 될 것이다. 하나는 '둘째 사망이 그들을 다스리는 권세가 없을' 것이다. 이 세상에 태어난 사람은 모두 두 번 죽음을 당하는데, 한 번은 육체적 죽음이고 또 한 번은 영적 죽음이다. 다시 말해서 육체적으로 죽은 사람들이 어느 날 부활해서 그들이 그리스도 예수를 거부한 불신과 행위에 대하여 하나님의 심판을 받고 지옥으로 던져진다 (20:12).

이것은 둘째 사망인데 그 사망에 대한 말씀을 직접 인용해보자. "그러나 두려워하는 자들과 믿지 아니하는 자들과 흉악한 자들과 살인자들과 음행하는 자들과 점술가들과 우상 숭배자들과 거짓말하는 모든 자들은 불과 유황으로 타는 못에 던져지리니 이것이 둘째 사망이라" (21:8). 그러나 '복' 받은 자들은 둘째 사망과는 상관없다. 왜냐하면 육체적으로 죽기 전에 '일찍이 죽임을 당하신 어린 양'의 고귀한 피를 통하여 모든 죄가 씻김을 받았기 때문이다.

'이 부활에 참여하여 복'을 받을 자들이 누릴 그 다음 특권은 '그들이 하나님과 그리스도의 제사장이 된다'는 것이다. 제사장은 위로는 하나님을 섬기며, 아래로는 사람들을 섬긴다. 그들이 하나님을 섬기는 모습을 보자, "그러므로 그들이 하나님의 보좌 앞에 있고 또 그의 성전에서 밤낮 하나님을 섬기매…" (7:15). 그렇게 하나님을 섬기는 제사장은 하나님의 형상대로 지음을 받은 사람들을 전도와 기도로 섬겨야 한다. 얼마나 놀라운 특권인가!

'이 부활에 참여하여 복'을 받을 자들이 누릴 마지막 특권은 그들이 '천 년 동안 그리스도와 더불어 왕 노릇 하게 된다'는 것이다. 주님의 지상 재림과 '새 하늘과 새 땅' 사이의 기간은 천년인데, 그 기간 동안 '복' 받은 자들은 왕 중의 왕이신 그리스도와 함께 왕으로 통치하는 특권을 갖는다. 이 세 가지는 선지자와 제사장과 왕이 누리는 특권들이다. '둘째 사망이 그들을 다스리는 권세가 없다는 것'은 선지자가 누리는 특권이라고 할 수 있다.

마지막으로 두 번째 그룹에 속하는 넷째 '복'을 보자: "자기 두루마기를 빠는 자들은 복이 있으니, 이는 그들이 생명나무에 나아가며 문들을 통하여 성에 들어갈 권세를 받으려 함이로다" (22:14). 이 말씀에 의하면 '자기 두루마기를 빠는 자들은 복이' 있는데, 그 이유는 그들이 아담과 하와가 접근할 수 없었던 생명나무에 접근할 수 있기 때문이다 (22:2). 아담과 하와가 그처럼 가까이 있었으나 나아갈 수 없었던 그 생명나무에 나아갈 수 있었다.

그뿐 아니라 아담과 하와가 하나님이 만나주셨던 에덴동산에서 쫓겨났으나, 그들은 하나님이 친히 좌정하신 성에 들어갈 권세를 받았기 때문이다. 이런 권세는 '만국을 다스리는 권세'와 같은 큰 권세이며 (2:26), 원수를 불로 삼켜버리게 할 수 있는 두 증인의 권세이다 (11:3-5). 이처럼 하나님이 부여하신 권세를 받지 못한 사람들은 결코 그 성에 들어갈 수 없다. 그 권세는 그 성으로 들어가게 하는 비자와도 같은 것이다.

하나님은 이처럼 생명나무에 접근하며 성에 들어갈 수 있는 권세를 '자기 두루마기를 빠는 자들에게' 주셨다. 그러면 두루마기를 어떻게 빨 수 있는가? 요한계시록에 의하면 두 가지 방법이 있는데, 한 가지는 '어린 양'의 피로 씻는 방법이다. 이것을 말씀으로 확인하자. "이 흰 옷 입은 자들이 누구며 또 어디서 왔느냐? 어린 양의 피에 그 옷을 씻어 희게 하였느니라"(7:14).

두 번째 방법은 영적으로 타락하여 많은 그리스도인들이 죄를 가볍게 여길 때, 그들 가운데 그와 같은 타협을 거부하고 승리를 구가한 그리스도인들의 이김이다. 영적으로 쇠락한 사데 교회에 그처럼 승리한 그리스도인들이 있었다. "그러나 사데에 그 옷을 더럽히지 아니한 자 몇 명이 네게 있어 흰 옷을 입고 나와 함께 다니리니 그들은 합당한 자인 연고라. 이기는 자는 이와 같이 흰 옷을 입을 것이요…"(3:4-5).

하나님의 성에 들어갈 수 있는 권세를 받다니, 얼마나 큰 복인가? 하나님이 처음으로 인간을 창조하신 가장 귀한 목적은 그 인간과 중단 없는 교제를 나누시기 위함이었다. 그러나 인간의 불순종으로 그 교제가 깨어지자, 하나님은 그 교제를 회복하시기 위하여 그 아들의 피로 죄 값을 치르게 하셨다. 그 피로 옷을 빨아 깨끗하게 한 자들은 하나님의 원래 계획대로 하나님이 좌정하신 성에 들어가서 영원한 교제를 나누게 된 것이다. 얼마나 큰 복인가!

1) "What Does the Number 10 Mean in the Bible and Prophetically."
www.angelnumber.org.
2) 휘포모네(ὑπομονή)는 '참다'로 2번 (1:9, 2:3), '인내'로 5번씩 (2:2, 19, 3:10,
13:10, 14:12), 각각 번역되었다.

2장

'어린 양'

요한계시록에서 '어린 양'이란 칭호가 29번이나 나오는데,[1] 한 마디로 이 책은 '어린 양'을 중심으로 전개될 사건을 기록했다고 할 수 있다. '어린 양'은 그 양이 아주 작은 양이라는 사실을 강조하는 단어인데, 헬라어로는 *아르니온*(ἀρνίον)이다. 신약성경에서 요한계시록 이외의 성경에서 이 단어가 사용된 경우는 한 곳뿐인데, 예수님이 베드로에게 직접 하신 말씀에 들어있다; '내 어린 양을 먹이라'(요 21:15).

이 말씀에서도 '어린 양'은 아주 작은 양을 가리킨다. 스스로 양식조차 먹을 수 없을 정도로 작은 양이다. 그런 어린 양들을 먹이라고 말씀하신 것이다. 그런데 예수 그리스도가 재림하셔서 심판하실 내용이 기록된 요한계시록인데, 왜 그처럼 유약한 '어린 양'으로 예수님을 소개했는가?[2] 이 책의 저자인 사도 요한은 두 가지 이유 때문에 예수 그리스도를 '어린 양'으로 내세웠다. 첫째 이유는 그분이 죄인 때문에 죽으신 사실을 소개하기 위함이었다.

둘째 이유는 그 '어린 양'이 재림할 때는 승리자요 동시에 심판자라는 사실을 강조하기 위함이었다. '어린 양'이 이처럼 죽음과 심판이라는 두 가지 사실을 동시에 알려주는 구절이 있는데, 인용해보자. "내가 또 보니 보좌와 네 생물과 장로들 사이에 한 어린 양이 서 있는데 일찍이 죽임을 당한 것 같더라. 그에게 일곱 뿔과 일곱 눈이 있으니 이 눈들은 온 땅에 보내심을 받은 하나님의 일곱 영이더라"(5:6).

이 말씀에서 '일찍이 죽임을 당했다'는 묘사는 '어린 양'의 초림 사역을 대표한다. 그가 이 세상에 오신 궁극적인 목적은 죽임을 당하기 위해서였다. 그는 저항을 한 번도 안하고 십자가에서 처참하게 죽으셨다. 이사야 선지자는 그런 유약한 죽음을 이렇게 예언했다. "그가 곤욕을 당하여 괴로울 때에도 그의 입을 열지 아니하였음이여! 마치 도수장으로 끌려가는 어린 양과 털 깎는 자 앞에서 잠잠한 양 같이 그의 입을 열지 아니하였도다" (사 53:7).

그런데 요한계시록의 말씀은 이것으로 끝나지 않는다. 갑자기 그 어린 양은 '일곱 뿔과 일곱 눈'을 가진 것으로 묘사되는데, 그 모습은 재림의 사역을 함축한다. '뿔'은 구약성경에서 권능을 가리키는데, 다니엘은 세계를 권능으로 지배한 넷째 짐승이 열 뿔을 가졌다고 묘사했다 (단 7:7, 20). 그런데 그 '어린 양'에게는 뿔이 일곱이나 있는데, 그것은 그의 완전한 권능, 곧 전능을 가리킨다. '어린 양'은 그런 절대적인 능력으로 적들을 쳐부술 것이다.

그뿐 아니라, 재림의 '어린 양'에게는 '일곱 눈'이 있다. '일곱 눈'은 모든 것을 꿰뚫어보는 완전한 눈을 가리키는데, 스가랴 선지자가 묘사한 대로이다. "…이 일곱은 온 세상에 두루 다니는 여호와의 눈이라" (슥 4:10). 재림의 '어린 양'은 온 세상을 샅샅이 보고 아는 완전한 눈을 갖게 될 것이다. 이렇게 '일곱 뿔'과 '일곱 눈'을 가진 재림의 '어린 양'은 전능과 전지의 양으로 저항도 못하고 죽은 초림의 '어린 양'과는 전혀 다르다.

사도 요한은 이 일곱 눈이 하는 일을 첨가해서 묘사한다, '이 눈들은 온 땅에 보내심을 받은 하나님의 일곱 영이더라.' 하나님은 왜 일곱 눈, 곧 일곱 영을 온 땅에 보내시는가? 그 목적은 너무나 분명하며 중요하다. 이 세상이 불로 타서 없어지기 전에 세상에 존재하는 사람들의 구원을 위해서이다. 다시 말해서, 그들에게 영원한 복음이 전파되기 위해서란 말이다. 세상을 향해 하나님이 부어주실 마지막 사랑의 표현이다.[3] 요한계시록에서 29번이나 나오는 '어린 양'은 이미 언급한 것처럼 초림의 '어린 양'과 재림의 '어린 양'으로 제시되었다. 그런데 이런 '어린 양'이 희생의 양과 통치의 양으로만 제시하기엔 흡족하지 않았는지, 사도 요한은 요한계시록에서 '어린 양'의 사역에 대하여 많은 것을 제시한다. 그는 '어린 양'의 일곱 가지 사역을 제시하는데, 다음과 같다: 구속자, 구원자, 목자, 신랑, 개선장군, 심판자, 경배 받는 분.[4]

1. 구속자

아무도 인으로 봉한 두루마리를 펴거나 볼 자가 없기에 사도 요한이 크게 울고 있을 때, 한 장로가 울지 말라고 하면서 그 두루마리와 일곱 인을 뗄 분을 소개한다. 그렇게 요한계시록의 주인공인 '어린 양'이 소개된다. 그때부터 요한계시록은 '어린 양'을 중심으로 전개되기 시작한다. 다시 말해서, '어린 양'이 무대 중앙에 자리하면서 기타 모든 사건과 인물들은 조연이 되는 것이다. 그 '어린 양'이 소개된 내용을 보자.

"장로 중의 한 사람이 내게 말하되, '울지 말라! 유대 지파의 사자 다윗의 뿌리가 이겼으니, 그 두루마리와 그 일곱 인을 떼시리라 하더라'"(5:5). 이 말씀에 의하면, '어린 양'이 두 가지 칭호로 소개되는데, 곧 '유다 지파의 사자'와 '다윗의 뿌리'이다. 이 칭호들은 패배자가 아니라 승리자를 강조한다. 그렇지 않다면 그들이 '이겼다'고 분명히 설명하지 않았을 것이다. 이 두 칭호는 이스라엘 백성에게는 말할 수 없이 중요하다.

이스라엘 백성들은 600여 년 전 바벨론에 의해서 나라를 잃은 후, 지금까지 이방인들의 지배를 받으면서 신음하고 있었다. 그러나 하나님이 야곱을 통해 이스라엘에게 허락하신 예언의 말씀대로, 그들이 이방인들을 이기게 되리라고 믿었다. 그 예언을 보자. "유다야…네 손이 네 원수의 목을 잡을 것이요…유다는 사자 새끼로다! 내 아들아 너는 움킨 것을 찢고 올라갔도다. 그가 엎드리고 웅크림이 수사자 같고 암사자 같으니 누가 그를 범할 수 있으랴!"(창 49:8-9).

이스라엘 백성에게 허락된 예언은 그뿐 아니었다. 훗날 그 나라를 강국으로 만든 다윗의 영광을 되찾을 수 있다는 예언도 있다. 이사야 선지자를 통해 허락된 그 예언도 보자. "그 날에 이새의 뿌리에서 한 싹이 나서 만민의 기치로 설 것이요, 열방이 그에게로 돌아오리니 그가 거한 곳이 영화로우리라"(사 11:10). 이 예언도 위의 예언과 같은 맥락으로, 이스라엘 백성에게 다윗의 뿌리에서 나올 자가 열방을 통치할 열광의 날이 온다는 것이다.

그 장로는 '유다 지파의 사자'와 '다윗의 뿌리'가 나타나서 이기겠다고 소개했다. 사도 요한은 기쁨으로 그분을 보았다. 그분은 '유다 지파의 사자'나 '다윗의 뿌리'가 아니라, '어린 양'이었다. "내가 또 보니 보좌와 네 생물과 장로들 사이에 한 어린 양이 서 있는데 *일찍이 죽임을 당한 것 같더라*" (5:6). 왜 사도 요한에게 소개된 '사자'가 보이지 않고, 대신 '어린 양'이 보였는가? 그것도 말할 수 없이 유약하여 '일찍이 죽임을 당한' '어린 양'이 보였는가?

이스라엘 백성은 사자의 포효를 통해서가 아니라, '어린 양'이 죄의 값을 위하여 죽어야 된다는 사실을 알지 못했다. 이것도 말씀으로 확인하자. "그들이 새 노래를 불러 이르되, 두루마리를 가지시고 그 인봉을 떼기에 합당하시도다! 일찍이 죽임을 당하사 각 족속과 방언과 백성과 나라 가운데에서 사람들을 피로 *사서* 하나님께 드리시고, 그들로 우리 하나님 앞에서 나라와 제사장들을 삼으셨으니 그들이 땅에서 왕 노릇 하리로다" (5:9).

이 말씀에서 '피로 사서'는 '어린 양'이신 예수님이 그 피로 죄 값을 지불하고 죄인들을 사셨다는 것이다. 그러니까 '어린 양'은 죄의 값을 지불하신 *구속자*로 십자가에서 피를 흘리고 죽었던 것이다. 베드로 사도도 그 피 값을 이렇게 표현했다. "…너희 조상이 물려 준 헛된 행실에서 대속함을 받은 것은 은이나 금 같이 없어질 것으로 된 것이 아니요, 오직 흠 없고 점 없는 어린 양 같은 그리스도의 보배로운 피로 된 것이니라" (벧전 1:18-19).

'어린 양'은 이스라엘 백성의 출애굽을 위하여 희생된 양과 같을 뿐 아니라, 이사야가 예언한 대로 죽음으로 내몰린 양이었다. "그가 곤욕을 당하여 괴로울 때에도 그의 입을 열지 아니하였음이여! 마치 도수장으로 끌려가는 어린 양과 털 깎는 자 앞에서 잠잠한 양 같이 그의 입을 열지 아니하였도다" (사 53:7). 그렇다! 그분은 '유다의 사자'와 '다윗의 뿌리'처럼 이기셨는데, '어린 양'처럼 죽음으로 죄의 값을 *치르심으로* 이기셨다.

2. 구원자

유월절의 '어린 양'은 일 년 된 수컷 양이었는데, 새끼도 낳아보지 못하고 죽었다. 그런 이유 때문에 '일찍이 죽임을 당했다'고 묘사되었다. '우리의 유월절 양'이신 예수 그리스도의 죽음도 마찬가지였다 (고전 5:7). '세상 죄를 지고 가는 하나님의 어린 양'이라고 세례 요한이 외친대로 예수 그리스도는 결혼도 하지 못하고 일찍이 죽임을 당하셨다 (요 1:29). 그런데 그분은 죽은 지 삼일 만에 다시 살아나셨다!

부활하신 그분의 몸에는 못자국과 창 자국이 남아있었다. 십중팔구 사도 요한은 이런 자국을 지닌 '어린 양'을 보았을 것이다. 그런데 사도 요한은 그분의 부활을 직설적으로 묘사하지 않고 다른 방법으로 묘사했는데, 그의 묘사를 직접 보자. "…어린 양이 서 있는데 일찍이 죽임을 당한 것 같더라. 그에게 일곱 뿔과 일곱 눈이 있으니, 이 눈들은 온 땅에 보내심을 받은 하나님의 일곱 영이더라" (5:6).

사도요한의 묘사에 의하면, 일찍 죽은 '어린 양'에게 '일곱 뿔과 일곱 눈'이 있다는 것은 그가 죽음에서 다시 사셨다는 표현이다. 왜냐하면 죽은 양에게는 뿔과 눈이 있을 수 없기 때문이다. 죽었을 때는 뿔과 눈도 같이 죽었다. 그런데 뿔과 눈이 살아있다는 것은 그 뿔과 눈을 가진 '어린 양'이 살았다는 것을 말해준다. 그렇다! '어린 양'은 일찍이 죽임을 당했지만, 며칠 되지도 않아서 다시 살아나셨던 것이다.

그 '어린 양'은 살아나서 전지와 전능의 주님이 되었다. 그렇다면 왜 '일찍이 죽임을 당한 어린 양'이 다시 살아났는가? 그 이유는 죄인들의 구원을 위함이었다. 이것도 말씀으로 확인하자. "큰 소리로 외쳐 이르되, '*구원하심*이 보좌에 앉으신 우리 하나님과 어린 양에게 있도다'" (7:9). 이 표현은 '어린 양'이 구원자가 되었다는 것이다. 죄인들의 구원을 위하여 다시 살아나셨던 것이다.

왜 구원을 위하여 부활이 필요한가? 죄인들의 죄 값이 완전히 치러졌다는 사실이 증명되기 위해서였다. '어린 양'이 죽음으로 끝났다면, 죄인들의 죄 값이 치러진 것을 어떻게 알 수 있는가? 물론 알 수 없다! 그들의 죄 값이 100% 다 치러졌다는 사실을 증명하기 위해서 '어린 양'은 죽임을 당한 후 다시 살아나셨다. 이미 언급한 대로, 다시 살아나신 '어린 양'은 더 이상 유약하지 않고 뿔과 눈, 곧 전능과 전지의 양이 되셨던 것이다.[5]

그렇다면 죄인들은 무엇으로부터 구원을 받는가? 물론 죄의 대가로부터이다. 죄의 대가는 무엇인가? 두 가지인데, 하나는 죽음이고 또 하나는 심판이다. 모든 죄인은 그들을 향해 다가오는 죽음과 심판을 피할 수 없다. 그러나 '어린 양'이 죽었다가 부활함으로 그들은 더 이상 죽음과 심판을 당할 필요가 없게 되었다. 죄의 삯인 죽음도 '어린 양'의 부활로 해결되었고, 심판도 '어린 양'이 그들을 대신하여 심판을 받았기에 해결되었다.

3. 목자

'어린 양'의 구속을 통해 구원받은 사람들은 '순결한 자들'이다 (14:4). '어린 양'은 그들을 내버려두지 않고 인도하는 목자가 된다. 이 사실도 말씀으로 확인하자. "그들이 다시는 주리지도 아니하며 목마르지도 아니하고 해나 아무 뜨거운 기운에 상하지도 아니하리니, 이는 보좌 가운데에 계신 어린 양이 그들의 목자가 되사 생명수 샘으로 인도하시고 하나님께서 그들의 눈에서 모든 눈물을 씻어 주실 것임이라" (7:16-17).

구원받은 사람들의 목자가 된 '어린 양'은 그들을 굶거나, 목마르거나, 뜨거운 기운에 상하도록 내버려두지 않으신다. 오히려 그들을 생명수가 솟아나는 샘으로 인도한다. 마치 여호와가 이스라엘 백성을 푸른 초장과 쉴만한 물가로 인도하시는 것처럼 말이다 (시 23:2). 다윗은 이 시편을 기록하면서 '여호와는 나의 목자시니'라고 노래했다 (시 23:1). 그렇다! 목자는 양들을 물이 있는 곳으로 인도한다.

이 말씀에서 '생명수'는 충만하고도 풍성한 삶을 가리킨다. 그러니까 목자인 '어린 양'은 양들을 구원할 뿐 아니라, 그때부터 풍성한 삶을 영위할 수 있도록 인도한다는 말이다. 예수 그리스도가 자신을 선한 목자라고 하시면서, 양들에게 생명만 주시는 것이 아니라 풍성한 생명을 약속하신 것처럼 말이다. "…내가 온 것은 양으로 생명을 얻게 하고 더 풍성히 얻게 하려는 것이라" (요 10:10).

그뿐 아니라, 목자인 '어린 양'은 '그들의 눈에서 모든 눈물을 씻어주신다.' 왜 그들은 목자를 만났는데, 눈물을 흘리는가? 두 가지 이유 때문인데, 하나는 그들이 구원받았다는 이유 때문에 받은 온 갖 박해 때문이다. 또 하나는 그런 박해를 이겨내고 마침내 그들의 구원자요 목자인 '어린 양'을 만난 기쁨 때문이다. '어린 양'은 그들의 목자로서 그들이 흘리는 눈물을 손수 닦아준다. 얼마나 사랑이 넘치는 목자인가!

선한 목자이신 예수 그리스도가 양들의 이름을 일일이 부르면서 인도하시면 양들은 그 음성을 알기에 그분을 따른다 (요 10:3-4). 마찬가지로, 양들의 목자인 '어린 양'이 어디로 인도하든지 그들은 신뢰하고 따른다. 다시 말씀으로 확인하자. "이 사람들은 여자와 더불어 더럽히지 아니하고 순결한 자라. 어린 양이 *어디로 인도하든지 따라가는 자*며 사람 가운데에서 속량함을 받아 처음 익은 열매로 하나님과 어린 양에게 속한 자들이라" (14:4).[6]

'속량함을 받아 처음 익은 열매'는 하나님의 구원을 경험하고 애굽을 떠난 이스라엘 백성을 연상시킨다. 그들은 목자이신 여호와 하나님이 구름기둥과 불기둥으로 인도하시는 대로 따랐다. 그렇게 따르지 않았다면 틀림없이 굶어 죽었거나 목말라 죽었을 것이다. 뿐만 아니라, 그들을 추격해온 바로 군대의 밥이 되어 도중에서 모두 죽었을 것이다. 그러나 그들을 인도하시는 하나님을 믿고 따랐기에 그들은 홍해도 건너는 풍성한 은혜를 누릴 수 있었다.

4. 개선장군

목자는 앞장서서 인도하며 양들은 뒤에서 그 목자를 따르는 정경은 평안 그 자체이다. 그러나 그런 관계와 평안을 받아들일 수 없는 존재들이 있는데, 그들은 적그리스도와 그를 따르는 무리이다. 갑자기 그 무리가 진영을 갖추고 '어린 양'과 양들을 공격하기 시작한다. 그들의 공격은 지금까지 있었던 수많은 전쟁과는 전혀 다르다. 지금까지의 전쟁은 영토와 주권에 대한 주도권의 싸움에 지나지 않았다.

그러나 '어린 양'과 그를 따르는 양들에 대한 공격은 지역적인 영토와 주권만을 차지하기 위한 전쟁이 아니다. 그들이 일으키는 전쟁은 우주를 누가 다스리느냐를 가름하는 너무나 중요한 '영적 전쟁'이다. 그렇지 않다면 적그리스도는 모든 수단과 방법을 동원하여 공격하지 않았을 것이다. 대열을 정비하고 '어린 양'과 그를 따르는 자들을 공격해오는 진영이 얼마나 막강한지 하나님의 말씀을 통해 알아보자.

"전에 있었다가 지금 없어진 짐승은 여덟째 왕이니, 일곱 중에 속한 자라. 그가 멸망으로 들어가리라. 네가 보던 열 뿔은 열 왕이니 아직 나라를 얻지 못하였으나, 다만 짐승과 더불어 임금처럼 한동안 권세를 받으리라. 그들이 한뜻을 가지고 자기의 능력과 권세를 짐승에게 주더라" (17:11-13). 이 진영의 지도자는 '짐승', 곧 적그리스도이다. 그 짐승의 운명은 이미 결정되었는데, 얼마 지나지 않아서 '멸망으로 들어갈' 것이기 때문이다.

마지막 때에 사탄은 적그리스도를 매개로 세상을 통치하기 위해 전쟁을 일으킬 것이다. 적그리스도를 따르는 자들도 많다! 첫째는 그를 경배하며 따르는 자들이다 (13:4). 둘째 무리는 열 왕이다. 그 열 왕에 대하여 말씀을 통해 확인하자. "네가 보던 열 뿔은 열 왕이니 아직 나라를 얻지 못하였으나, 다만 짐승과 더불어 임금처럼 한 동안 권세를 받으리라. 그들이 한뜻을 가지고 자기의 능력과 권세를 짐승에게 주더라" (17:12-13).

이 열 왕은 그들이 가지고 있는 모든 능력과 권세를 적그리스도인 짐승에게 준다. 그 말은 그들의 절대적인 충성과 후원을 바치겠다는 것이다. 그들이 그런 충성을 맹세하는 목적도 분명한데, 그 목적이 이렇게 표현되었다. '그들이 한 뜻을 가지고!' 그러니까 열 왕은 한 가지 목적을 위하여 한마음과 한 뜻이 되어 적그리스도에게 충성을 바치겠다는 것인데, 그 뜻은 '어린 양'과 그의 양들을 쳐부수는 것이다.

적그리스도와 함께 이 공격에 가담한 무리가 또 있는데, 곧 세상의 다른 왕들이다. 그것도 말씀을 통해 확인하자. "그들은 귀신의 영이라; 이적을 행하여 온 천하 왕들에게 가서 하나님 곧 전능하신 이의 큰 날에 있을 전쟁을 위하여 그들을 모으더라" (16:14). 용과 짐승의 입에서 나온 악령들이 세상의 모든 왕들을 꼬드겨서 '어린 양'과 그를 따르는 양들을 공격하게 한 것이다.

결국, '어린 양'을 공격하는 그룹은 적그리스도를 포함해서 넷이다. 그들이 어마어마한 대열을 벌리고 '어린 양'을 공격하는데, 하나님의 말씀은 이렇게 묘사한다; "그들이 어린 양과 더불어 싸우려니와…" (17:14a). 그러나 '어린 양'은 한 때 가룟 유다를 앞세운 사탄의 공격에 무참히 패배한 그런 '어린 양'이 아니다. 그는 이미 언급한 대로 '일곱 뿔과 일곱 눈'을 가진, 능력으로 부활한 '어린 양'이다 (5:6).

그 '어린 양'은 적그리스도와 그 무리를 단번에 쳐부술 것이다. 다시 하나님의 말씀으로 확인하자. "어린 양은 만주의 주시요 만왕의 왕이시므로 그들을 이기실 터이요, 또 그와 함께 있는 자들 곧 부르심을 받고 택하심을 받은 진실한 자들도 *이기리로다*" (17:14). 그렇다! '어린 양'과 그를 따르는 자들이 단칼에 그들을 무너뜨릴 것이다. 어떻게 그런 단번의 승리가 가능한가? 요한계시록은 그 이유도 분명히 밝히고 있다.

'어린 양'이 '만주의 주시오, 만왕의 왕'이기 때문이다. 구약성경에서 이 칭호는 전능하신 여호와 하나님을 가리킨다. 신명기의 말씀을 보자. "너희의 하나님 여호와는 신 가운데 신이시며 주 가운데 주시요 크고 능하시며 두려우신 하나님이시라" (신 10:17). 훗날 세계를 통치하던 바벨론의 느부갓네살 왕도 그렇게 고백하였다, "너희 하나님은 참으로 모든 신들의 신이시요 모든 왕의 주재시로다" (단 2:47). 결국 '어린 양'은 싸움에서 이길 수밖에 없었다.

5. 신랑

이처럼 엄청난 전쟁에서 개선한 '어린 양'은 그를 따르는 양들과 훨씬 긴밀하고도 가까운 관계로 나아가기를 원한다. 그들이 '어린 양'을 충성스럽게 따랐기 때문이다. 목자와 양은 인도자와 인도를 받는 자들의 관계이지만, 신랑과 신부는 그렇지 않다. 신랑과 신부는 앞에서 끌어주고 뒤에서 따라가는 추종 관계가 아니라, 나란히 나아가는 관계이다. 목자와 양은 지도하고 순종하는 관계이지만, 신랑과 신부는 사랑으로 엮어진 관계이다.

'어린 양'은 양들과 이처럼 승화된 관계로 들어가기 위하여 혼인 잔치를 배설하는데, 그것을 말씀으로 확인하자. "우리가 즐거워하고 크게 기뻐하며 그에게 영광을 돌리세. *어린 양의 혼인 기약이 이르렀고…*" (19:7a). 이미 언급한 것처럼, 신부는 '순결한 자'이다 (14:4). 달리 말하면, 신부가 혼인 잔치에 참여할 준비를 마쳤다는 뜻이다. 위의 말씀을 계속 인용해보자. "*그의 아내가 자신을 준비하였으므로*" (19:7b).

신랑인 '어린 양'은 목자로서 양을 이끌며 돌보는 과정에서 애정과 사랑이 깊어졌고, 그래서 마침내 혼인 잔치에 양을 신부로 초청한다. 물론 신부도 그 초청에 응할 수 있도록 '스스로 준비하였다.' 그리고 그렇게 준비된 신부를 단장하게 하는데, 그 단장을 사도 요한은 이렇게 묘사했다. "그[녀]에게 빛나고 깨끗한 세마포 옷을 입도록 허락하셨으니, 이 세마포 옷은 성도들의 옳은 행실이로다 하더라" (19:8).

신부가 이처럼 '빛나고 깨끗한 세마포 옷을 입을 수' 있는 것은 그럴만한 자격이 충분히 있기 때문이다. 신부는 '어린 양'이 베푼 구원을 경험한 후에도 모진 박해와 고난을 믿음으로 견디어냈다. 그뿐 아니라, 목자인 '어린 양'이 이끄는 대로 마다하지 않고 전쟁터로 갔다. 한 마디로 말해서 신부는 믿음과 인내로 '어린 양'에게 충성했고, 신앙의 정조를 지켰던 것이다. 그런 행실 때문에 신부는 그처럼 빛난 세마포 옷으로 단장될 수 있었다.

'어린 양'의 혼인 잔치에 대한 묘사는 계속된다. "천사가 내게 말하기를 기록하라. 어린 양의 혼인 잔치에 청함을 받은 자들은 복이 있도다!" (19:9). 이 말씀에서 '혼인 잔치에 청함을 받은 자들'은 신부를 가리킨다. 왜냐하면 신부는 교회이며, 교회는 *에클레시아* (ἐκκλησία), 곧 '청함을 받은 자들'이기 때문이다.[7] 이 혼인 잔치를 통해 마침내 머리인 '어린 양'과 몸인 교회가 결합하여 하나가 되는 것이다 (엡 5:23).

6. 심판자

재림주인 '어린 양'은 사람들을 두 그룹으로 나눈다. 첫째 그룹은 '어린 양'의 피로 죄를 용서받아 구원받은 사람들이다. '어린 양'은 그들을 존귀하게 여기면서 특별한 관계를 맺는다. 한편 그들의 목자가 되어 그들을 보호할 뿐 아니라, 적절하게 인도한다. 그뿐 아니라, 그들을 순결한 신부로 여기면서 그들과 혼인을 하여 부부의 연을 맺는다. 그런 사랑의 관계를 유지하면서 하나님의 나라에서 영원히 함께 지낼 것이다.

둘째 그룹은 '어린 양'의 구속적 죽음을 조롱하면서 그가 제공하는 구원을 거부한 사람들이다. 한 발 더 나아가서, 그들은 적그리스도를 따르면서 '어린 양'을 대적하는 죄악을 자행하는 사람들이다. '어린 양'은 그들의 이런 이중적인 행위를 묵과하지 않는데, '일곱 눈'으로 그들의 모든 행위를 속속들이 알기 때문이다. 그런 자들을 심판하지 않고 내버려둔다면, '어린 양'은 공의를 알지 못하는 모양새가 된다.

'어린 양'은 '일곱 뿔'을 지닌 능력을 가진 자로서, 둘째 그룹의 사람들에게 책임을 물을 것이다. '어린 양'은 그들의 두 가지 행위에 대해 심판하실 터인데, 하나는 그들이 믿는 자들을 박해한 악행에 대한 심판이고, 또 하나는 그들이 짐승과 더불어 '어린 양'을 대적한 행위에 대한 심판이다. 먼저 이 불신자들이 어떻게 신자들을 박해했고, 또 그 행위에 대해 어떻게 심판을 받는지 알아보자.

다섯째 인이 떼어지자 '하나님의 말씀과 그들이 가진 증거로 말미암아 죽임을 당한 영혼들'의 간절한 호소가 나온다 (6:9). 이어서 여섯째 인이 떼어지자, 이런 처절한 울부짖음이 들린다. "땅의 임금들과 왕족들과 장군들과 부자들과 강한 자들과 모든 종과 자유인이 굴과 산들의 바위 틈에 숨어, 산들과 바위에게 말하되 우리 위에 떨어져 보좌에 앉으신 이의 얼굴에서와 그 *어린 양의 진노*에서 우리를 가리라" (6:15-16).

물론 이런 모습은 마지막 때에 일어날 세계의 혼돈된 양상이지만, 동시에 이 구절에 언급된 사람들은 그 앞에 나오는 신자들을 죽인 악행에도 연루되어 있다. 각종의 지도자들과 추종자들이 힘을 합해서 신자들을 죽였던 것이다. 그들에게 부어질 '어린 양의 진노'가 얼마나 큰지 그들은 산들과 바위 밑에라도 숨기를 바랄 것이다. 살아있는 '어린 양'의 진노를 무생물인 산들과 바위를 의지해서 피하려는 어리석은 자들이 받을 혹독한 심판이다.

또한 불신자들이 적그리스도인 짐승을 경배하면서 따른 행위에 대한 심판이다. 하나님의 말씀으로 확인하자. "누구든지 짐승과 그의 우상에게 경배하고 이마에나 손에 표를 받으면 그도 하나님의 진노의 포도주를 마시리니, 그 진노의 잔에 섞인 것이 없이 부은 포도주라. 거룩한 천사들 앞과 *어린 양* 앞에서 *불과 유황*으로 고난을 받으리니, 그 고난의 연기가 세세토록 올라가리로다" (14:9-11).

'불과 유황'으로 고난을 받는다는 것은 지옥의 심판을 가리킨다. 예수님의 말씀대로 불이 타는 지옥은 마귀를 위해 만들어진 곳이다. "마귀와 그 사자들을 위하여 예비된 영원한 불에 들어가라"(마 25:41). 마귀와 함께 심판을 받을 자들은 짐승과 우상에게 경배할 뿐 아니라, 이마에나 손에 표를 받는 자들이다. 그들은 생존을 위해 창조주 하나님을 의지하지 않고, 짐승과 우상을 의지한다. 그런 자들이 심판을 받지 않는다면 누가 받는단 말인가!

십자가에서 힘없이 피를 흘리며 죽은 '어린 양'이지만 이제는 온 세상을 심판한다. 얼마나 혁혁한 변화인가! 동시에 얼마나 분명한 경고인가! 여전히 신자들을 박해하며, 여러 가지 우상을 섬기는 자들에게 반드시 임할 심판이다. 이처럼 확실하고도 무서운 '어린 양'의 심판을 피하기 위한 방법은 한 가지뿐이다. 그것은 온 세상의 죄와 징벌을 짊어지고 십자가에서 죽은 '어린 양'이 제공하는 구원을 받아들이는 것이다.

7. 경배 받는 분

이런 '어린 양'은 경배를 받아 마땅하다. 그는 많은 죄인들을 구원하여 의인으로 변화시켰으며, 그들을 풍성한 삶으로 인도하였다. 그뿐 아니라, 적그리스도와 그 무리를 진멸시켰다. 거기에다, 한편 구원받은 그리스도인들과 혼인을 통해 한 몸을 이루었을 뿐 아니라, 또 한편 그가 제공하는 구원을 거부하고, 한발 더 나아가서 그와 그를 따르는 자들을 박해한 모든 자들을 심판하였다. 악은 제거

됐고, 선은 진작되었다!

이런 '어린 양'을 경배하지 않는다면 도대체 누구를 경배한단 말인가? 그렇다면 누가 '어린 양'을 경배하는가? '만만이요 천천인 많은 천사들'이 경배한다 (5:11). 이 천사들은 하나님의 보좌와 네 생물과 스물네 장로들을 둘러싸고 있었다. 그런데 이 천사들이 '어린 양'을 경배하면서 큰 소리로 이렇게 외친다. "죽임을 당하신 어린 양은 능력과 부와 지혜와 힘과 존귀와 영광과 찬송을 받으시기에 합당하도다" (5:12).

이 천사들은 '어린 양'의 일곱 가지 특성을 찬양하는데, 그 중 처음 네 가지, 곧 '능력과 부와 지혜와 힘'은 '어린 양'의 속성을 강조하나, 그 다음 세 가지는 '어린 양'에 대한 천사들의 자세를 강조한다. 다시 말해서, 천사들은 '어린 양'에게 '존귀와 영광과 찬송'을 올린다. 그 이유는 '어린 양'에게 죄인들을 구원하고, 변화시키고, 인도하고, 아름다운 천국으로 인도할 수 있는 '능력과 부와 지혜와 힘'이 있기 때문이다.

천사들만 '어린 양'을 경배하는 것이 아니다. 그 다음 절, 곧 5장 13절에 의하면 삼라만상이 그를 경배한다. 다시 말씀을 통해 확인하자. "하늘 위에와 땅 위에와 땅 아래와 바다 위에와 또 그 가운데 모든 피조물이 이르되, '보좌에 앉으신 이와 어린 양에게 찬송과 존귀와 영광과 권능을 세세토록 돌릴지어다.'" 다시 말해서, 하나님이 창조하신 모든 피조물이 하나님과 '어린 양'을 경배한다.

모든 피조물이 하나님을 경배하는 이유는 그분 때문에 그들이 존재하게 되었기 때문이며, 그분 때문에 그들의 미래가 결정되기 때문이다. 모든 피조물이 '어린 양'을 경배하는 이유는 '어린 양'이 과

거에 인간을 위하여 구속적 죽음을 감수하였고, 현재에 구원받은 성도를 인도하며, 미래에 그들과 혼인을 통해 하나가 되기 때문이다. 그런 창조주와 구원자에게 '찬송과 존귀와 영광과 권능'을 돌리는 것은 너무나 당연하다.

---

1) 원어에서는 29번 나오는데 (5:6, 7, 8, 12, 13, 6:1, 16, 7:9, 10, 14, 17, 12:11, 13:8, 11, 14:1-2회, 4, 10, 15:3, 17:14, 19:7, 9, 21:9, 14, 22, 23, 27, 22:1, 3), 그중 세 구절에는 두 번씩 나온다. 한글성경에서는 '그'라는 대명사를 '어린 양'이라고 2회 번역되었기에 31번 나온다 (5:7, 14:1).
2) 신약성경에서 '어린 양'이 네 번 더 나오는데, 헬라어로는 암노스(ἀμνός)로서 하나님께 바쳐 진 양을 강조할 때 쓰이는 표현이다 (요 1:29, 36, 행 8:32, 벧전 1:19).
3) Grant R. Osborne, *Revelation* (Grand Rapids, MI: Baker Academic, 2002), 257. 4) '구속자'는 죄의 값을 치룬 분을 강조하나, '구원자'는 죽음과 심판에서 죄인들을 건져주는 분을 강조한다.
5) '어린 양'이 수치의 죽음을 통해 부활의 '사자'가 되었다. 이를 위하여 다음을 보라. Graeme Goldsworthy, *The Lamb & the Lion: The Gospel in Revelation* (Nashville, TN: Thomas Nelson Publishers, 1984), 22.
6) 이 말씀에서 '여자'는 요한계시록 17장과 18장에 나오는 타락한 바벨론을 가리킨다.
7) '청함을 받은'으로 번역된 본문은 '부름을 받은', 곧 칼레오(καλέω)의 수동태 완료형이다.

The Lamb and The Bride
Revelation in a New Approach

3장

머리와 몸

머리와 몸은 분리될 수 없다. 만일 몸에서 머리가 떨어지면 그 몸은 더 이상 몸이 아니다. 왜냐하면 생명의 선이 끊어졌기 때문이다. 몸이 머리에서 떨어져도 마찬가지이다. 달리 표현하면, 머리가 있는 곳에는 몸이 있고 몸이 있는 곳에는 머리가 있다. 만일 머리가 하늘에 있으면 당연히 몸도 하늘에 있다는 말이며, 몸이 땅에 있으면 머리도 땅에 있는 것이다. 그러니까 머리와 몸은 별개의 다른 개체가 아니라 하나의 개체이다.

그런데 이런 머리와 몸의 원리를 교회에 적용한 사람이 있는데, 바울 사도이다. 그의 표현을 확인해보자. "그[그리스도]를 만물 위에 교회의 *머리*로 삼으셨느니라. 교회는 그의 *몸*이니…" (엡 1:21-22). 바울 사도는 부부의 관계를 그리스도와 교회로 비유하면서 역시 머리와 몸으로 설명했다. "이는 남편이 아내의 *머리* 됨이 그리스도께서 교회의 *머리* 됨과 같음이니, 그가 바로 몸의 구주시니라" (엡 5:23).

요한계시록의 주인공은 예수 그리스도이시다. 사도 요한은 그 책을 시작하면서 이렇게 확언했다. "예수 그리스도의 계시라!" (1:1). 예수 그리스도가 '충성된 증인'이라 불렸든 (1:5), '어린 양'이라 불렸든 (5:6), '만주의 주요 만왕의 왕'이라 불렸든 (17:14), '충신과

진실'이라 불렸든 (19:11), '하나님의 말씀'이라 불렸든 (19:13), 아
니면 '다윗의 뿌리'라고 불렸든 (22:16), 그분은 몸인 교회와 하나
를 이룬 머리이다.

예수 그리스도가 영원 전부터 계셨다는 사실은 영원 전부터 그분
의 몸인 교회도 존재했다는 말이다. 그렇지 않다면 바울 사도는 "창
세 전에 그리스도 안에서 우리를 택하사…그 기쁘신 뜻대로 우리를
예정하사 예수 그리스도로 말미암아 자기의 아들들이 되게 하셨으
니"라고 가르치지 않았을 것이다 (엡 1:4-5). 그러니까 예수 그리스
도는 창세 전부터 예정하신 '우리', 곧 교회를 구체적으로 일구시기
위해 당신의 피를 흘리고 죽기까지 하셨다 (1:5).

그렇게 핏값으로 일구어진 교회는 예수 그리스도에게 너무나 존
귀하다. 그분은 그처럼 존귀한 교회에게 중요한 역할을 맡기셨는
데, 곧 '나라와 제사장'이다 (1:6). '나라'는 세상에서 교회가 그분을
대신해서 공의를 드러내는 통치를 하라는 뜻이고, '제사장'은 '알파
와 오메가라, 이제도 있고 전에도 있었고 장차 올 자요, 전능한 자'
이신 하나님을 세상에 소개하라는 뜻이다 (1:8). '나라'가 통치를 강
조한다면, '제사장'은 사명을 강조한다.

사도 요한도 교회를 존귀하게 여겼다. 그렇지 않다면, 종말을 제
시하는 요한계시록에서 교회를 그렇게 강조하지 않았을 것이다. 실
제로 이 책에서 사도 요한은 교회로 시작해서 교회로 끝을 맺는다.
요한계시록 1~3장에서 그는 지상의 교회를, 4~5장에서는 천상天
上의 교회를, 그리고 마지막으로 21~22장에서는 완성된 교회를 각
각 제시한다. 그러니까 사도 요한이 제시한 교회에 대하여 아는 것
이 요한계시록을 이해하는 열쇠 중 하나이다.

1. 지상의 교회

사도 요한은 '주의 날', 곧 부활하신 주님께 예배를 드리는 주일에 큰 음성을 듣는다 (1:10). 그 음성은 그에게 보여줄 내용을 두루마리에 기록하여 일곱 교회에 보내라는 명령이다. 이 시점에서 사도 요한이 예수 그리스도의 계시를 받을 때, 두 가지 통로를 통해 받는다는 것을 분명히 해두자. 그 두 가지 통로 중 하나는 귀로 듣는 것이고, 또 하나는 눈으로 보는 것이다. 귀와 눈을 통해 전달되는 계시를 먼저 두루마리에 기록하라는 것이다.[1]

사도 요한이 귀로 들은 것은 일곱 교회에 대한 것이었는데, 곧 '에베소, 서머나, 버가모, 두아디라, 사데, 빌라델비아, 라오디게아' 교회였다 (1:11). 그리고 그가 눈으로 본 분은 예수 그리스도였다 (1:13-18). 다시 말해서, 그가 들은 일곱 교회에 그가 본 것을 두루마리에 기록해서 보내라는 명령이었다. 물론 그가 이렇게 듣고 본 것은 성령에 이끌렸기에 가능했다. 그렇지 않다면, 그는 '내가 성령에 감동하여' 듣고 보았다고 하지 않았을 것이다 (1:10).

그럼 왜 성령은 사도 요한에게 일곱 교회에 대해 들려주고 또 예수 그리스도의 모습을 동시에 보여주었는가? 그 이유는 너무나 분명하다! 몸이 있는 곳에는 머리가 있어야 하며, 머리가 있는 곳에 몸이 있어야 하기 때문이다. 일곱 교회는 두말할 필요도 없이 예수 그리스도의 몸이고, 그분은 그 몸, 곧 교회의 머리이다. 이미 언급한 것처럼, 머리와 몸은 분리될 수 없다. 그런 이유 때문에 교회가 있으면 당연히 그리스도 예수도 있어야 한다.

일곱 교회는 역사적으로 소아시아에 있었던 교회들이다. 그런데 그 지역에 있는 많은 교회들 가운데 일곱 교회만 선별된 이유가 있다. 이 일곱 교회의 영적 상태는 다른 시기에 그리고 다른 장소에 있는 교회들의 영적 상태를 대변할 수도 있기 때문이다. 그뿐 아니라, 이 일곱 교회에 대한 경고와 칭찬도 역시 다른 교회들에게 적용될 수 있기 때문이다. 그러므로 이 일곱 교회는 이 지상의 모든 교회를 대표한다고 해도 지나친 말은 아니다.[2]

교회의 머리이신 예수 그리스도는 몸 된 교회의 영적 상태를 하나도 빼놓지 않고 아신다. 도대체 몸의 상태를 알지 못하는 머리가 있겠는가? 물론 없다! 그러면 왜 머리는 몸의 상태를 알아야 하는가? 그 목적도 분명하다! 몸이 연약하거나 병들면, 머리는 치료의 방법을 고안해야 하기 때문이다. 만일 몸이 건강하면 머리는 칭찬과 격려를 아끼지 않는다. 몸이 위험에 처하게 되면, 머리는 즉각적으로 경고한다.

일곱 교회에 보낸 편지에는 한 가지 공통점이 있는데, 곧 '안다'이다. 에베소 교회의 '행위와 수고와 네 인내를 알고…내 이름을 위하여 견디고 게으르지 아니한 것을 *아노라*' (2:2-3). 서머나 교회의 '환난과 궁핍을 *알거니와*…' (2:9). 버가모 교회가 '어디에 사는지를 내가 *아노니* 거기는 사탄의 권좌가 있는 데라' (2:13). 두아디라 교회의 '사업과 사랑과 믿음과 섬김과 인내를 *아노니*, 네 나중 행위가 처음 것보다 많도다' (2:19).

주님은 사데 교회의 '행위를 *아노니*, 네가 살았다 하는 이름은 가졌으나 죽은 자로다' 라고 말씀하셨다 (3:1). 빌라델비아 교회에게는 이렇게 말씀하셨다. "볼지어다! 내가 네 앞에 열린 문을 두었으되 능히 닫을 사람이 없노라. 내가 네 행위를 *아노니*, 네가 작은 능력을 가지고서도 내 말을 지키며 내 이름을 배반하지 아니하였도다"
(3:8). 라오디게아 교회의 '행위를 *아노니*, 네가 차지도 아니하고 뜨
겁지도 아니하도다' (3:15).

몸의 머리이신 예수 그리스도는 몸인 교회에 대하여 속속들이 아
신다. 교회의 잘못도 아시고, 교회의 타락도 아시고, 교회의 타협
도 아시며, 교회의 행위도 아신다. 그렇게 모든 것을 아시는 주님
앞에서 교회를 일구고 있는 성도들은 두렵고 떨림으로 구원을 이루
어야 한다 (빌 2:12). 그뿐 아니라 주님 앞에서 조금이라도 잘못된
것이나 부족한 것이 있으면, 철저하게 회개해서 다시 건강을 되찾
아야 한다.

반면, 교회가 주님을 기쁘시게 한 사역에 대해선 감사하면서 그
사역에 더욱 매진해야 한다. 예를 들면, 믿음 때문에 박해와 순교를
감수한 서머나 교회는 그 믿음을 더욱 굳게 붙잡고 '믿음의 주요 온
전하게 하시는 주님을 의지하면서' 앞으로 나아가야 한다 (히 12:2).
또한 적은 능력을 가지고 선교에 헌신한 빌라델비아 교회는 계속해
서 그처럼 고귀한 사역에 매진해야 한다. 그렇게 할 때, 주님은 그
들에게 귀한 열매를 주실 것이다 (3:9).

교회의 영적 상태를 속속들이 아시는 주님은 서머나 교회와 빌라
델비아 교회를 향해선 격려와 칭찬을 아끼지 않으셨다. 그러나 나머
지 다섯 교회에 대해선 그들의 잘못을 지적하신 후 이렇게 명령하신
다: '회개하라!' (2:5, 2:16, 2:21, 3:3, 3:19). 회개의 내용은 다르
다. 에베소 교회는 첫 사랑을 버린 것을, 버가모 교회는 잘못된 가
르침을, 두아디라 교회는 음행을, 사데 교회는 영적 죽음을, 그리고
라오디게아 교회는 미지근한 신앙을, 각각 회개하라는 것이다.

주님은 왜 회개하라고 명령하시는가? 그 이유는 몸을 사랑하시기 때문이고, 그 목적은 병든 몸을 치료해서 다시 든든하게 만드시기 위해서이다. 이 교회들 가운데 가장 타락한 교회로 여겨지는 라오디게아 교회를 책망하면서 하신 말씀에서 그 몸에 대한 머리의 사랑을 느낄 수 있다. "무릇 내가 사랑하는 자를 책망하여 징계하노니, 그러므로 네가 열심을 내라. 회개하라"(3:19). 그렇다! 사랑이 없다면 그 몸이 어떻게 되든 상관하지 않았을 것이다.

머리의 사랑을 엿볼 수 있는 사실이 또 있다. 그것은 교회가 아무리 타락하고 잘못된 곳으로 갔어도, 그래도 그 교회에는 칭찬받을 만한 것들이 있다는 사실이다. 주님은 그 사랑을 소극적으로 표현하시면서 '회개하라'고 하셨지만, 동시에 그 사랑을 적극적으로도 표현하셨다. 에베소 교회는 비록 첫 사랑을 버렸지만, 칭찬받을 만한 것이 많았다: 그들이 인내로 한 수고, 악한 자들을 용납하지 않은 결단, 악한 자들과 거짓 사도를 드러낸 분별력 등.

버가모 교회는 잘못된 것을 가르치는 자들이 있었지만, 그래도 믿음으로 순교를 당한 성도가 있었다. 두아디라 교회는 음행에 연루되었지만, 그래도 '사업과 사랑과 믿음과 섬김과 인내'의 성도들이 있었다. 사데 교회는 영적으로 죽은 상태였지만, 그래도 그 교회에는 신앙의 옷을 더럽히지 않은 성도들이 있었다. 라오디게아 교회는 영적으로 미지근했지만, 그래도 그들 중에는 주님의 음성을 듣고 적극적으로 반응할 준비가 되어있는 성도들이 있었다.

이처럼 몸을 사랑하는 머리는 어떤 모습인가? 그 머리의 모습을 보자. "촛대 사이에 인자 같은 이가 발에 끌리는 옷을 입고 가슴에 금띠를 띠고, 그의 머리와 털의 희기가 흰 양털 같고 눈 같으며, 그의 눈은 불꽃 같고 그의 발은 풀무불에 단련한 빛난 주석 같고, 그의 음성은 많은 물 소리와 같으며, 그의 오른손에 일곱 별이 있고, 그의 입에서 좌우에 날선 검이 나오고, 그 얼굴은 해가 힘있게 비치는 것 같더라" (1:14-16).

그 머리는 무엇보다도 '촛대 사이에' 있는데, 촛대는 몸인 교회를 가리킨다 (1:20). 이런 모습은 머리와 몸이 분리될 수 없다는 사실을 보여준다. 그분은 제사장의 복장을 하고 있었는데, 몸을 위하여 중보하시는 모습이다. 그분의 흰 머리는 오랜 세월로 다져진 지혜를 가리키므로 탁월한 지혜로 몸을 돌보시는 모습이다. 그분의 '불꽃 같은 눈'과 '주석 같은 발'은 두아디라 교회의 은밀한 음행을 드러낼 뿐 아니라, 심판하는 모습이다 (2:18).

폭포 같이 우렁찬 음성은 그분의 능력을 가리킨다. 그분이 오른손에 일곱 별을 쥐고 있다는 것은 일곱 교회의 사자를 붙잡고 있다는 것이다 (1:20). 특히 사데 교회는 '살았다 하는 이름을 가졌으나 죽은 자'이다 (3:1). 비록 교회를 이끌어가는 많은 영적 지도자들이 여러 가지 '행위'와 '프로그램'으로 교회를 영적인 것처럼 위장하나, 머리는 그 몸이 영적으로 죽었다는 사실을 너무나 잘 안다. '일곱 별을 쥐고 있다'는 것은 얼마나 두려운 사실인가!

'그의 입에서 좌우에 날선 검이 나온다'는 묘사는 특히 버가모 교회에 대한 묘사이다. 왜냐하면 그 교회는 발람의 교훈과 니골라당의 교훈을 지키는 자들을 가려낸다는 뜻이다. 특히 발람의 교훈은 탐욕을 위하여 가르치는 지도자를 가리킨다. 그런 지도자들은 하나님의 종이 아니라, 재물의 종이다. 그런 자들은 하나님의 말씀을 있는 그대로 전달하지 않고, 니골라 당의 교훈처럼 살짝 바꾸어서 자신들의 이익을 위하여 가르친다.

마지막으로, '그 얼굴은 해가 힘 있게 비치는 것 같더라'는 몸에 붙은 머리의 마지막 모습이다. 왜 '그 얼굴은 해처럼 비치는가?' 그 이유는 간단하다! 하나님과 깊은 영교^{靈交}를 나누고 있기 때문이다. 마치 모세가 시내산에서 하나님을 깊이 만난 후, 그의 얼굴에서 광채가 난 것과 같으며 (출 34:29), 예수님이 변화산에서 광채가 난 것과 같다 (마 17:2). 그러니까 이 머리는 평범한 머리가 아니라, 하나님을 대신하여 몸에게 빛을 던져주는 머리이다.

이처럼 몸을 아끼는 머리는 놀라운 약속도 준다. 그 약속은 '하나님의 낙원에 있는 생명나무의 열매를 주며' (2:7), '생명의 관을 주며' (2:10), '새 이름을 주며' (2:17), '새벽 별을 주며' (2:28), '흰 옷을 입고 그 이름을 생명책에 남겨두며' (3:5), '새 예루살렘의 이름과 나의 새 이름을 기록한 성전의 기둥이 되게 하며' (3:12), '하나님의 보좌에 앉게 한다' (3:21). 이런 놀라운 약속이 어떻게 이루어지는지 '완성된 교회'에서 볼 것이다.

2. 천상의 교회

사도 요한은 지금까지 세상에 있는 몸의 모습을 보고 듣고 기록했다. 몸이 땅에 있기에 그 몸의 머리도 함께 땅에 있었다. 몸이 있는 곳에 당연히 머리도 있어야 하기 때문이다. 그런데 실제로는 머리인 예수 그리스도는 땅에 있지 않고 하늘에 계신다. 그분이 하늘에 계시다면, 그 머리에 붙은 몸도 당연히 하늘에 있다. 그런 이유 때문에 하늘에 계신 그분을 묘사한 요한계시록 4~5장에는 그분의 몸인 교회도 하늘에 있는 것이다.

요한계시록 4~5장은 일차적으로 성부와 성자가 좌정하신 곳에 대한 묘사이다. 그러나 성자, 곧 그리스도라는 머리가 그곳에 있기에 당연히 그 몸도 거기에 있다. 4~5장에서 교회를 찾을 수 있는 이유가 몇 가지 있다. 첫째는 교회가 하늘에 있지 않다면, 어떻게 그곳에서 내려올 수 있는가? 말씀에서 확인하자. "또 내가 보매 거룩한 성 새 예루살렘이 하나님께로부터 하늘에서 내려오니, 그 준비한 것이 신부가 남편을 위하여 단장한 것 같더라" (21:2).

이 말씀에서 '새 예루살렘'은 '남편을 위하여 단장한' 신부인데, 그 신부는 이미 살펴본 대로 교회를 뜻한다. 그 말씀을 다시 인용해보자. "우리가 즐거워하고 크게 기뻐하며 그에게 영광을 돌리세! 어린 양의 혼인 기약이 이르렀고 그의 아내가 자신을 준비하였으므로, 그에게 빛나고 깨끗한 세마포 옷을 입도록 허락하셨으니, 이 세마포 옷은 성도들의 옳은 행실이로다 하더라" (19:7-8).

결국, 하늘에서 머리인 그리스도 예수와 함께 있던 그의 몸, 곧 교회는 마지막 날에 그분의 신부로 단장한 모습으로 내려온다.[3] 그렇게 내려오는 이유는 그분과 영원히 한 몸을 이루었기에 함께 천년 왕국을 다스리기 위해서이다. 그러니까 요한계시록 4~5장은 21~22장과 연결되어 있는 것이다. 적어도 교회에 관한한 요한계시록 6~18장은 삽입된 것이다. 물론 요한계시록은 교회만을 다루지 않기에 그렇게 삽입된 부분도 말할 수 없이 중요하지만 말이다.

둘째 이유는 교회가 휴거되었기 때문이다. 휴거라는 단어는 데살로니가전서에 나오는데, 그 말씀에서 확인하자. "주께서 호령과 천사장의 소리와 하나님의 나팔 소리로 친히 하늘로부터 강림하시리니, 그리스도 안에서 죽은 자들이 먼저 일어나고, 그 후에 우리 살아남은 자들도 그들과 함께 구름 속으로 *끌어 올려* 공중에서 주를 영접하게 하시리니, 그리하여 우리가 항상 주와 함께 있으리라" (살전 4:16-17).

이 말씀에서 '끌어 올려'라는 단어가 나오는데, 헬라어로는 '움켜가다, 뺏어가다'의 뜻인 *하르파조*(ἁρπάζω)이다. 이 단어는 신약성경에서 14번이나 나오는데, 그 중 한 곳을 더 인용해보자. "내가 그리스도 안에 있는 한 사람을 아노니 그는 십사 년 전에 셋째 하늘에 *이끌려 간 자라*" (고후 12:2). 이 말씀에서 바울 사도가 성령으로 셋째 하늘로 이끌려간 것처럼, 그리스도의 몸인 교회도 '끌어 올려' 하늘에서 머리와 결합한다.

'끌어 올리다'는 라틴어로 랍뚜스(raptus)인데, 이것을 영어로 하면 rapture이며, 한글로 번역하면 휴거가 된다. 한 마디로 말해서, 교회가 성령으로 이끌리어서 하늘에 있는 머리, 곧 그리스도 예수에게로 간 것이다. 교회가 이렇게 휴거되는 것처럼, 그리고 바울이 셋째 하늘로 끌려간 것처럼, 사도 요한도 '이리로 올라오라'는 초청을 받고 그분께로 간 것이다 (4:1). 그렇게 올라간 요한은 교회를 대표한다고 할 수 있을 것이다.

요한계시록 4~5장에서 교회를 찾을 수 있는 셋째 이유를 보자. 한글성경의 요한계시록에는 '교회'가 20번 나온다. 그런데 4장부터는 그 단어가 전혀 나오지 않다가 22장 16절에 가서야 다시 나온다. 교회가 그 머리인 그리스도 예수가 좌정하신 하늘나라로 옮겨갔기에 이 세상에는 더 이상 존재하지 않는다. 그러므로 3장에서

라오디게아교회의 이야기를 끝으로 교회는 더 이상 세상에 존재하지 않고, 하늘에서 머리와 함께 있는 것이다.

교회가 하늘에 계신 머리에게로 간 사실을 확인해주는 넷째 이유는 4~18장에 나오는 용어들이 대부분 구약성경에 나오는 것들이라는 사실이다. 다시 말해서, 교회가 하늘로 올라간 후부터 하나님이 다루시는 백성은 교회가 아니라 이스라엘 백성이라는 것이다. 그들에게 익숙한 용어들로 가득한 것이다. 예를 들면, 장막, 언약궤, 제단, 장로, 향로, 인, 나팔, 재앙 등이다. 두말할 필요도 없이 이런 것들은 이방인들에게는 익숙하지 않은 용어들이다.[4]

다섯째 이유는 하늘에 있는 24장로들 때문이다. 흰 옷을 입고 금면류관을 쓰고 보좌에 앉은 24장로들은 누구인가? 그들은 구약시대의 12족장과 신약시대의 12사도들을 가리키는 인물로서, 교회를 대표한다. 마치 수천 명이나 되는 레위인들을 대표해서 24명의 장로만이 교대로 성전에서 섬긴 것처럼 (대상 24), 보좌에 앉은 24장로는 신구약을 막론한 모든 성도, 곧 교회를 대표하는 사람들이다. 그러니까 몸인 교회가 그 머리와 더불어 있는 것이다.[5]

바울 사도도 다음과 같이 언급함으로 머리와 몸이 한 가지로 하늘에 있다는 사실을 알려준다. "긍휼이 풍성하신 하나님이 우리를 사랑하신 그 큰 사랑을 인하여, 허물로 죽은 우리를 그리스도와 함께 살리셨고 (너희는 은혜로 구원을 받은 것이라), 또 함께 일으키사 그리스도 예수 안에서 *함께 하늘에 앉히시니*" (엡 2:4-6). 몸인 '우리'가 머리와 함께 죽었고, 함께 살았고, 그리고 마침내 함께 하늘에 앉히셨다는 것이다.

머리가 죽을 때, 몸도 죽었다. 그런데 그 머리가 다시 살아났을 때, 그 몸도 함께 살아났고, 그리고 그 머리가 하늘에 올라 하나님 우편에 앉자 몸도 함께 하늘에 앉은 것이다. 한발 더 나아가서, 그 머리가 다시 세상으로 재림할 때, 몸도 함께 재림한다. 바울 사도도 이에 동의하면서 이렇게 말했다. "우리 생명이신 그리스도께서 나타나실 그 때에 너희도 그와 함께 영광 중에 나타나리라" (골 3:4). 이 말씀에서 '너희'는 몸인 교회를 가리킨다.

3. 완성된 교회

히브리서 저자는 하늘에 있는 교회를 이렇게 묘사했다. "그러나 너희가 이른 곳은 시온 산과 살아 계신 하나님의 도성인 하늘의 예루살렘과, 천만 천사와 하늘에 기록된 장자들의 모임과, 교회와 만민의 심판자이신 하나님과 및 온전하게 된 의인의 영들과, 새 언약의 중보자이신 예수와 및 아벨의 피보다 더 나은 것을 말하는 뿌린 피니라" (히 12:22-24). 이 묘사에 의하면, 하늘에 있는 교회는 '하나님의 도성'이자 '하늘의 예루살렘'으로 불린다.

'하나님의 도성'이란 하나님이 계신 성이란 뜻으로, '보좌 위에 앉으신 이'가 있는 도성을 말한다 (4:2). '하늘의 예루살렘'은 교회를 뜻하며, 이 세상 끝에 '하늘로부터 내려오는 신부'라고 묘사된다 (21:2). '천만 천사'는 '보좌와 생물들과 장로들을 둘러 선 많은 천사'를 가리킨다 (5:11). '장자들의 모임'은 거듭난 사람들 중 24장로와 같은 뛰어난 지도자들을 가리킨다 (5:8). 그 모임은 다름 아닌 '교회'이며 동시에 그리스도의 몸이다.

이미 언급한 대로, 그곳에는 하나님이 계시는데, 그분은 '만민의 심판자'이시다. '온전하게 된 의인의 영들'은 물과 성령으로 거듭났을 뿐 아니라 성령의 인도와 충만으로 거룩하게 된 그리스도인들을 가리킨다. 몸의 중요한 부분인 이들은 머리이신 예수 그리스도와 성령 안에서 하나가 된 것이다. '새 언약의 중보자이신 예수'는 모세의 율법을 통한 언약이 아니라, 피로 언약을 맺었다는 뜻이다. 그분의 피는 아벨이 하나님께 드린 피보다 더 나았다.

요한계시록 4~5장과 위에서 인용한 히브리서 12장에 의하면, 하늘에는 일곱 가지가 있다: 1) 성부 하나님, 2) 성자 하나님, 3) 일곱 영, 4) 네 생물, 5) 스물 네 장로, 6) 교회=하나님의 도성=예루살렘=의인, 7) 수없이 많은 천사. 이들 모두는 성부 하나님과 성자 하나님께 예배와 경배를 드리고 있다. 특히 죄인의 구원을 위하여 피를 흘리고 일찍 죽임을 당하신 '어린 양'에게 '찬송과 존귀와 영광과 권능을 세세토록 돌리고' 있다 (5:13).

그와 같은 예배가 진행되는 동안에 몸은 머리와 실제적으로 하나가 될 준비를 한다. 왜냐하면 지상의 교회는 몸이 강조되는 교회이며, 천상의 교회는 머리가 강조되는 교회이기 때문이다. 이렇게 둘 중 하나가 부각되는 것은 어떤 의미에서는 머리와 몸의 중요성을 분리해서 접근하는 경향이 없잖아 있다. 다시 말해서, 머리와 몸이 실제로 하나가 될 때까지는 완성된 교회라고 하기 어렵다.

그러면 어떻게 머리와 몸이 진정으로 하나가 될 수 있는가? 그 방법은 혼인 예식을 통해서이다. 혼인 예식을 거치면 머리와 몸이 하나가 되기 때문이다. 그런 이유 때문에 '어린 양'의 혼인 잔치가 배설되며, 그 잔치에 초청을 받은 신부는 진정으로 복을 받은 것이다.

참으로 오랫동안 그 잔치를 기다리며 준비해온 신부이다. 이런 준비와 기다림을 잘 설명한 것이 열 신부인데, 그 중 다섯 신부만 신랑을 만나게 되었다 (마 25:1-13).

마침내 혼인 예식을 치를 날이 도래했다. 그 날을 그처럼 고대하던 모든 그리스도인은 크게 기뻐하면서 모든 것을 마련하신 하나님께 영광을 돌리지 않을 수 없다. "우리가 즐거워하고 크게 기뻐하며 그에게 영광을 돌리세! 어린 양의 혼인 기약이 이르렀고 그의 아내가 자신을 준비하였으므로, 그에게 빛나고 깨끗한 세마포 옷을 입도록 허락하셨으니, 이 세마포 옷은 성도들의 옳은 행실이로다 하더라" (19:7-8).

이 혼인은 새로운 질서와 관계로 들어가는 관문이다. 그렇지 않다면 사도 요한은 이렇게 외치지 않았을 것이다. "또 내가 새 하늘과 새 땅을 보니 처음 하늘과 처음 땅이 없어졌고 바다도 다시 있지 않더라" (21:1). 언제부터 '처음 하늘과 처음 땅'이 없어지고, '새 하늘과 새 땅'이 생기는가? 가장 중요한 전환점은 머리인 예수 그리스도와 몸인 교회가 혼인을 통하여 결합해서 완성된 교회를 이룬 때이다.

사도 요한의 묘사를 더 인용해보자. "또 내가 보매 거룩한 성 새 예루살렘이 하나님께로부터 하늘에서 내려오니, 그 준비한 것이 신부가 남편을 위하여 단장한 것 같더라" (21:2). 이 말씀에서 '거룩한 성'이란 표현은 '하나님의 도성'이란 뜻이다. '새 예루살렘'이란 이미 본대로, 그리스도의 몸인 교회를 뜻한다. 그 교회가 마침내 '하나님께로부터 하늘에서 내려오는' 것이다. 물론 혼인 잔치를 통하여 한 몸을 이룬 교회가 내려오는 것이다.

그렇지 않다면 사도 요한은 이렇게 묘사하지 않았을 것이다. '그 준비한 것이 신부가 남편을 위하여 단장한 것 같더라.' 그렇다! 신랑과 결혼으로 결합하여 하나가 되기 위하여 신부는 오랫동안 단장했다. 그리고 마침내 단장을 마치고 신랑을 맞이하였던 것이다. 그런데 그 단장이 얼마나 아름다웠던지 사도 요한은 그 단장에 대하여 다음과 같이 묘사했는데, 그 중 일부를 인용해보자.

> "일곱 대접을 가지고 마지막 일곱 재앙을 담은 일곱 천사 중 하나가 나아와서 내게 말하여 이르되, '이리 오라! 내가 신부 곧 어린 양의 아내를 네게 보이리라' 하고, 성령으로 나를 데리고 크고 높은 산으로 올라가 하나님께로부터 하늘에서 내려오는 거룩한 성 예루살렘을 보이니, 하나님의 영광이 있어 그 성의 빛이 지극히 귀한 보석같고 벽옥과 수정 같이 맑더라. 크고 높은 성곽이 있고 열두 문이 있는데 문에 열두 천사가 있고 그 문들 위에 이름을 썼으니 이스라엘 자손 열두 지파의 이름들이라" (21:9-12).

이 인용문에 의하면, 천사가 사도 요한에게 보여준 '신부, 곧 어린 양의 아내'의 모습은 놀랍기 그지없다. 우선 그 신부는 '하나님께로부터 하늘에서 내려오는 거룩한 성 예루살렘'의 모습이다. 그 예루살렘 위에는 하나님의 영광이 임하고 있어서, '지극히 귀한 보석 같고 벽옥과 수정 같았다.' 그뿐 아니라, 예루살렘 성에는 높은 성곽이 있고, 이스라엘의 열두 지파의 이름이 기록된 열두 문이 있다.

예루살렘의 성곽은 144규빗인데, 그 수는 완성을 의미한다. 왜냐하면 144=12x12로서 구약의 성도와 신약의 성도가 하나가 되어 한 교회를 일구고 있다는 사실을 보여주기 때문이다. 다시 말해서 교회인 예루살렘 성은 온전한 그리스도인들로 구성된다는 것이다. 이것은 "성벽에 함께 붙어 있는 열두 기둥에 새겨진 열두 사도의 이름과 열두 진주문에 쓰여진 열두 지파의 이름을 통해서 더욱 확증되고 있다."[6]

이처럼 아름답고 영화로운 교회, 곧 몸을 일구기 위하여 머리인 예수 그리스도는 비싼 대가를 치루셨는데, 곧 당신의 생명을 내놓으셨다. 그 피로 인하여 깨끗해진 옷을 입고 혼인 잔치에 나타난 신부가 신랑에게는 얼마나 아름답겠는가! 그들은 혼인 잔치를 통해 완전히 합쳐져서 하나가 된, 그야말로 완성된 교회를 이루어낸 것이다. 지상의 교회와 천상의 교회가 합쳐진 완성된 교회가 된 것이다.

그때 머리는 몸에게 약속하신 것들도 이루신다. 약속대로 '생명 나무의 열매'를 주시고 (2:7→22:2), '사망에 의해 해를 받지 않는 생명'도 주시고 (2:10→21:4), '새 이름'도 주시고 (2:17→22:4), '새벽별을 주시며' (2:28→22:16), '흰 옷을 입고 그 이름을 생명책에 남겨두며' (3:5→22:14), '새 예루살렘의 이름과 나의 새 이름을 기록한 성전의 기둥'이 되게 하며 (3:12→22:4), '하나님의 보좌에 앉게 한다 (3:21→22:3). 이처럼 승리의 교회가 된다!

1) 요한계시록은 사도 요한이 '보고 들은' 것을 기록한 책이다. 그러므로 요한계시록에는 '보다'와 '듣다'가 반복적으로 나온다. 이것들을 보기 위하여 부록 A를 참고하자.
2) Theodore H. Epp, *Practical Studies in Revelation*, 제1권 (Lincoln, NB: Back to the Bible Publication, 1969), 48-49.
3) 이필찬, 『요한계시록 어떻게 읽을 것인가』, 초판 3쇄 (서울: 성서유니온선교회, 2000), 79-80.
4) Tim Lahaye, *Revelation*. 개정판 (Grand Rapids, MI: Lamplighter Books, 1975), 76.
5) H. A. Ironside, *Revelation*, 제29쇄 (Neptune, NJ: Loizeaus Brothers, 1971), 81-83.
6) 이필찬, 『요한계시록 어떻게 읽을 것인가』, 266.

4장

삼중적 심판

교회가 휴거되어 하늘로 올라가자, 그분으로부터 삼중적인 심판이 땅으로 내려온다. 교회가 하늘로 올라간 이유는 머리가 있는 곳에 몸이 있어야 하기 때문이다. 그런데 그때까지 세상에서 불법과 싸우며 복음을 전하던 교회가 휴거되자, 이 세상에는 악과 싸울 수 있는 세력이 더 이상 존재하지 않게 되었다. 바울 사도가 말한 대로이다. "불법의 비밀이 이미 활동하였으나, 지금은 그것을 막는 자가 있어 그 중에서 옮겨질 때까지 하리라" (살후 2:7).

교회가 세상에서 하늘로 옮겨진 후, 세상을 손아귀에 넣고 좌지우지하는 세력이 일어난다. 물론 그 세력은 전부터 있었지만, 이제 그의 세상이 된 것이다. 그 세력은 하나님의 말씀에서 누누이 언급되면서 경고된 적그리스도이다. 사도 요한의 말로 확인하자; "아이들아, 지금은 마지막 때라! 적그리스도가 오리라는 말을 너희가 들은 것과 같이 지금도 많은 적그리스도가 일어났으니, 그러므로 우리가 마지막 때인 줄 아노라" (요일 2:18).

예수 그리스도도 이 적그리스도에 대해 언급하시면서 '멸망의 가증한 것'이라고 하셨다. "그러므로 너희가 선지자 다니엘이 말한 바 멸망의 가증한 것이 거룩한 곳에 선 것을 보거든 (읽는 자는 깨달을지저)…이는 그 때에 큰 환난이 있겠음이라; 창세로부터 지금까지 이런 환난이 없었고 후에도 없으리라"(마 24:15, 21). 그렇다! '멸망의 가증한 것이 거룩한 곳에' 나타나면서 대환난이 시작된다.

그러니까 환난은 다니엘이 예언한 대로 적그리스도의 출현으로 시작된다는 것이다. 그렇다면 다니엘은 어떻게 '멸망의 가증한 것'이 나타날 것을 예언하였는가? 바벨론의 포로가 된 다니엘은 예레미야를 읽다가 이스라엘이 포로 된 후, 70년 만에 해방될 것을 알게 되었고 그리고 회개의 기도를 시작했다. 그 기도의 응답으로 주어진 말씀 가운데 예수님이 인용하신 내용이 포함되어 있었다. 그 기도의 응답을 인용해보자.

"네 백성과 네 거룩한 성을 위하여 일흔 이레를 기한으로 정하였나니, 허물이 그치며 죄가 끝나며 죄악이 용서되며 영원한 의가 드러나며 환상과 예언이 응하며 또 지극히 거룩한 이가 기름 부음을 받으리라. 그러므로 너는 깨달아 알지니라. 예루살렘을 중건하라는 영이 날 때부터 기름 부음을 받은 자 곧 왕이 일어나기까지 일곱 이레와 예순두 이레가 지날 것이요, 그 곤란한 동안에 성이 중건되어 광장과 거리가 세워질 것이며, 예순두 이레 후에 기름 부음을 받은 자가 끊어져 없어질 것이며, 장차 한 왕의 백성이 와서 그 성읍과 성소를 무너뜨리려니와, 그의 마지막은 홍수에 휩쓸림 같을 것이며 또 끝까지 전쟁이 있으리니 황폐할 것이 작정되었느니라. 그가 장차 많은 사람들과 더불어 한 이레 동안의 언약을 굳게 맺고, 그가 그 이레의 절반에 제사와 예물을 금지할 것이며, 또 포악하여 가증한 것이 날개를 의지하여 설 것이며, 또 이미 정한 종말까지 진노가 황폐하게 하는 자

에게 쏟아지리라 하였느니라" (단 9:24-27).

1. 기간

위에 인용문에 의하면, '장차 한 왕'이 나타나는데 그가 바로 적그리스도이다. 그런데 그가 왕처럼 적그리스도의 역할을 할 기간은 '한 이레', 곧 7년이다. 유대인은 하루를 일 년으로 여기기도 한다. 이스라엘의 정탐꾼이 가나안 땅을 40일 동안 살핀 후, 그들 중 열 명이 그 땅에 들어갈 수 없다는 보고를 한 적이 있었다. 그때 모세가 이렇게 말했다. "너희는 그 땅을 정탐한 날 수인 사십 일의 하루를 일 년으로 쳐서 그 사십 년간 너희의 죄악을 담당할지니, 너희는 그제서야 내가 싫어하면 어떻게 되는지를 알리라 하셨다"(민 14:34).

이런 사실을 적용하면 다니엘의 '한 이레'는 7년의 기간이다. 그런데 이 기간은 이스라엘에게 주어진 7년이다. 달리 표현하면, 이 7년은 이방인이나 교회와는 전혀 상관없는 이스라엘 백성의 기간이라는 말이다. 그때 일어날 일은 이렇다: "네 백성과 네 성을 위하여 일흔 이레를 기한으로 정하였나니, 허물이 그치며 죄가 끝나며 죄악이 용서되며 영원한 의가 드러나며 환상과 예언이 응하며 또 지극히 거룩한 이가 기름 부음을 받으리라"(단 9:24).

이스라엘 백성은 그 7년 이후에 죄를 완전히 용서받을 뿐 아니라, '영원한 의가 드러나며…또 지극히 거룩한 이가 기름 부음을 받게 된다'는 것이다. 이런 예언은 바벨론의 종이 된 이스라엘 백성에게는 큰 소망이 될 수밖에 없었다. 왜냐하면 그들의 기름 부음을 받는 이, 곧 메시야가 나타나서 '영원한 의'를 이룬다는 것은 바벨론은 물론 그들을 억압하는 모든 악의 세력을 무너뜨리고 그들이 세상을 통치한다는 복음이 함축되어 있기 때문이다.

이 기도의 응답에서 다니엘도 이해할 수 없는 햇수가 나왔는데, 곧 7이레와 62이레, 도합 69이레이다. 숫자만으로 보면 69 다음에 나올 수는 당연히 70이다. 그런데 이상하게도 70이레가 오기 전에 두 가지 사건이 일어날 터인데, 하나는 성의 중건이고 또 하나는 '기름 부음을 받은 자가 끊어져 없어'지는 것이다. 이 두 사건은 예루살렘을 중건하라는 왕의 명령이 반포된 이후에 일어날 사건들이다.

예루살렘을 중건하라는 칙령을 주전 445년에 내린 왕은 메대 바사의 아닥사스다 왕이었는데, 느헤미야는 그 역사적인 사실을 이렇게 기록하였다. "아닥사스다 왕 제이십년 니산월에…왕이 만일 좋게 여기시고 종이 왕의 목전에서 은혜를 얻었사오면, 나를 유다 땅나의 조상들의 묘실이 있는 성읍에 보내어 그 성을 건축하게 하옵소서 하였는데…내 하나님의 선한 손이 나를 도우시므로 왕이 허락하고"(느 2:1, 5, 8).

그 칙령이 내려진 후 7이레, 곧 49년 후에 예루살렘 성이 중건되었다. 그렇게 성이 중건된 후 62이레, 곧 434년이 지나서 '기름 부음 받은 자'이신 예수 그리스도가 십자가에서 죽으셨다. 그러니까 아닥사스다 왕이 칙령을 내린 때부터는 69이레, 곧 483년 후였다.[1] 그 다음에 오는 70이레에 적그리스도가 나타났는가? 아니면 '지극히 거룩한 이가 기름 부음'을 받으셨는가? 물론 아니다!

역사적으로 69이레 후, 연이어서 70이레에 있을 두 가지 예언--언약을 맺고 제사를 금하는--예언이 따르지 않았기에 다니엘의 예언이 어렵다. 69이레 이후에 이스라엘 백성이 아니라 주로 이방인들로 구성된 교회가 삽입되었던 것이다. 다니엘을 비롯한 구약의 선지자들은 69이레와 70이레 사이에 나타날 교회에 대해 전혀 알지 못했다.[2] 그들은 메시야의 초림과 재림에 대해서 하나님의 계시를 통해 희미하게 인지하고 있었을 뿐이었다.

위의 설명대로라면 이 세상에 교회가 있는 동안에는 70번째 이레가 올 수 없는데, 첫째 이유는 70이레는 이스라엘 백성에게 약속되었기 때문이다. "네[이스라엘] 백성과 네[이스라엘의] 거룩한 성을 위하여 일흔 이레로 기한으로 정하였나니" (단 9:24a). 둘째 이유는 70이레가 끝나면 "허물이 그치며 죄가 끝나며 죄악이 용서되며 영원한 의가 드러나며…지극히 거룩한 이가 기름 부음을 받게"되기 때문이다 (단 9:24b).

그런데 이미 살펴본 대로, 교회는 어느 날 휴거되어 하늘로 올라갈 것이다. 다시 말해서 교회가 더 이상 세상에 있지 않게 된다는 말이다. 교회가 휴거되는 순간부터 다니엘이 예언한 70이레가 시작된다. 그때 적그리스도가 나타나서 "장차 많은 사람들과 더불어 한 이레 동안의 언약을 굳게 맺을 것이다" (단 9:27). 그리고 그는 명실상부한 세계의 통치자가 되어 7년간 경제적으로, 군사적으로, 외교적으로, 종교적으로 통치할 것이다.

이런 역사적인 사실들을 한 눈에 볼 수 있도록 도해해보자.

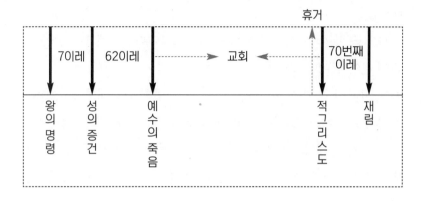

69이레와 70이레

70이레 | 620이레 | 교회 | 휴거 | 70번째 이레

왕의 명령 | 성의 증건 | 예수의 죽음 | 적그리스도 | 재림

2. 적그리스도

가브리엘 천사는 다니엘에게 70번째 이레를 알려줄 뿐 아니라, 그 7년의 기간에 나타날 적그리스도에 대해서도 알려주었다. 다니엘의 말을 다시 인용해보자. "장차 한 왕의 백성이 와서 그 성읍과 성소를 무너뜨리려니와 그의 마지막은 홍수에 휩쓸림 같을 것이며 또 전쟁이 있으리니, 황폐할 것이 작정되었느니라"(단 9:26b). 이 말씀에 의하면, 적그리스도는 이스라엘의 성읍과 성소를 무너뜨리겠으나, 그의 종말도 홍수처럼 갑자기 닥칠 것이다.

적그리스도는 '그가 장차 많은 사람들과 더불어 한 이레 동안의 언약을 굳게 맺는' 방법을 통해서 간교하게 등장한다. 그가 어떻게 '많은 사람들과 언약을 맺을 수 있는가?' 그것은 그에게 주어진 능력 때문이다. 그에 대한 사도 요한의 묘사를 보자. "내가 보니 바다에서 한 짐승이 나오는데 뿔이 열이요 머리가 일곱이라. 그 뿔에는 열 왕관이 있고 그 머리들에는 신성모독 하는 이름들이 있더라" (13:1).

사도 요한이 본 짐승이 바로 적그리스도이다. 그에게는 일곱 머리에 뿔이 열이나 달려있고, 그 뿔에는 왕관이 있다. 이 적그리스도에게 사탄이 능력을 주는데, 말씀으로 확인하자. "내가 본 짐승은 표범과 비슷하고 그 발은 곰의 발 같고 그 입은 사자의 입 같은데, 용이 자기의 능력과 보좌와 큰 권세를 그에게 주었더라" (13:2). 표범과도 같고 곰의 발을 가지며 사자의 입을 가진 이 짐승에게 용, 곧 사탄이 능력과 권세를 주었다.

적그리스도의 이런 모습은 일찍이 다니엘이 본 적그리스도와 같았다. 다니엘은 독수리와 곰과 표범을 차례로 보았는데, 마지막으로 본 짐승은 머리에 열 뿔이 있었다. 그 짐승은 "무섭고 놀라우며 또 매우 강하며 또 쇠로 된 큰 이가 있어서 먹고 부서뜨리고 그 나머지를 발로 밟았으며, 이 짐승은 전의 모든 짐승과 다르고 또 열 뿔이 있더라" (단 7:7). 사도 요한이 본 적그리스도는 다니엘이 본 네 짐승의 혼합이었다.

사도 요한이 본 적그리스도가 네 동물로 혼합된 짐승인 이유를 보자. 적그리스도는 독수리와 곰과 표범의 특징을 두루 갖추었기 때문이다. 그는 독수리처럼 멀리 보며, 곰처럼 닥치는 대로 먹으며, 먹잇감을 위하여 표범처럼 재빠르게 행동한다. "적그리스도의 특징은 네 짐승의 잔인함과 사나움을 합친 것보다 더 무섭고 잔인하다는 것이다. 실제로 적그리스도는 문자 그대로 온 천하를 정복하고 지배할 것이다."[3]

적그리스도의 머리 하나가 죽었으나 용이 그를 부활시킨 후, 모든 사람이 용과 그 짐승, 곧 적그리스도를 경배하게 한다 (13:4). 그 후 적그리스도는 "과장되고 신성모독을 말하는 입을 받고 또 마흔 두 달 동안 일할 권세를 받으니라. 짐승이 입을 벌려 하나님을 향하여 비방하되, 그의 이름과 그의 장막 곧 하늘에 사는 자들을 비방하더라" (13:5-6). 그의 부활 이후 기고만장하여 스스로를 한껏 높이면서 하나님을 대적하기 시작한다.

바울 사도의 예언대로이다. "그는 대적하는 자라. 신이라고 불리는 모든 것과 숭배함을 받는 것에 대항하여 그 위에 자기를 높이고, 하나님의 성전에 앉아 자기를 하나님이라고 내세우느니라" (살후 2:4). 그런데 적그리스도의 이런 짓을 이미 다니엘도 예언했다. "그가 장차 지극히 높으신 이를 말로 대적하며…그가 또 때와 법을 고치고자 할 것이며 성도들은 그의 손에 붙인 바 되어 한 때와 두 때와 반 때를 지내리라" (단 7:25).

이미 언급한 대로, 적그리스도는 7년 동안 평화조약을 맺고 세상을 휘둘렀다. 그러나 그것으로 만족하지 않고, 그 7년 중 반이 지나자, 그 조약을 깨뜨렸다. 다니엘의 예언대로 '한 때와 두 때와 반 때', 곧 3년 6개월을 지낸 후였다. 사도 요한은 이 3년 6개월을 '마흔 두 달'이라고 표현했는데, 같은 기간이다. 물론 사도 요한도 다니엘이 말한 대로 '한 때와 두 때와 반 때'라고 표현했으며 (12:14), 또 천이백육십일이라고도 했다 (12:6).

다니엘의 예언을 다시 인용하자. "그가 장차 많은 사람들과 더불어 한 이레 동안의 언약을 굳게 맺고, 그가 그 이레의 절반에 제사와 예물을 금지할 것이며, 또 포악하여 가증한 것이 날개를 의지하여 설 것이며, 또 이미 정한 종말까지 진노가 황폐하게 하는 자에게 쏟아지리라 하였느니라" (단 9:27). 적그리스도는 "스스로 높아져서 군대의 주재를 대적하며 그에게 매일 드리는 제사를 없애 버렸고 그의 성소를 헐었다" (단 8:11).

적그리스도는 이스라엘과 7년간 맺은 언약을 깬 후, 유대인의 성읍과 성소를 헐어버렸을 뿐 아니라, 하나님께 드리는 제사도 폐지했다. 그때부터 7년 중 후반기 3년 6개월 동안 적그리스도는 너무나 잔인하고 참혹하게 사람들을 다스렸다. 그 중 가장 혹독한 시련을 당한 사람들은 메시야를 기다리던 유대인들이었다. 그런 이유 때문에 예수 그리스도도 이 기간을 '큰 환난'이라고 하셨다.

그분의 말씀을 다시 인용해보자. "이는 그 때에 큰 환난이 있겠음이라; 창세로부터 지금까지 이런 환난이 없었고 후에도 없으리라. 그 날들을 감하지 아니하면 모든 육체가 구원을 얻지 못할 것이나, 그러나 택하신 자들을 위하여 그 날들을 감하시리라" (마 24:21-22). '그 날들'을 어떻게 감하시겠다는 말인가? 이미 다니엘을 통해 예언했고, 그리고 사도 요한을 통해서 확증한 대로, 그 언약의 기간은 7년이었는데, 큰 환난은 그 절반이었다.

이 기간 중 적그리스도를 돕는 또 하나의 세력이 있는데, 그것은 '땅에서 올라온' 짐승으로 미혹의 선지자였다. 적그리스도가 '바다에서 나왔으나' (13:1), 미혹의 선지자인 짐승은 땅에서 나왔다. 그는 사람들로 하여금 바다에서 나온 적그리스도를 경배하게 하고 (13:12), 많은 이적을 행하면서 적그리스도의 우상을 만들게 한다 (13:14). 그리고 이 짐승은 표를 받지 않은 사람은 매매를 못하게 한다 (13:17).

그러니까 이 70번째 이레 기간에 세상을 미혹하며, 속이며, 하나님을 등지게 하고, 적그리스도를 숭배하게 하는 짐승과, 적그리스도에게 능력을 준 용(사탄)과, 적그리스도는 마치 성삼위를 모방한 듯 악의 삼위일체가 된다. 그러나 그들의 기간은 정해져 있는데, 곧 7년이다. 그 7년이 끝나면 예수 그리스도는 모든 성도와 더불어 이 세상에 다시 오셔서 그분의 나라를 건설하시고 통치하실 것이다. 이런 것을 도표로 보자.

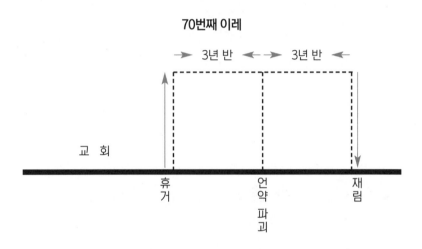

70번째 이레

적그리스도는 하나님의 말씀에서 여러 가지 이름으로 불렸는데, 그 이름마다 그 특성을 나타내고 있다. 아홉 가지나 되는 그 이름들을 열거해보자: '짐승' (13:1), '불법의 사람' (살후 2:3), '불법한 자' (살후 2:8), '가증한 것' (마 24:15), '작은 뿔' (단 7:8), '뻔뻔한 왕' (단 8:23), '장차 올 왕' (단 9:26), '비천한 사람' (단 11:21), '자기 마음대로 행하는 왕' (단 11:36).

적그리스도에서 '적'은 헬라어로 *안티*(ἀντί)인데, 그것은 '반대하는'과 '대신하는'의 두 가지 의미를 갖는다. 그런데 위에 열거한 이름들에는 이 두 가지를 나타내는 것들이 있다. 그리스도를 반대하는 이름은 '짐승', '불법의 사람', '불법한 자', '가증한 것' 및 '비천한 사람'이다. 그리스도를 대신하는 이름은 '작은 뿔', '뻔뻔한 왕', '장차 올 왕' 및 '자기 마음대로 행하는 왕'이다.

적그리스도는 인간적으로는 천재인데다, 사탄이 준 능력까지 받은 거의 초인간적인 사람이다. 그는 속임수의 대가로서 거짓 평화조약을 이스라엘과 맺는다. 그러나 실상은 세상을 전쟁의 도가니로 몰아넣은 장본인이다. 그가 나타날 때, 다음과 같은 일이 일어날 터인데, 이런 일들은 적그리스도만이 할 수 있는 것들이다 [4]:

1) 그는 마지막 때에 권좌에 오를 것이다 (단 8:19-23).

2) 그는 교회가 휴거되기 전까지는 나타나지 않을 것이다 (살후 2:3-8).

3) 그는 온 세계를 다스릴 것이다 (13:7).

4) 그는 국제적인 동의를 얻으며 다스릴 것이다 (17:12-13).

5) 그는 속임수로 다스릴 것이다 (단 8:24-25).

6) 그는 영리하며 설득력이 있을 것이다 (단 7:20).

7) 그는 온 세계의 경제를 통제할 것이다 (13:16-17).

8) 그는 거짓 선지자의 도움을 받을 것이다 (13:11-18).

9) 그는 이스라엘과 평화조약을 맺었다가 깨뜨릴 것이다 (단 9:26-27).

10) 그는 스스로 하나님이라고 할 것이다 (살후 2:4).

3. 심판

이제 7년 환난은 다니엘 선지자가 예언한 대로 시작된다. 그 환난이 시작되자 사탄인 용과 바다에서 나온 짐승인 적그리스도와 땅에서 나온 짐승, 곧 미혹의 선지자의 세상이 된다. 그런 세상을 향해 하나님은 진노와 심판을 쏟아 붓기 시작하신다. 그런데 심판의 내용이 기록된 두루마리에 찍힌 인을 뗄 수 있는 자가 없었으나, '일찍이 죽임을 당하신 어린 양'이 그 인을 떼신다.

그 '어린 양'이 인을 떼시기에 합당한 이유는 그분이 "…일찍이 죽임을 당하사 각 족속과 방언과 백성과 나라 가운데에서 사람들을 피로 사서 하나님께 드리시고, 그들로 우리 하나님 앞에서 나라와 제사장들을 삼으셨으니 그들이 땅에서 왕 노릇 할 수 있게" 하셨기 때문이다 (5:9-10). 다시 말해서, 그분이 십자가에서 흘리신 피 값으로 많은 사람들을 구속하셨을 뿐 아니라, 그들로 죽음의 한계를 극복하게 하신 그 승리 때문에 인을 떼실 수 있다.[5]

'어린 양'이 그 인을 떼시자 하나님은 심판을 땅에 쏟아 붓기 시작하시는데, 그 심판은 문자 그대로 삼중적인 심판이다. 그 심판이 삼중적인 이유가 두 가지인데, 하나는 세 가지 심판, 곧 일곱 인 심판과 일곱 나팔 심판과 일곱 대접 심판이기 때문이다. 또 한 가지 이유는 이 세 가지 심판이 연이어서 행해지기 때문이다. 일곱 번째 인이 떼어지면, 그것은 바로 일곱 나팔 심판으로 이어지고, 또 일곱 번째 나팔 심판은 일곱 대접 심판으로 이어진다.

삼중적인 심판을 도해로 풀어보자.

삼중적 심판

일곱 인 심판																			
1	2	3	4	5	6	7													
						일곱 나팔 심판													
						1	2	3	4	5	6	7							
												일곱 대접 심판							
												1	2	3	4	5	6	7	

삼중적 심판, 곧 일곱 인 심판과 일곱 나팔 심판과 일곱 대접 심판에서 공통점이 있는데, 그것은 이 모든 심판이 둘로 분류될 수 있다는 것이다. 하나는 처음 네 심판이고, 또 하나는 그 다음의 세 가지 심판이다. 그러니까 일곱 인 심판은 처음 네 심판과 그 다음 세 심판으로 분류할 수 있다. 나팔 심판과 대접 심판도 마찬가지로, 처음 네 심판과 그 다음 세 심판으로 분류된다.

이 세 가지 심판에서 모두 처음 네 심판은 지구에 대한 심판이나, 그 다음 세 심판은 우주에 대한 심판이다. 이 세 심판 가운데 중간에 있는 나팔 심판을 예로 들어보자. 첫째 심판은 땅에 내려지고, 둘째 심판은 바다에 내려지고, 셋째 심판은 강에 내려지고, 넷째 심판은 태양과 달과 별들의 빛을 때려서 지구를 어둡게 만드는 심판이다. 반면에 다섯째에서 일곱째 심판은 지구가 아니라, 우주적인 심판이 내려진다 (8:7 이하).

1) 일곱 인 심판

일곱 인 심판 중 **첫째 인 심판**을 보자. "내가 보매 어린 양이 일곱 인 중의 하나를 떼시는데…이에 내가 보니 흰 말이 있는데 그 탄 자가 활을 가졌고, 면류관을 받고 나아가서 이기고 또 이기려고 하더라"(6:1-2). 흰 말을 탄 자는 그리스도 예수를 대신하려고 한 적그리스도이다. 그리스도는 흰 말을 타고 다시 세상에 오실 터인데 (19:11), 적그리스도는 그분을 모방한 것이다. 그리스도가 많은 면류관을 쓰고 재림하시는 것처럼, 이 적그리스도도 면류관을 쓴다.

그런데 적그리스도가 쓴 면류관은 정복자가 쓰는 것이나, 그리스도가 쓰신 면류관은 왕이 쓰는 것이다. 헬라어로 보면 이 두 가지 면류관이 완전히 다른데, 적그리스도가 쓴 것은 스테파노스 (στέφανος)인데 반하여, 그리스도가 쓰신 면류관은 *디아데마* (διάδημα)이다. 얼핏 보면 적그리스도도 그리스도처럼 면류관을 쓰고, 백마를 타고 달려오면서 평화를 선포하는 것처럼 보인다. 그가 평화를 선포하는 것을 어떻게 알 수 있는가?

그는 활을 가졌으나 그 활에는 화살이 언급되지 않는다. 적그리스도는 많은 사람들과 평화 조약을 맺으면서 세상의 통치자가 된다는 것을 이미 살펴보았다. 그는 화살 없이 세상을 정복하려 하는 것이다. 그가 '이기고 또 이기려고 하더라'는 묘사는 전쟁을 치루지 않고, 다시 말해서 사람을 죽이지 않으면서 세상을 정복하려 한다는 것을 뜻한다. 틀림없이 거짓 평화라는 속임수로 세상을 지배하려고 할 것이다.

이미 살펴본 대로, 인을 뗄 수 있는 분은 '어린 양'이신 예수 그리스도뿐이다. 도대체 무엇이 기록되었기에 인을 쳤으며, 또 '어린 양'

만이 그 인을 뗄 수 있는가? 인을 친 두루마리에는 마지막 때의 심판이 기록되어 있는데, 그 인을 떼면 심판이 시작된다. 그렇다면 '어린 양' 외에 누가 그 인을 떼어 심판이 시작되게 할 수 있는가? 하나님은 다니엘에게도 그 비밀을 마지막 때까지 간수하고 봉함하라고 하신 바 있었다 (단 12:4).

둘째 인 심판은 이렇게 전개된다. "이에 다른 붉은 말이 나오더라. 그 탄 자가 허락을 받아 땅에서 화평을 제하여 버리며 서로 죽이게 하고 또 큰 칼을 받았더라" (6:4). 첫째 인 심판에서 적그리스도가 '이기고 또 이기려고 한' 정복의 욕구는 활활 타오른다. 이번에는 '붉은 말'을 타고 나타나는데, 그 색깔은 전쟁과 피를 상징하고도 남는다. 그 붉은 말은 '붉은 용'을 닮아서 사람들의 피에 굶주려 있다 (12:3).

비록 그가 피에 굶주려서 날뛰지만, 결국 하나님의 심판의 도구에 지나지 않는다. 그에게 세 가지가 허락되는데, 첫째는 '땅에서 화평을 제하여 버리는' 것이다. 비록 그가 평화조약을 통해 지도자가 되지만 그것은 속임수에 지나지 않는다. 그의 궁극적인 목적은 '땅에서 화평을 제하는' 것이다. 둘째는 '서로 죽이게 하는' 것이다. 이것은 전쟁을 통해 죽이는 것이 아니라, 내전을 통해 서로를 무참하게 죽이게 하는 것이다.

그에게 허락된 셋째는 '큰 칼을 받은 것'이다. 이 표현에서 칼이 크다는 것은 칼의 크기만을 뜻하지 않는다. '큰 칼'은 생과 사를 주무를 수 있는 능력을 상징한다. 흔히 이런 칼은 그 당시 로마의 황제나 장군들만이 사용할 수 있는 칼인데, 그 칼로 얼마든지 무고한 사람들을 죽일 수 있다는 것을 뜻한다. [6] 적그리스도는 이런 칼을 휘두르면서 세계를 정복하고, 그리고 다스릴 것이다.

셋째 인 심판은 이렇게 묘사된다. "셋째 인을 떼실 때에 내가 들으니, 셋째 생물이 말하되 오라 하기로 내가 보니 검은 말이 나오는데 그 탄 자가 손에 저울을 가졌더라" (6:5). 이것은 기근의 심판이다. 틀림없이 기근의 원인은 둘째 인 심판인 전쟁의 결과일 것이다. 그처럼 큰 살육을 가져온 전쟁의 결과는 필연적으로 농산물의 결핍을 가져오게 되어 있다. 농사의 때를 맞출 수 없을 뿐 아니라, 농사를 지을 사람의 부족 때문이다.

서로를 죽이고 죽는 내전 중 누가 농사에 신경을 쓰겠는가? 이 기근이 얼마나 심한지 사람들은 차라리 전쟁 중에 죽지 못한 것을 애석해 할 지경이다. 하나님의 말씀에서 확인하자. "이제는 그들의 얼굴이 숯보다 검고 그들의 가죽이 뼈들에 붙어 막대기 같이 말랐으니, 어느 거리에서든지 알아볼 사람이 없도다. 칼에 죽은 자들이 주려 죽은 자들보다 나음은 토지 소산이 끊어지므로 그들은 찔림 받은 자들처럼 점점 쇠약하여 감이로다" (애 4:8-9).

그 굶주림이 얼마나 심각한지 사람들은 하루 벌어서 자신만 입에 풀칠을 할 수 있다. 그의 부모와 처자는 굶을 수밖에 없다. 말씀에서 확인하자. "…한 데나리온에 밀 한 되요, 한 데나리온에 보리 석 되로다; 또 감람유와 포도주는 해치지 말라 하더라" (6:6). '한 데나리온'은 하루의 임금인데, 평상시 같으면 그 임금으로 네 배의 곡식을 살 수 있다.[7] 그러나 부자들의 식물인 감람유와 포도주는 괜찮다. 결국 가난한 자들이 받는 고통이다.

넷째 인 심판은 더욱 심각하다. "내가 보매 청황색 말이 나오는데 그 탄 자의 이름은 사망이니 음부가 그 뒤를 따르더라. 그들이 땅

사분의 일의 권세를 얻어 검과 흉년과 사망과 땅의 짐승들로써 죽이더라" (6:8). '청황색'은 질병과 죽음의 색깔인데,[8] 그 말을 탄 자의 이름은 사망이다. 문자 그대로 그는 닥치는 대로 사람들을 죽이는데, 그 수가 자그마치 '땅 사분의 일'이나 된다.[9] 그 뒤를 따르는 음부는 육체적으로 죽은 영혼들이 가는 곳이다.

'땅의 사분의 일'이나 되는 많은 사람들을 죽이는 방법은 네 가지인데, '칼, 흉년, 사망 및 땅의 짐승들이다.' 칼은 두 번째 심판의 방법이고, 흉년은 세 번째 심판의 방법이다. '전염병'으로 번역될 수 있는 '사망'도 많은 사람들을 죽이며, '땅의 짐승들'도 역시 못지않게 많은 사람들을 죽인다. 사람들을 닥치는 대로 죽이는 '땅의 짐승들'은 육식동물을 가리킬 수도 있고, 사람들을 무력하게 만드는 각종의 세균과 바이러스virus일 수도 있다.

하나님은 불순종하는 이스라엘을 '들짐승'과 '칼'과 '염병'과 '기근'으로 심판하시겠다고 경고하신 바 있었다 (레 26:21-26). 이처럼 분명한 경고를 무시하고 불순종한 그 백성에게 네 가지 심판을 내리신 적이 있었다. "…내가 나의 네 가지 중한 벌 곧 칼과 기근과 사나운 짐승과 전염병을 예루살렘에 함께 내려 사람과 짐승을 그 중에서 끊으리니, 그 해가 더욱 심하지 아니하겠느냐?" (겔 14:21). 그런데 마지막 때에도 이렇게 네 가지로 심판하신다.

이제부터 **다섯째 인 심판**이 전개되는데, 이 심판은 앞의 네 심판과는 전혀 다르다. 말도 나오지 않으며, 칼과 기근과 사나운 짐승과 전염병이라는 심판의 도구도 나오지 않으며, 심판의 대상도 나오지 않는다. '땅'이라는 심판의 장소를 떠나 우주적인 곳으로 옮겨진다. 그렇게 옮겨진 후, 첫 번째 인 심판인 다섯째 인 심판은 이미 죽은 자들, 곧 순교자들의 호소와 기도를 포함한다. 그 내용을 직접 들어보자.

"다섯째 인을 떼실 때에 내가 보니 하나님의 말씀과 그들이 가진 증거로 말미암아 죽임을 당한 영혼들이 제단 아래에 있어, 큰 소리로 불러 이르되, '거룩하고 참되신 대주재여! 땅에 거하는 자들을 심판하여 우리 피를 갚아 주지 아니하시기를 어느 때까지 하시려 하나이까?' 하니, 각각 그들에게 흰 두루마기를 주시며 이르시되, '아직 잠시 동안 쉬되 그들의 동무 종들과 형제들도 자기처럼 죽임을 당하여 그 수가 차기까지 하라' 하시더라" (6:9-11).

다섯째 인을 떼자, 환난 중에 믿고 그리고 '하나님의 말씀'과 '그들의 증거' 때문에 순교를 당한 성도들이 보인다.[10] 그들이 제단 아래에 있는데, 옛적에 하나님께 드려진 동물의 피가 번제단에 부어진 것처럼, 하나님께 바쳐진 순교자들이다. 그들은 언제 '우리 피를 갚아주시며', 또 '땅에 거하는 자들을 심판하시겠느냐'고 물었다. 그들은 하나님이 공의를 나타내셔야 한다고 호소한 것이다.

당연히 그리스도인들은 원수까지도 용서하면서 사랑을 베풀어야 한다. 그러나 그것은 마지막 때의 심판이 시작되기 전, 곧 은혜의 시대에 나타내는 용서와 사랑이다. 그 시대가 지난 현재는 하나님의 심판이 진행 중인 70번째 이레 중이다. 죄인이라면 누구나 그들의 잘못과 악행에 대해 책임을 지고 심판을 받는 때라는 말이다. 그런 까닭에 이 성도들은 하나님의 마음을 대변하면서 호소하는 것이다.[11]

하나님은 '흰 두루마기를 주시며 아직 잠시 쉬라'고 하신다. '흰 두루마기'는 예수의 피로 씻기어진 '기쁨과 순결'의 옷이며 (7:14),[12]

마지막 때에 순교자들이 입는 옷이다. 잠시 쉬면서 순교자들의 수를 채울 때까지 기다리라는 것이다. 예수님이 예언하신 대로 마지막 때에 많은 신앙인들이 죽을 것이기 때문이다. "그 때에 사람들이 너희를 환난에 넘겨주겠으며 너희를 죽이리니, 너희가 내 이름 때문에 모든 민족에게 미움을 받으리라" (마 24:9).

여섯째 인 심판은 많은 성도를 죽인 악한 사람들에 대한 것이다. 하나님을 대적하면서 성도들을 무자비하게 죽인 악인들을 하나님은 심판하지 않으실 수 없다. 그 죽은 자들의 호소에 '잠시' 기다리라고 응답하셨는데, 그 응답대로 이제부터 악인들에 대한 심판이 내려질 것이기 때문이다. 그 심판은 지금까지 있었던 다섯 심판을 모두 합친 것보다 더 무서운데, 그 이유는 땅에 대한 심판이 아니라 우주에 대한 심판이기 때문이다.

"내가 보니 여섯째 인을 떼실 때에 큰 지진이 나며 해가 검은 털로 짠 상복 같이 검어지고 달은 온통 피 같이 되며, 하늘의 별들이 무화과나무가 대풍에 흔들려 설익은 열매가 떨어지는 것 같이 땅에 떨어지며, 하늘은 두루마리가 말리는 것 같이 떠나가고 각 산과 섬이 제 자리에서 옮겨지매" (6:12-14). 이 심판은 여섯 가지인데, 곧 1) 지진, 2) 해, 3) 달, 4) 별들, 5) 하늘 및 6) 산과 섬이다.

이 심판의 첫째는 '지진'이다. 요한계시록에서 '지진'은 일곱 번 나오는데 (6:12, 8:5, 11:13-2회, 19, 16:18-2회), 구약성경에서 '지진'은 하나님의 현현顯現에 대한 이미지이며, 종종 하나님의 진노에 대한 징후였다 (사 13:13).[13] 하나님은 창조주이며 구속자이신 그분을 등지면서 '짐승'에게 경배하며 성도들을 죽인 반항적인 악인들에게 지진이라는 심판을 내리신다. 그 지진이 얼마나 심각한지, 그 지진 때문에 지구는 물론 하늘조차 흔들린다.

해와 달이 색깔을 잃고, 별들이 하늘에서 떨어지며, 하늘은 두루마리가 말리는 것처럼 떠나간다. 당연히 산들과 섬들이 제자리를 벗어나면서 요동친다. 지금까지 악인들이 의지하던 하늘과 땅은 질서를 잃으면서 모든 것이 무질서와 혼동 속에 빠진다. 이런 우주의 뒤틀림에 두려워하지 않는 인간은 없다. 한때는 기고만장하면서 하나님을 비방하면서 성도들을 죽이지만, 이제는 하나님의 심판을 인지하며 두려워 떨게 된 것이다.

"땅의 임금들과 왕족들과 장군들과 부자들과 강한 자들과 모든 종과 자유인이 굴과 산들의 바위틈에 숨어 산들과 바위에게 말하되, '우리 위에 떨어져 보좌에 앉으신 이의 얼굴에서와 그 어린 양의 진노에서 우리를 가리라. 그들의 진노의 큰 날이 이르렀으니 누가 능히 서리요' 하더라" (6:15-17). 예수님의 예언이 이루어지는 순간이다. "그 때에 사람이 산들을 대하여 우리를 덮으라 하리라" (눅 23:30). 이 악인들은 지진을 비롯한 지구와 하늘의 요동이 하나님의 심판이라는 사실을 분명히 알고 있다.

그렇다면 그들은 당연히 하나님 앞에서 회개하면서 그들의 악행에서 돌이켜야 한다. 그러나 오히려 그들을 도와줄 수 없는 '산들과 바위'에게 도움을 요청하고 있는 것이다. 그런 것들도 하나님이 심판의 도구로 쓰시고 있는데 말이다. 그들은 이 심판이 '보좌에 앉으신 이의 얼굴'과 '어린 양의 진노'에서 시작된 것도 안다. '어린 양'은 '일찍 죽임을 당한 것' 같으나 (5:6), 그로 인해 인을 뗄 수 있으며 (6:1), 이제는 의로운 심판자가 된 것이다 (6:16).

그러면 의로운 심판을 받아야 할 사람들은 누구인가? 일곱 종류의 사람들인데, 첫째는 '임금들'로 그들의 권세를 짐승에게 바친 자들이다. 둘째, '왕족들'은 실제로 나라를 다스리는 자들이다. 셋째, '장군들'은 1,000명의 군인들을 통솔하는 천부장에 해당되는 자들이다.[14] 넷째, '부자들'은 경제적으로 나라를 다스리는 자들이다. 다섯째, '강한 자들'은 국민을 좌지우지하면서 통치하는 소수의 지도자들이다.

여섯째와 일곱째는 '종과 자유인'인데, 이들은 사회와 국가를 구성하는 가장 많은 국민들이다. 두말할 필요도 없이 이들은 피지배 계급의 사람들이다. 그러나 이들은 짐승을 따르는 주된 무리이며, 후에는 하나님의 군대와 싸우는 무리이다. 이상의 일곱 종류는 모든 사람을 가리키는데, 모두 한마음 한뜻이 되어 짐승에게 경배하며 하나님을 대적하는 자들이다. 거기에 성도들을 죽이는 악행에 직간접으로 참여하는 자들이다.

2) 일곱 나팔 심판

약 21개월 동안 진행된 일곱 인 심판은 세상의 인구 중 약 25%나 죽인 후에 끝이 난다.[15] 그리고 일곱 번째 인이 떼어지면서 일차적인 심판이 끝난다. 이미 언급한 대로, 일곱 번째 인은 일곱 나팔 심판으로 연결되는데, 그 심판도 역시 약 21개월 동안 진행될 것이다. 그러니까 적그리스도가 거짓 평화조약을 맺은 후에 전반기 3년 6개월, 곧 42개월은 인 심판과 나팔 심판으로 이루어진 환난이다.

사도 요한은 **일곱 번째 인**과 나팔 심판의 시작을 이렇게 묘사한다. "일곱째 인을 떼실 때에 하늘이 반 시간쯤 고요하더니, 내가 보매 하나님 앞에 일곱 천사가 서 있어 일곱 나팔을 받았더라"(8:1-2). 지금까지 인의 심판이 있는 동안 세상과 하늘은 떠들썩했다. 하늘에선 성삼위의 하나님께 대한 찬양으로 가득했고, 땅은 심판의 소리와 사람들의 울부짖는 소리로 진동했다.

그런데 갑자기 '하늘이 반 시간쯤 고요해졌다.' 그 이유는 두 가지인데, 하나는 앞으로 있을 엄청난 심판에 대한 천군 천사들의 기대와 침묵의 표시이다. 무시무시한 심판을 통해 세상의 역사를 마감하시겠다는 하나님께 대한 기대감의 표시이다. 또 하나는 성도들의 기도를 가지고 하나님께로 올리는 천사들의 행위 때문이다. 그 천사들이 향연을 올리는 동안 하늘은 마치 그 광경을 보고 있는 것처럼 조용해진다.

사도 요한은 그 향연과 연루된 사건을 이렇게 묘사했다. "또 다른 천사가 와서 제단 곁에 서서 금향로를 가지고 많은 향을 받았으니, 이는 모든 성도의 기도와 합하여 보좌 앞 금 제단에 드리고자 함이라. 향연이 성도의 기도와 함께 천사의 손으로부터 하나님 앞으로 올라가는지라. 천사가 향로를 가지고 제단의 불을 담아다가 땅에 쏟으매 우레와 음성과 번개와 지진이 나더라"(8:3-5).

이스라엘 백성이 제단에서 제물을 하나님께 드린 것처럼, 성도들도 그 제단에서 하나님께 제물을 드렸는데, 그 제물은 다름 아닌 기도였다. 금향로에 담은 향연만이 하나님이 좌정하신 지성소로 들어갈 수 있었던 것처럼, 성도들도 기도로 하나님께 갈 수 있었다. 하나님은 그 기도의 향연을 받으셨고, 마침내 그 기도의 응답으로 하나님을 대적하고 또 성도들을 박해한 세상과 악인들에게 심판을 쏟아 붓기 시작하신 것이다.

이스라엘 백성에게 나팔은 너무나 중요한데, 하나님의 임재를 상징하기 때문이다. 하나님이 시내산에서 그들에게 임하셨을 때도 '나팔' 소리와 함께 임하셨다. 하나님이 불 가운데서 강림하셨을 때 이렇게 나팔이 울려퍼졌다 (출 19:18). "셋째 날 아침에 우레와 번개와 빽빽한 구름이 산 위에 있고 *나팔* 소리가 매우 크게 들리니 진중에 있는 모든 백성이 다 떨더라" (출 19:16).

하나님의 임재를 알리는 나팔 소리를 듣는 백성은 당연히 하나님을 만날 준비를 해야 한다. 그들의 잘못에서 돌이키고 하나님께 나아와야 한다. "유다인과 예루살렘 주민들아, 너희는 스스로 할례를 행하여 너희 마음 가죽을 베고 나 여호와께 속하라. 그리하지 아니하면 너희 악행으로 말미암아 나의 분노가 불 같이 일어나 사르리니, 그것을 끌 자가 없으리라" (렘 4:4). 그들이 나팔 소리를 들으면 뉘우치라는 것이다.

"너희는 유다에 선포하며 예루살렘에 공포하여 이르기를 이 땅에서 *나팔을 불라!* 하며 또 크게 외쳐 이르기를 너희는 모이라 우리가 견고한 성으로 들어가자!" (렘 4:5). 이런 말씀과 관행에 비추어 볼 때, '나팔' 심판은 두 가지 의미를 갖는데, 하나는 하나님이 강림하시겠다는 것이다. 그동안 그들의 악행을 참고 기다리시던 하나님이 마침내 임하셔서 심판하시겠다는 것이다. 또 하나는 그런 까닭에 그들은 그들의 잘못과 악행을 뉘우치라는 것이다.

그 결과 악인들이 뉘우치는가? 물론 아니다! 그들에게 주어진 마지막 기회를 그들은 차버린다. 그들을 기다리는 것은 '나팔 심판'이다. 그런데 '나팔 심판'도 '인 심판'처럼 처음 네 심판은 땅에 대한 심판이고, 나머지 두 심판은 사람들에 대한 것이다. 특히 이마에 인을 맞은 자들, 곧 짐승을 따르는 자들에 대한 심판이다. 그리고 일곱 번째 나팔 심판은 마지막 심판인 '대접 심판'의 시작이며, 그때부터 대환난이 시작된다.

이제 '나팔 심판'을 차례로 살펴보자. **"첫째 천사가 나팔**을 부니 피 섞인 우박과 불이 나와서 땅에 쏟아지매, 땅의 삼분의 일이 타 버리고 수목의 삼분의 일도 타 버리고 각종 푸른 풀도 타 버렸더라" (8:7). '피와 불'은 종종 심판을 상징한다. 하나님이 유다를 심판하실 때 이렇게 말씀하신 적이 있었다. "네가 불에 섶과 같이 될 것이며 네 피가 나라 가운데에 있을 것이며 네가 다시 기억되지 못할 것이니 나 여호와가 말하였음이라 하라" (렘 21:32).

그런데 '피 섞인 우박과 불'은 요엘 선지자의 예언을 연상시킨다. "그 후에 내가 내 영을 만민에게 부어 주리니, 너희 자녀들이 장래 일을 말할 것이며 너희 늙은이는 꿈을 꾸며 너희 젊은이는 이상을 볼 것이며, 그 때에 내가 또 내 영을 남종과 여종에게 부어 줄 것이며, 내가 이적을 하늘과 땅에 베풀리니 곧 피와 불과 연기 기둥이라. 여호와의 크고 두려운 날이 이르기 전에 해가 어두워지고 달이 핏빛 같이 변하려니와" (욜 2:28-31).

이 요엘의 예언에서 앞의 부분, 곧 성령을 만민에게 주어서 그들이 장래의 일도 말하고, 꿈도 꾸고, 이상도 보는 것은 오순절에 이미 이루어졌다 (행 2:17-18). 비록 베드로 사도는 그의 첫 설교에서 '피와 불'까지 인용했지만, 실제로는 이루어지지 않았다. 그 예언이 이루어지는 것은 마지막 때, 다시 말해서 '나팔 심판'의 때에 이루어지는 것이다. 하여튼 '첫째 나팔 심판'을 통해 '땅과 수목'의 삼분의 일이 타버린다.

둘째 나팔 심판은 이렇게 진행된다. "둘째 천사가 나팔을 부니 불붙는 큰 산과 같은 것이 바다에 던져지매 바다의 삼분의 일이 피가 되고, 바다 가운데 생명 가진 피조물들의 삼분의 일이 죽고 배들의 삼분의 일이 깨지더라" (8:8-9). 첫째 나팔 심판과 둘째 나팔 심판의 공통점은 *피*이다. 첫째 심판에서는 *피* 섞인 우박이 하늘에서 떨어졌으나, 둘째 심판에서는 심판의 결과 바다의 삼분의 일이 *피가* 되었다.

첫째 심판의 결과는 땅과 수목과 풀의 삼분의 일이 타버리는데, 둘째 심판의 결과는 바다의 삼분의 일이 피로 변하면서 그 안에 있던 생물도 삼분의 일이 죽는다. 그 외에 바다를 휘저었던 배들도 삼분의 일이 박살난다. 과거에는 물론 현재에도 전쟁과 무역을 위하여 배들을 중요한 수단으로 사용한 것처럼, 마지막 때에도 전쟁과 무역에 없어서는 아니 될 배들이 박살나는 것이다.

'불 붙는 큰 산과 같은 것'이 바다에 던져졌다는 것은 그 당시에 있었던 막강한 지진을 연상시킨다. 예를 들면, 주후 79년에 이탈리아에 있는 *베수비오*^Vesuvius^산이 폭발해서 *폼페이*^Pompeii^와 그 주변이 완전히 사라진 것과 같은 큰 지진이다. 이미 본대로, 마지막 때 일어날 큰 지진을 연상시킨다. 아니면, 핵무기 같은 것이 하늘에서 떨어질는지도 모른다.[16] 여하튼 이처럼 '큰 산과 같은 것'이 불길에 휩싸여 바다에 떨어지는 것이다.

셋째 나팔 심판에 대한 묘사를 보자. "셋째 천사가 나팔을 부니 횃불 같이 타는 큰 별이 하늘에서 떨어져 강들의 삼분의 일과 여러 물 샘에 떨어지니, 이 별 이름은 쓴 쑥이라 물의 삼분의 일이 쓴 쑥이 되매 그 물이 쓴 물이 되므로 많은 사람이 죽더라" (8:10-11). 처음 세 나팔 심판의 공통점은 모두 '불'이 하늘에서 떨어졌다는 것이다. 심판의 수단--우박, 산 및 별--이 떨어지기 전에 천사가 그 수단에 불을 붙이는 것이다.

사도 요한은 '횃불 같이 타는 큰 별이 하늘에서 떨어지는 것'을 보았다. 그가 본 것은 불 붙은 운석隕石을 보았는지, 아니면 먼 훗날에 개발될 미사일이나 핵폭탄을 보았는지 알 수 없다. 그 별의 이름도 알려주었는데, 곧 쑥이다. 쑥은 심판과 죽음을 상징한다! "…보라 내가 그들에게 쑥을 먹이며 독한 물을 마시게 하리니, 이는 사악이 예루살렘 선지자들로부터 나와서 온 땅에 퍼짐이라 하시니라" (렘 23:15).

그 쑥이 강들과 물 샘에 떨어지고, 그 결과 많은 사람들이 죽는다. '물 샘'은 생명의 근원이기도 한데, 생명의 근원이신 하나님은 자신을 그 샘이라고 하셨다. 사람이 물을 떠나면 죽는 것처럼, 생수의 근원이신 하나님을 떠나면 죽음의 심판이 있을 뿐이다. "이스라엘의 소망이신 여호와여, 무릇 주를 버리는 자는 다 수치를 당할 것이라. 무릇 여호와를 떠나는 자는 흙에 기록이 되오리니, 이는 생수의 근원이신 여호와를 버림이니이다" (렘 17:13).

넷째 나팔 심판에 대한 묘사는 이렇다. "넷째 천사가 나팔을 부니 해 삼분의 일과 달 삼분의 일과 별들의 삼분의 일이 타격을 받아 그 삼분의 일이 어두워지니, 낮 삼분의 일은 비추임이 없고 밤도 그러하더라" (8:12). 이것은 해와 달과 별들이 삼분의 일씩 빛을 잃어 세상에는 밤낮으로 삼분의 일이 어두워지는 심판이다. 이 심판은 요엘의 예언대로이다. "그 앞에서 땅이 진동하며 하늘이 떨며, 해와 달이 캄캄하며 별들이 빛을 거두도다" (욜 2:10).

그뿐 아니라, 예수 그리스도가 마지막 때에 일어날 심판을 예언하면서 말씀하신대로이다. "그 때에 그 환난 후 해가 어두워지며 달이 빛을 내지 아니하며, 별들이 하늘에서 떨어지며 하늘에 있는 권능들이 흔들리리라" (막 13:24-25). 주전 9세기에 요엘이 한 예언과 주후 1세기에 하신 예수님의 예언이 마지막 때에 한 치의 오차도 없이 문자 그대로 이루어지는 성취인데, 그들의 배후에 하나님이 계셨기에 가능했다.

이 심판에서 '타격을 받아'라는 동사를 눈여겨보자. 이 동사의 원어는 플레소(πλήσσω)인데, 그 뜻은 '치다, 때리다'이다. 그 명사형은 플레게(πληγή)인데, 그 뜻은 물론 '때림, 매 맞음'이다 (고후 6:5, 11:23). 그런데 그 명사는 요한계시록에서 12번이나 '재앙'으로 번역되었다.[17] 두말할 필요도 없이 '어두움의 재앙'은 출애굽기에 나오는 아홉 번째 재앙을 상기시킨다. 하나님이 해와 달과 별들을 치신 결과는 세상의 재앙인 것이다.

첫째 나팔 심판은 땅과 수목과 풀에 대한 것으로 물질의 세계와 직결되는데, 물질도 하나님의 심판을 피할 수 없다는 것이다. 둘째와 셋째 나팔 심판은 강과 바다를 이루고 있는 물에 대한 것으로, 그와 연루된 식량도 포함한 심판이다. 넷째 나팔 심판은 생명과 직결되는데, 빛이 없이 살 수 있는 존재는 결코 없기 때문이다. 이 네 가지 심판은 하나님을 등지고 이 세상과 세상에 있는 것만을 위해서 사는 사람들의 종말을 보여주는 것들이다.

처음 네 나팔 심판은 한 마디로 말해서 자연에 대한 심판이다. 그러나 자연이 심각하게 훼손되면 그 결과는 당연히 사람들에게 돌아간다. 그러니까 처음 네 심판은 간접적으로 악인들을 치는 심판이다. 그러나 마지막 세 나팔 심판은 사람들을 직접 치는 심판이다. 우상을 섬기면서 하나님의 백성을 박해하고 죽인 사람들이 받게 되는 심판인데, 그들이 섬기는 우상은 거짓된 신이라는 것을 보여주는 무서운 심판이다.

그 심판이 얼마나 혹독한지 다섯째 나팔 심판부터는 '화'라는 이름이 덧붙여지는데, 그것도 한 번이 아니라 세 번씩 붙여진다 (8:13). 헬라어로 우아이(οὐαί)인 화는 앞으로 세 번 불 나팔 소리를 연상시킨다. 그뿐 아니라, '거룩하다, 거룩하다, 거룩하다'로 강조된 하나님의 거룩과 대조적으로 하나님의 엄중한 심판을 강조한다. 결국, 다섯째 나팔 심판은 첫 번째 화이며, 여섯째 심판은 두 번째 화이고, 일곱째 심판은 세 번째 화이다.

이제 **다섯째 나팔 심판**을 볼 터인데, 여섯째 나팔 심판과 합친 두 심판의 설명이 앞의 네 심판보다 3배나 길다 (8:6-12). 그만큼 사도 요한은 이 두 심판을 무게 있게 그리고 심각하게 다뤘다는 뜻이다. 그럼 다섯째 나팔 심판을 인용해보자.

"다섯째 천사가 나팔을 불매 내가 보니 하늘에서 땅에 떨어진 별 하나가 있는데 그가 무저갱의 열쇠를 받았더라. 그가 무저갱을 여니 그 구멍에서 큰 화덕의 연기 같은 연기가 올라오매 해와 공기가 그 구멍의 연기로 말미암아 어두워지며, 또 황충이 연기 가운데로부터 땅 위에 나오매 그들이 땅에 있는 전갈의 권세와 같은 권세를 받았더라. 그들에게 이르시되 땅의 풀이나 푸른 것이나 각종 수목은 해하지 말고 오직 이마에 하나님의 인침을 받지 아니한 사람들만 해하라 하시더라. 그러나 그들을 죽이

지는 못하게 하시고 다섯 달 동안 괴롭게만 하게 하시는데, 그 괴롭게 함은 전갈이 사람을 쏠 때에 괴롭게 함과 같더라. 그 날에는 사람들이 죽기를 구하여도 죽지 못하고 죽고 싶으나 죽음이 그들을 피하리로다. 황충들의 모양은 전쟁을 위하여 준비한 말들 같고 그 머리에 금 같은 관 비슷한 것을 썼으며 그 얼굴은 사람의 얼굴 같고 또 여자의 머리털 같은 머리털이 있고 그 이빨은 사자의 이빨 같으며, 또 철 호심경 같은 호심경이 있고 그 날개들의 소리는 병거와 많은 말들이 전쟁터로 달려 들어가는 소리 같으며, 또 전갈과 같은 꼬리와 쏘는 살이 있어 그 꼬리에는 다섯 달 동안 사람들을 해하는 권세가 있더라. 그들에게 왕이 있으니 무저갱의 사자라. 히브리어로는 그 이름이 아바돈이요 헬라어로는 그 이름이 아볼루온이더라" *(9:1-11)*.

(1) '하늘에서 땅에 떨어진 별'

이 '별'이 누구인지 얼른 이해하기 쉽지 않다. 이 '별'이 사탄이라는 해석도 적잖다.[18] 그런데 이 해석에는 문제가 있는데, 그것은 어떻게 하나님이 당신의 뜻을 이루시기 위하여 사탄에게 무저갱의 열쇠를 맡기실 수 있는가 하는 것이다. 이 '별'은 하나님의 뜻을 수행하기 위하여 직접 보내신 하나님의 천사이다. 그렇다면 왜 '땅에 떨어진 별'이라고 사도 요한은 묘사했는가?

이 말씀에서 '떨어지다'는 단어는 '내려오다'의 뜻을 갖는다. 그러니까 이 천사는 하나님으로부터 무저갱의 열쇠를 받고 보냄을 받아서 내려온 천사이다. 이런 사실을 뒷받침하는 말씀이 또 있는데, 그것은 요한계시록 20장 1절이다. "또 내가 보매 천사가 무저갱의 열쇠와 큰 쇠사슬을 그의 손에 가지고 하늘로부터 *내려와서.*" 그 천사가 *내려와서* 무엇을 했는가? 사탄을 잡아서 무저갱에 던져넣었다 (20:2).

다시 말해서 땅으로 *내려온* 천사는 무저갱의 열쇠로 그 문을 연다. 그런데 그 천사가 열쇠를 하나님으로부터 받았다는 사실을 확인하자. '그가 무저갱의 열쇠를 받았더라' (9:1). 누구로부터 받았단 말인가? 물론 전능하신 하나님으로부터 받았다. 그렇다! 그 천사는 하나님으로부터 무저갱의 열쇠를 받아가지고 무저갱을 열었다. 후에 그 천사는 사탄을 무저갱에 가두고 같은 열쇠로 문을 잠갔는데, 자그마치 천 년이나 가두었다 (20:3).

(2) 황충

그 '별'이 그 열쇠로 무저갱을 여니 해와 달을 가릴 정도로 자욱한 연기가 나와 세상을 어둡게 한다. 그런데 자세히 보니 그 연기 속에서 무수히 많은 황충들이 땅으로 올라온 것이다. 이 황충들도 권세를 받는데, 그것도 역시 하나님으로부터 받은 것이다. 그들은 땅에 거하는 자들을 괴롭히는 권세도 받는데, 그것도 다섯 달 동안만 괴롭힐 수 있는 제한적인 권세를 받는다.

이 황충들에게는 대장이 있는데, 그 이름은 '히브리어로는 그 이름이 아바돈이요, 헬라어로는 그 이름이 아볼루온이더라' (9:11). 그 이름의 뜻은 '파괴자', 또는 '살인자'인데, 그와 그를 따르는 황충들은 귀신 내지 악령들이다. 그리고 이 악령들은 짐승과 더불어 환난 기간 중 성도들과 싸우며 괴롭히는 작자들이다 (13:7). 그런데 이 황충들, 곧 악령들은 오랫동안 무저갱에 갇혀 있었다.

유다가 설명한 대로 이 악령들은 그들의 처소를 떠난 자들이다. "또 자기 지위를 지키지 아니하고 자기 처소를 떠난 천사들을 큰 날의 심판까지 영원한 결박으로 흑암에 가두셨으며" (유 1:6). 베드로 사도는 그들이 범죄 때문에 갇혀 있었다고 했다. "하나님이 범죄한 천사들을 용서하지 아니하시고 지옥에 던져 어두운 구덩이에 두어 심판 때까지 지키게 하셨으며" (벧후 2:4). 이 악령들이 황충의 모습으로 무저갱에서 나와서 세상을 어지럽히는 것이다.

참고로 이 악령들과 다른 악령들이 있는데, 그들은 무저갱에 갇히지 않고 자유롭게 떠도는 자들이다. 이런 악령들은 사람들 안에 들어가기도 하며, 또 그룹으로 다니기도 한다. 어떤 때는 '군대'라고 하면서 무리 지어 사람들 속에 들어가기도 하고 나오기도 한다. 예를 들면, 거라사인의 지방에 사는 어떤 사람에게서 나온 귀신들이 돼지 떼에게 들어가서 몰살하였다 (막 5:9-13). 이런 악령들은 처음부터 갇혀 있지 않은 비교적 자유로운 귀신들이다.

이 황충들은 세 가지 명령을 하나님으로부터 받는데, 첫째는 전갈의 권세이다. '그들이 땅에 있는 전갈의 권세와 같은 권세를 받았더라' (9:3). 그들은 땅에서 자연적으로 태어나지 않고 무저갱에서 올라왔다. 그런데 땅에 있는 전갈과 같은 권세를 받는다는 것이다. 그 이유는 분명한데, 사람들을 괴롭히기 위해서이다. 전갈은 징계와 심판의 상징이기도 한데 (왕상 12:11), 이 말씀에서는 하나님을 등지고 성도들을 박해한 사람들에 대한 심판의 수단이다.

둘째 명령은 '땅의 풀이나 푸른 것이나 각종 수목은 해하지 말고, 오직 이마에 하나님의 인침을 받지 아니한 사람들만 해하라'는 것이다 (9:4). 황충은 당연히 초목을 먹지만, 그렇게 하지 말고 '이마에 인침을 받지 않은' 행악자들만 해하라는 것이다. 이것이 하나님의 심판의 방법이다! 황충들, 곧 악령들은 그들을 따르는 사람들을 해치라는 것이다. 이미 초목은 첫째 나팔 심판에서 심판을 받았기에, 이제 사람들이 심판을 받을 순서가 된 것이다.

셋째 명령은 '그들을 죽이지는 못하게 하시고 다섯 달 동안 괴롭게만 하게 하시는데…' (9:5). '그들은' 하나님께 주먹을 휘두르면서 성도들을 괴롭게 하고 더 나아가서 죽인 불신자들이다. '그들도' 마땅히 괴롭힘을 당해야 하나, 그래도 그 기간을 5개월로 한정한다. 그것은 하나님이 그들에게 허락하시는 은혜이며 기회이다. 그들도 잘못을 깨닫고, 회개하고, 그리고 하나님께로 돌이키라는 그분의 마음이지만, 물론 그들은 거부한다 (9:6).

사도 요한은 황충의 모습을 묘사했는데, 위에서부터 아래에 이르기까지 차례로 그렸다. 먼저 전체의 모습을 그렸는데, '전쟁을 위하여 준비한 말들 같다'고 했다 (9:7). 이 황충들은 지금까지 그들을 따르던 사람들과 전쟁을 하기 위하여 준비된 말들과 같다. 그런데 그 모습의 묘사는 머리에서 시작해서 얼굴로, 머리털로, 이빨로, 가슴으로, 날개로, 그리고 꼬리로, 차례로 내려간다 (9:7-10).

황충은 '금 같은 관'을 썼는데, 이것은 군대를 지휘하는 장군의 권위를 나타낸다. '그 얼굴이 사람 얼굴 같다'는 것은 그의 총명을 가리키며, '여자의 머리털'은 사람들을 유혹하는 매력을 가리킨다. '사자의 이빨'은 무섭도록 심한 식욕을 가리키며, '철 호심경'은 철과 같이 단단하며 냉혹한 마음을 가리킨다. '날개들의 소리'는 병거들이 몰려가는 소리를 방불하게 한다. 그리고 '전갈과 같은 꼬리와 쏘는 살'은 악인들을 5개월 동안 해친다.[19]

(3) '삼분의 일'

요한계시록에서 '삼분의 일'이란 표현이 15번 나오는데, 그 가운데 나팔 심판의 결과를 묘사하기 위하여 14번이나 나온다. 네 번의 나팔 심판을 묘사한 8장에서 12번 나오고, 여섯 번째의 나팔 심판을 묘사한 9장에서 2번 나온다. 그리고 용의 '꼬리가 하늘의 별 삼분의 일을 끌어다가 땅에 던지더라'는 표현에서 한 번 나온다 (12:4). 그러니까 '삼분의 일'이란 표현은 8장에서 집중적으로 나온다고 할 수 있다.

첫째 나팔 심판의 결과 땅과 수목의 '삼분의 일'이 타버렸다 (8:7). 둘째 심판에서 바다의 '삼분의 일'이 피가 되었고, 바다에 있던 생물의 '삼분의 일'이 죽었으며 배들의 '삼분의 일'이 깨졌다 (8:8-9). 셋째 심판에서 큰 별이 강들의 '삼분의 일'과 물샘에 떨어지니 물의 '삼분의 일'이 쓰게 되었다 (8:10-11). 넷째 나팔 심판에서 해 '삼분의 일'과 달 '삼분의 일'과 별들의 '삼분의 일'이 타격을 받아, 그 '삼분의 일'과 낮 '삼분의 일'이 어두워졌다 (8:12).

이처럼 네 나팔 심판은 자연에 대한 것이었다. 하나님이 창조하신 피조물이 뒤틀리는 엄청난 심판이었는데, 그 이유는 피조물의 극치인 인간의 불순종 때문이었다. 비록 이 네 가지 심판은 인간에 대해서는 아니지만, 자연 현상이 이렇게 크게 손상을 입은 결과는 고스란히 인간에게 떨어졌다. 다시 말해서, 하나님은 간접적으로 인간을 심판하셨던 것이다. 그러나 하나님은 인간을 직접적으로도 심판하셨는데, 곧 여섯 째 나팔 심판을 통해서이다.

여섯 째 천사가 나팔을 불어서 심판이 시작되자, 네 천사가 놓였는데 사람 '삼분의 일'을 죽이기 위해서 준비된 자들이었다 (9:15).

그들은 악령들인데, 마침내 사람들을 죽이기 시작했다. 그 방법은 그들의 입에서 나오는 불과 연기와 유황이었다. 그것들을 입에서 뿜어내자 사람 '삼분의 일'이 죽임을 당했다 (9:18). 이처럼 하나님은 자연과 사람의 '삼분의 일'을 심판하셨는데, 그 '삼분의 일'이란 표현은 이미 에스겔 선지자가 사용한 바 있었다.

이방인들보다 더 심한 악행을 자행한 유대인들을 쳐서 예언하라고 하나님은 이렇게 말씀하셨다. "너 인자야, 너는 날카로운 칼을 가져다가 삭도로 삼아 네 머리털과 수염을 깎아서 저울로 달아 나누어 두라. 그 성읍을 에워싸는 날이 차거든 너는 터럭 *삼분의 일*은 성읍 안에서 불사르고, *삼분의 일*은 성읍 사방에서 칼로 치고, 또 *삼분의 일*은 바람에 흩으라" (겔 5:1-2). 이런 이상한 예언이 다음과 같이 구체적으로 실현되었다.

하나님은 심판의 원인을 알려주신 후 심판하셨는데, 그 말씀을 인용해보자.

"*그러므로 나 주 여호와가 말하노라. 내가 나의 삶을 두고 맹세하노니, 네가 모든 미운 물건과 모든 가증한 일로 내 성소를 더럽혔은즉 나도 너를 아끼지 아니하며, 긍휼을 베풀지 아니하고 미약하게 하리니, 너희 가운데에서 **삼분의 일**은 전염병으로 죽으며 기근으로 멸망할 것이요, **삼분의 일**은 너의 사방에서 칼에 엎드러질 것이며, **삼분의 일**은 내가 사방에 흩어 버리고 또 그 뒤를 따라 가며 칼을 빼리라*" (겔 5:11-12).

유대인들이 성소를 더럽힌 가증한 일은 하나님이 좌정하신 성전에 우상을 갖다놓고 섬긴 행위를 가리킨다. 그들이 어떻게 우상을 섬겼는지 하나님은 선지자 에스겔에게 아주 상세히 보여주셨다 (겔 8:3-16). 그들은 우상을 세웠고, 각종 곤충과 짐승을 그렸고 그리고 섬겼다. 그뿐 아니라, 그들은 하나님을 등지고 앉아서 태양을 숭배하였다. 이 모든 가증한 일들이 하나님이 계신 성전에서 행해졌던 것이다.

하나님은 가차 없이 그들을 심판하셨는데, '삼분의 일'은 전염병으로 죽었고, '삼분의 일'은 칼에 의하여 죽었고, 나머지 살아남은 자들 '삼분의 일'은 사방으로 흩어졌다. 그 '삼분의 일'은 바벨론의 포로가 되어 고국을 떠났을 뿐 아니라, 그때부터 비참한 *디아스포라*의 삶을 살았다. 하나님의 백성인 유대인들도 하나님을 등졌을 때, 이처럼 참혹하게 심판을 받았는데, 하나님을 등졌을 뿐 아니라 대적한 악령들과 무리들을 심판하지 않으시겠는가?

사도 요한은 이처럼 참혹한 심판의 장면을 보았다. 얼마나 끔찍한 장면이었는가? 사도 요한은 그 장면을 하나씩 차례로 묘사하면서 설명도 덧붙였는데, 곧 자연과 사람이 공통적으로 '삼분의 일'씩 심판을 받았다는 것이다. 그 환상에서 '삼분의 일'이라는 표현을 반복적으로 사용한 것은 틀림없이 선지자 에스겔의 예언을 기억하면서 사용했을 것이다. 자연의 헝클어짐과 사람 '삼분의 일'이 심판을 받은 것이다.

이제 **여섯째 나팔 심판**, 곧 두 번째 '화'를 확인하기 위하여 말씀을 보자.

"여섯째 천사가 나팔을 불매 내가 들으니 하나님 앞 금 제단

네 뿔에서 한 음성이 나서, 나팔 가진 여섯째 천사에게 말하기를 큰 강 유브라데에 결박한 네 천사를 놓아주라 하매, 네 천사가 놓였으니 그들은 그 년 월 일 시에 이르러 사람 삼분의 일을 죽이기로 준비된 자들이더라. 마병대의 수는 이만 만이니 내가 그들의 수를 들었노라. 이같은 환상 가운데 그 말들과 그 위에 탄 자들을 보니 불빛과 자줏빛과 유황빛 호심경이 있고, 또 말들의 머리는 사자 머리 같고 그 입에서는 불과 연기와 유황이 나오더라. 이 세 재앙 곧 자기들의 입에서 나오는 불과 연기와 유황으로 말미암아 사람 삼분의 일이 죽임을 당하니라. 이 말들의 힘은 입과 꼬리에 있으니 꼬리는 뱀 같고, 또 꼬리에 머리가 있어 이것으로 해하더라. 이 재앙에 죽지 않고 남은 사람들은 손으로 행한 일을 회개하지 아니하고, 오히려 여러 귀신과 또는 보거나 듣거나 다니거나 하지 못하는 금, 은, 동과 목석의 우상에게 절하고, 또 그 살인과 복술과 음행과 도둑질을 회개하지 아니하더라"* (9:13-21).

여섯째 나팔이 울리자 '하나님 앞 금 제단 네 뿔'에서 음성이 들린다. 이것은 성도들의 기도를 하나님께 올린 천사의 음성이다 (8:4). 그런데 이 음성은 '금 제단 네 뿔'에서 들리는데, 그곳은 하나님께 제물을 드리는 번제단이다. 이스라엘 백성은 하나님께 나아올 때 제물은 번제단에서 태우고 그 피는 번제단에 달려 있는 네 뿔에 발랐다. 결국, '금 제단 네 뿔'은 하나님이 제물을 받으신 곳으로, '하나님 앞'을 가리킨다.

그 천사에 의하여 하나님께 올려진 성도들의 기도를 다시 보자.

"거룩하고 참되신 대주재여! 땅에 거하는 자들을 심판하여 우리 피를 갚아 주지 아니하시기를 어느 때까지 하시려 하나이까?" (6:10). 그들은 잠시 기다리라는 응답을 받았다 (6:11). 그들이 기다리는 동안 다른 천사가 "땅과 바다를 해롭게 할 권세를 받은 네 천사를 향하여 큰 소리로 외쳐 이르되, 우리가 우리 하나님의 종들의 이마에 인치기까지 땅이나…해하지 말라"고 한다 (7:2-3).

그리고 이 말씀대로 많은 이스라엘 백성이 인침을 받는데, 그 수는 자그마치 144,000이나 된다. 이렇게 인을 쳤기에 순교당한 성도들의 기도를 들어줄 때가 된 것이다. 그때가 바로 여섯째 나팔 심판의 때이다. 그것도 말씀으로 확인하자. "한 음성이 나서 나팔 가진 여섯째 천사에게 말하기를 '큰 강 유브라데에 결박한 네 천사를 놓아주라' (9:14). 그 '네 천사'는 땅의 사람을 삼분의 일이나 죽이려고 준비된 자들이다 (9:15).

죽음의 네 천사는 유브라데강에 결박되어 있었다. 유브라데강은 이스라엘의 동쪽 국경이다. 그런데 이스라엘 백성이 하나님을 등지고 우상을 섬길 때마다 하나님은 '인생 채찍'을 보내시어 심판하곤 하셨는데, 그때마다 외적은 유브라데강을 건너왔던 것이다. 앗수르가 북쪽 나라 이스라엘을 침공했을 때에 그 강을 건너왔고, 바벨론이 남쪽 나라 유다를 침공했을 때도 그 강을 건너왔고, 메데 바사가 침공했을 때도 그 강을 건너왔다.

그러니까 유브라데강은 이스라엘 백성에게는 아픈 과거를 기억하게 하는 곳이다. 이방인들이 선민인 이스라엘을 멸망시키려고 건너온 강이었다. 그런데 여섯째 나팔 심판 때에도 역시 유브라데강이 이용된다. 그 강에 결박되어서 이스라엘 백성을 죽이지 못하던 죽음의 천사 넷이 풀려난 것이다. 그 목적도 분명한데, 이스라엘 백성은 물론 세상 사람들을 많이 죽이기 위해서이다.

다섯째 나팔 심판에서는 사람들을 해롭게 하고 괴롭히나, 여섯째 나팔 심판에서는 사람들을 삼분의 일이나 죽인다. 다섯째 심판에서 황충들은 전갈과 같은 꼬리와 쏘는 살로 사람들을 다섯 달이나 괴롭힌다 (9:10). 놀랍게도 여섯째 심판에서도 사람들을 죽이는 수단으로 꼬리를 사용하는데, 그 이유는 여섯째 심판의 도구인 말들의 입과 꼬리에 힘이 있기 때문이다. 그러니까 황충들이나 말들은 공통적으로 꼬리를 사용하는 것이다.

다섯째 나팔 심판에서 황충들의 모습을 묘사한 것처럼, 여섯째 나팔 심판에서도 역시 말들의 모습이 묘사된다. 우선 그 마병대의 수는 2억이나 된다는 사실을 사도 요한은 두 귀로 분명히 들었다 (9:16). 그 마병대는 호심경을 갖추었는데, 그 색깔은 사도 요한이 본대로 '불빛과 자줏빛과 유황빛'이다 (9:17).[20] 이 색깔은 말들의 입에서 나오는 '불과 연기와 유황'과 비슷하다. 그런데 '불과 연기와 유황'으로 인하여 사람들이 삼분의 일이나 죽는다 (9:18).

그러니까 유브라데강에서 풀려난 네 천사는 이 마병대를 이끄는 지도자급에 속하는 악령들인데, 그 마병대의 2억 명도 역시 악령들이다. 그들은 닥치는 대로 그들의 꼬리에서 나오는 힘으로 사람들을 괴롭히고, 입에서 나오는 '불과 연기와 유황'으로 죽인다. 하나님을 등지고 우상을 섬기는 사람들이 악령들을 통하여 죽임을 당하는 심판이다. 결국 귀신들과 그들을 섬기는 사람들 사이에 엄청난 갈등이 있고, 그리고 많은 사람들이 죽임을 당한다.

이 땅에 사는 사람들 가운데 많은 사람들이 죽는다. 넷째 인 심판을 통해 땅의 사분의 일이 죽고, 그리고 남은 사람들 가운데 여섯째 나팔 심판을 통해 삼분의 일이 또 죽는다. 이 두 심판을 통해 땅에 사는 사람들 가운데 이분의 일이나 죽는다. 하나님을 등지고 우상을 섬긴 사람들인데, 하나님은 그런 자들을 이 땅에서 제거하심으로 그 후에 있을 천년왕국을 준비하고 계셨다.[21] 얼마나 놀라운 하나님이신가!

하나님을 거부하던 사람들이 그처럼 많이 죽어가는 것을 목격한 불신자들의 반응은 어떤가? 두려움에 떨면서 그들의 잘못된 길에서 돌이켜 하나님께로 돌아오는가? 아니다! 그들은 회개할 수 있는 어떤 선을 이미 넘어간 것이 틀림없다. 하나님의 말씀대로 그들은 계속해서 악을 행하고 있었다. "불의를 행하는 자는 그대로 불의를 행하고 더러운 자는 그대로 더럽고, 의로운 자는 그대로 의를 행하고 거룩한 자는 그대로 거룩하게 하라" (22:11).

'남은 사람들은 손으로 행한 일을 회개하지 아니하고…' '손으로 행한 일'은 두말할 필요도 없이 그들이 '금, 은, 동과 목석'으로 우상을 만든 행위를 가리킨다. 그렇게 만들 뿐 아니라 그들은 '보거나 듣거나 다니거나 하지 못하는' 우상을 섬긴다. 그들이 섬기는 우상과 악령이 그처럼 많은 사람들을 해치고 죽였건만, 여전히 우상에 매달리고 있는 사람들을 어떻게 설명할 수 있겠는가? 한 마디로 말해서, 그들이 그만큼 심각하게 타락했다는 증거이다.

우상을 섬기는 자들의 행실은 어떤가? 타락한 행실 이외에 무엇을 할 수 있는가? 그들의 행실은 '살인과 복술과 음행과 도둑질'로 점철되어 있다. 하나님은 사도 요한을 통해 그들의 이중적인 죄, 곧 우상 숭배와 도덕적 타락에서 회개하고 돌이켜서 구원을 받으라는 초청을 네 번씩이나 하시나, 그들은 한사코 거부한다 (9:20, 21, 16:9, 11). 실제로 하나님이 인 심판, 나팔 심판 및 대접 심판이라는 삼중적 심판의 목적은 그들의 회개인데도 말이다.

이제 **일곱째 나팔 심판**, 곧 세 번째 '화'로 들어가 보자.

> "일곱째 천사가 나팔을 불매 하늘에 큰 음성들이 나서 이르되, '세상 나라가 우리 주와 그의 그리스도의 나라가 되어 그가 세세토록 왕 노릇 하시리로다' 하니, 하나님 앞에서 자기 보좌에 앉아 있던 이십사 장로가 엎드려 얼굴을 땅에 대고 하나님께 경배하여 이르되, '감사하옵나니 옛적에도 계셨고 지금도 계신 주 하나님 곧 전능하신이여! 친히 큰 권능을 잡으시고 왕 노릇 하시도다. 이방들이 분노하매 주의 진노가 내려 죽은 자를 심판하시며 종 선지자들과 성도들과 또 작은 자든지 큰 자든지 주의 이름을 경외하는 자들에게 상 주시며 또 땅을 망하게 하는 자들을 멸망시키실 때로소이다' 하더라. 이에 하늘에 있는 하나님의 성전이 열리니 성전 안에 하나님의 언약궤가 보이며, 또 번개와 음성들과 우레와 지진과 큰 우박이 있더라" (11:15-19).

다섯째 나팔 심판과 여섯째 나팔 심판은 그야말로 무서운 심판이다. 악령들이 연루된 심판으로 그처럼 많은 사람들이 생명을 잃는다. 마지막 나팔 심판은 그보다 훨씬 더 무서울 것이라는 예측은 너무나 당연하다. 그러나 그 예측은 빗나간다! 웅장한 찬양이 울려 퍼지며, 24 장로들이 성부 하나님과 성자 하나님을 찬양하고 있다. 그뿐 아니라 유대인들에게 그처럼 중요한 언약궤도 보인다. 도대체 일곱째 나팔 심판은 어떻게 되는가?

그 비밀을 푸는 첫 번째 열쇠가 되는 말씀을 보자. '세상 나라가 우리 주와 그의 그리스도의 나라가 되어 그가 세세토록 왕 노릇 하시리로다.' 지금까지 '세상 나라'와 '주님의 나라' 사이에 엄청난 갈등이 있었는데, 그것이 마침내 끝났다는 것이다. 사탄, 적그리스도, 미혹의 선지자 및 그들을 따르던 '이 세상 나라'가 더 이상 존재하지 않게 된다는 것이다. 그 대신 '우리 주와 그의 그리스도의 나라'가 되어, 그분이 왕이 되시는 것이다.

마침내 요한계시록의 주제인 하나님과 주님의 나라가 성취된다! 악으로 가득한 세상에 잠시 잠깐 존재하던 악의 지배가 끝나고 영원한 선의 지배가 시작된다. 그동안 신실한 하나님의 백성이 고통과 순교를 당했으나, 이제부터는 그 백성에게 영원한 부활과 영광이 주어진다. 그 백성은 주님과 더불어 영원히 왕 노릇할 것이다. 예수 그리스도가 그들을 '나라와 제사장과 왕'으로 삼으신 사실이 마침내 실현된 것이다 (5:10, 22:5).

일곱째 나팔 심판의 신비를 푸는 두 번째 열쇠는 24장로들의 찬양에 들어있다. "…옛적에도 계셨고 지금도 계신 주 하나님 곧 전능하신 이여! 친히 큰 권능을 잡으시고 왕 노릇 하시도다" (11:17).[22] 전능의 하나님이 모든 악의 세력들을 잡아 무저갱에 가두신다 (20:2-3). 왜냐하면 그분만이 진정으로 왕이시기 때문이다. 그분이 '왕 노릇 하시도다'라고 큰 음성과 24장로가 공통적으로 반복한 이유이다.

그 신비를 푸는 세 번째 열쇠는 '때'라는 표현에 있다. 그동안 하나님의 백성이 그처럼 모진 학대와 순교를 당하면서도 믿음을 저버리지 않은 이유가 있는데, 그것은 이 '때'가 오리라는 것을 믿기 때문이다. 물론 이 '때'는 하나님이 영원한 나라를 세우시고, 왕 노릇 하시면서, 모든 반대 세력을 다루시는 '때'를 가리킨다. 마침내 이 '때'가 도래했는데, 이 '때'에 하나님은 다음과 같은 세 가지를 하신다.

먼저, 심판하신다! 그것도 말씀에서 확인하자. "이방들이 분노하매 주의 진노가 내려 죽은 자를 심판하시며" (11:18a). 이방인들은 자신들의 죄성에서 나온 인간적이며 마귀적인 분노를 표출한다. 특히 하나님을 대적하고 하나님의 백성을 박해하고 죽인 분노에 대해 하나님의 진노가 부어진다. 두말할 필요도 없이, 하나님은 거룩한 공의를 토대로 진노를 표출하신다. 바로 그 '진노'를 나타내실 '때'가 온 것이다.

그 다음, 보상하신다! '종 선지자들과 성도들과 또 작은 자든지 큰 자든지 주의 이름을 경외하는 자들에게 상 주시며' (11:18b). 하나님은 다섯 종류의 사람들에게 상을 주시는데, 첫째는 하나님께 귀속된 종이다. 둘째는 하나님의 말씀을 풀어준 선지자들이다. 셋째는 세상과 구별된 삶을 영위한 성도들이다. 넷째는 '작은 자와 큰 자'들인데, 하나님 앞에서는 '작은 자와 큰 자'의 구분이 없다. 다섯째는 주님의 이름을 존귀하게 여기는 자들이다.

마지막으로 '때'가 이르자 하나님이 하시는 일은 멸망이다. 말씀에서 확인하자. '또 땅을 망하게 하는 자들을 멸망시키실 때로소이다' (11:18c). 이 말씀에서 '땅을 망하게 하는 자들'은 타락한 바벨론을 가리킴에 틀림없다.[23] 왜냐하면 그 바벨론은 세상을 통치하는 왕들 열 명과 어울려 세상을 도덕적으로 더럽히기 때문이다 (17:12).

그들은 세상을 도덕적으로 멸망시키려 하지만, 그 결과 그들은 하나님의 '때'에 멸망을 당한다.

일곱째 나팔 심판에서 하나님은 한편 나라를 세우시고, 또 한편 심판하신다. 이런 일들을 위하여 하나님이 친히 임하시는 것이다. 그런데 하나님의 임재를 상징하는 표현을 추가로 보여주시는데, 곧 언약궤와 지진이다. 언약궤는 하나님이 임하시는 곳인데, 거기서 인간이 은혜로 하나님을 만난다. '번개와 음성들과 우레와 지진과 큰 우박'도 하나님의 현현을 가리키는데, 악인들을 심판하기 위하여 그렇게 임하신 것이다 (시 18:13-14).

3) 일곱 대접 심판

이제 삼중적 심판의 마지막 심판인 일곱 대접 심판으로 들어갈 순서이다. 그 심판으로 들어가기 전에 지금까지 살펴본 것들을 도해하면서 되돌아보자.

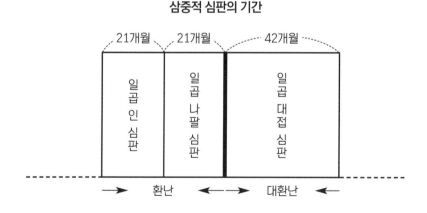

삼중적 심판의 기간

삼중적 심판, 곧 일곱 인 심판과 일곱 나팔 심판과 일곱 대접 심판은 모두 7년 환난 중에 일어난다. 이미 언급한 대로, 7년 환난은 그 절반을 중심으로 둘로 나뉜다. 물론 7년의 절반은 3년 6개월이지만, 달로 치면 42개월이다. 그런데 일곱 인 심판은 약 21개월 동안 일어나며, 일곱 나팔 심판도 역시 약 21개월 동안 일어난다. 이 두 심판의 기간은 42개월, 곧 3년 6개월이다. 그때에 지구상의 인구가 약 50%나 죽임을 당한다.

처음 42개월이 지나자 적그리스도는 평화조약을 깨뜨리고, 제사를 금하며 절기의 날짜를 바꾼다. 그때부터 박해는 말할 수 없이 심해진다. 그 기점을 중심으로 앞부분을 환난이라고 하며, 뒷부분을 대환난이라고 한다.[24] 앞의 42개월간 적그리스도는 거짓 평화를 구사하나, 뒤의 42개월간은 그의 본색을 드러내어 평화조약을 깨뜨릴 뿐 아니라, 유대인들을 향해 말로 표현할 수 없을 만큼 심한 박해를 한다.

(1) 일곱 대접 심판의 소개

사도 요한은 이처럼 극에 달한 삼중적 심판의 마지막 심판인 일곱 대접 심판을 이렇게 소개한다.

"또 하늘에 크고 이상한 다른 이적을 보매, 일곱 천사가 일곱 재앙을 가졌으니 곧 마지막 재앙이라. 하나님의 진노가 이것으로 마치리로다. 또 내가 보니 불이 섞인 유리 바다 같은 것이 있고 짐승과 그의 우상과 그의 이름의 수를 이기고 벗어난 자들이 유리 바다 가에 서서 하나님의 거문고를 가지고 하나님의 종 모세의 노래, 어린 양의 노래를 불러 이르되, '주 하나님 곧 전능하신 이시여! 하시는 일이 크고 놀라우시도다. 만국의 왕이시여! 주의 길이 의롭고 참되시도다. 주여, 누가 주의 이름을 두려워하지 아니하며 영화롭게 하지 아니하오리이까? 오직 주만 거룩하시니이다! 주의 의로우신 일이 나타났으매 만국이 와서 주께 경배하리이다' 하더라. 또 이 일 후에 내가 보니 하늘에 증거 장막의 성전이 열리며, 일곱 재앙을 가진 일곱 천사가 성전으로부터 나와 맑고 빛난 세마포 옷을 입고 가슴에 금 띠를 띠고, 네 생물 중의 하나가 영원토록 살아 계신 하나님의 진노를 가득히 담은 금 대접 일곱을 그 일곱 천사들에게 주니, 하나님의 영광과 능력으로 말미암아 성전에 연기가 가득 차매, 일곱 천사의 일곱 재앙이 마치기까지는 성전에 능히 들어갈 자가 없더라" (15:1-8).

이 소개문에서 사도 요한은 첫 절과 마지막 절에서 '마치다'라는 동사를 거듭 사용하므로, 하나님이 심판이 끝난다는 사실을 강조한다. 실제로 요한계시록 15장은 마지막 심판의 소개이지만 동시에 심판이 끝날 사실에 대한 찬양으로 가득하다. 인간이 아무리 악해도 그들을 향한 하나님의 심판이 영원히 계속될 수 없다는 것이다. 그런 이유 때문에 '마치다'에는 '끝내다'는 은혜의 뜻도 있지만, 동시에 새로운 시작의 뜻도 함축되어 있다.

하나님은 처음부터 인간을 구원하신 후, 그들과 가까운 교제를 갖기 원하셨다. 그러나 인간은 그런 하나님의 마음을 짓밟을 뿐 아니라, 오히려 대적하기에 이르렀다. 하나님은 끊임없이 그 사랑을 인간에게 보여주셨는데, 어떤 때는 선지자로, 어떤 때는 율법으로, 어떤 때는 말씀과 기적으로 보여주셨다. 그런 모든 것을 걷어찬 인간에게 하나님은 독생자까지 보내셨으나, 그런 희생적 사랑도 거부당했다.

하나님은 그런 인간을 더 이상 내버려두실 수가 없어서 심판의 칼을 빼신다. 그것이 일곱 인 심판과, 일곱 나팔 심판과 일곱 대접 심판이다. 그러나 심판의 목적은 회복을 위한 것이다. 그런 이유 때문에 결국 심판은 '마치지' 않을 수 없는데, 그 심판의 기간도 7년이란 짧은 기간으로 제한하신다. 그 심판이 마치면 마침내 새로운 세상이 펼쳐질 것인데, 바로 천년왕국이다. 그런 이유 때문에 일곱 대접 심판의 소개에는 찬양도 깃들어 있는 것이다.

누가 하나님을 찬양하는가? '짐승과 그의 우상과 그의 이름의 수를 이기고 벗어난 자들'이 모세의 노래, 곧 어린 양의 노래를 부른다. 이들은 누구인가?[25] 이들은 환난 중에 예수 그리스도를 믿은 성도들이다. 그들의 신앙을 위하여 적그리스도인 짐승과 그의 우상은 물론 양식을 위하여 타협하지 않는다. 그들은 신앙의 절개를 지키기 위하여 목숨을 잃은 순교자였다. 세상적인 안목으로 보면 그들은 패배자요, 생명까지 내놓은 어리석은 자들이었다.

그러나 하나님의 안목에서는 이긴 자들이다. 어떻게 목숨까지 잃었는데 이겼다고 할 수 있는가? 그 이유는 간단하다! 그들이 그리스도 예수 안에서 목숨을 잃었기에 다시 그분 안에서 부활의 생명을 얻을 것이기 때문이다. 그들이 그렇게 순교자의 수를 채우지 않았다면 어떻게 부활의 생명이 가능할 수 있겠는가? 주님의 약속대로이다! "아직 잠시 동안 쉬되 그들의 동무 종들과 형제들도 자기처럼 죽임을 당하여 그 수가 차기까지 하라" (6:11).

이들은 '전능하신 하나님'과 '만국의 왕이신 하나님'과 '거룩하신 하나님'에 대해 찬양한다. 하나님이 전능하지 않으시다면, 어떻게 심판을 통해 새로운 세상을 창조하시는가? 하나님이 왕이 아니라면, 어떻게 새로운 세상에서 통치자가 되실 수 있는가? 하나님이 거룩하지 않으시면, 어떻게 그분의 심판과 창조가 의로울 수 있는가? 이런 하나님을 찬양할 자들은 자신들뿐 아니라, 만국도 그분 앞에 무릎을 꿇고 경배할 것이다. [26]

그 찬양 후에 "성전이 열리며 일곱 재앙을 가진 일곱 천사가 성전으로부터 나오는데, 맑고 빛난 세마포 옷을 입고 가슴에 금 띠를 띠었다." '맑고 빛난 세마포 옷'은 제사장의 복장을 연상시키는데, 물론 제사장은 제물을 하나님께 올린다. '가슴에 금 띠'는 그런 옷을 입으신 예수님을 연상시키며, 그분으로부터 보냄을 받은 자를 가리킬 것이다 (1:13). [27] 그분으로부터 보냄을 받아 쏟아 붓는 심판은 거룩한 제물인데 그 제물을 통해 하나님께 영광을 돌린다. [28]

'하나님의 진노를 가득히 담은 금 대접'이 일곱 천사에게 전달될 때 그 성전에는 '하나님의 영광과 능력으로 말미암아 성전에 연기가 가득 찼다.' '성전에 있는 연기'는 종종 하나님의 현현을 뜻하는데 (출 40, 대하 7), 이 일곱 대접 심판도 하나님의 절대적인 주권 하에서 진행되고 있다는 것을 말해준다. 그런 엄위의 하나님 때문에 그 심판이 마치기까지는 어떤 사람도 그 성전으로 들어갈 수 없다.

(2) 일곱 대접 심판의 실제

일곱 대접 심판은 앞의 두 가지 심판보다 훨씬 무섭다. 하나님이 모세를 통해 이스라엘 백성에게 경고하신 것을 연상시키는 심판이다. 그 경고를 들어보자. "너희가 나를 거슬러 내게 청종하지 아니할진대 내가 너희의 죄대로 너희에게 일곱 배나 더 재앙을 내릴 것이라" (레 26:21). 그런데 레위기 26장에서는 이처럼 일곱 배나 재앙을 더하겠다는 경고가 네 번씩이나 나온다 (18, 21, 24, 28). 이런 경고대로 요한계시록의 심판도 일곱 배씩 가중된다.

'성전에서 큰 음성'이 일곱 천사에게 '하나님의 진노의 일곱 대접을 땅에 쏟으라'고 한다. 그런데 심판의 도구인 대접은 '금 대접'인데 (15:7), 제사장이 전제奠祭를 위하여 사용하던 대접을 연상시킨다.[29)]

이스라엘 백성이 죄를 범하면 그 죄를 속죄하기 위하여 수송아지를 잡아서 각을 뜬 후, 그 위에다 '금 대접'에 담은 전제를 부었다. 살과 뼈, 피와 전제로 범벅이 된 그 수송아지는 이스라엘 백성의 죄 대신에 그렇게 불에 태워졌다 (민 15:24).

일곱 개의 '금 대접'에 담긴 '하나님의 진노'가 전제처럼 콸콸 부어지면, 그곳이 어디든 살과 뼈는 물론 피와 전제가 섞여서 불태워진 것처럼 처참한 꼴로 변화된다. 마치 세계이차대전 중 일본의 히로시마와 나가사키에 부어진 원자탄의 위력을 보는 것과 같다. 그 도시는 불바다가 되었고, 그로 인해 죽은 사람들은 수십만 명에 이르렀다. 그렇지만 대접 심판은 그보다 몇 십 배, 몇 백 배의 파괴력을 갖는다.

첫째 대접 심판부터 큰 파괴력이 나타난다. 왜냐하면 그 심판의 대상이 '짐승의 표를 받은 사람들과 그 우상에게 경배하는 자들'이기 때문이다 (16:2). 적그리스도인 짐승은 거짓 평화조약을 깨고 스스로 하나님의 자리에 오른다. 전권을 가지고 세계를 통치하는 그 '짐승의 표'를 받지 않으면 배급제도에서도 제외된다. 경제권과 배급 제도를 장악한 적그리스도의 표를 받지 않을 사람이 몇이나 되며, 그 '우상'을 경배하지 않을 사람이 몇이나 되겠는가?

결국, 첫째 대접 심판은 세상 각처에 있는 모든 사람이 대상이다. 물론 그 가운데는 예수 그리스도에 대한 신앙 때문에 '짐승의 표'도 받지 않고, 그 '우상에게 경배하지' 않는 성도들은 예외였다. 마침내 하나님의 진노의 대접이 부어지자 그때까지 '짐승의 표'를 받고 '우상에게 경배하면서' 의기양양해 하던 자들은 심판을 받는다. 그러나 그때까지 신앙의 고난을 감수하던 성도들에게는 그처럼 무서운 심판이 비껴가는 것이다.

심판의 결과는 '악하고 독한 종기'이다. 세상 각처에 있던 지배층에 속한 사람들의 몸에 '종기'가 퍼지는데, 마치 욥이 겪은 그런 종기이다 (욥 2:7). 의로운 욥이 겪은 종기도 그토록 무섭고 괴로워서 차라리 죽는 것이 낫다고 고백했는데 (욥 3:16), 하나님을 조롱하는 적그리스도를 따르는 자들이 받을 고통은 더 말할 필요가 없을 정도로 컸다. 그들은 걸을 때도, 앉을 때도, 누울 때도, 무서운 고통을 느끼지 않을 수 없다.

일곱 대접 심판도 일곱 나팔 심판처럼, 처음 네 심판은 자연--땅, 바다, 강, 해--에 대한 심판이다. 나머지 세 나팔 심판이 악령에 대한 심판인 것처럼, 마지막 세 대접 심판도 역시 악령의 속임수에 동원된 왕들에 대한 심판이다. 인류의 역사는 마지막 대접 심판을 통하여 종말을 향해 달려가고 있는 것이다. 특히 아마겟돈이란 곳으로 적그리스도를 추종하는 왕들을 모아서 한꺼번에 심판하실 것이다.

이제 이런 사실을 염두에 두면서 **둘째 대접 심판**에 대해 알아보자. 둘째 나팔 심판에서는 "불 붙는 큰 산과 같은 것이 바다에 던져지매, 바다의 삼분의 일이 피가 되고, 바다 가운데 생명 가진 피조물들의 삼분의 일이 죽고, 배들의 삼분의 일이 깨졌다" (8:8-9). 반면, 둘째 대접을 바다에 부으니, '바다가 곧 죽은 자의 피 같이 되니, 바다 가운데 모든 생물이 죽더라' (16:3).

애굽에 내려진 첫 번째 재앙에도 물이 피가 되었으나, 그때는 물고기만 죽었다 (출 7:20-21). 둘째 나팔 심판에는 생물 중 삼분의 일이 죽었다. 그러나 둘째 대접 심판에서는 '바다 가운데 모든 *생물이 죽었다.*' 앞으로 바벨론의 멸망에서 보겠지만 (17~18장), 바다는 적그리스도에게 무역의 방편일 뿐 아니라, 세계를 통치하는 수단일 만큼 중요하다. 그런데 그 바다에 있는 모든 생물이 죽는다는 것은 엄청난 통치의 수단을 잃는다는 뜻이다.

첫째 대접 심판에서 땅에 있는 수많은 적그리스도의 추종자들이 큰 상해를 입는가 하면, 둘째 대접 심판을 통해 바다에 있는 많은 추종자들이 생명을 잃는다. 대접 재앙은 하나님을 배반한 사람들에 대한 막강한 심판의 수단이지만, 동시에 적그리스도의 추종자들, 곧 그의 손과 발을 차례로 잘라가는 심판의 수단이다. 결국, 삼중적 심판의 마지막인 대접 심판을 통해 적그리스도의 종말이 재촉되고 있었다.

셋째 대접 심판은 매우 특이한데, 그 이유는 심판과 심판의 정당성에 대해 언급하고 있기 때문이다. 먼저, 심판에 대한 묘사를 보자. "셋째 천사가 그 대접을 강과 물 근원에 쏟으매 피가 되더라"

(16:4). 셋째 나팔 심판에서 물이 피가 되고 많은 사람이 죽는다 (8:10-11). 그러나 셋째 대접 심판의 내용은 너무나 간단하다! '강 과 물 근원이 피가 되더라!' 비록 표현은 간단하지만, 그것은 모든 생물이 죽는다는 것을 함축하고 있다.

'물을 차지한 천사'는 '강과 물 근원에' 셋째 대접을 쏟은 바로 그 천사이다. 그 천사는 대접 심판을 쏟을 뿐 아니라, 그에 대한 정당 성도 부연해서 설명한다. 그 천사의 설명에 의하면, 하나님은 거룩 하시고 의로우신 분이다. 적그리스도와 그의 수하들이 그렇게 많은 성도를 박해하고 죽였는데도 하나님이 심판하지 않으시면, 그분도 그들과 다르지 않은 범죄자 중 하나가 될 것이다. 그러나 하나님은 그들과 다르며, 따라서 그분의 심판은 의로운 것이다.

하나님의 심판이 의로운 이유를 그 천사는 이렇게 설명한다. '그 들이 성도들과 선지자들의 피를 흘렸으므로!' 이 설명에서 '피를 흘 렸다'는 동사는 천사가 셋째 대접을 강과 물에 '쏟았다'는 표현과 같 은 단어이다.[30] 그러니까 그들이 성도들과 선지자들의 피를 '쏟았 기' 때문에 하나님도 천사를 통해 대접 심판을 '쏟았다'는 것이다. 하 나님이 대접 심판을 쏟으시는 것과, 그들이 순교자들의 피를 마시 는 것은 너무나 당연하다는 것이다.

그런데 이번에는 '제단이 말하는데', 그 뜻은 제단에서 소리가 들 렸다는 것이다. 제단은 성도들이 기도한 곳이며, 동시에 순교자들 의 피가 쏟아진 곳이다. 그곳에서 나온 소리도 마찬가지로, 하나님 의 심판이 참되고 의롭다는 것이다. 그런데 그 소리는 하나님을 이 렇게 부른다, '주 하나님, 곧 전능하신 이시여!' 이 칭호는 하나님이 우주의 통치자이시며, 능력 있는 장군답게 악인들을 심판하시는 분

이라는 것이다. [31]

넷째 대접 심판의 설명과 반응을 보자. "넷째 천사가 그 대접을 해에 쏟으매 해가 권세를 받아 불로 사람들을 태우니, 사람들이 크게 태움에 태워진지라. 이 재앙들을 행하는 권세를 가지신 하나님의 이름을 비방하며, 또 회개하지 아니하고, 주께 영광을 돌리지 아니하더라" (16:8-9). 이 심판도 셋째 나팔 심판처럼 해와 연관이 있는 심판이다. 그런데 나팔 심판에서는 해가 가리어서 어두움이 세상을 뒤엎는다 (8:12).

어두움도 무서운 심판이나 그래도 그것은 간접적인 것이다. 넷째 대접 심판은 태양의 뜨거운 불이 사람들을 태워 죽이는 직접적인 것이다. 사람들이 불에 타서 죽으면서 어떤 반응을 일으키는가? 그들은 이처럼 하나님의 능력 있는 심판을 받으면서도 하나님께 돌이키지 않고 오히려 '하나님의 이름을 비방했다.' 이런 비방은 적그리스도의 비방을 본받은 것인데 (13:6), 이들은 한편 적그리스도와 그 우상을 섬기면서, 또 한편 하나님의 이름을 비방한다.

이 사람들은 '회개하지 아나하고, 주께 영광을 돌리지 아니한다.' 만일 이들이 그렇게 적그리스도를 섬기지 않았다면 틀림없이 이와 같은 불 앞에서 그들의 잘못을 인정하고 하나님께로 돌아왔을 것이다. 그뿐 아니라, 그들을 돌이키게 하기 위하여 불 심판을 허락하신 하나님께 영광을 돌릴 것이다. 그러나 적그리스도를 따르는 이들은 회개하지도 않았을 뿐 아니라, 더군다나 하나님께 영광을 돌리지 않는다.

마침내 하나님은 적그리스도를 직접 심판하시는데, 그것이 바로 **다섯째 대접 심판**이다. 지금까지 일곱 인 심판과 일곱 나팔 심판에서처럼 처음 네 심판은 자연에 대한 심판이었으나, 다섯째 심판부터는 자연보다 광범위한 우주에 대한 심판이며 동시에 영적 심판이다. 그 이유도 분명하다! 이 심판의 근본적인 원인은 영적인 것이기 때문이다. 사탄과 적그리스도와 미혹의 선지자가 합심하여 성부 성자 성령 하나님을 대적한 것이다.

사도 요한이 본 다섯째 대접 심판은 이렇다. "또 다섯째 천사가 그 대접을 짐승의 왕좌에 쏟으니, 그 나라가 곧 어두워지며 사람들이 아파서 자기 혀를 깨물고, 아픈 것과 종기로 말미암아 하늘의 하나님을 비방하고 그들의 행위를 회개하지 아니하더라" (16:10-11). 여기에서 '짐승'은 적그리스도인데, 그는 왕좌를 차지하고 세상을 통치하고 있다. 그런데 다섯째 대접 심판은 바로 그 왕좌에 부어지는 것이다.

이미 언급한 대로, 적그리스도로 하여금 세상의 지배자로 만들기 위하여 왕좌에 앉힌 자는 사탄이다. 이 사실을 말씀에서 확인하자. "내가 본 짐승은 표범과 비슷하고 그 발은 곰의 발 같고 그 입은 사자의 입 같은데, 용이 자기의 능력과 보좌와 큰 권세를 그에게 주었더라" (13:2). 이 말씀에서 '용'은 사탄인데, 그 사탄이 짐승에게 능력과 '보좌', 곧 왕좌를 주면서 '큰 권세도' 함께 딸려준다.

그런데 하나님이 바로 그 왕좌에 대접을 쏟자, 그 나라는 어두움에 잠긴다. 이 어두움은 출애굽기에서 삼일 간이나 지속된 아홉 번째 재앙인 흑암보다 훨씬 심각하고 무서운 것이다 (출 10:22). 그렇지 않다면 '사람들이 아파서 자기 혀를 깨물지' 않았을 것이다. 두말할 필요도 없이 '어두움'은 하나님의 심판이며, 그 심판이 얼마나 심각한지 '사람들이 아파서 자기 혀를 깨문다.' 틀림없이 '어두움'의 심판은 많은 고통을 동반한 심판이었을 것이다.

'아픔과 종기'에도 불구하고 이 사람들은 '그들의 행위를 회개하지 아니하고', 오히려 '하늘의 하나님을 비방한다.' 이미 언급한 것처럼, 일곱 인 심판과 일곱 나팔 심판과 일곱 대접 심판의 목적 중 하나는 자기들의 잘못을 회개하고 하나님께로 돌아오게 하는 것이다. 그러나 그렇게 하는 대신 그들은 '하늘의 하나님을 비방한다.' 전능하실 뿐 아니라, 자비를 베푸실 수 있는 '하늘의 하나님'을 땅에 사는 한계 있는 사람들이 거부하는 것이다.

여섯째 나팔 심판은 유브라데강에 묶여있던 네 천사가 풀려남으로 그 강을 중심으로 심판이 일어나는데, **여섯째 대접 심판**도 유브라데강을 중심으로 심판이 부어진다. 그뿐 아니라 나팔 심판에서 마병대가 2억이나 동원되어 무수한 사람들을 죽이는데, 대접 심판에서도 수많은 군대가 동원되어 아마겟돈으로 모인다. 그러나 그렇게 비슷한 것보다 다른 것들이 강조되는데, 그것을 보기 위하여 그 심판에 대한 사도 요한의 기록을 옮겨보자.

"또 여섯째 천사가 그 대접을 큰 강 유브라데에 쏟으매 강물이 말라서 동방에서 오는 왕들의 길이 예비되었더라. 또 내가 보매 개구리 같은 세 더러운 영이 용의 입과 짐승의 입과 거짓 선지자의 입에서 나오니, 그들은 귀신의 영이라. 이적을 행하여 온 천하 왕들에게 가서 하나님 곧 전능하신 이의 큰 날에 있을 전쟁을 위하여 그들을 모으더라. 보라 내가 도둑 같이 오리니 누구든지 깨어 자기 옷을 지켜 벌거벗고 다니지 아니하며 자기의 부끄러움을 보이지 아니하는 자는 복이 있도다. 세 영이 히브리

어로 아마겟돈이라 하는 곳으로 왕들을 모으더라" (16:12-16).

여섯째 대접 심판이 유브라데에 쏟아지고, 그 결과 그 강물이 마른다. 물이 마른다는 것은 하나님의 목적이 이루어지고 있다는 것을 뜻한다. 하나님은 역사적으로도 당신의 목적을 이루시기 위하여 홍해도 마르게 하셨고 (출 14:21-22), 요단강도 마르게 하셨다 (수 4:23). 이 두 가지 역사는 이스라엘 백성의 구원을 위하여 하나님이 능력을 나타내신 것이었다. 그런데 이번에도 유브라데를 말리시는데, 역시 이스라엘 백성을 구원하시려는 하나님의 역사이다.[32]

유브라데강은 서방과 동방을 나누는 강이기 때문에 지역적으로나 전략적으로 요충적인 강이다.[33] 그 강이 마름으로 동방의 왕들이 서방을 침공할 수 있는 통로가 확보된 것이다. 그러니까 일곱 대접 심판은 이중적이라고 할 수 있는데, 하나는 유브라데강의 마름이고, 또 하나는 그 결과 동방 왕들이 서방을 침공한 전쟁이다. 그런데 놀라운 사실은 동방 왕들의 침공을 부축인 세력들이 있는데, 바로 사탄의 무리이다.

다시 한 번 하나님을 대적하는 사탄의 삼위가 등장하는데, 곧 용과 짐승과 거짓 선지자이다. 거듭거듭 확인한대로 용은 사탄이고, 짐승은 적그리스도이며, 거짓 선지자는 미혹의 선지자이다. 이들의 입에서 '개구리 같은 더러운 영'이 나와서 여러 가지 이적을 행하므로, '온 천하 왕들'을 꼬드기는데 성공한다. 그 결과 그들이 대연합군을 결성하여 서방을 공격하기 위하여 유브라데강을 건넌다. 물론 하나님과 그 세력을 공격하기 위함이다.

사도 요한은 그들의 모임을 이렇게 묘사했다. "하나님 곧 전능하신 이의 큰 날에 있을 전쟁을 위하여 그들을 모으더라"(16:14). 그렇게 천하의 왕들이 모인 곳은 다름 아닌 저 유명한 아마겟돈이다. 아마겟돈은 이스르엘 골짜기에 있는 곳인데, 그곳은 하나님의 백성을 박해한 왕들이 패배한 곳이며 (삿 5:19-21), 거짓 선지자들이 죽임을 당한 곳이며 (왕상 18:40), 사태를 오판하고 전쟁에 참가한 왕이 죽은 곳이었다 (왕하 23:29-30).

마찬가지로, 하나님을 대적한 천하의 왕들이 바로 이곳에서 대패할 뿐 아니라 목숨을 잃는 곳이 될 것이다. 왜냐하면 이 전쟁은 '전능하신 이의 큰 날'인만큼 하나님이 개입하시기 때문이다. 아마겟돈은 다시 한 번 하나님을 대적하는 왕들은 물론 그들을 꼬드긴 용과 짐승과 거짓 선지자가 대패하는 곳이다. 그런데 이 아마겟돈 전쟁은 과거의 어느 전쟁보다 심각하고 중요하며, 그래서 역사의 전환점이 된다. 이 전쟁에 대한 것은 '이중적 재림'에서 다루자.[34]

이제 삼중적 심판의 마지막 심판인 **일곱째 대접 심판**에 대해 알아보기 위하여 사도 요한이 기록한 내용을 보자.

> "일곱째 천사가 그 대접을 공중에 쏟으매, 큰 음성이 성전에서 보좌로부터 나서 이르되 '되었다' 하시니, 번개와 음성들과 우렛소리가 있고, 또 큰 지진이 있어 얼마나 큰지 사람이 땅에 있어 온 이래로 이같이 큰 지진이 없었더라. 큰 성이 세 갈래로 갈라지고 만국의 성들도 무너지니, 큰 성 바벨론이 하나님 앞에 기억하신 바 되어 그의 맹렬한 진노의 포도주 잔을 받으매, 각 섬도 없어지고 산악도 간 데 없더라. 또 무게가 한 달란트나 되는 큰 우박이 하늘로부터 사람들에게 내리매 사람들이 그 우박

의 재앙 때문에 하나님을 비방하니, 그 재앙이 심히 큼이러라"
(16:17-21).

일곱 번째 대접 심판은 '공중'에 쏟아지는데, '공중'은 악의 영들이 있는 곳이다 (엡 2:2, 6:12). 지금까지 심판이 땅과 바다와 강에 내려졌는데, 이제 '공중'에도 내려지기에 문자 그대로 하늘과 땅과 물 모두가 심판을 받는다. 그리고 '공중'에 쏟아진 심판은 사람들의 생명에 직접적으로 영향을 주는데, 그 이유는 숨을 쉬기 때문이다.[35] 오염된 공기도 사람들의 폐를 상하게 하는데, 하물며 심판의 대접이 부어진 공기는 어떻겠는가?

그때 하늘에 있는 성전의 보좌에서 큰 음성이 들리는데, 그것은 바로 하나님의 음성이다. 왜냐하면 그 보좌는 하나님이 좌정하신 곳이기 때문이다. 그 음성은 간단하나 그 뜻은 심오한데, '되었다' 이다. 예수님이 십자가에서 외친 소리, 곧 '다 이루었다'는 인간의 죗값을 다 치렀다는 것처럼, '되었다'는 음성은 일곱 대접 심판으로 삼중적인 심판을 마치겠다는 것이다. 그렇게 심판이 끝나면 새로운 세상이 펼쳐질 것도 함축된 음성이다.

이어서 하나님의 현현인 '번개와 음성들과 우렛소리와 큰 지진'이 따른다. 그런데 '큰 지진'은 지금까지 있었던 것들 중 가장 컸다는 것이다. 얼마나 그 지진이 컸던지 '큰 성', 곧 바벨론이 세 갈래로 갈라졌고,[36] '각 섬도 없어지고 산악도 간 데 없어진다.' 하나님의 창조의 작품인 세상은 사탄과 죄인들로 인하여 더러워졌고, 그리고 하나님의 심판으로 갈기갈기 찢어지고 있었다. 그 땅과 하늘은 새 하늘과 땅으로 교체되지 않으면 안 될 지경이 되고 말았다.

하나님이 바벨론을 기억하신다는 것은 바벨론의 상황과 악행을 아시고 또 기억하신다는 말이다. 만일 하나님이 기억하지 못하시면, 어떻게 전지의 하나님이시며 또 어떻게 바벨론의 악행을 심판하실 수 있겠는가? 하나님의 심판은 '그의 맹렬한 진노의 포도주 잔'을 던지는 것과 같은데, 그 표현은 하나님의 무서운 진노의 포도주를 부어주신다는 것이다. 다시 말해서, 포도주가 사람을 취하게 하듯 하나님의 진노에 바벨론을 비틀거리게 만든다는 것이다.

마지막으로 '한 달란트', 곧 60kg이나 되는 '큰 우박'이 떨어진다. 1986년 4월 14일에 방글라데시에 1kg 정도의 우박이 떨어져서 92명이나 죽었다. 그런데 그보다 60배나 무거운 우박이 떨어지다니 참으로 대환난이 아닐 수 없다. 예수님의 말씀대로 "…하나님께서 창조하신 시초부터 지금까지 이런 환난이 없었고 후에도 없으리라"(막 13:39). 그 우박 재앙 앞에서 그들은 하나님을 비방하는데, 그들은 우박은 보지만 우박의 메시지는 보지 못한다.

4) 심판과 재앙

사도 요한은 하나님의 심판을 재앙이라고도 표현했다. '일곱 대접을 가지고 마지막 일곱 재앙을 담은 일곱 천사'는 한 실례에 지나지 않는다 (21:9). 이 말씀에서 '일곱 대접'은 '일곱 대접 심판'을 말한다. 그렇다면 이 시점에서 심판과 재앙의 차이점을 알아보고, 또 심판과 재앙의 이유도 알아보자. '심판'은 심판의 행위자를 강조하는 표현인데 반하여, '재앙'은 심판을 받는 대상을 강조하는 표현이다.

여섯째 나팔 심판을 예로 들자. 그 천사가 나팔을 불매, 유브라데강에 결박되어 있던 네 천사가 놓이고, 그들은 입에서 불과 연기와 유황으로 지구상의 사람들을 삼분의 일이나 죽인다 (9:18). 죽은 사람들은 물론 시체에 둘러싸여 있는 사람들에게는 큰 재앙이다. "이 *재앙*에 죽지 않고 남은 사람들은 손으로 행한 일을 회개하지 아니하고 오히려 여러 귀신과 또는 보거나 듣거나 다니거나 하지 못하는 금, 은, 동과 목석의 우상에게 절하더라" (9:20).

하나님의 심판과 인간이 당하는 재앙이 묘사된 적은 많지만, 그래도 가장 실제적으로 묘사된 곳은 출애굽기와 요한계시록이다. 하나님은 이스라엘 백성을 구원하시기 위하여 애굽을 열 가지 재앙으로 치셨다. 한편 하나님은 애굽을 '치셨고', 다른 한편 애굽 백성은 재앙을 만났다. 한 예를 들어보자, "네[바로]가 만일 보내기를 거절하면 내[여호와]가 개구리로 너의 온 땅을 *치리라*" (출 8:2). 두말할 필요도 없이 '치다'는 심판하다의 뜻이다.

모세도 이런 심판의 결과를 재앙이라고 표현하였다. "내[여호와]가 이번에는 모든 *재앙*을 너[바로]와 네 신하와 네 백성에게 내려 온 천하에 나와 같은 자가 없음을 네가 알게 하리라" (출 9:14). 이 말씀에서 하나님도 '재앙'이라는 표현을 사용하셨는데, 그 이유는 애굽 백성이 당할 고통을 강조한 것이었다. 이 말씀과 더불어 하나님이 애굽에 내리신 심판은 우박이었다. 이 우박으로 애굽 사람은 물론 많은 동물들이 죽고 채소가 못쓰게 되었다 (출 9:25).

그러면 왜 하나님은 애굽과 바로를 치셨고, 애굽 백성은 재앙을 겪어야 했는가? 그 이유는 그들이 한편 하나님을 거부했고, 다른 한편 하나님의 백성인 이스라엘을 박해했기 때문이다. 하나님은 바로에게 이스라엘 백성을 보내어 그들로 하여금 하나님을 섬기게 하라고 하셨다. 그러나 바로는 이렇게 반응했다. "여호와가 누구이기에 내가 그의 목소리를 듣고 이스라엘을 보내겠느냐? 나는 여호와를 알지 못하니 이스라엘을 보내지 아니하리라" (출 5:2).

하나님을 거부하고 이스라엘 백성을 박해한 애굽을 하나님은 심판하셨는데, 궁극적인 목적은 이스라엘 백성을 구원해내시기 위함이었다. 하나님의 심판은 열 가지 재앙이었는데, 그 재앙은 어떤 누구의 방해도 받지 않는 하나님의 능력의 표출이요, 하나님의 절대적인 주권의 표현이었다. 그런데 그와 유사한 심판과 재앙이 재현되었는데, 곧 요한계시록에 표현된 하나님의 삼중적 심판이었다.

이미 언급한 대로, 적그리스도는 이스라엘 백성과 7년간의 평화조약을 맺는다. 그러나 그 조약의 기간이 반 지날 때, 평화조약을 파기한다. 파기할 뿐 아니라, "그가 그 이레의 절반에 제사와 예물을 금지할 것이며, 또 포악하여 가증한 것이 날개를 의지하여 섰다" (단 9:27). 그뿐 아니라, 그는 "또 스스로 높아져서 군대의 주재를 대적하며, 그에게 매일 드리는 제사를 없애 버렸고 그의 성소를 헐었다" (단 8:11).

애굽에서 이스라엘 백성을 위하여 심판과 재앙을 반복적으로 내리신 하나님은 다시 그들을 위하여 역사하시기 시작했다. 그 역사가 바로 요한계시록에 나오는 삼중적 심판이다. 하나님은 심판의 칼을 휘두르시고, 하나님을 대적하며 유대인들을 박해하며 죽이는 적그리스도와 그의 추종자들은 각 가지 재앙을 당한다. 그런 심판과 재앙으로 인하여 마침내 이스라엘 백성은 구원을 받을 것이다.

그들이 구원을 받으면서 천년왕국이 열려질 것이며, 그 기간 동안 이스라엘 백성은 본래 그들에게 주어진 사명을 감당할 것이다.

그들에게 주어진 사명을 다시 확인하자. "세계가 다 내게 속하였나니 너희가 내 말을 잘 듣고 내 언약을 지키면, 너희는 모든 민족 중에서 내 소유가 되겠고 너희가 내게 대하여 제사장 나라가 되며 거룩한 백성이 되리라" (출 19: 5-6). 이 사명은 한 마디로 말해서 세계의 복음화를 이루라는 것이다.[37]

하나님이 애굽과 적그리스도를 심판하신 방법은 너무나 비슷하다. 비록 시간적으로는 수천 년의 간격이 있지만, 심판하시는 하나님은 '어제와 오늘과 영원토록' 변함없는 분이시기 때문이다 (1:8, 4:8). 이제 도표를 통해 **하나님이 심판**하시면서 사용하신 방법과 수단을 살펴보자.

애굽에 내린 재앙	세상에 내린 재앙
피 재앙 (출 7:20)	피 재앙 (8:8, 16:3, 4)
개구리 재앙 (출 8:2)	개구리 재앙 (16:13)
이 재앙 (출 8:16)	
파리 재앙 (출 8:21)	
돌림병(악질) 재앙 (출 9:3)	화덕의 연기 (9:2)
악성 종기 재앙 (출 9:9)	종기 재앙 (16:2, 11)
우박 재앙 (출 9:18)	우박 재앙 (8:7, 16:21)
메뚜기 재앙 (출 10:4)	황충 재앙 (9:3)
어두움 재앙 (출 10:21)	어두움 재앙 (8:12, 16:10)
장자를 치는 재앙 (출 11:5)	사람 삼분의 일이 죽는 재앙 (9:18)

애굽과 적그리스도에게 쏟아진 재앙을 비교해보면, 적그리스도와 그를 추종하는 사람들에게 내려진 재앙이 훨씬 더 심각하다. 하나님을 대적할 뿐 아니라, 그분을 모방한 사탄과 적그리스도와 미

혹의 선지자를 하나님은 그만큼 미워하신다. 그리고 그 미움에 걸맞은 심판을 철저하게 하시는 것이다. 그런데 이 두 가지 재앙에는 다른 점도 있는데, 적그리스도와 그의 세력들에게는 이 재앙과 파리 재앙이 없다는 것이다.

애굽은 아직 농경 사회를 이루고 있었기 때문에 동물은 귀중한 재산이 됐다. 하나님은 애굽 백성이 귀하게 여기는 동물도 치셨다. 그뿐 아니라, 이스라엘 백성에게 동물은 제물이 되기 때문에 말할 수 없이 중요했다. 하나님은 애굽의 동물은 치셨으나, 이스라엘의 동물은 치지 않으셨던 것이다. 그러나 마지막 때 하나님을 대적하며 이스라엘 백성을 박해한 자들은 사람이지 동물이 아니다. 그런 까닭에 이 재앙과 파리 재앙은 없다.

이런 재앙을 통해 하나님은 어제와 오늘과 영원토록 동일하신 분이라는 사실을 알 수 있다. 하나님은 전에나 현재에나 우상을 절대로 용납하지 않으시며, 그 우상을 섬기는 자들도 용납하지 않으신다. 하나님은 그런 우상을 반드시 심판하시나, 우상을 섬기는 자들은 회개하고 돌이킬 기회를 거듭거듭 주신다. 그 원리는 바로와 애굽 백성에게도 적용되며, 적그리스도를 추종하는 사람들에게도 적용된다. 자비와 구원의 하나님이시기 때문이다!

5) 삼중적 심판의 목적

하나님이 일곱 교회에게 삼중적 심판, 곧 인, 나팔, 대접 심판을 보여주신 목적은 무엇인가? 첫째 목적은 무엇보다도 하나님을 깊이 경외하는 교회가 되게 하기 위해서이다. 하나님의 뜻을 거부한 세상 사람들의 결말을 보면서 교회는 한편 그들에 대한 하나님의 준엄을, 또 한편 교회에 대한 하나님의 인자를, 각각 인식하게 된다 (롬 11:22). 하나님이 그들을 그렇게 준엄하게 심판하시지만 교회에 베푸시는 인자를 인식하면서, 하나님을 더 깊이 경외하라는 것이다.

둘째 목적은 교회에게 악의 세력의 결말을 보여주기 위해서이다. 아무리 세상의 물결이 교회를 박해하고 어렵게 하면서 의기양양해 하지만, 그 물결은 잠시 잠깐 뿐이라는 것이다. 이런 세상의 물결을 교묘하게 이용하는 사탄과 적그리스도의 세력은 거의 전능해 보이나, 실제로는 전능하신 하나님의 손아귀에서 놀아나는 꼭두각시에 불과하다는 것이다. 교회가 이런 사실을 직시할 때, 그만큼 담대하게 세상의 물결을 헤치고 나갈 수 있는 것이다.

교회를 박해하는 세상의 물결은 영적인 것만 아니라 도덕적인 것도 있다. 개인적인 양심과 세상의 기준만을 의지하는 사람들은 도덕적으로 말할 수 없이 타락할 수 있다. 그들이 세운 목적을 달성하기 위하여 수단 방법을 가리지 않으면서 도덕과 상관없는 인생을 살아갈 수 있다. 그렇게 하는 동안 그들은 도덕적으로 고상하게 삶을 영위하는 교회를 향하여 비난하고 박해하지만 (벧전 4:4), 종말로 치닫는 하루살이 같은 존재라는 것을 알려주기 위해서이다.

셋째 목적은 심판을 받을 짓을 한 사람들이 심판을 받는다는 사실이다. 이 사람들은 하나님을 비난할 뿐 아니라, 하나님을 대적하는 적그리스도를 추종한다. 그뿐 아니라, 적그리스도의 우상을 경배하면서 헌신한 사람들이다. 창조주 하나님을 저버리고, 우상을 섬긴 사람들이 심판을 받지 않는다면 누가 받는단 말인가! 그들이 받는 삼중적 심판은 시작에 불과하며, 결국엔 '불과 유황으로 타는' 지옥에서 영원히 심판을 받을 것이다 (21:8).

넷째 목적은 하나님의 주권을 보여주기 위해서이다. 하나님께는 아무도 넘볼 수 없는 절대적인 뜻이 있다. 하나님을 등지고 사탄과 적그리스도와 악령들을 따르는 자들이 어떤 방법으로 심판 받는가는 전적으로 하나님께 달려있다. 하나님은 자연의 힘, 곧 우박과 지진 등으로도 심판하실 수 있고, 물과 공기를 변화시켜서 심판하실 수도 있다. 그뿐 아니라, 귀신들을 이용하여 귀신들을 따르는 자들을 심판하실 수 있다는 것을 보여주기 위해서이다.

다섯째 목적은 하나님이 기도의 응답으로 심판하실 수 있다는 것을 교회에게 보여주기 위해서이다. 일곱 번째 인 심판에서도 역시 기도의 응답으로 심판이 이루어진다. "향연이 성도의 기도와 함께 천사의 손으로부터 하나님 앞으로 올라가는지라. 천사가 향로를 가지고 제단의 불을 담아다가 땅에 쏟으매 우레와 음성과 번개와 지진이 나더라" (8:4-5). 그렇다! 기도는 하나님의 마음을 움직여서 심판하게 하실 수 있다.

여섯째 목적은 거짓된 신들과 하나님 사이에 내재하는 싸움을 보여주기 위해서이다. 교회는 이런 영적 싸움의 실제를 깊이 자각해야 한다. 그렇지 않으면 자신도 모르는 사이에 영적으로 나태해져서 거짓된 신들을 유익하게 하는 일에 연루될 수 있다. 그러나 교회가 분명히 알아야 할 사실은 거짓된 신들은 결국 그들의 본색이 드러나서 하나님의 심판을 받고 그들을 위하여 준비된 지옥으로 던져질 것이라는 사실이다 (마 25:41).

일곱째 목적은 심판을 통해서라도 믿지 않는 자들이 구원을 받을 수 있다는 사실을 교회에게 보여주기 위해서이다. 물론 그들이 구원을 받기 위해서는 회개해야 한다 (9:20, 16:9). 그래서 이런 심판의 와중에서도 복음이 전달되는 것이다. 말씀으로 확인하자. "모든 민족과 종족과 방언과 백성에게 전할 영원한 복음을 가졌더라…이는 그의 심판의 시간이 이르렀음이니 하늘과 땅과 바다와 물들의 근원을 만드신 이를 경배하라" (14:6-7).

하나님의 심판은 어떤 면에서는 긍휼의 메시지인데, 그 이유는 거짓 신들의 무기력함과 한계를 보여주기 때문이다. 그러니까 하나님의 심판은 세상을 향한 하나님의 엄숙한 선언이다. 하나님만이 전능하시며, 하나님만이 인간을 죽음과 심판으로부터 구원하실 수 있는 방법이 있다는 선언이다. 비록 심판은 하나님의 소극적인 선포이지만, 그래도 그 안에는 하나님의 적극적인 긍휼이 내재되어 있다는 것을 보여주기 위해서이다.

여덟째 목적은 교회가 세상의 결말을 확실하게 안다면, 당연히 전도에 매진해야 한다는 것을 알려주기 위해서이다. 심판과 지옥을 향해 달려가고 있는 세상 사람들에게 교회가 올바른 길을 제시하지 않는다면, 그 교회는 '맛 잃은 소금'과 다를 바 없다 (눅 14:34). 그뿐 아니라, 그 교회는 하나님의 계획에 참여하지 못하게 된다. 세상 끝날 하나님은 그렇게 전도하지 않은 교회를 향해 책임이 없다고 하지 않으실 것이다.

아홉째 목적은 교회가 세계의 부흥을 위하여 기도하라는 사명을 알려주기 위해서이다. 무서운 심판의 와중에서 구원받을 사람들에 대해 이렇게 예언하고 있다. "이 일 후에 내가 보니 각 나라와 족속과 백성과 방언에서 아무도 능히 셀 수 없는 큰 무리가 나와 흰 옷을 입고 손에 종려 가지를 들고 보좌 앞과 어린 양 앞에 서서, 큰 소리로 외쳐 이르되 구원하심이 보좌에 앉으신 우리 하나님과 어린 양에게 있도다"(7:9-10).

하나님의 관심은 언제나 잃어버린 영혼들의 구원에 있다. 그렇지 않다면 독생자를 그렇게 희생시켰겠는가? 삼중적 심판은 창세 이후에 없었던 가장 혹독한 심판이다. 그런 심판 중에도 그렇게 많은 영혼들이 구원을 받는다는 것은 하나님이 이 세상 마지막에 한 번 세계적인 부흥을 일으키시겠다는 예언이라 할 수 있다. 이런 하나님의 마음을 깨달은 교회는 범세계적인 부흥을 위해 기도해야 한다.

마지막 목적은 교회에게 이 세상이 점진적으로 해체되고 있다는 사실을 보여주기 위해서이다. 삼중적 심판을 통해 땅과 바다와 강과 공기가 흔들린다. 그뿐 아니라, 끊임없이 발생하는 지진으로 인하여 세상은 파괴되어 가고 있다. 그렇다! 하나님이 창조하신 그래서 보기 좋았던 세상은 흉물로 변화되고 있다. 그 창조는 더 이상 보기 좋은 것이 아니다. 이제 그 세상은 낡은 옷을 벗어버리고 새 옷으로 갈아입어야 한다.

히브리서 저자는 이렇게 표현했다. "또 주여 태초에 주께서 땅의 기초를 두셨으며 하늘도 주의 손으로 지으신 바라; 그것들은 멸망할 것이나 오직 주는 영존할 것이요, 그것들은 다 옷과 같이 낡아지리니, 의복처럼 갈아입을 것이요; 그것들은 옷과 같이 변할 것이나 주는 여전하여 연대가 다함이 없으리라"(히 1:10-12). 비록 하나님이 창조하셨으나, 사탄과 인간들 때문에 더럽힌 땅을 하나님은 해체하시는 것이다.

사도 요한도 새 옷을 이렇게 묘사했다, "또 내가 새 하늘과 새 땅을 보니 처음 하늘과 처음 땅이 없어졌고 바다도 다시 있지 않더라"

(21:1). 이런 사실을 알게 된 교회는 어떻게 반응을 보여야 하는가? 베드로 사도의 말을 빌려 답해보자.

> "사랑하는 자들아 주께는 하루가 천 년 같고 천 년이 하루 같다는 이 한 가지를 잊지 말라. 주의 약속은 어떤 이들이 더디다고 생각하는 것 같이 더딘 것이 아니라. 오직 주께서는 너희를 대하여 오래 참으사, 아무도 멸망하지 아니하고 다 회개하기에 이르기를 원하시느니라. 그러나 주의 날이 도둑 같이 오리니, 그 날에는 하늘이 큰 소리로 떠나가고 물질이 뜨거운 불에 풀어지고 땅과 그 중에 있는 모든 일이 드러나리로다. 이 모든 것이 이렇게 풀어지리니, 너희가 어떠한 사람이 되어야 마땅하냐? 거룩한 행실과 경건함으로 하나님의 날이 임하기를 바라보고 간절히 사모하라. 그 날에 하늘이 불에 타서 풀어지고 물질이 뜨거운 불에 녹아지려니와, 우리는 그의 약속대로 의가 있는 곳인 새 하늘과 새 땅을 바라보도다. 그러므로 사랑하는 자들아! 너희가 이것을 바라보나니, 주 앞에서 점도 없고 흠도 없이 평강 가운데서 나타나기를 힘쓰라" (벧후 3:8-14).

1) 예수 그리스도는 다니엘이 예언한 날짜와 연도에 십자가에서 죽으셨는데, 곧 주후 32년 니산월 10일인 양력 4월 6일이었다. 그 날짜를 계산한 방법을 보기 위하여 다음을 참고하라: Robert Anderson, *The Coming Prince* (Grand Rapids, MI: Kregal Publications, 2008), 127-128.
2) 이 사실을 보다 깊이 알려면 다음을 참고하라: 홍성철, 『화목제물』 (서울: 도서출판 세복, 2020), 155-156.
3) 홍성철, 『다니엘의 역설적인 인생』 (서울: 도서출판 세복, 2016), 251.
4) Tim LaHaye, ed. *Tim LaHaye Prophecy Study Bible* (Grand Rapids, MI: AMG Publishers, 2000), s. v. "The Antichrist" by Edward Hindson.
5) Alan F. Johnson, *Revelation*, in *The Expositor's Bible Commentary*, 제12권, *Hebrews through Revelation* (Grand Rapids, MI: Zondervan, 1981), 469.
6) Osborne, *Revelation*, 278.
7) William Barclay, *The Revelation of John*, 제2권, 개정판 (Philadelphia, PA: The Westminster Press, 1976), 7.
8) Osborne, *Revelation*, 282.
9) 인 심판에서는 '땅의 사분의 일'이 죽으나, 나팔 심판에서는 '땅의 삼분의 일'이 죽으며 (계 8:7-12), 대접 심판에서는 '온 땅'이 당한다 (계 16:2-9).
10) LaHaye, *Revelation*, 106.
11) Ray C. Stedman, *God's Final Word: Understanding Revelation* (Grand Rapids, MI: Discovery House Publishers, 1991), 151.

12) Jurgen Roloff, *Revelation*, J. E. Alsup 역 (Minneapolis, MN: Augsburg Fortress Publishers, 1993), 90.

13) Mulholland, *Revelation*, 176.

14) Osborne, *Revelation*, 294.

15) LaHaye, *Revelation*, 98.

16) LaHaye, *Tim LaHaye Prophecy Study Bible*, 요한계시록 8:8-9절의 각주.

17) 한글성경에서는 의역을 포함해서 14번 나오나, 헬라어에서는 12번이다 (계 9:18, 20, 11:6, 15:1, 6, 8, 16:9, 21, 18:4, 8, 21:9, 22:18).

18) 이 '별'이 사탄이라고 주장하는 학자들 가운데는 Hendriksen도 있다. 그의 주장을 보려면 다음을 참고하라: William Hendriksen, *More Than Conquerors: An Interpretation of the Book of Revelation*, 제2쇄 (Grand Rapids, MI: Baker Books, 1967), 145.

19) Stedman, *God's Final Word*, 190-191.

20) 사도 요한은 '듣고 본' 것을 요한계시록에 기록했다. 다시 말해서, 그는 '귀'와 '눈'이라는 통로를 통해 하나님의 계시를 받았던 것이다.

21) LaHaye, *Revelation*, 141.

22) 이 말씀에서 '앞으로 오실 자'가 생략된 것은 이미 그분이 왕으로 오셔서 하나님의 나라를 세우셨기에 더 이상 미래가 존재하지 않기 때문이다.

23) Mulholland, *Revelation*, 211.

24) 적그리스도가 평화조약을 깨고 스스로 하나님이라고 칭하면서부터 '큰 환난'의 시작인데, 그 전후는 '환난'과 '대환난'으로 나뉜다 (마 24:15-21).

25) 이들은 '불이 섞인 유리 바다' 가에 서 있었는데, '불'은 하나님의 심판의 속성

을, '유리 바다'는 하나님이 깨끗한 거룩한 속성을 각각 나타낸다. 이를 위하여 다음을 보라, 강변도, 『요한일서-요한 계시록』, 445.

26) '주여, 누가 주의 이름을 두려워하지 아니하며 영화롭게 하지 아니하오리이까?'에 대한 반응으로 세 가지 이유를 제시한다: 1) '주만 거룩하시기에', 2) '주의 의로우신 일이 나타났으매', 3) '만국이 와서 주께 경배할 것이기에.' 이 세 가지 반응은 모두 '왜냐하면'의 접속사로 연결되어 있다.

27) Osborne, *Revelation*, 570.

28) 같은 책.

29) 같은 책, 579.

30) 헬라어로 이 단어는 *엑케오*(ἐκχέω)이다.

31) '주 하나님, 곧 전능하신 분'(Κύριος ὁ Θεὸς ὁ Παντοκράτωρ)은 요한계시록에서 7번 나온다 (1:8, 4:8, 11:17, 15:3, 16:7, 19:6, 21:22).

32) 적그리스도의 7년 지배는 그리스도 예수의 재림으로 끝날 것이며, 그때 이스라엘 백성은 민족적으로 구원을 받게 될 것이다. 그렇게 시작된 천년왕국에서 그들은 제사장의 역할을 감당하게 될 것이다.

33) Stedman, *God's Final Word*, 282.

34) 6:15의 설명은 '복'의 장에서 두 번째 복을 참고하라.

35) Barclay, *The Revelation of John*, vol 2, 133.

36) 바벨론은 '큰 성'이라고 불린다 (17:18, 18:10, 16, 18, 19, 21).

37) 이스라엘 백성에게 주어진 이 사명을 자세히 보려면 다음을 참고하라. 홍성철, 『주님의 지상명령: 성경적 의미와 적용』, 제2쇄 (서울: 도서출판 세복, 2006), 153 이하.

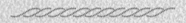

5장

삼중적 막간

1. 막간의 위치

　요한계시록의 몸통은 삼중적 심판이라 할 수 있다. 일곱 심판이 인과 나팔과 대접의 형태로 세 번씩 반복되는데, 그 심판은 갈수록 더 무섭고 더 처절해진다. 이런 사실 때문에 삼중적 심판을 이해하지 못하면 요한계시록 자체를 이해하지 못하게 된다. 그런데 이 삼중적 심판을 이해하기 어렵게 만드는 것은 그 심판들이 차례로 나오지 않기 때문이다. 사이사이에 들어가 있는 막간interlude 때문에 삼중적 심판이 어렵게 여겨지는 것이다.

　요한계시록을 보다 쉽게 접근하기 위하여 중간에 삽입된 막간을 빼고 삼중적 심판만을 다루었다. 그렇다고 요한계시록에서 막간이 없어지는 것은 아니다. 연극에서 막간의 역할은 짧고 간단하지만, 그 연극의 흐름을 이해하는데 없어서는 안 될 중요한 요소이다. 요한계시록도 마찬가지이다! 비록 막간 때문에 요한계시록이 복잡해 보이는 것도 사실이나, 막간의 내용을 알지 못하면 몸통인 삼중적 심판의 묘미를 알 수 없다.

　이제 막간의 역할과 의미를 알아볼 차례가 되었다. 그런데 심판이 삼중적인 것처럼, 막간도 삼중적이다. 다시 말해서, 막간이 세 번이나 나오면서 삼중적 심판의 의미를 깊이 알려준다. 첫째 막간은 여섯 번째 인 심판과 일곱 번째 인 심판 사이에 들어있다. 그런데 일곱 번째 인 심판은 일곱 나팔 심판의 시작이다. 그러므로 첫째 막간은 인 심판과 나팔 심판 사이에 있다고 할 수 있다.

둘째 막간은 여섯 번째 나팔 심판과 일곱 번째 나팔 심판 사이에 들어있다. 이미 언급한대로, 일곱 번째 나팔 심판은 곧바로 일곱 대접 심판으로 연결된다. 그런데 일곱 번째 나팔 심판은 일곱 번째 인 심판과는 다른 점이 있다. 일곱 번째 인 심판은 바로 일곱 나팔 심판으로 연결되는데, 일곱 번째 나팔 심판은 일곱 대접 심판으로 연결되기 전에 그 일곱 번째 나팔 심판이 정당하다는 설명이 붙여진다 (11:14-19).

셋째 막간은 이처럼 일곱 번째 나팔 심판의 정당성이 강조된 후, 일곱 대접 심판이 시작되기 전에 들어간다. 즉, 셋째 막간은 일곱 번째 나팔 심판과 일곱 대접 심판 사이에 들어간다. 그리고 이 셋째 막간은 7년 환난 중 처음 3년 6개월과 나중 3년 6개월 사이에 자리하면서, 환난을 악화시켜서 대환난이 되게 하는 역할을 한다. 그런 이유 때문에 셋째 막간은 요한계시록을 이해하는데 중요한 역할을 한다.

삼중적 막간과 삼중적 심판의 위치를 다음의 도표로 알아보자.

이 도표를 세심하게 보면 삼중적 막간이 갈수록 길어지는 것을 알 수 있다. 첫째 막간의 설명은 막간답게 7장 한 장뿐인데, 절로 치면 17절에 지나지 않는다. 둘째 막간은 10장과 11장의 일부로, 거의 두 장인데 절로 치면 24절이다. 그런데 셋째 막간은 12~14장으로

석 장씩이나 되며, 모든 절을 합치면 자그마치 55절이나 된다. 그만큼 내용이 중요할 뿐 아니라, 그 막간에서 소개되는 인물들이 요한계시록을 이해하는 데에 열쇠가 된다는 것을 뜻한다.

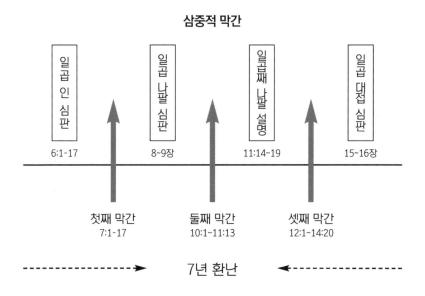

2. 첫째 막간

1) '하나님의 종들'

삼중적 심판의 제1막은 일곱 인 심판이 끝나면서 시작된다. 그런데 인 심판의 마지막 장면은 '큰 지진'이 일어나면서 해는 빛을 잃고, 달은 피처럼 변하며, 별들이 땅에 떨어지며, 하늘도 두루마리처럼 말리고, 산과 섬이 제 자리에 있지 않고 옮겨졌다 (6:12-14).

이처럼 엄청난 심판에 휘둘리고 있는 사람들이 이렇게 소리를 지르면서 인 심판의 막이 내린다. "그들의 진노의 큰 날이 이르렀으니, 누가 능히 *서리요?*" (6:17).

인 심판이 끝나고 나팔 심판이 시작되기 전, 그러니까 이 두 심판 사이의 막간에서 사도 요한이 *보고 들은* 것을 기록한 것이 첫째 막간의 내용이다. 그 막간은 이렇게 시작된다:

> "이 일 후에 내가 네 천사가 땅 네 모퉁이에 선 것을 **보니**, 땅의 사방의 바람을 붙잡아 바람으로 하여금 땅에나 바다에나 각종 나무에 불지 못하게 하더라. 또 **보매** 다른 천사가 살아 계신 하나님의 인을 가지고 해 돋는 데로부터 올라와서 땅과 바다를 해롭게 할 권세를 받은 네 천사를 향하여 큰 소리로 외쳐 이르되, 우리가 우리 하나님의 종들의 이마에 인치기까지 땅이나 바다나 나무들을 해하지 말라 하더라. 내가 인침을 받은 자의 수를 **들으니** 이스라엘 자손의 각 지파 중에서 인침을 받은 자들이 십사만 사천이니" (7:1-4).

이 막간에서 가장 먼저 등장하는 인물은 네 천사이다. 이 네 천사는 앞으로 '땅과 바다를 해롭게 할 권세를 받는데', 그 권세는 앞으로 퍼부을 더 무서운 심판, 곧 일곱 나팔 심판과 일곱 대접 심판이다. 네 천사가 땅의 사방의 바람을 '땅에나 바다에나 각종 나무'에 불면서 심판을 퍼붓기 시작하면, 아무도 설 수도 없고 감당할 수도 없다. 그런데 이 네 천사는 그처럼 무서운 심판을 잠시 중단하라는 명령을 받는다.

실제로 이 네 천사가 묶였다가 풀려날 때, 그들은 가공할만한 힘을 발휘하여 세상 사람 가운데 삼분의 일이나 죽인다 (9:14-15). 그러나 그렇게 할 수 있도록 허락을 받기 전에는 결박당한 채 아무것도 할 수 없는 무기력한 존재이다. 그런데 이 네 천사는 '다른 천사'의 지시에 따라 묶여 있기도 하고 풀려나기도 한다. '다른 천사'는 큰 권세를 가지고 있기에 이 네 천사에게 명령할 수도 있고 '하나님의 종들의 이마에 인을 칠' 수도 있다 (7:3).

'다른 천사'는 성도들의 기도를 하나님께 올린 그 천사인데 (8:3-4), 얼마나 능력이 많은지 '힘 센 천사'라고 불린다 (10:1). 그에게는 '작은 두루마리' 뿐만 아니라 (10:2), "땅에 거주하는 자들 곧 모든 민족과 종족과 방언과 백성에게 전할 영원한 복음"이 있다 (14:6). 그 천사는 그 복음을 선포하여 큰 수확을 거두어들이는 천사이다 (14:15). 그 천사는 권위를 가지고 바벨론 성이 무너질 것도 선언한다 (18:1-2).

이처럼 능력과 권세를 가진 천사가 '살아 계신 하나님의 인을 가지고 해 돋는 데로부터 올라와서' 사람들의 이마에 인을 치는데, 그 숫자는 자그마치 144,4000이다 (7:2-4). 이 사람들은 죽은 우상의 인이 아니라, 살아 계신 하나님, 곧 영원 전부터 영원까지 계시는 하나님의 인을 받는다. 이 인은 요한계시록에 나오는 세 종류의 인 가운데 하나이다. 첫 번째 인은 일곱 인 심판에 나오는 인이다.

두 번째 인은 하나님의 인인데 반하여, 세 번째 인은 '짐승의 표'이다 (13:16). 하나님의 인을 친 사람들은 하나님의 소유이며, 따라서 하나님이 책임지고 보호하신다. 짐승의 표는 사탄의 소유이나, 사탄은 그 표를 받은 사람들을 책임지지 못한다. 요한계시록에는 두 종류의 사람들이 등장하는데, 하나는 하나님께 속한 하나님의 사람들이며 또 하나는 사탄에게 속한 사탄의 사람들이다.

이렇게 하나님의 인을 받은 사람들은 앞으로 닥칠 심판을 겪지 않게 된다. 비록 그들이 사탄과 악령들에 의하여 죽임을 당할는지 모르나, 그것도 하나님이 보호하시는 방법 중 하나이다. 육체적으로는 죽을지 모르지만, 영혼은 마지막 날에 영원한 몸과 결합하여 하나님과 지내게 될 것이다. 그러므로 "몸은 죽여도 영혼은 능히 죽이지 못하는 자들을 두려워하지 말고 오직 몸과 영혼을 능히 지옥에 멸하실 수 있는 이를 두려워해야 한다" (마 10:28).

인을 맞은 사람들의 수는 144,000명인데, 이들은 두 가지 특징을 가지고 있다. 한 가지 특징은 그들이 유대인이라는 사실이다. 각 지파에서 12,000명이니, 12지파이면 자연히 144,000명이 된다.[1] 이 숫자는 완전한 수를 가리키는데, 그 이유는 $12 \times 12 \times 1,000$은 정방형이 되기 때문이다. 적그리스도가 유대인들과 맺은 평화조약을 깨뜨리고 그들을 크게 박해하고 닥치는 대로 죽이기 전에 하나님은 이들의 이마에 인을 치게 하신다.

이 유대인들의 두 번째 특징은 이들이 '하나님의 종들'이라고 불린 것이다 (7:3). '종'은 하나님께 속하여 하나님의 뜻을 받드는 사람들이다. '종'은 하나님의 뜻을 위하여 생명도 아끼지 않는 사람들이다. 그렇다면 우선적인 하나님의 뜻은 무엇인가? 사도 요한의 표현을 빌려보자. "또 우리 형제들이 어린 양의 피와 자기들이 증언하는 말씀으로써 그를 이겼으니, 그들은 죽기까지 자기들의 생명을 아끼지 아니하였도다" (12:11).

하나님의 뜻은 영원한 복음을 전하는 것이다. 하나님의 인침을 통해 하나님의 종들이 된 유대인들은 7년 환난 초기에 예수 그리스도가 그들의 메시야이신 것을 믿은 사람들이다. 그들이 그렇게 믿고 구원받은 목적은 환난 가운데 빠져서 갈피를 잡지 못하는 수많은 사람들에게 그들이 경험한 예수 그리스도를 전하기 위함이다. 그렇게 증언하는 동안 많은 사람들이 목숨을 잃기도 하는데, '그들이 죽기까지 자기들의 생명을 아끼지 않았기' 때문이다.

2) '흰 옷 입은 자들'

'하나님의 종들'이 목숨을 걸고 복음을 전해서 거두어들인 열매는 가히 상상을 초월한다. 그 열매를 사도 요한의 눈에 보이는 대로 옮겨보자. "각 나라와 족속과 백성과 방언에서 아무도 능히 셀 수 없는 큰 무리가 나와 흰 옷을 입고 손에 종려 가지를 들고 보좌 앞과 어린 양 앞에 서서 큰 소리로 외쳐 이르되, 구원하심이 보좌에 앉으신 우리 하나님과 어린 양에게 있도다" (7:9-10). 이렇게 큰 무리가 구원을 경험하고 찬양하다니, 놀랍기 그지없다!

이처럼 놀라운 광경을 직접 인용해보자.

"모든 천사가 보좌와 장로들과 네 생물의 주위에 서 있다가 보좌 앞에 엎드려 얼굴을 대고 하나님께 경배하여 이르되, '아멘 찬송과 영광과 지혜와 감사와 존귀와 권능과 힘이 우리 하나님께 세세토록 있을지어다! 아멘!' 하더라. 장로 중 하나가 응답하여 나에게 이르되, '이 흰 옷 입은 자들이 누구며 또 어디서 왔느냐?' 내가 말하기를 '내 주여, 당신이 아시나이다!' 하니 그가 나에게 이르되, '이는 큰 환난에서 나오는 자들인데 어린 양의 피에 그 옷을 씻어 희게 하였느니라.' 그러므로 그들이 하나님의 보좌 앞에 있고, 또 그의 성전에서 밤낮 하나님을 섬기매 보좌에 앉으신 이가 그들 위에 장막을 치시리니, 그들이 다시는 주리지도 아니하며 목마르지도 아니하고 해나 아무 뜨거운 기운에 상하지도 아니하리니, 이는 보좌 가운데에 계신 어린 양이 그들의 목자가 되사 생명수 샘으로 인도하시고, 하나님께서 그들의 눈에서 모든 눈물을 씻어 주실 것임이라" (7:11-17).

하나같이 '흰 옷'을 입고, 손에는 종려 가지를 들고, 목청을 다해 구원의 주님을 찬양하는 자들의 수를 헤아릴 수 없을 만큼 엄청나게 많은 사람들을 상상해보자. 얼마나 감격스러운 광경인가! 구원받은 사람들이 그렇게 많다니, 이런 것이 부흥이 아니면 무엇이 부흥이란 말인가?[22] 이 무리는 모두 '흰 옷'을 입고 있었는데, 그 이유는 '어린 양의 피에 그 옷을 씻어 희게 하였기' 때문이다 (7:14).

그들의 옷이 희게 되었다는 것은 모든 죄에서 씻김을 받아 깨끗하게 되었다는 뜻이다. 그뿐 아니라, '흰 옷'은 환난 중에서도 하나님 섬기기를 쉬지 않은 결과 그들에게 주어진 승리의 표징이기도 하다.[3] 이처럼 승리를 상징하는 '흰 옷'은 순교자들에게도 주어진다 (6:11). 그들도 적그리스도의 무리로부터 죽임을 당했지만, 그 죽음을 통해 부활의 승리를 누리게 된다는 놀라운 약속이 포함되어 있던 것이다.

이 짧은 7장의 막간에서 사도 요한은 땅에서 인을 받은 '하나님의 종들'을 보지만, 동시에 하늘에서 구원의 하나님과 어린 양을 찬양하는 '아무도 능히 셀 수 없는 큰 무리'도 본다. 하늘에서는 이 무리만 찬양하는 것이 아니다! '보좌와 장로들과 네 생물의 주위'에 있던 '모든 천사'도 '보좌 앞에 엎드려 얼굴을 대고 하나님께 경배한다' (7:11). 이들의 7가지 경배의 내용은 하늘에서 있던 경배와 같은 것이다 (5:12).

'흰 옷'을 입은 무리는 '큰 환난에서 나오는 자들이다' (7:14). 어린 양의 피로 구원받은 그들에게는 세 가지 특권이 주어진다. 하나는 '그들이 하나님의 보좌 앞에 있을 수 있는' 특권이다. 둘은 '성전에서 밤낮으로 하나님을 섬기는' 특권이다. 셋은 '보좌에 앉으신 이가 그들 위에 장막을 치시는' 특권이다 (7:15). 특히 하나님의 장막이 그들 위에 드리운다는 것은 하나님의 임재와 보호가 그들에게 주어진다는 뜻이다.

그렇게 하나님이 임하시고 보호하신 결과 그들은 육체의 한계를 초월한 복을 누리게 된다. 더 이상 그들에게는 육체적인 굶주림과 목마름과 뜨거운 햇볕에 시달리지 않게 된다 (7:16). 그 이유도 분명하다! 그들의 구주이신 '어린 양이 그들의 목자가 되사 생명수 샘으로 인도하시기' 때문이며, 하나님이 '그들의 눈에서 모든 눈물을 씻어 주실 것'이기 때문이다 (7:17). 그들은 더 이상 고통의 눈물을 흘릴 필요가 없어진 것이다.

이 시점에서 어떻게 그렇게 큰 무리가 세계 각처에서 예수 그리스도를 그들의 구주로 받아들이는지 알아보자. 첫째 이유는 144,000명이나 되는 '하나님의 종들'의 증언 때문이다. 그들은 이마에 인을 받고 하나님께 귀속된 이후 세계를 누비면서 그들의 구주이신 '어린 양과 하나님을 전했다. 그들은 이 복음을 전하기 위하여 생명의 위협도 받고, 실제로 많은 종들이 생명도 잃었다 (12:11). 생명을 건 그들의 증언은 큰 반응을 일으킨 것이다.[4]

둘째 이유는 휴거가 남긴 충격 때문이다. 이미 언급한 대로, 휴거는 그리스도인들이 들림 받는 사건이다. 그렇게 많던 그리스도인들이 갑자기 이 세상에서 사라질 때, 남은 사람들이 느끼는 충격은 짐작하기 쉽지 않을 것이다. 사랑하는 배우자가 갑자기 흔적도 없이 사라지고, 형제자매가 사라질 뿐 아니라, 친구와 친척들이 사라진 것이다. 그뿐 아니라, 사회적으로 선한 영향력을 발휘하던 사람들이 사라진 것은 사람들을 불안하게 하고도 남는다.

셋째 이유는 일곱 심판 인이 남긴 충격도 못지않게 컸을 것이다. 갑자기 군사적으로나 경제적으로 어지러운 세상이 되어 사회체계와 질서가 무너진다. 그뿐 아니라, 자연의 질서도 무너져서 큰 지진이 일어나며, 해가 빛을 잃고, 달이 피처럼 되며, '하늘이 두루마리가 말리는 것 같이 떠나가고', 별들이 땅에 떨어질 때; 사람들은 지금까지 누리던 안정감을 잃었을 것이다. 그들은 무엇을 어떻게 해야 할지 알지 못하며 전전긍긍하고 있었을 것이다.

넷째 이유는 선지자 요엘의 예언이 성취되었던 것이다. 그의 예언 일부를 보자. "그 후에 내가 내 영을 만민에게 부어 주리니…내가 이적을 하늘과 땅에 베풀리니 곧 피와 불과 연기 기둥이라. 여호와의 크고 두려운 날이 이르기 전에 해가 어두워지고 달이 핏빛 같이 변하려니와, 누구든지 여호와의 이름을 부르는 자는 구원을 얻으리라" (욜 2:28, 30-32). 이 예언은 오순절에 일부 성취되었다. 그 결과 그 날에 3,000명이나 구원을 받았다.

그러나 오순절에는 천체의 변화는 없었다. 다시 말해서, '해가 어두워지고, 달이 핏빛 같이 변하려니와'는 전혀 성취되지 않았으나, 그래도 '여호와의 이름을 부르는 자' 3,000명은 구원을 받았다 (행 2:41). 이미 언급한 대로, 일곱 인 심판의 결과 전체도 변화되는데, 요엘의 예언을 훨씬 뛰어넘은 무시무시한 현상이 전개된다. 많은 사람들이 그들의 한계와 불안을 해결하고자 어린 양을 통해서 하나님 앞으로 돌아온 것이다.

3. 둘째 막간

1) 막간의 등장인물들

첫째 막간이 지나가자 그 막이 올라가면서 일곱 나팔 심판이 시작된다. 그 심판은 하나님의 계획대로 차질 없이 시행되고, 그리고 마지막 일곱 번째 나팔 심판의 차례가 된다. 그런데 여섯 번째 나팔 심판이 있은 후, 일곱 번째 나팔 심판을 통해 일곱 대접 심판으로 넘어가지 않는다. 그 대신 일곱 번째 나팔 심판이 정당하다는 설명이 있다. 결국, 둘째 막간은 여섯 번째 나팔 심판과 일곱 번째 나팔 심판에 대한 정당성 설명 사이에 자리한다.

이미 언급한 대로, 둘째 막간은 첫째 막간보다 길지만, 셋째 막간보다는 짧다. 둘째 막간은 요한계시록 10장 1절에서 시작되어 11장 13절에 끝나는데, 등장인물은 셋이다. 첫 번째 등장인물은 막강한 힘을 가진 천사이다. 두 번째 등장인물은 '두 증인'인데, 이들도 첫 번째 등장인물처럼 막강한 힘을 가진다. 세 번째 등장인물은 '두 증인'을 대적하여 죽이는 '짐승', 곧 적그리스도이다 (11:7). 그러니까 둘째 막간에서 적그리스도가 짐승으로 등장한다.

요한계시록은 한 마디로 하나님의 선과 사탄의 악 사이에 있는 갈등을 묘사하는 책이다. 그런데 이미 살펴본 것처럼, 사탄은 하늘에서 떨어져 *무저갱*으로 던져졌다 (9:1-2). 사탄은 그 *무저갱*에 있던 적그리스도에게 능력을 주어 등장하게 하는데, 그것을 보여준 것이 요한계시록 11장 7절의 말씀이다. "그들[두 증인]이 그 증언을 마칠 때에 *무저갱*으로부터 올라오는 짐승이 그들과 더불어 전쟁을 일으켜 그들을 이기고 그들을 죽일 터이라."

2) '다른 천사'

둘째 막간의 첫 번째 등장인물은 '힘 센 다른 천사'인데, 하늘에서 내려온다 (10:1). 이 천사는 '무저갱으로부터 올라오는 짐승'과 달리 위에서 *내려온다*. 이는 '누가 그 두루마리를 펴며 그 인을 떼기에 합당하냐?'고 외친 천사였다 (5:2). 그뿐 아니라, 마지막에 바벨론을 향해 다음과 같이 소리치는 천사이다. "무너졌도다! 무너졌도다! 큰 성 바벨론이여, 귀신의 처소와 각종 더러운 영이 모이는 곳과 각종 더럽고 가증한 새들이 모이는 곳이 되었도다" (18:1-2).

이 천사의 모습이 네 가지로 묘사되는데, 요한계시록에서 이렇게 묘사된 천사는 달리 없다. 그 네 가지는 거의 그리스도를 방불하게 한 묘사였는데 다음과 같다. '구름을 입고…그 머리 위에 무지개가 있고, 그 얼굴은 해 같고, 그 발은 불기둥 같았다' (10:1). '힘 센 다른 천사'가 이런 모습으로 사도 요한에게 보인 것은 그 천사가 하나님의 영광 중에 있다가 왔다는 것을 뜻할 뿐 아니라[5] 중요한 것을 알려주기 위해서 왔다는 것을 뜻한다.

그런데 이 천사는 '오른 발은 바다를 밟고 왼 발은 땅을 밟고' 있다 (10:2). 사도 요한은 이처럼 바다와 땅을 밟고 있는 이 천사의 모습을 세 번씩이나 반복해서 묘사했다 (10:2, 5, 8). 이 천사가 바다와 땅을 밟고 있다는 것은 하나님이 세상의 모든 일을 관장하고 계시다는 것을 나타내는 표현이다. 심지어는 마지막 때에 급속도로 전개되고 있는 거룩한 심판에 대해서도 그분의 허락으로 일어나고 있다는 것을 강조하는 표현이다.[6]

'힘 센 다른 천사'로 등장한 이 천사는 그 소리도 '사자가 부르짖는 것 같았는데', 그가 큰 소리로 외칠 때 일곱 우레는 사도 요한에게 하나님의 비밀을 알려준다. 사도 요한은 지금까지 한 것처럼 그 비밀을 기록하려 했으나, 기록하지 말라는 명령을 받았다 (10:3-4). 그리고 그 천사는 '지체하지 아니하리니'라는 맹세를 하늘과 땅과 바다를 창조하신 '세세토록 살아 계신 이'의 이름으로 한다 (10:6). 그렇게 맹세한 내용을 직접 보자.

> "세세토록 살아 계신 이 곧 하늘과 그 가운데에 있는 물건이며 땅과 그 가운데에 있는 물건이며 바다와 그 가운데에 있는 물건을 창조하신 이를 가리켜 맹세하여 이르되, '지체하지 아니하리니, 일곱째 천사가 소리 내는 날 그의 나팔을 불려고 할 때에 하나님이 그의 종 선지자들에게 전하신 복음과 같이 하나님의 그 비밀이 이루어지리라' 하더라. 하늘에서 나서 내게 들리던 음성이 또 내게 말하여 이르되, '네가 가서 바다와 땅을 밟고 서

있는 천사의 손에 펴 놓인 두루마리를 가지라' 하기로, 내가 천사에게 나아가, '작은 두루마리를 달라' 한즉 천사가 이르되, '갖다 먹어 버리라. 네 배에는 쓰나 네 입에는 꿀 같이 달리라' 하거늘, 내가 천사의 손에서 작은 두루마리를 갖다 먹어 버리니 내 입에는 꿀 같이 다나 먹은 후에 내 배에서는 쓰게 되더라. 그가 내게 말하기를 '네가 많은 백성과 나라와 방언과 임금에게 다시 예언하여야 하리라' 하더라" (10:6-11).

'지체하지 아니하리라'는 세상의 끝이 이르렀다는 선포이다. 특히 '일곱째 천사'가 나팔을 불면 '큰 환난'이 시작될 것이다. 이것을 그 종들에게 알려주었는데 지금까지는 아무도 알지 못했던 비밀이었다. 그 비밀 중 한 곳만 인용해보자. "그가 장차 지극히 높으신 이를 말로 대적하며, 또 지극히 높으신 이의 성도를 괴롭게 할 것이며, 그가 또 때와 법을 고치고자 할 것이며, 성도들은 그의 손에 붙인 바 되어 한 때와 두 때와 반 때를 지내리라" (단 7:25).

'한 때와 두 때와 반 때'는 3년 6개월을 가리키는데, 도대체 어떻게 이 기간이 나왔는지는 비밀이었다. 그런데 적그리스도가 유대인과 거짓 평화조약을 맺은 후, 3년 6개월 후부터 그 조약을 깨뜨리고 유대인들을 말할 수 없이 괴롭힐 것이다. 그 조약을 깨고 하나님을 대적하고, 성도를 괴롭히는 시점이 바로 일곱째 나팔을 부는 때이다. 다시 말해서, 일곱 대접 심판으로 넘어갈 때이다.

이런 사실을 달리 표현해보자. 둘째 막간 때에 적그리스도가 나타난다고 언급한 바 있는데, 그때부터 적그리스도가 평화조약을 깨고 성소를 허물며 제사를 금하면서 자신을 가리켜 하나님이라 일컫기 시작한다. 그러니까 둘째 막간은 7년 환난의 중간, 곧 평화조약을 맺고 3년 6개월이 지났을 때에 일어난다. 그 막간이 끝나면서 대환난이 시작되는데, 곧 일곱 대접 심판이다. 그 후부터 '한 때와 두 때와 반 때'가 지나면 세상의 시간이 끝난다.

그런 이유 때문에 요한계시록에서 '한 때와 두 때와 반 때'가 둘째 막간 이전에는 언급되지 않는다. 그런데 둘째 막간에서 적그리스도가 무저갱에서 올라와서 횡포를 부리면서부터 그 '때'가 언급되기 시작한다. 물론 '한 때와 두 때와 반 때'라는 표현도 사용되지만 (계 12:14), 다른 표현도 사용된다. 11장에서는 '마흔 두 달'이라고 하며 (11:2), '천이백육십 일'이라고도 한다 (11:3). 이런 '비밀이 이루어진다'는 것이다 (10:7).

다시 사도 요한에게 하늘로부터 음성이 '바다와 땅을 밟고 서 있는 천사의 손에 펴 놓은 두루마리를 가지라'고 한다. 하나님의 손에 있던 두루마리가 마침내 사도 요한의 손으로 전해진 것이다. 먼저, 그 두루마리를 하나님의 손에서 어린 양이 취하였다 (5:7). 다음, 그 어린 양이 두루마리에서 일곱 인을 떼었다 (8:1). 세 번째로 그 '천사'가 두루마리를 가지고 땅으로 내려온다. 네 번째로 그 천사의 손에 있던 두루마리가 사도 요한에게 전달된다.

그 천사가 사도 요한에게 두루마리를 주면서 '갖다 먹어 버리라'고 명했다 (11:9). 물론 그 말대로 사도 요한은 두루마리를 먹었는데, '입에는 꿀 같이 다나 먹은 후에 내 배에서는 쓰게 되었다' (11:10). 두루마리가 입에서 달았다는 것은 하나님의 백성을 위한 하나님의 보상 때문이나, 배에서 썼다는 것은 하나님의 백성이 겪어야 할 박해와 순교 때문이다. 그뿐 아니라 '많은 백성과 나라와 방언과 임금'에게 전해질 심판 때문이다.[7]

3) '두 증인'

사도 요한에게 '많은 백성과 나라와 방언과 임금에게 다시 예언하라'고 말한 천사가 이번에는 '지팡이 같은 갈대'를 주면서 '하나님의 성전과 제단과 그 안에서 경배하는 자들을 측량'하라고 하였다 (11:1). 그러나 '성전 바깥 마당은 측량하지 말라고' 했는데, 그 이유는 '이것은 이방인에게 주었은즉 그들이 마흔두 달 동안 짓밟으리라'고 넘겨주었기 때문이라는 것이다 (11:2).

하나님의 성전은 네 부분으로 나눠졌는데, '바깥 마당'이 있고, 그 안쪽에는 '여자의 뜰'이 있고, 다시 그 안에는 '남자의 뜰'이 있다. 그리고 그 '남자의 뜰' 안에는 '제사장의 뜰'이 있는데, 그곳에서 제사장들이 번제단에 제물을 태운다. 사도 요한이 측량해야 하는 '하나님의 성전과 제단'은 '제사장의 뜰'과 그 안에 있는 제단을 가리킨다.[8] 그런데, 유대의 성전은 주후 70년 로마의 티투스Titus에 의하여 파괴되었다.

그렇다면 사도 요한이 측량해야 하는 '하나님의 성전'은 어떻게 생겼는가? 이미 언급한 것처럼, 적그리스도는 이스라엘 백성과 평화조약을 맺고 그들에게 예루살렘을 넘겨주었다. 이스라엘 백성은 인을 맞아 하나님의 종이 된 144,000명과 힘을 합하여 예루살렘에 성전을 재건하였다. 이 성전은 선지자 에스겔이 예언한 그 성전이었다 (겔 40장 이하).[9] 그러나 3년 6개월 후에 적그리스도는 평화조약을 깨뜨리고, 그 성전을 훼파하고 제사를 금한다.

그때부터 마흔두 달 동안 적그리스도는 '멸망의 가증한 것이 되어 거룩한 곳에 서서' (마 24:15), '자기를 높이고 하나님의 성전에 앉아 자기를 하나님이라고 내세운다' (살후 2:4). 그렇게 날뛰는 적그리스도와 싸우면서 하나님의 복음을 전하기 위하여 등장하는 인물이 바로 '두 증인'이다. 이들은 예언대로 주님이 세상으로 다시 오시기 전에 임한 증인들이다. "…내가 내 사자를 보내리니, 그가 내 앞에서 길을 준비할 것이요."

계속해서 그 예언의 말씀을 인용해보자. "또 너희가 구하는 바 주가 갑자기 그의 성전에 임하시리니, 곧 너희가 사모하는 바 언약의 사자가 임하실 것이라" (말 3:1). 이 예언에 의하면, 주님이 갑자기 임하시기 전에 '사자'를 보내시겠다는 것이다. 이제 주님은 3년 6개월 후에 지상으로 내려오실 것이다. 그 이전에 위의 예언과 약속대로 '두 증인'을 보내시는데, 그들의 사역은 주님의 길을 준비하는 것이다. 이들에 대한 말씀을 보자.

"그들[증인]은 이 땅의 주 앞에 서 있는 두 감람나무와 두 촛대니, 만일 누구든지 그들을 해하고자 하면 그들의 입에서 불이 나와서 그들의 원수를 삼켜 버릴 것이요, 누구든지 그들을 해하고자 하면 반드시 그와 같이 죽임을 당하리라. 그들이 권능을 가지고 하늘을 닫아 그 예언을 하는 날 동안 비가 오지 못하게 하고, 또 권능을 가지고 물을 피로 변하게 하고 아무 때든지 원하는 대로 여러 가지 재앙으로 땅을 치리로다" (11:4-6).

'두 증인'은 어떻게 주님의 길을 준비하며 증언하는가? 두 가지로 증언하는데, 하나는 그들이 일으킨 역사이고 또 하나는 그들이 말로 하는 '예언'이다 (11:3). 그들의 증언은 말로 하든 행위로 하든 능력이 있는데, 그 이유는 하나님이 직접 그들에게 권세를 주시기 때문이다: '내가 나의 두 증인에게 권세를 주리니!' 그런데 두 증인은 '굵은 베옷을 입었는데', 그 이유는 죄에 대한 임박한 심판에 대해 통곡하면서 회개하라는 호소를 담고 있기 때문이다.[10]

이렇게 사람들의 죄와 심판에 대해 증언하려면 두 세 사람의 증인이 있어야 한다 (신 17:6, 19:15). 이 '두 증인'은 몇 명의 죄인들에게 죄와 심판을 선포하지 않고, 하나님을 대적하는 모든 사람이 받을 심판을 선포해야 한다. 이처럼 막중한 증언은 한 사람의 증언이 아니라 두세 사람의 증언이 필요하기에, 하나님은 '두 증인'을 보내시면서 그들에게 '권세'를 주시는 것이다. 그 권세는 그들의 증언을 확증하기 위한 능력이다.

이 두 증인은 '두 감람나무와 두 촛대'인데, 스가랴에 나오는 감람나무와 촛대를 연상시킨다. 촛대가 불을 밝히는 것은 감람나무에서 나오는 기름 때문이다. 그런 이유 때문에 '두 증인'이 감람나무와 촛대라고 한 것은 그들이 하나님이 주신 권세, 곧 성령의 능력으로 역사한다는 것을 강조한 표현이다 (11:4).[11] 그렇다! 성령의 능력이 아니라면 그처럼 악의 세력이 판치는 세상에서 예언할 수 있으며, 또 기적을 일으킬 수 있겠는가?

'두 증인'을 박해하고 죽이려는 무리들이 여기저기에서 일어났는데, '두 증인'은 엘리야처럼 불로 그 무리를 죽인다. 그뿐 아니라 엘리야처럼 비가 오지 못하게 할 뿐 아니라, 모세처럼 물을 피로 변화시킨다. 이 '두 증인'의 증언은 참으로 권능이 함께 하는 엄청난 것이다. 한 발 더 나아가서 누구든지 그들을 해롭게 하려고 하면, 이 '두 증인'은 모세처럼 원하는 대로 '여러 가지 재앙으로 땅을 친다' (11:6).

실제로 '두 증인'은 엘리야와 모세이다. 이스라엘을 대표하는 두 사람이 증인으로 나타나는데, 변화산에도 임한 적이 있었다 (마 17:3). 왜 엘리야와 모세가 증인으로 나타나는가? 모세는 하나님을 거부하며 이스라엘 백성을 박해하는 바로에게 하나님을 증언한 선지자였다. 엘리야는 하나님을 대적하며 바알 우상을 섬기는 자들과 맞붙어 싸우면서 하나님을 증언했던 선지자였다. 그들은 마지막 때에 다시 하나님을 증언하기 위해 나타난 것이다.

'두 증인'이 그들에게 위탁된 증언을 신실하게 마치자, 무저갱에서 짐승으로 불리는 적그리스도가 올라와서 '두 증인'과 싸워서 죽인다 (11:7). '두 증인'의 시체가 사흘 반 동안 버려졌으나, 하나님이 그들을 다시 살리신다 (11:9, 11). 그렇게 살아나서 '두 발로 일어선' 두 사람을 보면서 많은 사람들이 '크게 두려워한다' (11:11). 그것으로 끝나지 않고 '두 증인'은 하나님의 부르심을 받고 '구름을 타고 하늘로 올라간다' (11:12).

이런 일련의 사건을 말씀으로 확인하자.

"그들이 그 증언을 마칠 때에 무저갱으로부터 올라오는 짐승이 그들과 더불어 전쟁을 일으켜 그들을 이기고 그들을 죽일 터인즉, 그들의 시체가 큰 성 길에 있으리니 그 성은 영적으로 하면 소돔이라고도 하고 애굽이라고도 하니, 곧 그들의 주께서 십자가에 못 박히신 곳이라…백성들과 족속과 방언과 나라 중에서 사람들이 그 시체를 사흘 반 동안을 보며 무덤에 장사하지 못하게 하리로다. 삼 일 반 후에 하나님께로부터 생기가 그들 속에 들어가매 그들이 발로 일어서니, 구경하는 자들이 크게 두려워 하더라. 하늘로부터 큰 음성이 있어 이리로 올라오라 함을 그들이 듣고 구름을 타고 하늘로 올라가니 그들의 원수들도 구경하더라. 그 때에 큰 지진이 나서 성 십분의 일이 무너지고 지진에 죽은 사람이 칠천이라. 그 남은 자들이 두려워하여 영광을 하늘의 하나님께 돌리더라" (11:7-9, 11-13)

'두 증인'이 하늘로 올라가자 '큰 지진이 나서 성 십분의 일이 무너지고, 지진에 죽은 사람이 칠천이나 된다' (11:13). 이 성은 '두 증인'의 활동무대였는데, 그곳은 예루살렘으로 거기에서 그들이 죽었다가 다시 살아났던 것이다. 그런데 큰 지진으로 그 성의 십분의 일이 무너질 뿐 아니라, 칠천 명이나 죽는다. 엘리야 시대에는 우상을 섬기기를 거부한 칠천 명을 하나님이 살리셨으나, 여기에서는 우상을 섬기던 사람들이 칠천 명이나 죽는다.

엘리야 시대에 칠천 명 이외의 사람들은 계속 우상을 섬겼는데, 여기에서 칠천 명 이외의 사람들 가운데 많은 사람들이 '두려워하며 영광을 하나님께 돌린다.' '두려움'과 '하나님께 영광'이란 표현은 진정으로 회개한다는 뜻이다. 그것을 뒷받침하는 말씀을 보자; "…땅에 거주하는 자들 곧 모든 민족과 종족과 방언과 백성에게 전할 영원한 복음을 가졌더라. 그가 큰 음성으로 이르되 하나님을 두려워하며 그에게 영광을 돌리라" (14:6-7).

4) 적그리스도

이미 위에서 지적한대로, 요한계시록에서 적그리스도가 '짐승'의 모습으로 처음 등장하는 것은 11장 7절에서이다. 다시 그 말씀을 인용해보자. "그들[두 증인]이 그 증언을 마칠 때에 무저갱으로부터 올라오는 짐승이 그들과 더불어 전쟁을 일으켜 그들을 이기고 그들을 죽일 터인즉." 그러니까 '두 증인'과 더불어 '짐승', 곧 적그리스도가 처음으로 등장하는 때가 둘째 막간이다.

적그리스도가 하는 못된 짓거리에 대해서는 앞으로 자세히 나오겠지만, 이 시점에서 요한계시록에 나오는 적그리스도를 알아보자. 적그리스도가 출현하여 여러 가지 기적을 일으키는 것을 적나라하게 묘사한 곳은 역시 13장이다. "내가 보니 바다에서 한 짐승이 나오는데, 뿔이 열이요 머리가 일곱이라; 그 뿔에는 열 왕관이 있고 그 머리들에는 신성모독 하는 이름들이 있더라" (13:1).

사도 요한은 사탄을 용으로 묘사하지만, 어떤 때는 적그리스도의 모습으로도 묘사한다. 예를 들면 12장의 말씀이다. "하늘에 또 다른 이적이 보이니 보라 한 큰 붉은 용이 있어 머리가 일곱이요 뿔이 열이라. 그 여러 머리에 일곱 왕관이 있는데" (12:3). 이 모습은 분명히 '붉은 용'인데, 그 묘사는 적그리스도이다. '머리가 일곱이요 뿔이 열이라'는 13장의 '뿔이 열이요 머리가 일곱이라'와 일맥상통한다.

또 적그리스도가 소개되는 곳은 17장이다. 그곳에서 적그리스도는 '붉은 빛 짐승'으로 묘사된다. 그 짐승은 '일곱 머리와 열 뿔'을 가졌을 뿐 아니라, 그 몸에 '하나님을 모독하는 이름들이 가득하다'

(17:3). 이런 묘사는 13장의 묘사와 다를 것이 없는데, 인용해보자. '또 짐승이 과장되고 신성 모독을 말하는 입을 받고…' (13:5). 사도 요한은 적그리스도를 이처럼 짐승으로 11장, 12장, 13장 및 17장에서 네 번 등장시킨다.

4. 셋째 막간

1) 무대의 설정

셋째 막간은 일곱 번째 나팔 심판이 정당할 뿐 아니라 그처럼 정당한 심판을 내리시는 하나님께 경배하는 장면이 끝나면서 시작된다. 그리고 셋째 막간은 이미 언급한 것처럼, 세 막간 중에서 가장 길이가 길다. 그 길이는 자그마치 12장 1절에서 14장 20절까지인데, 장으로 치면 세 장이고 절로 치면 55구절이나 된다. 셋째 막간이 그만큼 긴 것은 짐승으로 나오는 적그리스도의 짓거리를 제법 소상히 다루기 때문이다.

셋째 막간이 끝나면 곧바로 일곱 대접 심판으로 넘어간다. 그때부터 대환난의 3년 6개월이 시작되는데, 전반 3년 6개월 끝에 적그리스도의 흉악한 본색을 드러내면서 후반기로 넘어간다. 그러니까 7년 환난 중간에 그의 참 모습을 드러내면서, 유대교의 모든 행사를 금하고, 종교적으로 자신을 하나님이라고 스스로 칭하면서 경제적으로나 군사적으로 문자 그대로 세계를 주무르는 독재자가 된다.

이 막간에서 등장하는 인물은 둘째 막간에서보다 많은데, 첫 번째 등장인물은 '해를 입은 여자'이다. 두 번째 등장인물은 '붉은 용'인데, '옛 뱀, 곧 마귀라고도 하고 사탄이라고도' 하는 자이다 (12:9). 세 번째 등장인물은 또 한 번 '짐승'으로 나타나는 적그리스도이다 (13:1). 네 번째 등장인물은 '땅에서 올라오는 짐승'이다 (13:11). 다섯째 등장인물은 '어린 양'인 예수 그리스도이다 (14:1). 그 이외에도 등장인물이 있지만, 그들은 모두 조연이라 할 수 있다.

그런데 셋째 막간에서는 이와 같은 등장인물들이 따로따로 나오지 않고 함께 등장한다. 그 이유는 셋째 막간에서는 처음부터 마지막까지 하나님의 세력과 사탄의 세력이 대적하기 때문이다. 두 세력이 싸우려면 당연히 두 세력이 동시에 등장해야 한다. 그런 이유 때문에 셋째 막간에서는 등장인물로 소개하지 않고, 두 세력을 이끄는 대표들로 소개한다. 첫 번째 싸움에서 두 세력의 대표는 '여자'와 '붉은 용'이다.

2) 첫째 전쟁: '여자' 대 '붉은 용'

하늘에서 두 세력이 보인다. 하나는 "해를 옷 입은 한 여자가 있는데, 그 발 아래에는 달이 있고 그 머리에는 열두 별의 관을 썼더라" (12:1). 또 다른 세력은 붉은 용이다. "한 큰 붉은 용이 있어 머리가 일곱이요 뿔이 열이라. 그 여러 머리에 일곱 왕관이 있더라" (12:3). '여자'와 '용'이 똑같이 대단한 모습을 가지고 있으며, 그들에 대한 묘사도 대단하다. 그들에 대한 묘사는 얼른 보기에 비슷하지만, 자세히 보면 하늘과 땅의 차이이다.

"이 여자가 아이를 배어 해산하게 되매 아파서 애를 쓰며 부르짖더라. 하늘에 또 다른 이적이 보이니, 보라 한 큰 붉은 용이 있어 머리가 일곱이요 뿔이 열이라. 그 여러 머리에 일곱 왕관이 있는데, 그 꼬리가 하늘의 별 삼분의 일을 끌어다가 땅에 던지더라. 용이 해산하려는 여자 앞에서 그가 해산하면 그 아이를 삼키고자 하더니, 여자가 아들을 낳으니 이는 장차 철장으로 만국을 다스릴 남자라. 그 아이를 하나님 앞과 그 보좌 앞으로 올려가더라. 그 여자가 광야로 도망하매 거기서 천이백육십 일 동안 그를 양육하기 위하여 하나님께서 예비하신 곳이 있더라" (12:2-6).

먼저, '여자'의 모습을 보자. 그녀는 '해를 입었고, 발 아래에는 달이 있고, 머리에는 열두 별의 관을 쓴다.' 이 묘사는 요셉의 꿈을 상기시키는데, 그는 꿈에서 '해와 달과 열한 별이 내게 절하'는 것을 보았다 (창 37:9). 해와 달은 부모를 가리키고, 열한 별은 그의 형제들을 가리킨다. 어느 날 요셉의 부모와 형제들이 그에게 절하면서 그를 높인다는 꿈인데, 실제로 요셉이 애굽의 총리가 되면서 그대로 실현되었다.

그러니까 이 '여자'가 해를 입는다는 것은 왕의 존귀를 입는다는 것이며 달은 통치를 가리키며, 열두 별은 이스라엘의 열두 지파를 가리킨다. 그런데 이 '여자'는 '철장으로 만국을 다스릴' 아들을 낳을 것이다 (12:5). 그 아들은 두말할 필요도 없이 적그리스도를 심판할 뿐 아니라 세상을 다스리실 예수 그리스도를 가리킨다. 그러니까 이 '여자'는 구주를 탄생시킨 장본인이라는 뜻이다.

'붉은 용'은 사탄이라고 이미 언급한 바 있는데, 그는 여자의 아들인 구주를 죽이려고 벼르고 있다 (12:4). 그런데 '여자'가 누구인지 알려주는 열쇠가 있는데, 그것은 '붉은 용'이 그 여자도 박해하므로 그녀가 '광야로 도망했다'는 사실이다 (12:6). 이미 살펴본 대로, 적그리스도는 환난의 기간 중간에 평화조약을 깨고 유대인들을 박해하며 죽이기로 작정한다. 그런 상황에 비추어 보면, '여자'는 박해를 받는 유대인들을 가리킨다.

그렇다! 예수 그리스도를 이 세상에 보낸 사람은 다름 아닌 유대인들이었다. 그들로부터 세상의 구주가 태어나셨던 것이다. 그리고 역사적으로 보아도, 사탄은 사람들이란 매개를 통해 유대인들을 박해했고 또 없애려 했다. 애굽의 바로가 그랬고, 바벨론의 느부갓네살이 그랬고, 메데 바사의 하만이 그랬다. 하나님의 개입이 없었다면 이스라엘은 일찌감치 이 세상에서 자취를 감추었을 것이다.

이번에도 '붉은 용'은 여자를 박해하고 또 죽이려 했다. 그렇지 않다면 그 '여자'는 '광야로 도망하지' 않았을 것이다 (12:6). 다시 한 번 하나님의 개입으로 그 '여자'는 '하나님께서 예비하신 곳'에서 '천이백육십 일 동안' 하나님으로부터 양육을 받는다. 물론 그 기간은 42개월이기도 하고, 3년 6개월이기도 하다. 믿음 때문에 많은 박해를 받으면서도 신앙을 지키는 유대인들은 하나님의 보호가 없다면 후기 3년 6개월 중 소멸되었을 것이다.

예수님이 예언하신 대로이다. "그 때에 사람들이 너희를 환난에 넘겨주겠으며 너희를 죽이니, 너희가 내 이름 때문에 모든 민족에게 미움을 받으리라…이는 그 때에 큰 환난이 있겠음이라. 창세로부터 지금까지 이런 환난이 없었고 후에도 없으리라. 그 날들을 감하지 아니하면 모든 육체가 구원을 얻지 못할 것이나 그러나 택하신 자들을 위하여 그 날들을 감하시리라" (마 24:9. 21-22).

일곱 머리와 일곱 왕관을 쓴 '붉은 용'은 열 뿔을 가지고 있다. '일곱 머리와 일곱 왕관'은 세상의 통치자라는 뜻인데, 그 기간은 정해져 있다. '열 뿔'은 그의 군사적인 힘을 가리키는데, 그 힘을 마구 사용하여 유대인들을 비롯하여 많은 사람들을 피를 흘리게 하고 그리고 죽게 한다. 그런 죽음과 피를 강조하기 위하여 그냥 '용'이라 하지 않고 '붉은 용'이라고 한 것이다.[12]

그 '붉은 용'은 꼬리로 '하늘의 별 삼분의 일을 끌어다가 땅에 던진다' (12:4). 이것은 하늘의 전쟁을 가리키나, '여자가 해산하면 그 아이를 삼키려고 한다'는 것은 땅의 전쟁을 가리킨다. 사탄인 용은 하늘에서 천사들 중 삼분의 일과 함께 하나님을 대적했고,[13] 그 결과 하늘에서 쫓겨났다. 그렇게 땅으로 던져진 사탄은 한편 '여자'를 박해하고, 또 한편 그 여자가 낳을 '아들'을 통째로 삼켜버리려고 하는 것이다. '여자'와 '용' 사이에 있는 치열한 전쟁이다.

하늘과 땅의 전쟁은 그것으로 끝나지 않는다. 사탄은 '여자'에게 많은 피해를 입히지만 죽이지는 못한다. 그 '여자'가 낳은 '아들'도 헤롯을 통해 죽이려고 발버둥을 쳤지만, 죽이지는 못했다. 오히려 여자에게서 태어난 아들은 '하나님 앞과 그 보좌 앞으로 올려졌다' (12:5). '아들을 낳았다'는 것은 예수 그리스도의 성육신을 뜻하며, '올려졌다'는 승천을 뜻한다. 그분이 그렇게 승천하신 것은 곧 '철장으로 만국을 다스리기 위해서이다' (12:5).

물론 그분의 성육신과 승천 사이에는 십자가상의 죽음과 부활도 들어 있었다. 만일 그분의 죽음과 부활이 없었다면, 그분은 그렇게

'하나님 앞과 그 보좌 앞으로 올라가실' 수 없었을 것이다. 그뿐 아니라, 그 후에 있을 하늘의 전쟁에서 미가엘이 이기지 못했을 것이다. 그리고 땅의 전쟁에서 이스라엘 백성 가운데서 '남은 자들'이 승리하지 못했을 것이다. 결국, 예수 그리스도의 죽음과 부활이 하늘과 땅의 전쟁에서 승리의 기틀이 되었던 것이다.

요한계시록 12장 5절에서 '그 아이를 하나님 앞과 그 보좌 앞으로 올려가더라'는 말씀은 그리스도 예수의 승천을 뜻한다고 이미 언급한 바 있다. 그런데 12장 6절에서 '그 여자가 광야로 도망하매 거기서 천이백육십 일 동안' 양육을 받았다는 말씀은 마지막 때의 환난 기간 중에 이스라엘 백성이 받는 박해였다. '천이백육십 일'은 7년 환난 중 후기 3년 6개월의 기간을 가리킨다고 언급한 바 있다.

어떻게 그리스도의 승천 다음에 마지막 때에 일어날 '여자의 도망'이 나오는가? 그 이유는 간단하다! 사도 요한은 아들을 낳은 '여자'가 용에 의하여 쫓기나 하나님으로부터 보호받는다는 사실을 묘사하였기 때문이다. 이것은 다니엘이 환상 중에 69이레와 70이레를 분리해서 본 것과 같다. 이미 언급한대로, 다니엘은 69이레와 70이레 사이에 교회가 들어간 사실을 알지 못하고 본대로 나누었던 것이다.

사도 요한은 요한계시록 12장 5절과 6절 사이에 교회가 들어간 사실을 기술하지 않고 '여자'에게 초점을 맞추었다. 실제로 교회는 이미 휴거되어 더 이상 세상에 있지 않았다. 그러므로 사도 요한은 마치 교회가 없는 것처럼 '여인'의 출산과 박해를 연속해서 기술하였던 것이다. 다시 말해서, 그리스도 예수의 승천과 여자의 광야 도피를 연속적으로 일어난 사건처럼 기록한 것이다. 그러나 그 사이에는 교회와 교회를 위한 그리스도의 중보기도가 있었다.

3) 둘째 전쟁: 미가엘 대 용

먼저, 하늘에 있던 전쟁을 보자. 그 전쟁은 미가엘과 용 사이에 일어났는데, 물론 미가엘의 사자들과 사탄의 사자들도 참가한 전쟁이었다 (12:7). 그런데 왜 갑자기 미가엘이 나타나서 용과 싸웠는가? 그 이유는 두 가지인데, 첫째는 하나님은 사탄과 절대로 직접 싸우지 않으시기 때문이다. 사탄도 하나님이 지으신 피조물이기에, 그가 아무리 막강해도 하나님이 직접 나설만한 상대가 될 수 없었다.

둘째 이유는 미가엘은 이스라엘 백성을 호위하는 천사장이기 때문이다. 다니엘은 미가엘을 '가장 높은 군주 중 하나'라고 했으며 (10:13), '너희[이스라엘 백성]의 군주'라고 했다 (10:21). 그리고 한 발 더 나아가서 구체적으로 이렇게 소개했다; "네[유대] 민족을 호위하는 큰 군주 미가엘이 일어날 것이요" (12:1). 신약성경에서 유다는 미가엘을 천사장으로 소개하면서 사탄과 모세의 시체를 놓고 싸웠다고 기록했다 (유 1:9).

이미 언급했듯, 용은 '철장으로 만국을 다스릴' 예수 그리스도가 승천하자 그분을 잉태한 '여자'를 미친 듯이 박해하면서 이를 갈고 덤벼든다. 그런데 이 '여자'는 신실한 이스라엘 백성이기에 그들의 호위자인 미가엘 천사장이 등장하여 용과 전쟁을 벌이는 것이다. 용과 그 사자들은 미가엘의 적수가 되지 못한다. 그의 패배를 사도 요한은 이렇게 간단하게 진술했다. "이기지 못하여 다시 하늘에서 그들이 있을 곳을 얻지 못한지라"(12:8).

미가엘이 이렇게 쉽게 사탄을 패배시킬 수 있는 이유가 두 가지인데, 하나는 하나님이 그 배후에 계시기 때문이다. 그렇지 않다면 '큰 용이 내쫓기니'라고 묘사되지 않았을 것이다 (12:9). 다시 말해서, '내쫓기니'라는 수동형은 그 배후에 하나님의 손길이 있다는 사실을 함축한다.[14] '붉은 용'과 그 사자들이 자진해서 그들의 처소를 떠나지 않았다. 그들보다 막강한 자에 의하여 쫓겨났는데, 그 막강한 자는 하나님을 등에 업는 미가엘이다.

미가엘이 쉽게 용을 이길 수 있는 두 번째 이유는 예수 그리스도의 승천 때문이다. 그분이 '하나님 앞과 그 보좌 앞으로 올려간' 것은 그분의 죽음과 부활이 아니라면 결코 가능하지 않았다. 그분이 죽음에서 다시 살아나셨을 때, 사탄은 이미 패배했던 것이다. 바울 사도의 말을 빌려보자. "통치자들과 권세들을 무력화하여 드러내어 구경거리로 삼으시고 십자가로 그들을 이기셨느니라"(골 2:15). 그분은 승천하셨고, 사탄은 땅으로 떨어졌다.

사도 요한은 이렇게 내쫓긴 용의 특징을 다음과 같은 이름으로 덧붙였다. "큰 용이 내쫓기니 옛 뱀 곧 마귀라고도 하고 사탄이라고도 하며 온 천하를 꾀는 자라; 그가 땅으로 내쫓기니 그의 사자들도 그와 함께 내쫓기니라"(12:9). 이 말씀에서 '옛 뱀'은 창세기 3장에서 아담과 하와로 하여금 하나님께 불순종하도록 유혹한 뱀을 가리킨다. 그들은 그 뱀의 꾐에 넘어갔던 것이다. 그 이후로도 그 뱀은 '온 천하를 꾀는 자'로 불린다.

'마귀'는 '사탄'과 같은 뜻인데, '마귀'는 헬라식 이름이고 '사탄'은 히브리식 이름이다. 어떤 때는 '악마'라고 불리기도 한다. 이 '마귀'

는 하나님의 말씀에서 '이 세상의 임금'이라고도 불리며 (요 12:31, 14:30, 16:11), '이 세상의 신'이라고도 불린다 (고후 4:4). 그 이름이 뜻하는 대로 마귀의 영역은 이 세상과 그를 따르는 자들이다. '마귀'는 '거짓의 아비'이며 '살인자'이며 (요 8:44), '미혹하는 자'이며 (20:3), '삼키는 자'이다 (벧전 5:8).

이렇게 하늘의 전쟁에서 사탄과 그 사자들이 패배하여 땅으로 쫓겨나자 하늘에서 엄청난 찬양이 들리는데, 그 이유는 "우리 형제들을 참소하던 자, 곧 우리 하나님 앞에서 밤낮 참소하던 자가 쫓겨났기" 때문이었다 (12:10b). 이런 사탄의 패배는 하나님의 구원에서 너무나 중요한 전환점이 되었다. 만일 사탄이 승리했다면, 결코 구원은 가능하지 않았을 것이다. 그러나 '하나님의 능력과 나라'와 '그리스도의 권세'가 나타나서 구원이 이루어졌다 (12:10a).

이처럼 중요한 승리와 구원을 가능하게 한 요인이 또 있는데, 그것은 성도들의 신앙이다. 그 성도들은 '어린 양', 곧 예수 그리스도의 '피와 그들의 증언하는 말씀'으로 승리를 누린다. 그렇다! 성도들의 승리는 언제나 그분의 십자가를 통해서이다. 그뿐 아니라 그들의 '증언의 말씀'을 통해서인데, '순교'의 자세로 생명도 아끼지 않은 증언을 통해서 승리를 경험한다 (12:11). '순교'의 뜻을 지닌 '증언'이 없다면 어떻게 승리할 수 있겠는가?

여기에서 역설적인 진리를 찾을 수 있는데, 그것은 패배를 통한 승리이다. 성도들은 증언하다가 육신적으로 순교를 당한다. 얼른 보기에 패배인 것 같으나, 그 순교는 부활의 생명에 대한 보장이기도 하다. 비록 악의 세력은 그들을 육체적으로 죽일 수 있으나, 그것이 전부이다. 사탄은 성도들의 영혼을 건드릴 수 없다. 그들의 영혼은 하나님께로 갔다가 마지막 날에 영광의 부활을 경험할 것이니, 이런 승리를 어디서 찾아볼 수 있겠는가?

이 승리로 인하여 '하늘과 그 가운데에 거하는 자들은 즐거워한다' (12:12a). 그러나 "땅과 바다는 화 있을진저! 이는 마귀가 자기의 때가 얼마 남지 않은 줄을 알므로 크게 분내어 너희에게 내려갔음이라" (12:12b). 마귀는 하늘에서 쫓겨났기 때문에, 그리고 그의 때가 얼마 남지 않았기 때문에 분을 내었다. '땅과 바다'가 심판을 받는 이유는 그곳들이 악의 영역이기 때문이다. 바다와 땅에서 짐승들이 나올 것이기 때문이다 (13;1, 11).

다음, 땅에 있는 전쟁을 보자. 용은 더 이상 '여자의 아들'과 전쟁할 수 없는데, 그 이유는 그 '아들'은 땅에 있지 않고 하늘에 있기 때문이다. 그뿐 아니라, 용은 성도들과도 전쟁할 수 없는데, 그 이유는 그들이 '어린 양의 피와 자기들의 증언하는 말씀으로 그를 이겼기' 때문이다 (12:11). 이제 용이 땅에서 전쟁을 일으킬 수 있는 대상은 '여자' 뿐이다. 그래서 용은 '남자를 낳은 여자를 박해하기' 시작한다 (12:13).[15]

이미 언급한 것처럼, '여자'는 이스라엘 백성을 가리킨다. 용이 '여자'를 박해하기 시작한다는 것은 이스라엘 백성을 쫓아가서 죽이겠다는 것이다.[16] 마치 애굽의 바로가 병거를 이끌고 이스라엘 백성을 죽이려고 쫓아간 것처럼 말이다. 그때에 하나님은 홍해를 가르시고 이스라엘 백성을 바로의 손에서 건져내셨는데, 그것을 모세는 이렇게 묘사했다. "내가 어떻게 독수리 날개로 너희를 업어 내게로 인도하였음을 너희가 보았느니라" (출 19:4b).

사도 요한도 그 '여자'의 구원을 이렇게 묘사한다. "그 여자가 큰 독수리의 두 날개를 받아 광야 자기 곳으로 날아가 거기서 그 뱀의 낯을 피하여 한 때와 두 때와 반 때를 양육 받으매" (12:14). '광야'는 그 '여자'를 위하여 예비된 곳이다 (12:6). 용은 그곳까지 쫓아가서 전쟁을 일으킨다. 용이 쉽게 그곳까지 쫓아갈 수 있던 이유는 그곳이 용의 활동 무대인 땅에 속한 곳이기 때문이다.[17]

요한계시록에서 '한 때와 두 때와 반 때'라는 표현은 이곳에만 나오는데, 그 의미는 물론 3년 6개월이다. 그런데 이 표현은 다니엘 7장의 말씀을 그대로 인용한 것이다. 다니엘에 의하면, 넷째 짐승의 한 뿔이 나타나서 "장차 지극히 높으신 이를 말로 대적하며, 또 지극히 높으신 이의 성도를 괴롭게 할 것이며, 그가 또 때와 법을 고치고자 할 것이며, 성도들은 그의 손에 붙인 바 되어 한 때와 두 때와 반 때를 지내리라" (단 7:25).

하나님을 대적하고 성도를 괴롭히는 이 뿔은 사탄일 수도 있고, 사탄의 지배 아래 있는 적그리스도일 수도 있다. 적그리스도는 환난의 기간인 7년 동안 세상을 통치할 터인데, 그 중간에 유대인들과 맺은 평화조약을 깨고 그들을 말할 수 없을 정도로 괴롭힐 것이다. 다니엘의 예언에 의하면 그 기간은 '한 때와 두 때와 반 때'이다. 이 기간 중 하나님이 신실한 유대인들을 보호하지 않으신다면 그들은 멸절될 것이다.

예수님도 제자들을 가르치시면서 마지막 때의 상황을 이렇게 예언하셨다. "이는 그 때에 큰 환난이 있겠음이라. 창세로부터 지금까지 이런 환난이 없었고 후에도 없으리라. 그 날들을 감하지 아니하면 모든 육체가 구원을 얻지 못할 것이나, 그러나 택하신 자들을 위하여 그 날들을 감하시리라" (마 24:21-22). 그렇다! 그 날들이 7

년에서 반으로 줄어들지 않는다면, 살아남을 유대인들은 없을 것이다.

뱀이라고 불리는 용이 '물을 강 같이 토하여 여자를 물에 떠내려가게 하려 한다'(12:15). 그러나 그런 공격도 하나님의 개입으로 저지되는데, 그 개입은 땅이다. 물의 공격을 땅으로 막는 것이다. 그 말씀을 보자. "땅이 여자를 도와 그 입을 벌려 용의 입에서 토한 강물을 삼키니"(12:16). 용이 '여자'를 해하려는 온갖 수단과 방법은 모두 허사로 끝난다. 그러니까 요한계시록 12장에서 용이 일으킨 전쟁은 모두 패배로 끝이 난다.

첫 번째 패배는 여자의 아이를 죽이려는 전쟁에서였다. 그 아이는 죽기는커녕 '하나님 앞과 그 보좌 앞으로 올라갔다'(12:4-5). 두 번째 패배는 미가엘과의 전쟁에서였다. 그 전쟁에서 용은 처참할 정도로 패배하여 그의 거처까지 빼앗기고 땅으로 쫓겨났다(12:9). 세 번째 패배는 '여자'를 죽이려고 안간힘을 썼으나 이루지 못한 것이다(12:15-16). 이처럼 세 번씩 패배의 쓴 맛을 본 용은 전쟁을 포기하는가? 물론 아니다!

그 용은 '여자에게 분노하여' 다시 전쟁을 일으키려고 준비하는데, 그 대상은 '아이'도 아니고 '여자'도 아니다. 그럼 대상은 누구란 말인가? '그 여자의 남은 자손'이다(12:17a). 그 '남은 자손'은 어떤 박해에도 굴하지 않고 신앙을 지키는 신실한 성도들이다. 사도 요한의 묘사를 빌려보자. '하나님의 계명을 지키며 예수의 증거를 가진 자들'이다. 그들과 '더불어 싸우려고 바다 모래 위에 서 있더라'(12:17b).

사도 요한 자신이 '하나님의 말씀과 예수의 증언' 때문에 밧모 섬으로 유배를 당한 것처럼 (1:9), 이 '남은 자손'도 역시 '하나님의 계명과 예수의 증거' 때문에 사탄의 공격을 받을 것이다. 사도 요한은 '하나님의 말씀과 그들이 가진 증거로 말미암아' 죽임을 당하여 제단 아래에 있는 자들을 이미 본 바 있었다 (6:9, 20:4). 그렇다! 하나님의 말씀대로 깨끗하고 도덕적인 삶을 영위하면서 생명을 걸고 증언하는 성도들을 향해 용은 싸울 준비를 하고 있다.

4) 셋째 전쟁: '바다에서 올라온 짐승' 대 성도

짐승과 성도의 싸움은 너무나 중요한데, 그것은 요한계시록 전체에 도도히 흐르는 선과 악의 싸움, 하나님과 사탄의 싸움을 대표하기 때문이다. 그러므로 이런 싸움을 묘사한 13장이 그렇게 중요하다. 우선 바다에서 올라온 첫 번째 짐승에 대한 내용을 인용해보자.

"내가 보니 바다에서 한 짐승이 나오는데 뿔이 열이요 머리가 일곱이라. 그 뿔에는 열 왕관이 있고 그 머리들에는 신성 모독하는 이름들이 있더라. 내가 본 짐승은 표범과 비슷하고 그 발은 곰의 발 같고 그 입은 사자의 입 같은데, 용이 자기의 능력과 보좌와 큰 권세를 그에게 주었더라. 그의 머리 하나가 상하여 죽게 된 것 같더니 그 죽게 되었던 상처가 나으매 온 땅이 놀랍게 여겨 짐승을 따르고, 용이 짐승에게 권세를 주므로 용에게 경배하며 짐승에게 경배하여 이르되, '누가 이 짐승과 같으냐? 누가 능히 이와 더불어 싸우리요?' 하더라. 또 짐승이 과장되고 신성 모독을 말하는 입을 받고, 또 마흔두 달 동안 일할 권세를 받으

*니라. 짐승이 입을 벌려 하나님을 향하여 비방하되 그의 이름과
그의 장막 곧 하늘에 사는 자들을 비방하더라. 또 권세를 받아
성도들과 싸워 이기게 되고, 각 족속과 백성과 방언과 나라를
다스리는 권세를 받으니, 죽임을 당한 어린 양의 생명책에 창세
이후로 이름이 기록되지 못하고 이 땅에 사는 자들은 다 그 짐승
에게 경배하리라. 누구든지 귀가 있거든 들을지어다! 사로 잡힐
자는 사로잡혀 갈 것이요 칼에 죽을 자는 마땅히 칼에 죽을 것
이니, 성도들의 인내와 믿음이 여기 있느니라" (13:1-10).*

이렇게 분노하면서 전쟁을 준비하던 용은 혼자의 힘으로는 어려운
지 하수인 둘을 불러들인다. 하나는 바다에서 나온 짐승인데, 그가
곧 적그리스도이다 (13:1). 또 하나는 땅에서 올라온 짐승인데, 그는
미혹의 선지자이다 (13:11). 이들 셋은 삼위의 하나님을 모방하는
데, 하나님 대신 용, 그리스도 대신 바다에서 나온 짐승, 그리고 성
령 대신 땅에서 올라온 짐승이다. 이들은 위장된 삼위일체이다.

하나님이 그리스도에게 능력과 보좌와 권세를 주신 것처럼, 용도
바다에서 나온 짐승에게 '능력과 보좌와 권세를 준다' (13:2). 그리
고, 용은 그 짐승을 자기와 비슷하게 꾸며준다. 용에게 '머리가 일
곱이요 뿔이 열이며, 그 머리에는 일곱 왕관이' 있는 것처럼 (12:3),
짐승에게도 '뿔이 열이요 머리가 일곱이며, 그 뿔에는 열 왕관이 있
다' (13:1a). 용의 머리에는 왕관이 있는데, 짐승의 머리에는 그 대
신 '신성모독하는 이름들'이 있다 (13:1b).

이렇게 중무장한 '짐승'이 앞장서서 '하나님의 계명을 지키며 예수
의 증거를 가진' 성도들과 싸움을 벌인다. 그 '짐승'은 그가 용으로

부터 받은 '능력과 보좌와 큰 권세'를 이용하여 성도들을 무참하게 짓밟는다 (13:2). 그 '짐승'의 승리를 사도 요한은 이렇게 담담하게 묘사했다. "또 권세를 받아 성도들과 싸워 이기게 되고, 각 족속과 백성과 방언과 나라를 다스리는 권세를 받더라" (13:7).

사도 요한은 이 '짐승'이 바다에서 나왔다고 묘사했다 (13:1). 이 '짐승'은 일찍이 다니엘이 묘사한 바다에서 올라온 '짐승'과 같은 모습이다. 다니엘의 묘사를 인용해보자. "큰 짐승 넷이 바다에서 나왔는데 그 모양이 각각 다르더라" (단 7:2). 다니엘이 본 네 짐승은 사자와 곰과 표범과 그리고 뿔이 열이나 달린 짐승이었다 (단 7:4-7). 그런데 사도 요한이 본 '짐승은 표범과 비슷하고 그 발은 곰의 발 같고 그 입은 사자의 입 같았다' (13:2).

이 시점에서 '바다'는 무엇을 뜻하는지 알아보자. 요한계시록 11장 7절의 말씀은 그 뜻을 푸는 열쇠가 될 수 있다. "…무저갱으로부터 올라오는 짐승이 그들과 더불어 전쟁을 일으켜…." 이 말씀에서 '올라오다'는 '바다에서 나오다'의 '나오다'와 똑같은 동사인 *아나바이노*(ἀναβαίνω)이다. 다니엘이 본 '바다에서 나왔는데'에서도 역시 '올라오다'의 뜻이다.[18] 그러므로 '짐승'은 '바다', 곧 '무저갱'에서 올라온 것이다.

'짐승'은 성도들과 싸워 이기는데, 그 싸움 중에 일곱 '머리 중 하나가 상한다' (13:3). 그 '짐승'은 칼에 상하는데, 그 칼은 작은 칼이다.[19] 이 '칼'의 의미를 여러 가지로 해석하기도 하는데, 하나님 말씀의 해석에서 기본적 원리가 문자적 해석이다. 물론 요한계시록을 해석할 때 문자적으로 해석할 수 없는 부분이 없잖아 있다. 그렇다고 해도 내용의 '문맥이 확실히 표상이나 상징'을 표현할 경우를 제

외하곤 문자적으로 해석해야 한다.[20]

그러므로 본문에서 '칼'의 의미는 그냥 '칼'이다. 물론 요한계시록은 '짐승'이 칼에 상했다가 살아났다고 언급할 뿐, 누구의 칼에 상했는지, 어떤 방법으로 상했는지 전혀 언급하지 않는다. 십중팔구 맹렬한 전투 중에 누가 던진 칼을 맞고 상했는지도 모른다.[21] 이 본문의 강조점은 그 '짐승'이 어떻게 칼에 맞아 상했는지가 아니라 비록 그가 칼에 맞았지만 '그 죽게 되었던 상처가 나았다'는 사실이며, 그 결과 사람들이 놀랐다는 사실이다 (13:3c).

그 짐승의 부활이 끼친 영향력은 그것만이 아니었다. '온 땅이 짐승을 따르고' (13:3b), 용과 짐승에게 경배하면서 이렇게 말했다. "누가 이 짐승과 같으냐? 누가 능히 이와 더불어 싸우리요?" (13:4). 그뿐 아니다! 나중에 땅에서 올라온 '다른 짐승'이 '칼에 상했다가 살아난 짐승을 위해 우상을 만들게 하고' 그 우상에게 경배하라고 한다 (13:14-15). 사탄은 처음부터 사람들이 하나님 대신 자기를 경배하기 원했는데, 그 뜻대로 된 것이다.

그러나 사탄이 원하는 대로 된 것 같지만, 실제로는 하나님의 허용적인 뜻 가운데서 이루어진 것이다. 그런 허용적인 뜻을 나타내는 표현이 두 번씩이나 나오는데 말씀으로 확인하자. "또 짐승이 과장되고 신성 모독을 말하는 입을 *받고*, 또 마흔두 달 동안 일할 권세를 *받으니라*" (13:5). 이 말씀에서 두 번 나오는 '받다'는 하나님으로부터 받는다는 것을 뜻한다. 용과 짐승에게는 그들 자체에는 어떤 능력이나 권세도 없다는 뜻이다.[22]

그 짐승이 '과장되고 신성 모독'의 말을 하는데, 다음과 같은 세 가지 측면에서 그렇게 한다. 첫째 하나님께 대하여, 둘째 그분의 이름에 대하여, 셋째 '그의 장막, 곧 하늘에 사는 자들'에 대하여 (13:6). '하나님'에 대한 신성모독은 그분의 실존 자체를 공격하는 것이다. '그의 이름'에 대한 모독은 하나님께 경배하지 말고 짐승에 게 하라는 것이다 (13:8). '하늘에 사는 자들'에 대한 모독은 성도들에 대한 것으로, 하나님의 역사를 공격하는 것이다.

그 짐승이 이처럼 신성모독하는 말을 하는 기간은 '마흔 두 달'뿐이다. 그 기간은 성전이 이방인들에게 짓밟히는 '마흔두 달'이며 (11:2), 두 증인이 예언하던 '천이백육십 일'이다 (11:3). 그뿐 아니라, 여자가 하나님의 양육을 받는 '천이백육십 일'이며 (12:6), 그 여자가 광야로 가서 뱀의 낯을 피한 '한 때와 두 때와 반 때'이다 (12:14). 이 모든 표현들은 같은 기간을 뜻하며, 그 짧은 기간들이 지나면 적그리스도의 광란狂亂도 끝난다는 뜻이다.

적그리스도인 짐승은 사탄인 용으로부터 '권세를 받아 성도들과 싸워 이길' 뿐 아니라, 그 권세를 가지고 세상을 통치한다 (13:7). 이 짐승이 이처럼 싸워서 이긴 적이 또 있는데, 곧 두 증인을 죽일 때였다. "…짐승이 그들과 더불어 전쟁을 일으켜 그들을 이기고 그들을 죽일 터인즉" (11:7). 그렇다! 짐승이 이처럼 성도들과 전쟁을 일으켜서 이긴 것은 딱 두 번 뿐인데, 그것도 3년 6개월이란 기간 동안이다.[23]

짐승은 막강한 '능력과 보좌와 권세'에도 불구하고 이처럼 시간적으로 '마흔두 달'이란 제한된 기간에만 그 권세를 사용할 수 있다. 그런데 그 짐승은 시간적으로만 제한된 것이 아니라, 공간적으로도 제한되어 있다. 공간적인 제한을 다음의 말씀으로 확인하자. "죽임을 당한 어린 양의 생명책에 창세 이후로 이름이 기록되지 못하고

이 땅에 사는 자들은 다 그 짐승에게 경배하더라" (13:8).

왜 이 말씀이 짐승의 공간적인 제한을 뜻하는가? 그 이유는 분명하다! 짐승의 권세는 '이 땅에 사는 자들'에 국한되기 때문이다. 그들은 하나님을 대적하고, 그분이 제공하시는 구원을 받아들이지 않고, 성도들을 박해하는 자들이다. 짐승은 이름이 생명책에 기록되어 '하늘에 사는 자들'에게는 아무 것도 할 수 없고, 오직 비방하는 것이 전부이다 (13:6). 물론 그 짐승은 성도들을 박해하고 죽일 수 있지만, 그들은 결코 그를 따르거나 경배하지 않는다.

그처럼 엄청나고도 잔인한 박해와 죽임이 횡횡하는 대환난에서 성도들이 '인내와 믿음'으로 그들의 신앙을 지키는 것은 결코 쉽지 않을 것이다 (13:10). 그러나 그들을 구원해주신 하나님께 그들을 온전히 맡긴다면, 그들은 투옥이나 순교도 받아들일 수 있을 것이다. 이것이 바로 패배를 통한 승리이다! "또 우리 형제들이 어린 양의 피와 자기들이 증언하는 말씀으로써 그를 이겼으니 그들은 죽기까지 자기들의 생명을 아끼지 아니하였도다" (12:11).

5) 넷째 전쟁: '땅에서 올라온 짐승' 대 성도

이미 언급했듯, 용은 두 수하를 거느리는데 하나는 바다에서 올라온 짐승이고 또 하나는 땅에서 올라온 짐승이다. 전자가 군사적이며 정치적인 지배자라면 (13:7), 후자는 다분히 종교적인 지배자이다. 왜냐하면 그는 기적으로 사람들을 미혹하여 처음 짐승에게 경배하게 할 뿐 아니라, 그 짐승의 우상을 만들게 하고 그 우상에게 경배하게 하기 때문이다 (13:14-15). 용은 이처럼 정치와 종교를 통해 세상을 지배하려고 할 것이다. 그 사실을 직접 알아보자.

"내가 보매 또 다른 짐승이 땅에서 올라오니, 어린 양 같이 두 뿔이 있고 용처럼 말을 하더라. 그가 먼저 나온 짐승의 모든 권세를 그 앞에서 행하고, 땅과 땅에 사는 자들을 처음 짐승에게 경배하게 하니, 곧 죽게 되었던 상처가 나은 자니라. 큰 이적을 행하되 심지어 사람들 앞에서 불이 하늘로부터 땅에 내려오게 하고, 짐승 앞에서 받은 바 이적을 행함으로 땅에 거하는 자들을 미혹하며, 땅에 거하는 자들에게 이르기를, '칼에 상하였다가 살아난 짐승을 위하여 우상을 만들라' 하더라. 그가 권세를 받아 그 짐승의 우상에게 생기를 주어 그 짐승의 우상으로 말하게 하고, 또 짐승의 우상에게 경배하지 아니하는 자는 몇이든지 다 죽이게 하더라. 그가 모든 자 곧 작은 자나 큰 자나 부자나 가난한 자나 자유인이나 종들에게 그 오른손에나 이마에 표를 받게 하고, 누구든지 이 표를 가진 자 외에는 매매를 못하게 하니 이 표는 곧 짐승의 이름이나 그 이름의 수라. 지혜가 여기 있으니 총명한 자는 그 짐승의 수를 세어 보라. 그것은 사람의 수니 그의 수는 육백육십육이니라" (13:11-18).*

흥미롭게도 이 삼자三者에게 공통점이 있는데, 그것은 그들 모두에게 뿔이 달렸다는 사실이다. 용과 첫 번째 짐승은 각각 뿔을 열 개씩이나 가지고 있는 반면 (12:3, 13:1), 두 번째 짐승에게는 뿔이 두 개였다. 그 짐승의 모습을 보자. '…어린 양 같이 두 뿔이 있고…' (13:11). 그들에게 있는 공통적인 뿔은 하나님을 대적하고 또 그분

의 뜻을 거스르면서 세상을 지배하려는 악의 세력과 힘을 가리킨다.[24]

이 삼자는 삼위의 하나님을 모방했다고 언급한 바 있는데, 이 장에서 그런 모방이 더욱 분명히 나타난다. "그리스도가 아버지로부터 권세를 받으신 것처럼 (마 11:27), 적그리스도도 용으로부터 권세를 받았다 (13:4). 그리고 성령의 중요한 역할이 그리스도의 영광을 드러내는 것인데 (요 16:14), 이 미혹의 선지자도 적그리스도를 영화롭게 한다" (13:12).[25] 사탄은 결코 스스로 창조할 수 있는 능력이 없기에 이처럼 모방하는 것이다.

'땅에서 올라온 짐승'의 두드러진 특징은 부지런히 행동하며 움직인다는 것이다. 그는 '먼저 나온 짐승의 모든 권세를 그 앞에서 *행한다*' (13:12a). 그렇다! 그 짐승은 먼저 나온 짐승으로부터 권세를 받는다. 마치 먼저 나온 짐승이 모든 권세를 용으로부터 받은 것처럼 말이다. 그리고 두 번째 짐승은 그렇게 받은 권세를 가지고 열심히 *일한다*. 그가 두 번째로 한 일은 '땅과 땅에 사는 자들을 처음 짐승에게 경배하게 *하는*' 것이다 (13:12b).

그뿐 아니라, 엘리야처럼 '사람들 앞에서 불이 하늘로부터 땅에 내려오게 *하는*' 이적도 행한다 (13:13). 그렇게 이적을 행하면서 '땅에 거하는 자들을 미혹하여' (13:14a), '칼에 상하였다가 살아난 짐승을 위하여 우상을 만들게 *한다*' (13:14b). '땅에서 올라온 짐승'이 열심히 좌충우돌하는 모습을 강조하기 위하여 사도 요한은 13장 12~16절에서 '행하다', '하다', '만들다'로 번역된 단어, 포이에오(ποιέω)를 여덟 번이나 사용했다.[26]

'땅에서 올라온 짐승'은 그가 받은 권세를 사용하여 '그 짐승의 우상에게 생기를 주어' 그 우상이 말을 하게 *한다.* 적그리스도의 우상이 적그리스도인 것처럼 말을 한다는 것이다. 이처럼 놀라운 이적 앞에서 무릎을 꿇지 않을 사람들은 많지 않을 것이다. 그 짐승은 '짐승의 우상에게 경배하지 아니하는 자는 몇이든지 다 죽이게' 한다 (13:15). 그런 공포의 분위기를 이용해서 그는 경제적으로 세상을 지배하기 시작한다.

그는 경제적인 지배를 위하여 '모든 자에게…그 오른손에나 이마에 표를 받게 하는데', 그 짐승이 12~16절에서 행한 여덟 번째 행위(*포이에오*)이다. 이 표를 받지 않은 사람은 누구든지 '매매를 못하게 한다' (13:17). 사고파는 행위는 개인의 삶과 직결된다. 그렇게 하지 못하는 사람은 개인적으로 먹거리를 만들어야 하며, 사회적으로 다른 사람들과 삶을 나눌 수 없게 되어, 사회로부터 완전히 추방당하는 꼴이다.

그런데 이마나 오른 손에 받은 표는 '짐승의 이름'이다 (13:17). 이름이 그 사람의 특성이나 본질을 나타낸다면, 그 이름을 받은 사람들은 '짐승', 곧 적그리스도의 특성이나 본질을 갖는 셈이다. '짐승'의 특성이나 본질은 하나님을 거부하고, 하나님의 뜻을 거스르고, 하나님께 대하여 신성모독하는 말을 한다. 그 '짐승의 이름'을 받은 사람들도 역시 하나님을 거부하고, 하나님의 뜻을 거스르고, 하나님을 모독하는 말을 하는 무리들이다.

'매매에 참여하기' 위하여 표를 받은 사람들은 그 이마에 '짐승의 이름'을 받는다. 그러나 모두가 그렇게 굴복한 것은 아니다. 언제나 하나님의 뜻을 받아들이며 그 이름을 받지 않는 사람들이 있는데, 그들의 이마에는 '어린 양'의 이름이 새겨져 있다. 이것도 하나님의 말씀으로 확인하자. "그[어린 양]의 얼굴을 볼 터이요, 그의 이름도 그들의 이마에 있으리라" (22:4). 이들은 '어린 양'의 특성과 본질을 물려받은 신실한 성도들이다.

그런데 그 짐승의 이름에는 수가 있다는 것이다 (13:17). 그뿐 아니라, 사도 요한은 '그 짐승의 수를 세어 보라'는 권면까지 한다 (13:18). 물론 지혜롭게 그리고 총명하게 '수를 세어 보라'고 한다. 이어서 그는 그 권면에 대해 이렇게 대답한다. "보라, 그것은 사람의 수니, 그의 수는 육백육십육이니라." 666의 뜻은? 히브리어와 헬라어 알파벳에는 각각 숫자가 매겨져 있다. 예를 들면, 히브리어의 *알렙*(ℵ)과 헬라어 *알파*(a)는 각각 1이 매겨져있다.[27]

이처럼 알파벳에 붙여진 숫자를 이름에 붙이면, 이름 대신에 숫자로 쓸 수 있다는 뜻이 된다. 주후 54년부터 67년까지 로마제국을 통치한 황제는 폭군 네로Nero Claudius Caesar였다. 그는 잔인하고 사악한 왕이었는데, 마치 마지막 때에 나타날 적그리스도도 그처럼 잔인하고 사악한 통치자이다. 그런데 시저 네로를 숫자화하면 666이다. 그러니까 적그리스도인 '짐승'도 666인 것으로 보아 그도 네로 못지않게 포악한 통치자라는 사실을 강조한 숫자이다.

하나님의 완전 수는 7인데, 6은 완전에서 1이 부족한 수이다. 이처럼 부족한 수가 연속해서 세 번 쓰인 것은 적그리스도의 완전하지 않은 모습을 강조해서 묘사하고 있다고 할 수 있다. 다시 말해서, 666은 '불완전, 불완전, 불완전'이라는 말이다. 하나님은 완전하시기에 '거룩하다, 거룩하다, 거룩하다'로 세 번씩 반복해서 묘사한 것과는 대조적이다 (4:8). 그처럼 불완전한 적그리스도는 반드시 '화, 화, 화'를 면치 못하고 심판을 받을 것이다 (8:13).

6) 다섯째 전쟁: 승리 대 패배

지금까지 '짐승'과 성도의 전쟁에서 언제나 '짐승'이 승리했다. 그 '짐승'이 바다에서 올라왔든 땅에서 올라왔든 상관없이 그 '짐승'은 성도와의 전쟁에서 수많은 성도들을 죽였다. '바다에서 올라온 짐승', 곧 적그리스도는 '또 권세를 받아 성도들과 싸워 이겼다' (13:7). '땅에서 올라온 짐승', 곧 미혹의 선지자는 적그리스도를 따르지 않는 자들을 닥치는 대로 죽였는데, 그런 행위를 이렇게 표현했다. '몇이든지 다 죽이게 하더라' (13:15).

그렇게 죽임을 당한 성도들은 네 가지로 신앙을 지켰는데, 첫째로 "그 입에 거짓말이 없고 흠이 없는 자들이었다" (14:5). 둘째로 그들은 짐승의 우상에게 경배하지 않고, 이마에나 손에 표를 받지도 않았다 (14:9). 그 대신 '그들의 이마에는 어린 양의 이름과 그 아버지의 이름이 있었다' (14:1). 셋째로 그들은 '여자와 더불어 더럽히지 아니하고 순결한 자였다' (14:4). 넷째로 '그들은 하나님의 계명과 예수에 대한 믿음을 지킨 자들이다' (14:12).

이렇게 훌륭한 신앙을 유지한 성도들이 그처럼 무참하게 죽다니, 철저한 패배가 아닌가? 도대체 하나님은 왜 그들을 보호하거나 구원해주지 않으셨는가? 어떻게 사탄을 필두로 적그리스도와 거짓 선지자가 삼위일체처럼 횡포를 부릴 때, 성부 성자 성령 하나님은 수수방관만 하셨단 말인가? 그런데 하나님이 이런 패배를 그대로 허용하신 것은 깊은 뜻이 있어서였다. 여기에 바로 신앙의 역설적 진리가 있는 것이다.

비록 그 성도들이 신앙을 지키다가 죽임을 당했지만, '짐승'이 할 수 있는 것은 거기까지였다. '짐승'은 그들의 육신은 죽일 수 있었지만, 영혼은 건드릴 수 없었다. 그들이 육신적으로 죽임을 당하는 순간 영혼은 하나님 곁으로 갔던 것이다. 바울 사도의 고백대로이다. "만일 땅에 있는 우리의 장막 집이 무너지면, 하나님께서 지으신 집 곧 손으로 지은 것이 아니요 하늘에 있는 영원한 집이 우리에게 있는 줄 아느니라" (고후 5:1).

그런 확신 때문에 바울 사도는 이렇게 선언했다. "우리가 담대하여 원하는 바는 차라리 몸을 떠나 주와 함께 있는 그것이라" (고후 5:8). 이런 신앙은 예수 그리스도의 말씀으로 확인된다. "몸은 죽여도 영혼은 능히 죽이지 못하는 자들을 두려워하지 말고, 오직 몸과 영혼을 능히 지옥에 멸하실 수 있는 이를 두려워하라" (마 10:28). 그렇다! 짐승은 몸을 죽일 수 있으나, 그것이 전부이다.

그런데 짐승에 의하여 죽임을 당한 성도들의 모습이 사도 요한에게 보였다. "또 내가 보니, 보라! 어린 양이 시온 산에 섰고 그와 함께 십사만 사천이 서 있는데, 그들의 이마에는 어린 양의 이름과 그 아버지의 이름을 쓴 것이 있더라" (14:1). 그러니까 요한계시록 13 장에서 땅의 전쟁이 끝나자 장면이 곧바로 하늘로 바뀐 것이다. 그 하늘에는 시온 산도 있고, 어린 양도 있고, 그리고 144,000명이나 되는 성도도 있었다.

그곳에 '어린 양이' 있는 것은 당연한데, 이미 '하나님 앞과 그 보좌 앞으로 올려갔기' 때문이다 (12:5). 그런데 이런 놀라운 장면이 사도 요한에게 보였을 뿐 아니라, '물소리와도 같고 큰 우렛소리와 같이' 장엄하지만 '거문고를 타는 것 같은' 감미로운 노래도 들렸다 (14:2). 그 노래는 '보좌 앞과 네 생물과 장로들 앞에서' 불렸다

(14:3). 그러니까 이 노래가 들린 곳은 하나님과 어린 양이 계신 천국이었다 (4:4-7).

놀라운 것은 이 노래를 배울 수 있는 사람들은 144,000명뿐이었다.[28] 그들만 배울 수 있는 이유는 그들이 '땅에서 속량함을 받았기' 때문이다 (14:3). 틀림없이 그것은 그들을 속량해준 '어린 양'을 찬양하는 노래였을 것이다. 그들은 "…여자와 더불어 더럽히지 아니하고 순결한 자이다." 그뿐 아니라 "어린 양이 어디로 인도하든지 따라가는 자며, 사람 가운데에서 속량함을 받아 처음 익은 열매로, 하나님과 어린 양에게 속한 자들이다" (14:4).

이미 언급한 대로, 그들은 '그 입에 거짓말이 없고 흠이 없는 자들이다' (14:5). 이처럼 도덕적으로 깨끗하게 산 결과는 다름 아닌 죽음이었다. 그러나 그들의 영혼은 하나님이 좌정하신 보좌가 있는 곳으로 가서 '새 노래'를 듣고 또 배울 수 있는 특권을 누리고 있었다. 하나님과 어린 양과 더불어 교제도 나누는 특권을 누리고 있었다. 그렇다! 그들은 땅에서 순교를 당했지만, 그 결과 하나님과 더불어 영생을 향유하게 된 것이다!

그런 특권을 하늘의 음성과 성령은 이렇게 확인해주었다. "하늘에서 음성이 나서 이르되, '기록하라! 지금 이후로 주 안에서 죽는 자들은 복이 있도다' 하시매, 성령이 이르시되, '그러하다! 그들이 수고를 그치고 쉬리니 이는 그들의 행한 일이 따름이라'" (14:13). 그렇다! 이 성도들은 세상에서는 패배했지만, 하늘에서는 승리를 누리고 있었다. 이것이야말로 패배를 통한 승리라는 신앙의 역설적인 진리이다.

그와는 반대로 이처럼 순결한 성도들을 죽인 짐승과 그 짐승을 따르던 자들에게는 엄중한 심판이 있을 것이다. 짐승의 처소인 바벨론이 무너진다는 심판을 들어보자. "무너졌도다! 무너졌도다! 큰 성 바벨론이여, 모든 나라에게 그의 음행으로 말미암아 진노의 포도주를 먹이던 자로다" (14:8). 짐승은 땅에서 그것도 잠시 동안 승리했고, 그리고 그 승리에 도취했다. 그러나 그것이 전부였다! 그 짐승에 대한 심판의 때가 닥쳐온 것이다 (14:7).

그 짐승을 따르던 사람들도 같은 심판을 받는다. "만일 누구든지 짐승과 그의 우상에게 경배하고 이마에나 손에 표를 받으면, 그도 하나님의 진노의 포도주를 마시리니 그 진노의 잔에 섞인 것이 없이 부은 포도주라. 거룩한 천사들 앞과 어린 양 앞에서 불과 유황으로 고난을 받으리니, 그 고난의 연기가 세세토록 올라가리로다. 짐승과 그의 우상에게 경배하고 그의 이름 표를 받는 자는 누구든지 밤낮 쉼을 얻지 못하리라" (14:9-11).

그런데 이런 심판의 선포 가운데서도 하나님은 '다른 천사'를 보내시어 '땅에 거주하는 자들, 곧 모든 민족과 종족과 방언과 백성에게' 복음을 전하게 하신다 (14:6). 얼마나 놀라운 하나님의 사랑인가! 그 천사는 누구나 들을 수 있도록 큰 음성으로 그 복음을 전한다. '하나님을 두려워하며 그에게 영광을 돌리라…하늘과 땅과 바다와 물들의 근원을 만드신 이를 경배하라!' (14:7). 한 마디로, 거짓된 신으로부터 돌이켜서 참 하나님을 경배하라는 초청이다.

그렇게 회개하고 하나님께로 돌아와야 하는 이유를 제시하기 위하여 세 천사를 동원한다. 첫 번째 천사는 '이는 그의 심판이 이르렀기' 때문이라고 외친다 (14:6). 그처럼 오래 참았던 심판의 때가 마침내 도래했기에, 회개하지 않으면 안 된다는 메시지이다. 이 초청은 짐승을 따르던 사람들이 회개할 수 있는 마지막 기회이기도 하다. 그들이 회개하고 돌아오든지 아니면 마지막 심판을 받든지 둘 중 하나를 선택하라는 메시지이다.

두 번째 천사도 음행을 통해 '모든 나라에게' 진노의 포도주를 마시게 한 바벨론이 멸망할 것이기 때문이라고 선포한다 (14:7). 연이어서 세 번째 천사는 회개하지 않고 '짐승과 그 우상에게 경배하고 이마에나 손에 표를 받으면, 하나님의 진노의 포도주를 마실 것이라'고 외친다 (14:10a). 다시 말해서 진노로 가득한 포도주를 마시고 취해서 쓰러질 것이며, 그렇게 쓰러지면 결코 일어나지 못할 것이다.

다시 일어나지 못하도록 그들은 '불과 유황'이 활활 타는 지옥에 떨어져서 필설로 묘사할 수 없는 고난을 받을 것이다 (14:10). '그 고난의 연기가 세세토록 올라 갈' 것이다 (14:11a). 고난이 하루 이틀에 끝나는 것이 아니라 영원히 계속될 것이다. 그들은 쉼을 얻지 못하고 그렇게 괴로움과 고통을 당하면서 영원히 지내야 할 것이다 (14:11b). 이처럼 분명하고도 엄중한 심판의 경고를 듣고서도 회개하지 않는다면 당연히 심판을 받을 수밖에 없다.

마지막 심판의 장면은 계속된다. 이번에도 역시 두 천사가 더 동원되는데, 그들은 다섯 번째 천사와 여섯 번째 천사이다. 이 천사들이 '하늘에 있는 성전에서 나왔다'는 것은 하나님의 메시지를 가졌다는 뜻이다 (14:15, 17). 그런데 또 한 분이 나타나는데, 사도 요한은 이렇게 소개한다. "또 내가 보니 흰 구름이 있고 구름 위에 인자와 같은 이가 앉으셨는데 그 머리에는 금 면류관이 있고 그 손에는 예리한 낫을 가졌더라" (14:14).

'인자 같은 이'는 다니엘이 본 바로 그분이다. "인자 같은 이가 하늘 구름을 타고 와서 옛적부터 항상 계신 이에게 나아가 그 앞으로 인도되매, 그에게 권세와 영광과 나라를 주고 모든 백성과 나라들과 다른 언어를 말하는 모든 자들이 그를 섬기게 하였으니, 그의 권세는 소멸되지 아니하는 영원한 권세요 그의 나라는 멸망하지 아니할 것이니라" (단 7:13). 다니엘의 묘사에 의하면, '인자 같은 이'는 다름 아닌 예수 그리스도이시다.

'인자 같은 이'가 '구름 위에 앉으셨다'고 한 것은 '구름을 타고 와서' '땅의 곡식을 거두는' 승리의 그리스도를 가리킨다.[29] 그가 '금면류관'을 쓰고 있다는 것은 다니엘의 묘사처럼 그의 '영원한 권세'를 가리킨다. '그의 손에 예리한 낫을 가졌다'는 것은 하나님의 심판을 강조한다. 그런데 흥미롭게도 14장 14~19절에 '낫'이 일곱 번 나오는 것은 마지막 때에 있을 완전한 수확과 심판을 가리킨다.

어느 날 세례 요한이 예수 그리스도의 심판에 대해 이렇게 언급한 적이 있다. "손에 키를 들고 자기의 타작 마당을 정하게 하사 알곡은 모아 곳간에 들이고, 쭉정이는 꺼지지 않는 불에 태우시리라" (마 3:12). 알곡과 쭉정이를 갈라내는 것은 마지막 때의 심판에서 중요한 일이다. 왜냐하면 이렇게 구분하지 않는다면 알곡과 쭉정이가 함께 곳간에 들여질 수가 있고, 또 함께 심판을 받고 불에 탈 수도 있기 때문이다.

'인자 같은 이'가 심판할 때도 마찬가지이다. 그는 곡식과 포도를 구분하는데, 곡식은 알곡에 해당되고 포도는 쭉정이에 해당된다. 그 이유는 곡식을 거둘 때 심판의 흔적이 보이지 않으나, 포도를 거둘 때는 심판의 묘사가 선명하기 때문이다. 그 묘사를 보자. "천사

가 낫을 땅에 휘둘러 땅의 포도를 거두어 하나님의 진노의 큰 포도
주 틀에 던지매, 성 밖에서 그 틀이 밟히니 틀에서 피가 나서 말 굴
레에까지 닿았고 천육백 스다디온에 퍼졌더라"(14:19-20).

심판의 장면이 이처럼 또렷하게 묘사되기가 쉽지 않을 정도이다.
낫으로 거두어진 포도는 틀 안으로 던져졌다. 그리고 마치 포도를
짓이겨서 포도주를 만드는 것처럼, 불신자들인 포도는 '성 밖에서'
짓이겨진다. '성 밖'은 하나님으로부터 버려진 상태를 강조한다.[30]
그러자 그 틀에서 포도주가 아닌 피가 나왔는데, 그 피가 얼마나 많
던지 '말 굴레'에 닿았다.

그렇게 고인 많은 피는 자동적으로 흘러나갔는데, 자그마치 '천
육백 스다디온에 퍼졌다.' 그 피가 얼마나 많았던지 자그마치
296km나 흘러갔다. '천육백'은 $4 \times 4 \times 10 \times 10$에 해당되기에 완
전을 상징할 수 있다. 그렇다면 천육백 스다디온은 하나님의 완전
한 심판을 뜻할 수도 있고, 세상 전체를 뜻할 수도 있다. 왜냐하면
4는 세상을 의미하는 4방을 내포하기 때문이다.[31] 실제로 '네 천사
가 땅 네 모퉁이'에 서 있었던 적이 있었다 (7:1).

하나님이 허락하신 회개의 기회를 걷어차고, 우상을 섬긴 사람들
이 받을 심판은 확실하고도 처참하다. 그들이 이 세상에서 신실한
성도들을 잠시 박해하고 죽였지만, 그들이 받을 심판은 영원한 것
이다. 그러나 신앙과 정절을 지켰을 뿐 아니라, 복음도 과감하게 전
하려고 애를 쓰다가 순교를 당한 성도들은 영원한 보상을 받게 된
다. 그러면서 그처럼 오랫동안 치열한 전쟁은 끝이 나는 것이다. 이
것이 전쟁의 결과인 승리와 패배이다!

1) 단 지파 대신 므낫세 지파가 들어간 이유는 단 지파가 신상을 세웠고 (삿 18:30), 후에 이스라엘에서 단은 금 송아지를 둔 두 곳 중 하나가 되었기 때문이다 (왕상 12:29). Robert H. Mounce, 홍성철 역 『요한계시록』 (서울: 생명의 말씀사, 1987), 199.
2) Osborne은 이 현상을 '영적 부흥'이라고 묘사하나 (*Revelation*, 318), LaHaye는 수적 부흥 이라고 묘사한다 (*Revelation*, 112 이하).
3) Osborne, *Revelation*, 319.
4) LaHaye는 그의 저서 *Revelation*, 114-118에서 144,000명의 증언 이외에, 선지자 요엘의 예언이 성취되었고, 현실적으로는 휴거와 일곱 인 심판의 영향 때문이라고 한다.
5) Barclay, *The Revelation of John*, 54.
6) Osborne, *Revelation*, 402-403.
7) Osborne, *Revelation*, 404.
8) Johnson, *Hebrews through Revelation*, 500.
9) LaHaye, *Revelation*, 150.
10) Osborne, *Revelation*, 420.
11) 강병기, 『요한일서-요한계시록』, 376.
12) Osborne, *Revelation*, 459-460.
13) 같은 책, 461.
14) 같은 책, 471.
15) '용이 자기가 땅으로 내쫓긴 것을 보고'라는 표현은 그가 하나님으로부터 한 순간에 땅으로 쫓겨나서 정신을 차리고 보니 자신이 땅에 있다는 사실을 알게 되었다는 뜻이다. 이를 위하여 다음을 보라, 같은 책, 481-482.
16) '박해하다'는 헬라어로 *디오코*(διώκω)인데, 원뜻은 '쫓아가다'이다.

17) Mulholland, *Revelation*, 223.

18) 히브리어에서도 '올라오다'의 뜻인 *셀리크*(סלק)이다.

19) 이 '칼'은 '작은 칼'을 뜻하는 *마카이라*(μάχαιρα)이다.

20) M. R. DeHaan, *Revelation: 35 Simple Studies on the Major Themes in Revelation*, 제18쇄 (Grand Rapids, MI: Zondervan Publishing House, 1960), 143.

21) '상처'는 헬라어로 *플레게*(πληγή)인데, 사도 요한은 '재앙'을 말할 때도 같은 단어를 사용했다 (9:18, 20, 11:6, 15:1, 6, 15:8, 16:9, 16:21, 18:4, 8, 21:9, 22:18). 이렇게 같은 단어를 사용하여 '상처'를 표현한 것은 하나님의 재앙을 함축하고 있는지도 모른다.

22) Osborne, *Revelation*, 507.

23) 6:2에서 '흰 말을 탄자가 이기고 또 이기려 하더라'에도 '이기다'는 단어가 나오지만, 이것은 전쟁을 통한 '이김'이 아니라, 일방적인 박해에 의한 '이김'이다.

24) Osborne, *Revelation*, 511. 두 번째 짐승에게 뿔이 두 개라는 것은 작은 권세를 가리킨다.

25) Mounce, 『요한계시록』, 305.

26) 12절--'행하고', '하니', 13절--'행하되', '하고', 14절--'행함으로', '만들라', 15절--'하더라', 16절--'하고.'

27) 히브리어와 헬라어에 매겨진 수를 보려면 부록 B를 보라.

28) 요한계시록 7장의 144,000은 옛 언약에 속한 유대인들을 대표하는데 반하여, 14장의 144,000명은 새 언약에 속한 모든 그리스도인들을 대표한다는 학자도 있다. 이를 위하여 Mullholland, *Revelation*, 240을 보라.

29) Osborne, *Revelation*, 551.

30) 같은 책, 555.

31) 같은 책, 556.

6장

바벨론의 최후

하나님은 천사를 통해 바벨론의 최후를 이미 선포하신 바 있었다. "무너졌도다! 무너졌도다! 큰 성 바벨론이여, 모든 나라에게 그의 음행으로 말미암아 진노의 포도주를 먹이던 자로다" (14:8). 그런데 바벨론은 멸망하지 않고 여전히 막강한 영향력을 행사하고 있었다. 그의 영향력은 정치, 경제, 종교 등 여러 방면에서 나타났다. 그리고 그 영향력이 미친 영역도 어떤 특정 지역에 국한되지 않고 범세계적이었다.

그러면 하나님이 선포하신 바벨론의 최후는 언제인가? 그 최후가 마침내 예언되었고 그리고 기록되었는데, 곧 요한계시록 17~18장에서이다. 이 부분은 이렇게 시작된다. "또 일곱 대접을 가진 일곱 천사 중 하나가 와서 내게 말하여 이르되, '이리로 오라! 많은 물 위에 앉은 큰 음녀가 받을 심판을 네게 보이리라'" (17:1). 이 말씀에서 '음녀'는 다름 아닌 바벨론을 뜻하는데, 그 이유는 그녀의 이마에 '바벨론'이라고 기록되어 있기 때문이다 (17:5).

이 말씀에서 '또 일곱 대접을 가진 일곱 천사 중 하나'가 사도 요한에게 바벨론의 최후를 보여주었다는 것은 7년 환난 가운데 후기 환난, 곧 대환난 중에 부어질 일곱 대접 심판의 연장으로 일어날 사건임을 가리킨다. 이미 언급한 것처럼, 환난 기간 중 삼중적 심판이 부어질 터인데, 곧 일곱 인 심판, 일곱 나팔 심판 및 일곱 대접 심판이다. 그런데 바벨론의 최후는 마지막 심판인 일곱 대접 심판과 연루되어 일어난다는 것이다.

실제로 일곱 번째 천사가 일곱 번째 대접을 공중에 쏟을 때, 바벨론이 어떻게 멸망되는지 사도 요한은 생생하게 보았다. "번개와 음성들과 우렛소리가 있고 또 큰 지진이 있어 얼마나 큰지 사람이 땅에 있어 온 이래로 이같이 큰 지진이 없었더라. 큰 성이 세 갈래로 갈라지고 만국의 성들도 무너지니, 큰 성 *바벨론*이 하나님 앞에 기억하신 바 되어 그의 맹렬한 진노의 포도주 잔을 받으매, 각 섬도 없어지고 산악도 간 데 없더라"(16:18-20).

이렇게 일곱 번째 대접 심판으로 멸망한 바벨론은 과연 어떤 모습이었으며, 어떤 범죄에 연루되었으며, 또 어떻게 멸망되었는지 확장해서 보여준 곳이 요한계시록 17~18장 두 장이다. 하나님이 바벨론을 그토록 미워하시면서 심판하신 이유도 분명한데, 바벨론이 사탄과 적그리스도와 그들을 따르는 자들과 연결되어 있기 때문이다. 그래서 하나님은 바벨론을 심판하신 후, 사탄과 적그리스도와 그들을 따르는 자들도 심판하신다.

이 시점에서 바벨론이 어떻게 시작되었으며, 또 왜 하나님의 심판의 대상이 되어 최후를 맞이하게 되는지를 알아보자. 바벨론은 바벨탑에서 시작되었다. 바벨탑은 함의 손자요 용감한 사냥꾼인 니므롯과 연루되어 있다 (창 10:9). 그와 그를 따르는 자들이 시날 땅에 거류하면서 '성읍과 탑'을 건설하기 시작했다 (창 10:10).[1] 특히 탑을 건설한 목적은 "그 탑 꼭대기를 하늘에 닿게 하여 우리 이름을 내고 온 지면에 흩어짐을 면하는" 것이었다 (창 11:4).

참고로 *바벨*은 두 단어인 밥과 엘의 합성어인데, 그 뜻은 문과 하나님이다. 그러니까 바벨의 뜻은 '하나님의 문' 또는 '하나님께로 가는 문'이다.[2] 이미 창세기 3장 21절에서 보여준 대로 '하나님께로 가는 문'은 피의 제물을 통해서이다. 아담과 하와의 수치를 덮어주기 위하여 하나님은 죄 없는 동물을 죽여서 그 동물의 가죽으로 옷을 만들어 입혀주셨다. 그들의 노력으로는 결코 죄의 결과인 수치를 덮을 수 없었다는 말이다.

그런데 함의 손자인 니므롯과 그 백성은 인간의 방법으로 '하나님의 문'으로 들어가려고 했다. 그들은 벽돌과 역청으로 탑을 쌓아서 하늘로 올라가려 했던 것이다 (창 11:3). 그들은 하나님께 이르려는 종교적인 목적을 위해서 탑을 쌓았다. 그렇다! 언제나 종교의 목적은 그 종교가 무엇이든지 인간의 방법으로 하나님께 도달하려는 노력이다. 그러나 인간의 노력으로 하나님께 도달할 수 있는 사람과 종교는 없다.

이런 사실을 감안하면, 바벨에서 유래된 바벨론은 종교적인 노력이 함축된 인간의 방법을 상징한다. 그런데 니므롯과 그 백성은 탑만 쌓은 것이 아니라, 성읍도 건축하였다. 탑이 종교를 상징한다면, 성읍은 정치와 경제를 상징한다. 그 이유는 너무나 분명하다! 성읍에서 왕이 통치하며, 또 그곳이 상업의 중심지가 되기 때문이다. 결국, 바벨론은 종교와 정치와 경제를 휘두르는 나라이며, 동시에 바벨론은 그 나라의 수도이기도 하다.

그렇다! 바벨론은 하나님과 하나님의 뜻을 거스르면서 인간적인 나라와 종교를 세우게 하려는 사탄의 책략적 산물이다. 다시 말해서, 바벨론은 하나님을 대적하는 세상적이며 인간적인 방법의 시작이자 끝이다. 그런 이유 때문에 하나님은 바벨론을 그처럼 철저하게 심판하시며, 그 심판을 통해 세상을 정화시키신다. 그렇게 정화시키신 후, 하나님은 세상에 천년왕국을 세우신다. 이런 바벨론을 이해하기 쉽게 설명한 학자가 있는데, 그 내용을 인용해보자.

"바벨론은 어떤 역사적인 도시로 이해될 수 없다. 요한의 상세한 묘사에 의하면 바벨론은 과거의 어떤 한 도시--바벨론, 소돔, 애굽, 로마, 예루살렘 등--가 아니라, 그 이상이다. 사탄의 기만이 있는 곳에는 의례히 바벨론이 나온다. 바벨론은 지역이나 시간의 한계를 넘어서 창궐하는 우상 숭배로 나타난다. 여기에서 고대 바벨론은 하나님을 대적하는 모든 세상적인 세력의 원형으로 이해되어야 한다. 바벨론은 소돔, 고모라, 애굽, 바벨론, 두로, 니느웨, 로마와 같이 우상을 섬기는 나라들을 가리키며, 따라서 역사를 초월한 나라이다. 바벨론은 사탄의 기만과 능력을 나타내는 종말론적 상징이다···. 바벨론은 하나님과 분리된 세상의 문화 전체를 대표한다고 할 수 있다."[3]

위의 인용문이 명시한 것처럼 바벨론은 어떤 특정한 역사적인 도시를 가리키지 않는다. 비록 많은 사람들이 바벨론을 로마와 동일시하면서 로마의 여러 왕들의 이름도 거론하지만, 그것은 사도 요한이 보고 기록한 바벨론이 아니다. 하나님을 대적하며 또 하나님의 사람들을 박해하는 사탄의 준동蠢動이 있는 곳이라면, 바로 그곳이 바벨론이 될 수 있다. 그곳은 과거의 로마일 수도 있고, 현재의 중국일 수도 있다.

1. 음녀의 모습

이제 사도 요한이 보고 기록한 바벨론이 어떤지 알아보기 위하여 직접 그의 묘사를 인용해 보자.

> "또 일곱 대접을 가진 일곱 천사 중 하나가 와서 내게 말하여 이르되, '이리로 오라! 많은 물 위에 앉은 **큰 음녀**가 받을 심판을 네게 보이리라. 땅의 임금들도 그와 더불어 음행하였고, 땅에 사는 자들도 그 음행의 포도주에 취하였다' 하고, 곧 성령으로 나를 데리고 광야로 가니라. 내가 보니 여자가 붉은 빛 짐승을 탔는데, 그 짐승의 몸에 하나님을 모독하는 이름들이 가득하고 일곱 머리와 열 뿔이 있으며, 그 여자는 자주 빛과 붉은 빛 옷을 입고 금과 보석과 진주로 꾸미고, 손에 금 잔을 가졌는데 가증한 물건과 그의 음행의 더러운 것들이 가득하더라. 그의 이마에 이름이 기록되었으니, 비밀이라, 큰 바벨론이라, 땅의 음녀들과 가증한 것들의 어미라! 하였더라. 또 내가 보매, 이 여자가 성도들의 피와 예수의 증인들의 피에 취한지라. 내가 그 여자를 보고 놀랍게 여기고 크게 놀랍게 여기니" (17:1-6).

사도 요한에게 보인 이 여자는 열 가지 특징이 있는데, 여기에 열거하면서 설명해보자:

1) '큰 음녀'였다 (17:1).
2) '많은 물 위에 앉아 있었다' (17:1).

3) '땅의 임금들도 그와 더불어 음행하였다' (17:2).

4) '땅에 사는 자들도 그 음행의 포도주에 취하였다' (17:2).

5) '여자가 붉은 빛 짐승을 탔다' (17:3).

6) '자주 빛과 붉은 빛 옷을 입었다' (17:4).

7) '금과 보석과 진주로 꾸몄다' (17:4).

8) '가증한 물건과 그의 음행의 더러운 것들이 가득한 금 잔을 손에 가졌다' (17:4).

9) '이마에 이름이 기록되었으니, 비밀이라, 큰 바벨론이라, 땅의 음녀들과 가증한 것들의 어미라' (17:5).

10) '성도들의 피와 예수의 증인들의 피에 취하였다' (17:6).

1) 무엇보다도 바벨론은 '큰 음녀'였다. 바벨론이 종종 '큰 성'이라고 불렸기에 당연히 '큰 음녀'였다 (14:8, 16:19, 17:5, 18:2, 10). 그런데 성경에서 '음행'은 불륜과 우상 숭배를 가리킨다. 예를 들면, 예루살렘이 우상 숭배에 깊이 빠지자 그것을 음행이라고 하면서 다음과 같이 연결시켰다. "그러나 네[예루살렘]가 네 화려함을 믿고 네 명성을 가지고 행음하되, 지나가는 모든 자와 더불어 음란을 많이 행하므로 네 몸이 그들의 것이 되도다" (겔 16:15).

그러니까 바벨론은 음행에 깊이 빠져서 도덕적으로는 물론 신앙적으로 우상을 섬기면서 하나님을 거슬렸다. 그뿐 아니라, 그녀는 자신만 음행에 빠진 것이 아니라, 다른 사람들까지도 그런 음행에 빠지게 했다. 특히 그녀는 많은 임금들과 음행하면서 그들로 하여금 하나님을 대적하는 대열에 서게 했다. 임금들뿐 아니라 땅에 사는 많은 사람들도 그 음행에 취하게 하므로, 그들로 통제력을 잃게 하였다.

많은 임금들과 사람들은 이처럼 우상 숭배에 빠진 행태에 대한 책임을 피할 수 없었다. 왜냐하면 그들의 음행 때문에 열국이 심판을 받게 되었기 때문이다. "그 음행의 진노의 포도주로 말미암아 만국이 무너졌으며, 또 땅의 왕들이 그와 더불어 음행하였으며 땅의 상인들도 그 사치의 세력으로 치부하였도다" (18:3). 이 말씀에서 '만국이 무너진' 이유가 '땅의 왕들이 그[녀]와 더불어 음행하였기' 때문이라는 것이다.

그녀가 하나님을 거스르면서 우상 숭배에 빠졌는데, 그것으로 끝난 것이 아니었다. 그녀는 하나님을 섬기는 성도들도 미워하면서 그들을 박해했다. 그녀는 '성도들의 피와 예수의 증인들의 피에 취했다'고 했는데 (17:6), 그것은 박해의 차원을 넘어 죽이기까지 했다는 뜻이다. 그녀는 성도들과 예수 그리스도를 증언하는 증인들을 얼마나 많이 죽였던지, 그들의 '피에 취했다'고 묘사했다. 대환난 중에 신앙을 가진 유대인에게는 처절한 기간이었다.

2) 그녀는 '많은 물 위에 앉았다'고 했는데, 천사는 그 의미를 이렇게 해석해주었다. "또 천사가 내게 말하되, 네가 본 바 음녀가 앉아 있는 물은 백성과 무리와 열국과 방언들이니라" (17:15). 이 표현에서 '앉아 있는'은 정복하고 다스린다는 뜻이다. 그러니까 그 음녀는 많은 나라들을 정복했고 그리고 통치하고 있었다는 것이다.[4] '백성과 무리와 열국과 방언'은 요한계시록에서 일곱 번 나오는데, 두 번은 하나님의 백성을 (5:9, 7:9), 다섯 번은 세상 사람들을 각각 가리킨다 (10:11, 11:9, 13:7, 14:6).

예수 그리스도를 낳은 여자가 하나님의 보호를 받기 위하여 광야로 간 적이 있었는데 (12:6), 사도 요한도 성령의 인도를 받아 그 광야로 가서 보니 그 음녀가 '붉은 빛 짐승을 타고' 있었다 (17:3). 그녀가 짐승 위에 앉아 있다는 것은 짐승에 대한 그녀의 영향력을 나타내는데, 그 둘이 힘을 합하여 바벨론을 통치하고 있다는 사실을 알려주는 모습이었다. 짐승은 정치적인 지배자인데 반하여, 그녀는 종교적인 지도자였다.

3) 그뿐 아니라 그녀와 짐승은 경제적으로도 바벨론에 영향을 미치고 있었는데, 간접적이지만 그것을 보여주는 것이 있다. 그것은 짐승이 '붉은 빛'을 띄고 있었고, 그녀는 '자주 빛과 붉은 빛 옷을 입고 금과 보석과 진주로 꾸미고 손에 금 잔을 가진' 사실이다 (17:4). 이런 것들은 짐승은 물론 그녀가 얼마나 사치에 빠졌는지를 보여주고도 남는다. 그녀는 왕족이나 엄청난 부자들만이 입을 수 있는 옷을 입었고, 그리고 금잔을 사용했다.

그녀와 짐승은 정치와 종교의 막강한 힘을 통해, 그리고 경제력을 통해 세상을 지배하고 있었다. 이런 능력을 휘두르면서 그들은 한편 사람들을 음행에 빠뜨리게 하므로 도덕적으로 타락하게 만들었고, 또 한편 종교적으로 하나님으로부터 등을 돌려 그 짐승을 경배하게 하였다 (13:4). 그런 이유 때문에 그 짐승의 몸에 '하나님을 모독하는 이름들이 가득하고', 그녀의 금잔에는 '가증한 물건과 그의 음행의 더러운 것들'이 가득했다.

이 표현에서 '가증한 물건'을 눈여겨보자. 이런 단어는 일찍이 예수 그리스도가 마지막 때를 예언하면서 사용하신 것이다. 그분의 말씀을 다시 인용해보자 "…멸망의 가증한 것이 거룩한 곳에 선 것을 보거든 (읽는 자는 깨달을지저)" (마 24:15). 이 말씀에서 '멸망의 가증한 것'은 마지막 때에 나타날 적그리스도를 가리키는데, 하나님에게는 가증한 것이다. 그런데 그녀의 잔에는 하나님이 그처럼 미워하시는 가증한 것이 가득했다.

4) 사도 요한은 그녀의 이마에 새겨진 이름도 보았는데, 그 이름을 알아보자. "비밀이라, 큰 바벨론이라, 땅의 음녀들과 가증한 것들의 어미라." 우선, '비밀'은 그녀의 이름이라기보다는 그 의미가 강조되는 표현이다. 특히 '비밀'은 두 가지 의미가 내포되어 있었다. 하나는 마지막 때에 일어날 일련의 사건을 가리키는 '비밀'이며, 또하나는 그 음녀, 곧 악의 나라인 바벨론이 그리스도 예수의 재림 직전에 생각지도 않게 갑자기 멸망한다는 '비밀'이다.[5]

그 음녀의 이름은 '큰 바벨론'이며, 동시에 '땅의 음녀들과 가증한 것들의 어미'이다. 요한계시록에서 '큰 바벨론', 곧 '큰 성 바벨론'이란 표현은 여섯 번 나온다 (14:8, 16:19, 17:5, 18:2, 10, 21). 이런 표현의 시작은 느부갓네살 왕으로부터 시작되었다. "이 큰 바벨론은 내가 능력과 권세로 건설하여 나의 도성으로 삼고 이것으로 내 위엄의 영광을 나타낸 것이 아니냐?" (단 4:30). 그렇게 자랑한 후 그 왕은 하나님의 심판을 받았다.

마찬가지로, 그 음녀의 이름이 '큰 바벨론'인 것은 심판 직전에 있다는 것을 함축한다. 그 바벨론이 정치와 종교와 경제에서 위엄과 영광을 나타낸 것까지는 좋았다. 그러나 그런 것을 근거로 유대인을 박해했으며, 그들의 성전을 훼파하면서 하나님을 대적했던 것이다. 그뿐 아니라, 세계를 음행으로 빠지게 한 죄악도 심각했다. 그런 이유 때문에 잠시 후에 '큰 성 바벨론'은 하나님의 심판을 받고 최후를 맞이하게 될 것이다.

그녀의 이름이 또 있는데, 곧 '땅의 음녀들과 가증한 것들의 어미'이다. 이 이름에는 두 가지가 포함되었는데, 하나는 '음행'이고 또 하나는 '우상 숭배'이다. 그녀는 본인이 음행에 깊이 빠졌을 뿐 아니라, 많은 여인들도 음행에 빠지게 한 장본인이었다. 그뿐 아니라, '가증한 것들'의 어미는 하나님을 대적하는 우상 숭배를 가리키는데, 그녀는 땅에 사는 많은 사람들도 자신처럼 우상을 숭배하게 했던 것이다.

2. 짐승의 모습

요한계시록 17장에서 사도 요한이 보고 기록한 짐승의 모습을 보기 위하여 이 장의 후반부를 인용해보자.

"천사가 이르되, '왜 놀랍게 여기느냐? 내가 여자와 그가 탄 일곱 머리와 열 뿔 가진 **짐승**의 비밀을 네게 이르리라. 네가 본 **짐승**은 전에 있었다가 지금은 없으나 장차 무저갱으로부터 올라와 멸망으로 들어갈 자니, 땅에 사는 자들로서 창세 이후로 그 이름이 생명책에 기록되지 못한 자들이 이전에 있었다가 지금은 없으나 장차 나올 **짐승**을 보고 놀랍게 여기리라. 지혜 있는 뜻이 여기 있으니 그 일곱 머리는 여자가 앉은 일곱 산이요, 또 일곱 왕이라. 다섯은 망하였고 하나는 있고 다른 하나는 아직 이르지 아니하였으나 이르면 반드시 잠시 동안 머무르리라. 전에 있었다가 지금 없어진 **짐승**은 여덟째 왕이니 일곱 중에 속한 자라. 그가 멸망으로 들어가리라. 네가 보던 열 뿔은 열 왕이니 아직 나라를 얻지 못하였으나, 다만 **짐승**과 더불어 임금처럼 한 동안 권세를 받으리라. 그들이 한뜻을 가지고 자기의 능력과 권세를 **짐승**에게 주더라. 그들이 어린 양과 더불어 싸우려니와 어린 양은 만주의 주시요 만왕의 왕이시므로 그들을 이기실 터이요, 또 그와 함께 있는 자들 곧 부르심을 받고 택하심을 받은 진실한 자들도 이기리로다.' 또 천사가 내게 말하되, '네가 본 바 음녀가 앉아 있는 물은 백성과 무리와 열국과 방언들이니라. 네가 본 바 이 열 뿔과 **짐승**은 음녀를 미워하여 망하게 하고 벌거벗게 하고 그의 살을 먹고 불로 아주 사르리라. 이는 하나님이 자기 뜻대로 할 마음을 그들에게 주사 한뜻을 이루게 하시고, 그들의 나라를 그 **짐승**에게 주게 하시되 하나님의 말씀이 응하기까지 하심이라. 또 네가 본 그 여자는 땅의 왕들을 다스리는 큰 성이라' 하더라" (17:7-18).

사도 요한이 본 짐승도 특징이 있는데, 여기에 열거하면서 설명해보자.

1) '그 짐승의 몸에 하나님을 모독하는 이름들이 가득했다' (17:3).
2) '전에 있었다가 지금은 없으나, 장차 무저갱으로부터 올라와 멸망으로 들어갈 자' 이다 (17:8).
3) '머리가 일곱이었다' (17:7).
4) '뿔이 열이나 있었다' (17:7).
5) '그 여자를 태우고 있었다' (17:7).

6) '그 짐승이 여자를 죽였다' (17:16).

사도 요한이 '그 여자를 보고 놀라워하자' (17:6), 그 여자를 보여준 천사가 그 여자와 짐승에 대한 비밀을 알려주겠다는 것이다. 그 천사의 말을 들어보자. '그[녀]가 탄 일곱 머리와 열 뿔 가진 짐승의 비밀을 네게 이르리라' (17:7). 앞에서 '큰 음녀'의 비밀이 언급된 것처럼 (17:5), 이번에는 짐승의 비밀이 언급되었다. 그 천사는 '큰 음녀'의 비밀뿐만 아니라, 짐승의 비밀도 알려주겠다는 것이다. 알려주지 않으면 어떻게 이해하겠는가?

1) 그 짐승은 바다에서 올라온 짐승인데 (13:1), 그때 사도 요한이 본 짐승은 그의 모습과 언어는 온통 신성모독이었다. 그 짐승의 가장 두드러진 특징 가운데 하나는 그의 '몸에 하나님을 모독하는 이름들'로 가득했다. '그 머리들에는 신성모독 하는 이름들'이 있었고 (13:1), '과장되고 신성모독을 말하는 입을 받았고' (13:5), '입을 벌려 하나님을 향하여 비방하되, 그의 이름과 그의 장막 곧 하늘에 사는 자들을 비방하였다' (13:6).

그런데 사도 요한이 다시 본 그 짐승은 머리와 입뿐 아니라, 온 '몸에 하나님을 모독하는 이름들'이 가득했다. 이것은 그 짐승이 하는 신성모독의 행위를 강조한 것으로, "자신의 신격화이며, 그의 수하들이 그를 경배하라는 요구이며…자신을 하나님의 자리로 높이는 대신 하나님을 땅으로 떨어뜨리는 행위를 가리킨다."[6] 달리 표현하면 그 짐승은 하나님을 대적하고, 하나님의 성품을 대적하고, 그리고 하나님의 영역을 대적하는 자였다.[7]

2) 그 천사에 의하면, 짐승은 '전에 있었다가 지금은 없으나 장차

무저갱으로부터 올라와 멸망으로 들어갈 자'라는 것이다 (17:8). 그 짐승은 적그리스도로서 전에 사탄과 함께 있었으나, 지금 당장은 이곳에 있지 않다는 것이다. 그러나 역사의 끝자락에 나타나 권능을 가지고 여러 가지 기적을 행사할 것이다. 그런데 그의 출처는 다름 아닌 무저갱이다. 그 짐승이 무저갱에서 올라온다는 표현은 요한계시록에서 세 번이나 나온다.

첫 번째는 두 증인을 죽이기 위하여 무저갱에서 올라왔다. "그들 [두 증인]이 그 증언을 마칠 때에 무저갱으로부터 올라오는 짐승이 그들과 더불어 전쟁을 일으켜 그들을 이기고 그들을 죽일 터인즉" (11:7). 두 번째는 용의 전쟁에 가담하기 위해서 바다에서 올라왔다 (13:1). 세 번째는 마지막 때에 올라와서 횡포를 부리다가 멸망하게 될 것이다 (17:8). 그렇다! 멸망이 적그리스도의 최후이다.

3) 다음으로, 그 짐승은 머리가 일곱이었다. 사도 요한이 본 일곱 머리는 일곱 산이며 동시에 일곱 왕이었다. 말씀으로 확인하자. "지혜 있는 뜻이 여기 있으니 그 일곱 머리는 여자가 앉은 일곱 산이요, 또 일곱 왕이라" (17:9-10a). 이미 언급한 것처럼, '앉는다'는 정복하고 다스린다는 뜻이다. 그러므로 '여자'로 표현된 바벨론은 일곱 왕을 정복하고 다스렸다. 다른 말로 하면, 이 일곱 왕은 바벨론에 충성을 바친 자들이었다.

이 '여자'는 세 가지 위에 앉아 있었는데, 첫째는 일곱 산, 곧 일곱 왕 위에 앉아 있었다. 둘째는 많은 사람들 위에 앉아 있었다. 다시 말씀으로 확인하자. "또 천사가 내게 말하되 네가 본 바 음녀가 앉아 있는 물은 백성과 무리와 열국과 방언들이니라" (17:15). 그러니까 여자인 바벨론은 하나님을 등지고 용과 짐승을 따르며 경배하는 사람들을 의지해서 세상을 지배하고 있었다.

이 '여자'가 셋째로 *앉아 있는* 곳은 다름 아닌 짐승이었다. 그것도 말씀으로 확인하자. "곧 성령으로 나를 데리고 광야로 가니라. 내가 보니 여자가 붉은 빛 *짐승*을 탔는데 그 짐승의 몸에 하나님을 모독하는 이름들이 가득하고 일곱 머리와 열 뿔이 있으며" (17:3). '짐승을 탔다'는 것은 두말할 필요도 없이 그 짐승 위에 *앉아 있다*는 표현이다. 결국, 바벨론은 세 가지, 곧 왕들과 무수한 사람들과 적그리스도인 짐승을 의지한 악의 근원이었다.

이 세 가지는 당장은 능력과 권세가 있는 것 같지만, 그것은 세상적이며 인간적인 안목으로 보는 단견에 지나지 않는다. 실제로 그런 야합은 어떤 면에서는 막강하기도 하지만, 그것은 잠깐에 불과한 것이다. 바벨론은 얼마 있으면 최후를 맞이하게 될 것이다. 반면, 당장은 박해와 죽음을 피할 수 없는 성도들이지만, 그들이 의지하는 성부 성자 성령 하나님으로 인하여 영원한 승리를 구가할 것이다. 그러니까 누구를 의지하느냐가 영원을 결정한다.

그런데 일곱 왕 중 이미 죽은 자들도 있고 또 앞으로 죽을 자도 있는데, 그것도 말씀으로 확인하자. "또 일곱 왕이라; 다섯은 망하였고, 하나는 있고, 다른 하나는 아직 이르지 아니하였으나 이르면 반드시 잠시 동안 머무르리라. 전에 있었다가 지금 없어진 짐승은 여덟째 왕이니 일곱 중에 속한 자라. 그가 멸망으로 들어가리라" (17:10-11). 일곱 왕 중 망한 다섯은 로마의 왕들이라기보다는 무너진 악의 세력이다.[8]

'아직 이르지 않은 다른 왕'은 적그리스도인데, 그가 나타나서 잠시 세상을 흔들 것이다. 그는 다니엘이 예언한 왕이다. "…장차 한 왕의 백성이 와서 그 성읍과 성소를 무너뜨리려니와…" (단 9:26b). '전에 있었다가 지금 없어진 짐승'은 죽었다가 살아난 짐승을 가리키는데 (13:3), 부활한 그 짐승이 바로 '여덟째 왕이다.' 그래도 그는 '일곱 중에 속한 자'이다. 달리 말하면 그는 일곱째 왕인데, 죽었다 살아남으로 여덟째로 불렸으나 같은 왕이었다.

'그가 멸망으로 들어가리라'는 예언은 다니엘의 예언과 같다. '그의 마지막은 홍수에 휩쓸림 같을 것이며' (단 9:26). 적그리스도인 그 왕은 속임수를 통해 세상의 지배자가 되었는데, 그것도 다니엘의 예언대로 된 것이다. "…그가 평안한 때를 타서 속임수로 그 나라를 얻을 것이라" (단 11:21). 그러니까 그 짐승은 예수 그리스도를 모방하여 죽음과 부활을 통해 세상을 미혹했고, 그리고 지배할 것이다.

4) 그 짐승에게는 '뿔이 열이나 있었다.' 열 뿔의 의미에 대한 천사의 해석은 간단명료했다. '네가 보던 열 뿔은 열 왕이니' (17:12a). 그 천사의 해석에 의하면, 그 열 뿔은 '아직 나라를 얻지 못하였으나 다만 짐승과 더불어 임금처럼 한동안 권세를 받는다' (17:12b). 그러니까 이 열 왕은 나라를 소유하지 못한 왕이었으나, 그렇다고 왕의 권세가 없는 것은 아니었다. 그들에게는 비록 나라는 없지만 왕권은 있었다는 말이다.

그들은 그 권세를 하나님으로부터 받았는데 (17:17), 그 권세를 누릴 수 있는 기간은 '한 동안'에 지나지 않았다. 그 '한 동안'은 일곱째 짐승, 곧 적그리스도가 머문 기간과 같이 '잠시'뿐이었다 (17:10). 용으로부터 권세를 받은 짐승이 잠시만 머물렀다 망했다면, 당연히 그 짐승에게 충성을 바친 열 왕의 권세도 '잠시'였다. 그 '잠시'를 '한

동안'이라고 표현한 것이다. 그리고 그 짧은 기간은 환난의 후기 3년 6개월을 가리킨다.

사탄인 용은 바다에서 올라온 짐승, 곧 적그리스도에게 능력과 권세를 주었다 (13:2). 그러나 열 왕에게 잠시지만 권세를 허락하신 분은 짐승이 아니라 하나님이었다. 하나님이 그 짐승에게 '마흔두 달 동안 일할 권세를 주신' 것과 같았다 (13:5). 그렇다! 비록 용과 짐승이 힘을 합하여 하나님을 대적하지만, 그것도 궁극적으로는 하나님이 허용하시지 않으면 가능하지 않았다. 그들은 하나님의 손아귀에서 놀아난 꼭두각시에 지나지 않았다.

그런데 그 대환난의 기간 중 열 왕은 "…한뜻을 가지고 자기의 능력과 권세를 짐승에게 주더라" (7:13). 그들은 전폭적으로 그 짐승에게 충성을 바치면서 그가 이끄는 대로 따랐다. 그 짐승은 이 열 왕과 힘을 합하여 '어린 양과 더불어 싸움을 일으켰다' (17:14). 싸움터는 다른 곳이 아닌 아마겟돈이었다. 그러니까 그 짐승은 그의 지배를 받는 열 왕과 함께 아마겟돈 전쟁을 일으켰던 것이다 (16:16).

아마겟돈에는 지금까지 보지 못했던 어마어마한 군대가 집결했다. 그 짐승이 '어린 양'을 넘어뜨리고 영원히 세상을 통치하고자 하는 마지막 몸부림이었다. 그곳에는 그 짐승을 필두로 열 왕이 있었지만, 그것이 전부가 아니었다. 그곳에는 '온 천하 왕들'도 집결했다 (16:14). 그뿐 아니라, 그 짐승을 경배하는 수없이 많은 사람들도 모였다. 결국 그곳에는 네 그룹이 모였는데, 적그리스도와 열왕, 그리고 천하의 왕들과 많은 무리였다.

사도 요한에게 이 모든 것을 해석해준 천사는 그 전쟁에 대하여 이렇게 설명했다. "그들이 어린 양과 더불어 싸우려니와, 어린 양은 만주의 주시요 만왕의 왕이시므로 그들을 이기실 터이요; 또 그와 함께 있는 자들 곧 부르심을 받고 택하심을 받은 진실한 자들도 이기리로다" (17:14). 이 말씀에서 '어린 양은 만주의 주시오, 만왕의 왕이시다'라고 했는데, 그 칭호는 원래 하나님에 대한 것이었다.

하나님이 두 번째로 돌 판에 새긴 십계명을 이스라엘 백성에게 주실 때, 모세는 하나님을 이렇게 불렀다. "너희의 하나님 여호와는 신 가운데 신이시며 주 가운데 주시요" (신 10:17). 그렇게 부른 이유는 그 하나님은 다른 신들과 달리 구원하실 자를 구원하시고, 멸망시킬 자를 멸망시키는 절대자이시기 때문이다. 그런 하나님에 대한 칭호가 '어린 양'에게도 적용되었는데, 그 이유는 그분이 하나님처럼 절대적인 주권을 가졌기 때문이다.

비록 네 그룹이 아마겟돈에 모여 '어린 양'을 대적했지만, 결과는 절대자인 '어린 양'의 승리로 끝났다. 그런데 그 전쟁에 동원된 사람들은 그 짐승 쪽에만 있었던 것은 아니다. '어린 양'에게도 동원된 사람들이 있었는데, 그들은 '부르심을 받고, 택하심을 받은, 신실한 자들'이었다. '부르심을 받고 택하심을 받은' 사람들은 하나님이 먼저 불러내신 것을 강조하는 표현이고, '신실한 자들'은 부르심을 받은 이후 변치 않고 그분을 따른 성도였다는 표현이다.[9]

5) '그 짐승이 여자를 죽였다.' 이미 언급한 것처럼, 짐승은 정치적인 지도자였고 여자는 종교적인 지도자였다. 그 둘이 힘을 합하여 세상을 좌지우지하고 있었던 것이다. 실제로 그 여자가 짐승을 타고 있었다는 것은 그 여자가 짐승에게 막강한 영향력을 끼치고 있었다는 것을 뜻한다 (17:3). 그런데 그 짐승에는 열 뿔이 달려있었

고, 그 뿔들은 왕들이라는 천사의 해석이 있었다. 그러니까 그 여자는 이 열 왕에게도 역시 영향력을 끼치고 있었다.

그뿐 아니라, 그 여자는 '백성과 무리와 열국과 방언들' 위에 앉아서 그들을 다스리고 있었다 (17:15). 그 여자의 영향권은 세계적이었다. 이렇게 종교적으로 위로나 아래로 엄청난 영향력을 행사하던 그 여자가 갑자기 사면초가가 되었는데, 그 사실을 말씀에서 확인하자. "네가 본 바 이 열 뿔과 짐승은 음녀를 미워하여 망하게 하고 벌거벗게 하고 그의 살을 먹고 불로 아주 사르리라" (17:16).

짐승과 열 뿔은 그 여자를 미워했는데, 그 이유는 십중팔구 그녀의 영향력을 아니꼽게 보거나 아니면 질투심으로 불탔기 때문일 것이다. 달리 표현하면, 그녀가 '앉아서' 의지하던 바로 그 무리가 그녀를 엎어버린 것이다. 그들이 그녀를 엎어버린 방식도 짐승답게 잔인했다. 물론 시발점은 미움이었지만, 그 미움이 얼마나 컸던지 결국 그녀를 죽였는데, 그 죽음을 '망하게 하다'로 묘사했다.

그러면 짐승과 열 뿔은 그 여자를 어떻게 망하게 했는가? 첫 단계는 그녀를 '벌거벗겼다.' 그녀의 모든 수치와 죄악을 드러냈다는 말이다. 그 다음 단계는 '그[녀]의 살을 먹었다.' 이것은 "공중에 나는 모든 새를 향하여…왕들의 살과 장군들의 살과 장사들의 살과 말들과 그것을 탄 자들의 살과 자유인들이나 종들이나 작은 자나 큰 자나 모든 자의 살을 먹으라 하더라"는 최후의 심판을 상기시킨다 (19:17-18).

마지막 단계는 '불로 살랐다.' 그 여자는 음녀였으며, 그렇게 불에 던져지는 것이 음녀의 종말이었다. 마치 제사장의 딸이 음행으로 불에 타 죽어야 하는 것처럼 말이다. "어떤 제사장의 딸이든지 행음하여 자신을 속되게 하면 그의 아버지를 속되게 함이니, 그를 불사를지니라" (레 21:9). 제사장의 딸이 음행으로 불에 타 죽어야 한다면, 이 큰 음녀가 불에 타 죽어야 하는 것은 너무나 당연하다.

그렇다! 불은 최후의 심판을 가리킨다. 그 여자가 불살라 죽었다는 것은 그녀처럼 각종의 음행에 연루된 짐승과 용과 거짓 선지자도 역시 불에 던져질 것을 시사한다. 이것도 말씀으로 확인하자. "또 그들을 미혹하는 마귀가 불과 유황 못에 던져지니, 거기는 그 짐승과 거짓 선지자도 있어 세세토록 밤낮 괴로움을 받으리라" (20:10). 이 거짓된 삼위가 불속에서 영원히 괴로움을 받게 되는 것처럼, 그 음녀도 같은 운명이다.

이렇게 악을 대표하는 짐승과 열 왕이 악을 상징하는 그 여자를 죽인 심판은 하나님의 뜻이었다. 사도 요한에게 이런 것들을 해석해 준 천사는 이런 심판이 하나님의 뜻이라고 이렇게 설명했다. "이는 하나님이 자기 뜻대로 할 마음을 그들에게 주사 한뜻을 이루게 하시고, 그들의 나라를 그 짐승에게 주게 하시되 하나님의 말씀이 응하기까지 하심이라" (17:17). 지금까지 하나님이 종말에 대해 말씀하신 예언들이 이루어졌다는 것이다.

천사의 해석은 계속되었다. "또 네가 본 그 여자는 땅의 왕들을 다스리는 큰 성이라 하더라" (17:18). 이렇게 심판을 받은 여자는 큰 성 바벨론이었다. 그녀가 세상의 왕들을 다스렸지만, 그 왕들에 의하여 최후를 맞이하였던 것이다. 결국, 요한계시록 17장은 음녀로 시작해서 (17:1) 음녀로 끝을 맺는다 (17:18). 그렇게 끝을 맺은 음녀의 심판은 다음 장, 곧 18장에서 상세히 다룰 것이다. 그러니까 17장은 18장을 소개하면서 끝난다고 할 수 있다.

바벨론의 최후는 이미 천사가 사도 요한에게 보여준 대로 진행될 것이다. 그 천사가 보여주면서 한 말을 다시 보자. "…이리로 오라. 많은 물 위에 앉은 음녀가 받을 심판을 네게 보이리라" (17:1b). 그 천사의 말대로 바벨론이 최후를 맞이하는 장면은 18장에 자세히 묘사되었다. 이 장은 다음과 같이 (1) 1-3절, (2) 4-8절, (3) 9-20절, (4) 21-24절 네 부분으로 나뉜다.

(1) 먼저 첫째 부분을 인용하면서 바벨론의 심판을 알아보자.

*"이 일 후에 다른 천사가 하늘에서 내려오는 것을 보니, 큰 권세를 가졌는데 그의 영광으로 땅이 환하여지더라. 힘찬 음성으로 외쳐 이르되, '무너졌도다! 무너졌도다! 큰 성 **바벨론**이여, 귀신의 처소와 각종 더러운 영이 모이는 곳과 각종 더럽고 가증한 새들이 모이는 곳이 되었도다. 그 음행의 진노의 포도주로 말미암아 만국이 무너졌으며, 또 땅의 왕들이 그와 더불어 음행하였으며, 땅의 상인들도 그 사치의 세력으로 치부하였도다' 하더라" (18:1-3).*

바벨론이 받을 심판을 선포한 '다른 천사'는 짐승과 달랐는데, 다음의 세 가지 면에서 달랐다. 첫째, 이 천사는 '하늘에서 내려왔지만', 짐승은 무저갱으로부터 올라왔다 (17:8). 둘째, 이 천사는 '큰 권세를 가졌는데', 짐승에게는 용이 위임한 권세만 있었다 (13:2). 셋째, 이 천사는 '그의 영광으로 땅이 환하여졌는데', 짐승에게는 그런 영광이 없었다. 틀림없이 이 천사는 하나님과 함께 있다가 왔기에 광채를 발했을 것이다.

이 천사는 '힘찬 음성으로 외쳤는데', 그 내용은 간단하면서도 분명했다. '무너졌도다! 무너졌도다! 큰 성 바벨론이여.' 이 천사는 바벨론이 그렇게 심판을 받을 수밖에 없는 모습을 덧붙여서 설명했는데, 다음과 같이 세 가지였다. 첫째는 '귀신의 처소'였다. 둘째는 '각종 더러운 영이 모이는 곳'이었다. 셋째는 '각종 더럽고 가증한 새들이 모이는 곳'이었다.[10] 그런 모습을 한 바벨론이 심판을 받는 것은 너무도 당연하다.

바벨론이 그렇게 심판을 받아 최후를 맞이한 이유도 분명했다. 이 천사는 그 이유를 세 가지로 선포했는데, 첫째 이유는 '그 음행의 진노의 포도주로 말미암아 만국이 무너졌다'는 것이다. 이 이유를 좀 더 쉽게 표현하면, 세상의 모든 나라가 바벨론의 음행에 참여했기 때문에 바벨론이 멸망당할 때, 함께 멸망당했다는 것이다. 바벨론은 '땅의 음녀들…의 어미'였기에 (17:5), 그녀의 새끼들, 곧 만국도 똑같이 음행에 빠졌고, 결국 함께 멸망당한 것이다.

바벨론이 최후의 심판을 받은 둘째 이유는 '땅의 왕들이 그와 더불어 음행하였기' 때문이었다. 이미 언급한 것처럼, 음행은 종교적인 행위를 뜻할 때가 많다. 구약성경에서 이스라엘은 야훼 하나님의 아내였다. 그런데도 이스라엘은 그 남편인 하나님을 등지고 다른 우상들을 좇아간 적이 얼마나 많았는지 모른다. 그런 행위를 잘 묘사한 것 중 하나가 호세아의 아내 고멜이다. 그렇다! 바벨론은 '땅의 왕들과 음행했고', 따라서 심판을 자초한 것이다.

바벨론이 최후의 심판을 받은 셋째 이유는 '땅의 상인들도 그 사치의 세력으로 치부하였기' 때문이었다. 지금까지 종교적인 이유 때문에 최후를 맞이했는데, 이번에는 경제적인 이유 때문에 최후를 맞이했다. '땅의 상인들'은 무역업자로서 전 세계 많은 지역들에서 상품을 대량으로 판매하여 어마어마한 재산을 축적한 사람들이었다.[11] 바벨론과 상인들은 이렇게 축적된 부를 휘둘러서 정치와 종교에 막대한 영향을 미쳤다.

(2) 둘째 부분, 곧 18장 4-8절을 인용하면서 바벨론이 받은 심판에 대하여 더 알아보자.

"또 내가 들으니 하늘로부터 다른 음성이 나서 이르되 내 백성아, 거기서 나와 그의 죄에 참여하지 말고 그가 받을 재앙들을 받지 말라. 그의 죄는 하늘에 사무쳤으며 하나님은 그의 불의한 일을 기억하신지라. 그가 준 그대로 그에게 주고 그의 행위대로 갑절을 갚아 주고 그가 섞은 잔에도 갑절이나 섞어 그에게 주라. 그가 얼마나 자기를 영화롭게 하였으며 사치하였든지 그만큼 고통과 애통함으로 갚아 주라. 그가 마음에 말하기를 나는 여왕으로 앉은 자요 과부가 아니라, 결단코 애통함을 당하지 아니하리라 하니, 그러므로 하루 동안에 그 재앙들이 이르리니 곧 사망과 애통함과 흉년이라. 그가 또한 불에 살라지리니 그를 심판하시는 주 하나님은 강하신 자이심이라" (18:4-8).

'하늘로부터 다른 음성'이 들렸다는 것은 하늘 보좌에서 들려준 메시지라는 것이며, 따라서 그 메시지에 귀를 기울일 뿐 아니라 반드시 순종해야 한다는 것이다. 그런데 그 메시지는 '내 백성'에게 전해졌다. '내 백성'은 하나님의 백성을 가리키며, 하나님과 특별한 관계를 맺고 있는 언약의 백성을 가리킨다. 바벨론과 같이 타락할 대로 타락한 곳에 아직도 하나님의 백성이 있다는 사실은 하나님의 큰 은혜의 산물이다.

바벨론에 '내 백성'이 남아있다는 것은 소돔과 고모라에도 하나님의 백성이 남아있었다는 사실을 상기시킨다. 소돔과 고모라는 넘치는 죄악 때문에 당장 멸망할 수밖에 없었다 (창 19:15). 롯과 그의 가족은 그곳을 떠나서 심판을 면하든지 아니면 그곳에 남아서 그 백성과 함께 멸망당하든지 둘 중 하나를 선택해야만 했다. 마찬가지로, 바벨론에 남아있는 '내 백성'은 그곳을 떠나든지 아니면 남아서 바벨론과 함께 재앙을 받든지 선택해야 했다.

바벨론은 재앙과 멸망을 피할 수 없는데, 그 이유는 '그의 죄는 하늘에 사무쳤기' 때문이다. '하늘에 사무쳤다'는 표현은 그의 죄가 하늘에까지 닿았다는 것이다. 다른 말로 하면, 그의 죄들이 차곡차곡 쌓여서 하늘에까지 이를 정도로 많아졌다는 것이다. 두말할 필요도 없이 '하늘'은 그곳에 좌정하신 하나님이 계신 곳을 뜻한다. 그러니까 바벨론이 지은 죄가 하나님 앞까지 도달할 정도로 쌓였다는 것이다.

물론 하나님은 바벨론의 죄를 모두 아신다. 그런데 그의 죄가 쌓여서 하나님 앞까지 이르렀으니, 하나님이 모르실 리가 없다. '하나님은 그의 불의한 일을 기억하신지라.' 이 표현에서 '기억하시다'는 것은 절대로 잊지 않고 반드시 그 죗값을 치루시겠다는 하나님의 뜻을 포함한다. 만일 하나님이 바벨론의 불의를 심판하지 않으시고 넘어간다면, 하나님은 결코 의로운 재판관이 되실 수 없다.

재판관이신 하나님의 선고를 들어보자. "그가 준 그대로 그에게 주고, 그의 행위대로 갑절을 갚아 주고, 그가 섞은 잔에도 갑절이나 섞어 그에게 주라"(18:6). 이 선고는 보응의 원리를 따른 선고이다. 그가 다른 사람들에게 준대로 그에게 주며, 그의 행위대로 갚아주되 갑절이나 갚아주라는 것이다. 그의 잔이 '음행과 더러운 것들'로 가득한 것처럼 (17:4), 이제는 하나님의 진노로 가득한 잔으로 돌려주라는 것이다 (14:10).

바벨론이 심판을 받게 된 두 가지 잘못은 위로는 '자기를 영화롭게 하며' 아래로는 '사치한' 것이다 (18:7). 바벨론은 영광을 하나님께 돌리지 않고 자신에게 돌릴 만큼 교만해졌다. 다시 말해서, 스스로를 하나님의 자리로 설정한 것이었다. 그뿐 아니라, 그의 생활방식은 사치 그 자체였는데, 사치의 삶이란 관능적인 삶을 뜻했다.[12] 그러니까 바벨론의 삶은 호화로우면서 육욕적이며 비도덕적인 것이었다.

그녀가 스스로 영화롭게 하며 사치스럽게 산대로 심판을 받는데, 곧 '고통과 애통함'이다. 요한계시록에서 '고통'과 '애통함'은 각각 6번씩 나오는데,[13] 그런 아픔은 하나님을 대적한 결과이다. 특히 '고통'은 하나님이 심판하신 결과 받는 괴로움이고, 그 괴로움 때문에 겪게 되는 슬픔이 '애통함'이다. 만일 그녀가 그런 아픔을 당하기 전에 죄와 심판 때문에 '고통'과 '애통함'으로 회개했다면, 지금은 '고통과 애통함'을 겪지 않았을 터인데 말이다.

그녀의 교만은 다음과 같은 세 가지 자랑에서도 드러나는데, 첫째는 '나는 여왕으로 앉은 자요', 둘째는 '과부가 아니라', 셋째는 '결단코 애통함을 당하지 아니하리라.' 그녀는 여왕이기에 과부처럼 결코 가난과 천대를 당하지 않는다는 확신이다. 왜냐하면 그 당시 과부는 가난과 천대의 대상이기 때문이다. 그 결과 그녀는 과부처럼 애통함을 당하지 않게 된다고 확신했지만, 바로 그 애통이 그녀를 기다리고 있었다.

그렇게 자랑한 대로 되었는가? 물론 아니다! 그녀에게 재앙들이 순식간에 닥쳤던 것이다. 이런 재앙들을 하나님은 미리 아시고 그의 백성에게 이미 경고하셨던 것이다 (18:4). 그녀에게 닥친 재앙들은 '사망과 애통함과 흉년'이었다 (18:8). 그뿐 아니라 그녀는 '불에 살라졌는데', 이미 17장 16절에서 선포된 대로 된 것이다. 그렇다! 하나님을 대적한 바벨론이 받을 최후의 심판은 불 심판이다.

두말할 필요도 없이 바벨론을 향해 이렇게 최후의 심판을 내리시는 분은 하나님이시다. '그를 심판하시는 주 하나님은 강하신 자이심이라.' 그렇다! 짐승이나 바벨론이 강한 것이 아니다. 그들을 심판하시는 하나님만이 강하신 분이다. 얼마나 강하신지 하나님은 그처럼 영화롭고 사치스러웠던 바벨론을 '하루 동안'에 멸망하셨던 것이다. 하나님만이 절대적이며 주권적인 재판관이시다!

(3) 셋째 부분, 곧 18장 9-20절을 인용하면서 큰 성 바벨론의 심판 앞에서 울부짖는 소리를 들어보자.

*"그와 함께 음행하고 사치하던 땅의 왕들이 그가 불타는 연기를 보고 위하여 **울고** 가슴을 치며, 그의 고통을 무서워하여 멀리 서서 이르되, '화 있도다! 화 있도다! 큰 성, 견고한 성 바벨론이여, 한 시간에 네 심판이 이르렀다' 하리로다. 땅의 상인들*

이 그를 위하여 **울고** 애통하는 것은 다시 그들의 상품을 사는 자가 없음이라. 그 상품은 금과 은과 보석과 진주와 세마포와 자주 옷감과 비단과 붉은 옷감이요, 각종 향목과 각종 상아 그릇이요, 값진 나무와 구리와 철과 대리석으로 만든 각종 그릇이요, 계피와 향료와 향과 향유와 유향과 포도주와 감람유와 고운 밀가루와 밀이요, 소와 양과 말과 수레와 종들과 사람의 영혼들이라. 바벨론아, 네 영혼이 탐하던 과일이 네게서 떠났으며 맛있는 것들과 빛난 것들이 다 없어졌으니, 사람들이 결코 이것들을 다시 보지 못하리로다. 바벨론으로 말미암아 치부한 이 상품의 상인들이 그의 고통을 무서워하여 멀리 서서 **울고** 애통하여 이르되, '화 있도다! 화 있도다! 큰 성이여, 세마포 옷과 자주 옷과 붉은 옷을 입고 금과 보석과 진주로 꾸민 것인데, 그러한 부가 한 시간에 망하였도다.' 모든 선장과 각처를 다니는 선객들과 선원들과 바다에서 일하는 자들이 멀리 서서 그가 불타는 연기를 보고 외쳐 이르되, '이 큰 성과 같은 성이 어디 있느냐?' 하며, 티끌을 자기 머리에 뿌리고 **울며** 애통하여 외쳐 이르되, '화 있도다! 화 있도다! 이 큰 성이여, 바다에서 배 부리는 모든 자들이 너의 보배로운 상품으로 치부하였더니 한 시간에 망하였도다. 하늘과 성도들과 사도들과 선지자들아, 그로 말미암아 즐거워하라! 하나님이 너희를 위하여 그에게 심판을 행하셨음이라 하더라.'" (18:9-20)

이 부분의 핵심 단어는 '울다'인데, 그 단어가 네 번이나 나온다. 바벨론이 최후를 맞이하자 울면서 만가^{輓歌}를 부르는 사람들이 있었는데, 세 그룹의 사람들이었다. 첫째 그룹의 사람들은 '그와 함께 음행하고 사치하던 땅의 왕들'이었다 (18:9). 둘째 그룹의 사람들은 '땅의 상인들'이었다 (18:11). 셋째 그룹의 사람들은 '모든 선장과 각처를 다니는 선객들과 선원들과 바다에서 일하는 자들'이었다 (18:17).

그런데 이 세 그룹의 사람들이 울면서 부른 만가는 이상할 정도로 똑같았다. 첫째 그룹의 왕들의 만가는 이러했다. '화 있도다! 화 있도다! 큰 성, 견고한 성 바벨론이여, 한 시간에 네 심판이 이르렀다!' (18:10). 둘째 그룹의 상인들의 만가도 마찬가지였다. "화 있도다! 화 있도다! 큰 성이여, 세마포 옷과 자주 옷과 붉은 옷을 입고 금과 보석과 진주로 꾸민 것인데, 그러한 부가 한 시간에 망하였도다" (18:16).

셋째 그룹의 '모든 선장과 각처를 다니는 선객들과 선원들과 바다에서 일하는 자들'도 같은 내용의 만가를 불렀다. '화 있도다! 화 있도다! 이 큰 성이여, 바다에서 배 부리는 모든 자들이 너의 보배로운 상품으로 치부하였더니 한 시간에 망하였도다' (18:19). 그들의 만가에는 그들이 울부짖는 이유도 포함시켰는데, 바벨론의 '보배로운 상품'으로 세계 각처를 다니면서 무역을 하여 많은 부를 쌓았는데, 이제는 더 이상 그것이 가능하지 않기 때문이었다.

첫째 그룹의 왕들도 그들이 울면서 만가를 부른 이유가 세 가지였다. 하나는 그들이 '그와 함께 음행했기' 때문이고, 또 하나는 '그와 함께 사치했기' 때문이었다. 그리고 세 번째 이유는 '그의 고통을 무서워하였기' 때문이다 (18:10). 그러니까 왕들은 바벨론, 곧 음녀와 더불어 성적 유희를 즐기면서 사치스럽고 관능적으로 살았다. 그 결과 그 음녀가 심판을 받은 것처럼, 그들도 심판을 받을까 봐 두려움에 사로 잡혔던 것이다.

둘째 그룹의 상인들도 울면서 만가를 불렀다. 그런데 상인들은 왕들과 뱃사람들과는 달리 울었다는 묘사가 두 번씩이나 나온다. 첫 번째 운 것은 '다시 그들의 상품을 사는 자가 없기' 때문이고 (18:11), 두 번째 운 것은 '그의 고통을 무서워했기' 때문이었다 (18:15). 왕들처럼 그들도 그 음녀와 더불어 심판을 받아 고통을 겪게 될 것을 두려워한 것이었다. 왕들이나 상인들은 두려워한 대로 그 음녀와 더불어 심판을 받고 고통을 피하지 못할 것이다.

상인들이 부를 쌓은 상품들의 품목은 자그마치 29가지인데, 7개의 항목으로 분류될 수 있다. 첫째 항목은 보석류로 금, 은, 보석, 진주; 둘째는 사치스러운 의류로 세마포, 자주 옷감, 비단, 붉은 옷감; 셋째는 그릇으로 각종 향목, '각종 상아 그릇, 값진 나무와 구리와 철과 대리석으로 만든 각종 그릇'; 넷째는 향수로 '계피와 향료와 향과 향유와 유향'; 다섯째는 식량으로 '밀가루와 밀'; 여섯째는 동물로 '소와 양과 말과 수레'; 일곱째는 노예였다.

첫째 그룹의 왕들과 둘째 그룹의 상인들과 셋째 그룹의 뱃사람들의 만가에는 또 하나의 공통점이 있는데, 그것은 바벨론이 '한 시간에' 망했다고 한 것이다 (18:10, 17, 19). 인간은 바벨론이라는 우상과 사치를 일으키느라고 오랫동안 수고하고 노력했지만, 전능하신 하나님은 그것을 무너뜨리시는데 오래 걸리지 않았다. 그뿐 아니라 지금까지 바벨론은 세상을 심판했지만, 지금은 공의로우신 하나님의 심판으로 삽시간에 무너졌던 것이다.

이 세 그룹이 울부짖으며 만가를 부를 때, 또 다른 공통점이 있었는데, 그것은 그들이 '멀리 서서' 울며 애통했다는 것이다 (18:10, 15, 17). 비록 그들이 바벨론으로 인하여 치부했건만, 그 바벨론이 심판을 받을 때는 함께 하지 않았다. 실제로 그들이 운 것은 바벨론의 멸망 때문에 애통했지만, 그것보다도 그들의 상품을 더 이상 팔 곳이 없어서 운 것이었다. 결국 그들은 바벨론을 위하여 운 것이 아니라, 자신들을 위하여 운 이기적인 자들이었다.

'울다'의 반대말은 '즐기다'이다. 세 그룹의 사람들이 울며 애통해할 때, 즐거워해야 할 세 그룹의 사람들이 있는데, 곧 '성도들과 사도들과 선지자들'이다 (18:20). 이 세 그룹은 바벨론이 받은 심판을 보면서 하늘과 함께 '즐거워해야' 한다. 죄와 연루된 바벨론과 세 그룹의 사람들은 마땅히 심판을 받아야 한다. 그러나 하나님의 부르심에 충성한 '성도들과 사도들과 선지자들'은 즐거워해야 하는데, 이는 하나님의 공의가 실현되는 것을 보았기 때문이다.

그들이 즐거워해야 하는 이유가 또 있는데, '하나님이 너희를 위하여 그에게 심판을 행하셨기' 때문이다. 지금까지 성도들과 사도들과 선지자들을 박해하고 죽이기까지 한 적그리스도와 그의 처소인 바벨론이 심판을 받았기 때문이다. 이 심판은 문자 그대로 '너희를 위한 심판'이었다. 적그리스도와 바벨론은 그들의 그릇된 동기로 성도들을 심판했지만, 그에 대한 책임을 피하지 못하고 심판을 받아야 마땅했다. 과연 성도들을 위한 심판이었다.

(4) 넷째 부분, 곧 18:21-24을 인용하면서 바벨론의 최후를 보자.

"이에 한 힘 센 천사가 큰 맷돌 같은 돌을 들어 바다에 던져 이르되, '큰 성 바벨론이 이같이 비참하게 던져져 결코 다시 **보이지 아니하리로다.** 또 거문고 타는 자와 풍류하는 자와 퉁소 부는 자와 나팔 부는 자들의 소리가 결코 다시 네 안에서 **들리지 아니하고,** 어떠한 세공업자든지 결코 다시 네 안에서 **보이지 아니하고,** 또 맷돌 소리가 결코 다시 네 안에서 **들리지 아니하고,** 등불 빛이 결코 다시 네 안에서 **비치지 아니하고,** 신랑과 신부의 음성이 결코 다시 네 안에서 **들리지 아니하리로다.** 너의 상인들은 땅의 왕족들이라. 네 복술로 말미암아 만국이 미혹되었도다. 선지자들과 성도들과 및 땅 위에서 죽임을 당한 모든 자의 피가 그 성 중에서 발견되었느니라' 하더라"
(18:21-24).

요한계시록에서 '힘 센 천사'가 세 번 등장하는데, 첫 번째는 5장 2절에서이다. 거기에서 '힘 센 천사'는 누가 두루마리의 인을 뗄 수 있는지 큰 소리로 물었다. 두 번째는 10장 1-2절에서인데, 거기에서 '힘 센 천사'는 손에 두루마리를 가지고 있었다. 물론 그 두루마리에는 마지막 때에 있을 심판에 대하여 상세히 기록하고 있었다. 세 번째는 18장 21절에서인데, 거기에서는 그 '힘 센 천사'가 그 두루마리에 기록된 심판을 실제로 실행하고 있었다.

바벨론이 받은 심판은 비참했는데, 마치 '큰 맷돌 같은 돌을 바다에 던지는 것'과 같았다. 이 돌은 가정용 맷돌이 아니라, 연자맷돌처럼 크고도 무겁기에 밑바닥으로 가라앉게 되어있으며, 한 번 가라앉으면 결코 물 위로 올라올 수 없다. 예수님도 이런 사실을 염두에 두고 이렇게 말씀하신 적이 있다. "또 누구든지 나를 믿는 이 작은 자들 중 하나라도 실족하게 하면 차라리 연자맷돌이 그 목에 매여 바다에 던져지는 것이 나으리라" (막 9:42).

그렇게 바벨론을 바다에 던지면서 그 '힘 센 천사'는 이렇게 말했다. '큰 성 바벨론이 이같이 비참하게 던져져 결코 다시 보이지 아니하리로다' (18:21). 이것은 예레미야의 예언을 상기시킨다. "너는 이 책 읽기를 다한 후에 책[두루마리]에 돌을 매어 유브라데 강 속에 던지며 말하기를, '바벨론이 나의 재난 때문에 이같이 몰락하여 다시 일어서지 못하리니, 그들이 피폐하리라'" (렘 51:63-64).

바벨론이 이처럼 비참하게 최후를 맞이하게 되는 것도 두 가지 방법을 통해서인데, 하나는 짐승, 곧 적그리스도의 반란 때문이고 (17:16), 또 하나는 주님이 아마겟돈 전쟁 끝에 강림하셔서 그녀를 심판하시기 때문이다 (19:15). 바벨론은 하나님의 이름을 비방했을 뿐 아니라, 성도들을 비참하게 죽인 대가를 톡톡히 치루고 비참하게 심판을 받았다. 그리고 비참하게 바다 밑바닥으로 가라앉았다.

바벨론은 그렇게 던져져서 '결코 다시 보이지 아니하였는데', 이와 비슷한 부정적인 묘사는 다섯 번씩이나 더해졌다. 첫째는 '소리가 들리지 않았는데', 그 소리는 '거문고 타는 자와 풍류하는 자와 퉁소 부는 자와 나팔 부는 자들의 소리'였다 (18:22). 한 마디로 말해서, 더 이상 음악 소리가 들리지 않았다는 것이다. 음악은 여유와 행복과 취미생활을 상징하는데, 그런 소리가 더 이상 있지 않은 암흑의 세계가 되었다는 것이다.

둘째는 '어떠한 세공업자든지 결코 다시 네 안에서 보이지 아니했다.' 요한계시록이 기록될 당시 세공업자는 도시를 설계하고, 그 도시를 다시 분할했다. 그리고 분할된 구역마다 같은 업종을 가진 사람들이 옹거하면서 살았다. 그뿐 아니라, 그들만의 신을 섬기는 종교생활도 영위했다.[14] 그런 까닭에 세공업자가 다시 보이지 않았다는 것은 도시 자체가 없어졌다는 뜻이다. 도시가 없어졌다면 그 안에 있던 물질적인 쾌락도 없어졌다는 뜻이다.[15]

셋째는 '맷돌 소리가 결코 다시 네 안에서 *들리지 아니했다.*' 맷돌 소리는 음식을 만들기 위하여 맷돌로 보리나 밀을 가는 소리였다. 그런데 그 소리가 들리지 않았다는 것이다. 가정에서 맷돌 소리가 들리지 않는다면, 그 가정에는 음식이 없다는 뜻이다. 사람이 살아가는데 가장 기본적인 필요가 채워지지 않는다는 것으로, 가정이 무너졌다는 뜻이다. 가정이 무너지면 당연히 사회도 무너진다. 바벨론은 가정을 세울 수 있는 기능을 상실했던 것이다.

넷째는 '등불 빛이 결코 다시 네 안에서 *비치지 아니하였다*'(18:23). 맷돌 소리가 낮에 들린다면, 등불 빛은 밤에 비친다. 이 등불은 가정에서 밤에 사용하는 작은 등잔을 의미한다. 그런데 그런 등잔불조차도 비치지 않는다는 사실은 경제적인 암흑을 상징한다. 바벨론의 가정들은 더 이상 정상적인 일상생활을 영위할 수 없는 수준으로 떨어진 것이다. 낮에는 음식이 없고 밤에는 불빛이 없는 버려진 가정과 나라가 된 것이다.

다섯째는 '신랑과 신부의 음성이 결코 다시 네 안에서 *들리지 아니했다.*' 이 세상에서 신랑과 신부의 음성만큼 즐겁고 행복한 것은 없을 것이다. 그런데 바벨론에는 더 이상 그런 즐거움과 행복이 있을 수 없다는 것이다. 예수 그리스도가 신부인 교회와 혼인 잔치를 벌일 때 들리는 할렐루야와 '우리가 즐거워하고 크게 기뻐하는' 찬송 소리와는 너무나 대조적이다 (19:6-7). 즐거움과 행복은커녕 울음과 애통함으로 최후를 맞이한 바벨론의 모습이다.

바벨론이 이처럼 비참한 최후를 맞이한 이유는 분명하다. 더러운 귀신의 처소가 되었고 (18:2), 음행과 사치의 중심지가 되었기 때문이다 (18:3). 그뿐 아니라 스스로를 높여서 영화롭게 하였기 때문이다 (18:7). 그런데 바벨론이 그렇게 비참한 심판을 받은 이유가 세 가지나 더 있다. 하나는 상인들의 사치와 탐욕 때문이고, 둘은 복술로 만국을 미혹했기 때문이다 (18:23). 물론 복술은 귀신의 속임수를 가리킨다.

셋은 '선지자들과 성도들'을 죽였기 때문이다. "선지자들과 성도들과 및 땅 위에서 죽임을 당한 모든 자의 피가 그 성중에서 발견되었다" (18:24). 바벨론은 "성도들과 선지자들의 피를 흘렸으므로, 그들에게 피를 마시게 하신 것이 합당하다" (16:6). 그런데 바벨론은 이처럼 성도들만 죽인 것이 아니라 불신자들도 무수히 죽였다. '땅 위에서 죽임을 당한 모든 자'가 이들에 해당된다. 이런 죄들을 범한 바벨론의 최후는 오히려 당연할 뿐이다.

이렇게 바벨론이 최후를 맞이하면서 하나님의 심판은 마무리 된다. 지금까지 요한계시록에서 보여준 심판은 삼중적 심판과 바벨론 심판이다. 이런 심판을 도해하여 한 눈에 알아보자.

다음에 나오는 도해를 보면 환난 기간 7년 중 전반기 3년 6개월 동안에 일곱 인 심판과 일곱 나팔 심판이 있다. 그 후 적그리스도는 이스라엘과 평화조약을 깨고 스스로 보좌에 오른다. 그뿐 아니라 성전을 훼파하고 제사를 금하고, 이스라엘 백성으로 하여금 우상을

환난과 심판

순서	일곱 인	일곱 나팔	일곱 대접	바벨론
1	흰 말	우박과 불	종기	내란으로
2	붉은 말	불 산	피 바다	불로 태움
3	검은 말	큰 별	피 강	한 시간에
4	청황색 말	어두움	큰 불	부의 파괴
5	영혼들	메뚜기	어두움	던져짐
6	큰 지진	마병	강의 마름	보이지 않음
7	고요함	그리스도	큰 지진	삶의 중단

교회시대 ────────── 3년 반 ────── 3년 반 ────── 천년왕국

섬기도록 강요한다. 그때부터 대환난으로 들어가지만, 하나님은 일곱 대접으로 적그리스도와 그 수하를 심판하신다.

그뿐 아니라 그처럼 오랫동안 하나님을 등진 바벨론을 심판하시는데, 아예 그 자체를 바다 속 깊이 던지듯 흔적도 없이 없애버리신다. 바벨론은 더러운 귀신들이 활동하던 곳이며, 사치와 관능의 도시였다. 무엇보다도 바벨론은 우상 숭배의 중심지로 자리 잡았는데, 하나님이 그 바벨론을 향한 심판도 역시 7가지 방법이었다. 먼저는 정치적인 짐승이 종교적인 바벨론을 발기발기 찢어버렸다 (17:16).

그 다음 바벨론은 불로 태워지는 심판을 받았다 (18:8). 비록 바벨론의 건설에 수많은 시간과 자본과 기만이 동원되었지만, 하나님은 '한 시간'에 없애버리셨다 (18:10, 17, 19). 그뿐 아니라 온갖 수단 방법을 통해 축적한 재물도 허무하게 날아가 버렸다 (18:19). 바벨론의 모든 영광과 사치는 순식간에 바다 깊은 곳으로 던져졌다

(18:21). 바벨론은 더 이상 보이지 않게 되었으며, 당연히 모든 삶도 끝이 났다 (18:22-23). 이것이 바벨론의 최후였다.

3. 의로운 심판에 대한 반응

큰 성 바벨론이 심판을 받고 최후를 맞이한 것에 대해서 성도들은 이렇게 반응했다. "하늘과 성도들과 사도들과 선지자들아, 그로 말미암아 즐거워하라 하나님이 너희를 위하여 그에게 심판을 행하셨음이라 하더라" (18:20). 이것은 바벨론이 심판을 받는 중에 생긴 반응이었다. 그 반응은 하나님의 의로운 심판 때문에 '즐거워하라'는 것이었다. 그런데 바벨론에 대한 심판이 끝나자 성도들의 반응은 다음과 같이 확대되었다.

> "이 일 후에 내가 들으니 하늘에 허다한 무리의 큰 음성 같은 것이 있어 이르되, '할렐루야! 구원과 영광과 능력이 우리 하나님께 있도다. 그의 심판은 참되고 의로운지라. 음행으로 땅을 더럽게 한 큰 음녀를 심판하사 자기 종들의 피를 그 음녀의 손에 갚으셨도다' 하고, 두 번째로 '할렐루야' 하니, 그 연기가 세세토록 올라가더라. 또 이십사 장로와 네 생물이 엎드려 보좌에 앉으신 하나님께 경배하여 이르되, '아멘, 할렐루야!' 하니, 보좌에서 음성이 나서 이르시되, '하나님의 종들 곧 그를 경외하는 너희들아, 작은 자나 큰 자나 다 우리 하나님께 찬송하라' 하더라" (19:1-5).

'이 일 후'는 바벨론이 심판받은 후를 가리킨다. 바벨론이 심판받은 것 때문에 세 그룹이 즐거워했는데, 첫째는 하늘에 있는 '허다한 무리'이고, 둘째는 '이십사 장로와 네 생물'이며, 셋째는 '하나님의 종들'이다. 이 세 그룹의 즐거움은 바벨론의 멸망을 보면서 울었던 세 그룹과 현격한 대조를 보인다. 그들은 '땅의 왕들이며' (18:9), '땅의 상인들이며' (18:11), '모든 선장과 각처를 다니는 선객들과 선원들과 바다에서 일하는 자들'이었다 (18:17).

첫째 그룹의 즐거움은 이렇게 표현된다. "할렐루야! 구원과 영광과 능력이 우리 하나님께 있도다. 그의 심판은 참되고 의로운지라. 음행으로 땅을 더럽게 한 큰 음녀를 심판하사 자기 종들의 피를 그 음녀의 손에 갚으셨도다" (19:1-2). 하늘에서 들려온 '허다한 무리'는 얼마나 즐거웠던지 히브리어로 '할렐루야'를 외친다. 소극적으로 바벨론의 심판 때문에, 그리고 적극적으로 어린 양의 혼인 잔치 때문에, '할렐루야'가 네 번씩이나 나왔다 (19:1, 3, 4, 5).

인간적으로 그렇게 부요하고 막강한 바벨론을 멸망시킨 것은 다름 아닌 하나님이었다. 그분의 '구원과 영광과 능력'이 아니었다면 절대로 가능하지 않은 역사였다. 그런 하나님을 찬양한 후, 하늘에 있는 '허다한 무리'가 바벨론의 심판에 대하여 즐거워한 이유를 세 가지로 표현했다. 첫 번째 이유는 그 심판이 '참되고 의롭기' 때문이다. 그분의 약속대로 심판하셨기에 '참되며', 그분의 거룩한 속성대로 심판하셨기에 '의로웠다.'[16]

두 번째 이유는 '큰 음녀가 음행으로 땅을 더럽게 했기' 때문이다. 그 음녀는 한편 사탄의 속임수를 사용하여, 또 한편 부귀와 사치를 이용하여 땅의 열국으로 음행에 빠지게 했다. 나라마다 그리고 왕들마다 음행에 빠졌고, 그 결과 땅은 더럽혀질 대로 더럽혀졌다. 천사가 선언한 대로이다. '…큰 성 바벨론이여, 모든 나라에게 그의 음행으로 말미암아 진노의 포도주를 먹이던 자로다' (14:8).

세 번째 이유는 '자기 종들의 피를 그 음녀의 손에 갚으셨기' 때문이다. 일찍이 '하나님의 말씀과 그들의 증거' 때문에 죽임을 당한 성도들이 주님께 이렇게 호소한 적이 있었다. "거룩하고 참되신 대주재여! 땅에 거하는 자들을 심판하여 우리 피를 갚아 주지 아니하시기를 어느 때까지 하시려 하나이까?" (6:10). 그들의 기도 응답으로 하나님은 세상을 인, 나팔, 대접으로 심판하셨을 뿐 아니라, 마침내 바벨론도 멸망시키신 것이다.

둘째 그룹인 이십사 장로와 네 생물의 즐거움은 이렇게 표현된다. '아멘, 할렐루야!' (19:4). 이들은 하나님의 참되고 의로운 심판에 대하여 아무 것도 덧붙이지 않고, 첫째 그룹의 음성이 들려준 심판의 정당성과 이유에 동의한다. 그 동의의 표시가 '아멘!'이다. 그리고 그들도 '할렐루야'를 외친다. 단지 사도 요한이 본 것을 이렇게 덧붙였을 뿐이었다, '그 연기가 세세토록 올라가더라' (19:3). 이것은 바벨론이 지옥에 던져져서 불로 심판 받는 광경이다.[17]

바벨론의 심판에 대해 즐거워하는 셋째 그룹은 '하나님의 종들 곧 그를 경외하는 성도들'이다. '작은 자나 큰 자나 다' 하나님을 찬송하라는 초청을 받은 이들은 땅에 거하는 성도들이다. 첫째 그룹과 둘째 그룹이 하늘에 있는 자들이라면, 셋째 그룹은 땅에 있는 자들이다. 이들은 하나님을 진정으로 경외하는 자들로서, 하나님의 종들이다. 다시 말해서, 그들의 소유권을 하나님께 드린 성도들이다.

마침내 세상을 도덕적으로나 신앙적으로 타락시켰던 큰 음녀인 바벨론이 자취도 없이 사라졌다. 하나님의 '구원과 영광과 능력'이 아니면 있을 수 없는 일이 일어났던 것이다. 그런 엄청난 공의로운 심판에 대하여 하늘과 땅은 동시에 즐거워하면서 하나님을 찬양했다. 신약성경에서 유일하게 이곳에서만 들려진 '할렐루야'는 그들의 감격을 표현한 것이었다. 하늘에서는 하나님을 경배하고, 땅에서는 사회적 신분과 상관없이 '하나님의 종들'이 찬양하고 있었다.

1) Ironside, *Revelation*, 287.
2) 같은 책, 288.
3) Johnson, *Revelation*, 554.
4) Osborne, *Revelation*, 609.
5) G. K. Beale, *The Book of Revelation* (Grand Rapids, MI: Wm. Eerdmans Publishing Co., 1999), 858.
6) George E. Ladd, *A Commentary on the Revelation of John* (Grand Rapids, MI: Wm. Eerdmans Publishing Co., 1972), 223.
7) Mulholland, *Revelation*, 278.
8) Johnson은 요한계시록 12:11을 인용하면서, '어린 양'이 죽었을 때 악의 세력이 죽었다고 주장한다. 이를 위하여 다음을 보라. Johnson, *Revelation*, 560.
9) Mulholland, *Revelation*, 282.
10) 둘째와 셋째의 '곳'은 헬라어에서는 '감옥'인 퓰라케(φυλακη)이다.
11) H. Balz & G. Schneider, eds., *Exegetical Dictionary of the New Testament*, 3권 (Grand Rapids, MI: Wm. B. Eerdmans Publishing Co., 1990-1993.
12) '사치하였다'는 헬라어에서 스테니아오(στρηνιάω)인데, 그 뜻은 '관능적으로 산다'이다.
13) '고통'의 헬라어는 9:5 (2번), 14:11, 18:7, 10, 15에서, 그리고 '애통함'은 18:7, 8, 11, 15, 19, 21:4에서 각각 나온다.
14) Osborne, *Revelation*, 151.
15) 같은 책, 657.
16) 같은 책, 664.
17) Mulholland, *Revelation*, 292.

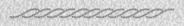

7장

이중적 재림

사도 요한은 세 종류의 성경을 기록하였는데, 요한복음과 요한서신과 요한계시록이다. 요한복음은 예수 그리스도를 믿으면 구원받아 영생을 얻게 되는 은혜를 알려주는 책이다 (요 20:31). 그 이유 때문에 요한복음에는 '믿음', '믿다'라는 단어가 반복적으로 나오는데, 자그마치 100번이나 나온다. *믿음*을 통하지 않고는 하나님의 아들 예수 그리스도를 만날 수도 없고, 구원받을 수도 없기 때문이다.

요한서신은 이처럼 예수 그리스도를 구주로 믿어서 구원받은 사람들이 어떻게 신앙생활을 해야 하는지를 알려주는 책들이다. 하나님의 은혜로 구원받은 그리스도인들은 당연히 그들을 구원해주신 하나님을 기쁘시게 하는 삶을 살아야 한다. 그렇게 사는 방법이 다양하지만, 그 중에서 사도 요한은 그리스도인들이 서로 *사랑해야* 한다는 사실을 강조한다. 그런 이유 때문에 요한일, 이, 삼서에는 *사랑*이라는 단어가 113절에 63번이나 들어있다.

이렇게 서로 사랑하면서 깨끗한 삶을 영위하는 그리스도인들에게 시시때때로 박해와 고난이 찾아온다. 경우에 따라서 신앙 때문에 목숨을 잃기도 한다. 그렇게 고통당하는 그리스도인들에게 소망이 있다는 사실을 알려주기 위하여 사도 요한은 요한계시록을 기록하였다. 왜냐하면 그들의 구주이신 예수 그리스도가 다시 오셔서 한편 그들을 품어주시고, 또 한편 그들에게 고통을 안긴 불의의 사람들을 심판하실 것이기 때문이다.

고통당하는 그리스도인들에게 변치 않는 소망은 주님의 재림이다. 사도 요한의 확신에 찬 외침을 들어보자. "볼지어다, 그가 구름을 타고 오시리라! 각 사람의 눈이 그를 보겠고 그를 찌른 자들도 볼 것이요, 땅에 있는 모든 족속이 그로 말미암아 애곡하리니, 그러하리라. 아멘!" (1:7). 그분이 죽기 전에 약속하신 대로이다. "…그 때에 땅의 모든 족속들이 통곡하며, 그들이 인자가 구름을 타고 능력과 큰 영광으로 오는 것을 보리라" (마 24:30).

위에서 인용한 두 말씀에 의하면, 예수 그리스도의 예언대로 사도 요한은 '구름을 타고 오실' 그분을 묘사했다. 그런데 위의 두 말씀에 공통점이 셋이나 있는데, 첫째 공통점은 그분이 '구름을 타고' 오신다는 것이다. 구름은 하나님의 임재를 나타내는데, 성막이 완성되었을 때 하나님이 구름 가운데 임하셨다 (출 40:34). 또한 솔로몬이 성전을 완성했을 때도 하나님이 구름 가운데 임하셨다 (왕상 8:11-12).

하나님이 구름 가운데서 임하셨다는 것은 하나님의 영광이 나타났다는 말이기도 하다. 왜냐하면 하나님은 영광이시기 때문이다.[1] 성막에 임하신 하나님의 영광을 인용해보자. "구름이 회막에 덮이고 여호와의 영광이 성막에 충만하매" (출 40:34). 물론 성부 하나님만 영광 중에 나타나신 것이 아니다. 성자 하나님이신 예수 그리스도가 재림하실 때도 영광 중에 나타나실 터인데, 그 영광을 '구름을 타고 오신다'고 하였다.

둘째 공통점은 '보다'이다. 예수님은 '땅의 모든 족속들이…보리라'고 하셨는데, 사도 요한은 '각 사람이 보겠고 그를 찌른 자들도 볼 것이요'라고 했다. '땅의 모든 족속'과 '각 사람'과 '그를 찌른 자들'은 이 세상에 거하는 모든 사람을 가리킨다. '그를 찌른 자들'의 일차적인 의미는 유대인들과 로마 병정들이나, 그리스도 예수를 십자가에 못 박은 사람들은 모든 인간이기에 이차적인 의미는 세상에 거하는 모든 사람을 가리킨다.

셋째 공통점은 모든 족속이 '애곡하고…통곡한다'는 것이다. 도대체 왜 모든 민족과 국가는 애곡하고 통곡하는가? 그 이유는 너무나 분명하다! 그들은 하나님을 등지고 살면서 한편 예수 그리스도를 거부했고 그리고 대적했다. 또 한편 그분을 따르는 그리스도인들을 박해하고 죽이기까지 했기 때문이다. 비록 예수 그리스도는 그들의 구원을 위한 구주셨으나, 끝까지 거부한 그들을 심판하시는 재판관으로 그들 앞에 나타나실 것이다.

'모든 족속'은 두 가지에 대해 심판을 받는데, 그들의 구주이신 예수 그리스도를 거부한 행위와 그들이 범한 모든 범죄이다. 요한계시록에서 이것을 확인하자. '각 사람이 자기의 행위대로 심판을 받으리라' (20:13). 심판을 받은 후, 그들은 영원히 불타는 지옥으로 던져질 것이다. 그것도 말씀으로 확인하자. "누구든지 생명책에 기록되지 못한 자는 불못에 던져지더라" (20:15). 그들이 할 수 있는 것은 애곡하고 통곡하는 것뿐이다.

그렇다면 예수 그리스도의 재림으로 인하여 그리스도인들은 어떻게 되는가? 그리스도인들에게 그분의 재림은 엄청난 복이 될 것이다. 무엇보다도 그들은 육신의 한계를 초월하는 변화를 맛볼 것이다. 다시 말해서, 그들은 그리스도 예수처럼 몸이 변화된다는 말이다. 사도 요한의 확신에 찬 말을 들어보자. '…그가 나타나시면 우리가 그와 같을 줄을 아는 것은 그의 참모습 그대로 볼 것이기 때문이라' (요일 3:2).

그뿐 아니다! 그들은 그처럼 오매불망하던 그들의 주님을 만날 것이다. 지금까지 그들은 주님을 따르면서 온갖 수모와 고난을 감내하였다. 그러나 인내하고 기다린 보람이 있어서 그들은 주님을 직접 만나 그동안의 모든 회포를 풀 것이다. 그들은 주님을 만난 기쁨에 눈물을 흘릴 것이나, 주님은 손수 그 눈물을 닦아주실 것이다 (21:4). 다시는 헤어짐이 없는 만남이요, 영원히 지속되는 교제의 시작이다.

바울 사도도 주님이 재림하실 때, 그리스도인들은 안식에 들어가나 모든 족속은 형벌을 받게 된다고 선언했다. "환난을 받는 너희에게는…안식으로 갚으시는 것이 하나님의 공의시니, 주 예수께서… 하늘로부터 불꽃 가운데에 나타나실 때에 하나님을 모르는 자들과 우리 주 예수의 복음에 복종하지 않는 자들에게 형벌을 내리시리니, 이런 자들은 주의 얼굴과 그의 힘의 영광을 떠나 영원한 멸망의 형벌을 받으리로다" (살후 1:7-9)

그렇다! 그분의 재림은 한편 그리스도인들에게는 말할 수 없이 큰 복이나, 다른 한편 세상에 거하는 모든 족속에게는 말할 수 없이 큰 저주이다. 그렇다면 주님은 복과 저주를 동시에 내리시는가? 물론 아니다! 주님은 먼저 믿음으로 구원받은 그리스도인들을 만나셔서 그들을 안식으로 인도하신다. 그 다음 그분을 거부하고 그리스도인들을 박해한 모든 족속을 형벌하신다. 그런 이유 때문에 그분의 재림은 이중적이다.

1. 그리스도인들을 위한 재림

먼저, 그리스도인들을 위하여 재림하실 주님에 대해서 알아볼 터인데, 주님이 제자들에게 약속하신 말씀을 보면서 시작하자. "내 아버지 집에 거할 곳이 많도다. 그렇지 않으면 너희에게 일렀으리라; 내가 너희를 위하여 거처를 예비하러 가노니, 가서 너희를 위하여 거처를 예비하면 내가 *다시 와서* 너희를 내게로 영접하여 나 있는 곳에 너희도 있게 하리라" (요 14:2-3). 제자들의 거처를 마련하는 대로 그들을 데리러 다시 오시겠다는 약속이다.

이 말씀에서 '너희'의 일차적인 의미는 주님을 따르는 제자들이다. 그러나 이 약속은 주님으로부터 직접 훈련을 받은 제자들뿐 아니라, 주님을 따르는 모든 그리스도인에게도 해당된다. 특히 말할 수 없는 박해와 순교를 믿음으로 받아들인 초대 교회 성도들에게 이 약속은 말할 수 없는 큰 힘과 위로가 되었을 것이다. 주님이 다시 오셔서 그들을 데리고 그분이 예비하신 집으로 가서 함께 거하시겠다는 것이다.

두말할 필요도 없이 그리스도인들은 주님의 재림을 손꼽아 기다리고 있었는데, 특히 신앙 때문에 모진 박해와 순교에 직면한 그리스도인들은 간절히 기다리고 있었을 것이다. 그런 그리스도인들을 위하여 주님은 이런 소망의 말씀도 주셨다. "진실로 진실로 너희에게 이르노니, 죽은 자들이 하나님의 아들의 음성을 들을 때가 오나니 곧 이 때라; 듣는 자는 살아나리라" (요 5:25).

이 말씀에 의하면 주님이 다시 오실 때, 죽은 자들이 그분의 음성을 듣게 된다는 것이다. 물론 '죽은 자들'은 자연적으로 죽은 그리스도인들은 물론이고 순교로 죽은 자들 모두를 가리킨다. 주님이 다시 오실 때 그들은 하나같이 주님이 부르시는 음성을 듣게 되며, 그렇게 듣는 즉시 죽음에서 벌떡 일어난다는 약속이다. 그때 죽은 그리스도인들이 다시 살아나서 주님과 영원을 함께 한다는 것이다.

그렇다면 주님이 다시 오실 때, 살아있는 그리스도인들은 어떻게 되는가? 그들도 역시 영원한 몸으로 변화된다. 바울 사도는 이런 질문을 염두에 둔 듯 다음과 같이 선포했다. "보라! 내가 너희에게 비밀을 말하노니 우리가 다 잠잘 것이 아니요, 마지막 나팔에 순식간에 홀연히 다 변화되리니, 나팔 소리가 나매 죽은 자들이 썩지 아니할 것으로 다시 살아나고 우리도 변화되리라" (고전 15:51-52).

이 말씀에 의하면 '죽은 자들이 썩지 아니할 것으로 다시 살아날' 뿐 아니라, '우리도 변화된다'는 것이다. '우리'는 주님이 다시 오실 때, 살아있는 그리스도인들을 가리킨다. 그러니까 주님이 다시 오실 때, 죽었든 살았든 그리스도인들은 변화된다는 것이다. 그것도 '썩지 아니할 것으로' 변화된다는 것이다. '썩지 아니할 것'은 다시는 죽지 않는 영원한 몸을 갖게 된다는 말이다.

주님이 다시 오실 때, 그리스도인들은 그분의 음성도 듣고 나팔 소리도 듣는다. 그런데 한 가지 듣는 게 또 있다. 그것은 '천사장의 소리'이다. "주께서 호령과 천사장의 소리와 하나님의 나팔 소리로 친히 하늘로부터 강림하시리니 그리스도 안에서 죽은 자들이 먼저 일어나고, 그 후에 우리 살아 남은 자들도 그들과 함께 구름 속으로 끌어 올려 공중에서 주를 영접하게 하시리니, 그리하여 우리가 항상 주와 함께 있으리라"(살전 4:16-17).

그리스도인들은 이미 죽었든 아니면 살았든 상관없이 '호령과 천사장의 소리와 하나님의 나팔 소리'를 듣는다. 그리고 먼저 죽은 자들이 일어나고, 그 후에 살아남은 자들이 일어난다. 일어날 뿐 아니라, '구름 속으로 끌어 올려 공중에서 주를 만난다.'[2] 그때부터 그리스도인들은 '항상 주와 함께' 거하게 된다. 썩지 않는 영원한 몸으로 변화되어, 그들의 구주시요 주님이신 예수 그리스도와 영원히 '함께 있게' 된다.

1) 상급

이처럼 휴거된 그리스도인들은 그들의 주님을 만나는 엄청난 영광을 누린다. 그때 주님은 그들을 칭찬하시고 또 그들에게 상도 주신다. 주님으로부터 받을 칭찬에 대해 바울 사도는 이렇게 말했다. '…그 때에 각 사람에게 하나님으로부터 칭찬이 있으리라'(고전 4:5b). 이 말씀에서 '그 때에'는 주님을 공중에서 만날 때를 가리킨다. 주님은 칭찬만 하지 않으시고 *상급*도 수여하신다. 주님의 말씀대로다. '…의인들의 부활 시에 네가 갚음을 받겠음이라'(눅 14:14).

이 말씀에서 '갚음을 받겠음이라'는 것은 상급을 주겠다는 것을 뜻한다. 사도 요한은 '갚는다는 것'이 곧 *상급*을 준다는 뜻이라는 사실을 이렇게 확인했다. "보라! 내가 속히 오리니, 내가 줄 상이 내게 있어 각 사람에게 그가 행한 대로 갚아 주리라"(22:12). 이 말씀에 의하면, 모든 성도의 삶은 그분의 재림에 맞추어져 있어야 된다는 것이다. 왜냐하면 그분이 다시 오셔서 그들의 행위대로 심판하시고 또 갚아주실 것이기 때문이다.

이 말씀에서 눈여겨보아야 할 단어가 있는데, 곧 *상*이라는 단어이다. *상*은 헬라어로 *미스도스*(μισθός)인데, 적극적인 상급의 의미를 가질 뿐 아니라 소극적인 심판의 의미도 가지고 있다.[3] 그러니까 그리스도인들이 세상에서 어떤 삶을 영위했는지에 따라 적극적으로 상급을 받을 수도 있고, 소극적으로 심판을 받을 수도 있다. 그리고 그 책임은 각자에게 있다는 것이다, '각 사람에게 그가 행한 대로 갚아 주리라!'

그리스도인들은 이처럼 상급이라는 약속과 심판이라는 경고를 안고 사는 사람들이다. 혹시라도 그리스도인들이 이런 사실을 잊을까 봐 사도 요한은 반복해서 언급했다. '…내가 너희 각 사람의 행위대로 갚아 주리라' (2:23). 이것은 주님이 두아디라 교회에게 직접 하신 말씀이다. 박해를 무릅쓰고 있는 성도들에게도 이렇게 말씀하셨다. '…그들이 수고를 그치고 쉬리니 이는 그들의 행한 일이 따름이라' (14:13).

그런데 그리스도인들의 상급과 심판을 가름하는 판결은 누가 하는가? 하나님으로부터 위임받은 그리스도 예수가 하신다. 이 사실을 바울 사도는 이렇게 분명히 가르쳤다. "이는 우리가 다 반드시 *그리스도의 심판대* 앞에 나타나게 되어, 각각 선악 간에 그 몸으로 행한 것을 따라 받으려 함이라" (고후 5:10; 롬 14:10). 이 말씀에서 '우리'는 그리스도인들을 가리키므로, 모든 그리스도인은 '반드시' 그분의 심판대 앞에 서게 된다.

그렇다면 그때에 선악을 구분하는 방법이라도 있는가? 바울 사도는 두 가지 방법을 제시했는데, 하나는 자신이고 또 하나는 불이다. 먼저 어떻게 '자신'이 선악을 구별하는 방법인지 알아보자. 바울 사도는 그것을 이렇게 표현했다. "이러므로 우리 각 사람이 자기 일을 하나님께 직고하리라"(롬 14:12). 그날 심판대 앞에선 그리스도인들은 자신의 모든 행적을 기억하게 될 뿐 아니라, 그 행적을 있는 그대로 직접 고백하게 된다.

다른 방법은 불인데, 그것도 바울 사도의 가르침을 통해 알아보자. "…각각 자기가 일한 대로 자기의 상을 받으리라…만일 누구든지 금이나 은이나 보석이나 나무나 풀이나 짚으로 이 터 위에 세우면, 각 사람의 공적이 나타날 터인데 그 날이 공적을 밝히리니 이는 불로 나타내고, 그 불이 각 사람의 공적이 어떠한 것을 시험할 것임이라"(고전 3:8, 12-13). 그렇다! 모든 그리스도인은 휴거를 통한 변화의 과정에서 반드시 불을 통과해야 한다.

그리스도인들의 행적이 두 가지 상징으로 분류되었는데, 하나는 금, 은, 보석이고, 또 하나는 나무, 풀, 짚이다. 두말할 필요도 없이 금과 은과 보석은 불을 무사히 통과하지만, 나무와 풀과 짚은 통과하지 못하고 타버린다. 전자는 하나님이 그 사람을 통해 친히 일구신 역사이나, 후자는 하나님과 관계없이 인간이 스스로 만든 역사이다.[4] 하나님과 함께 수고한 그리스도인들은 상을 받을 것이나, 그렇지 않은 사람들은 상을 받지 못할 것이다.

그날 불에 타서 없어질 나무와 풀과 짚은 비뚤어진 신앙적 인격일 수도 있고, 자기 중심적인 내적 동기일 수도 있다.[5] 그것이 무엇이든지 그런 것은 불로 타서 없어질 것이다. 그때에 많은 그리스도인들은 주님의 뜻대로 생각하고, 말하고, 행동하지 못한 잘못된 것들이 태워질 것이다. 그렇게 불로 정화되면 그들은 깨끗하고 거룩하신 주님을 만나게 된다. 그런 이유 때문에 평상시에 깨끗하고 거룩한 삶을 영위하는 것이 중요하다.

한편 금과 은과 보석으로 세워진 그리스도인들은 귀중한 상급을 받는데, 그 상급은 면류관으로 설명할 수 있다. 전도의 열매를 맺은 결과 받을 '기쁨의 면류관' (살전 2:19), 복음을 전하기 위하여 절제하였기에 받을 '썩지 않는 면류관' (고전 9:25), 시련을 견디어내었기에 받을 '생명의 면류관' (약 1:12), 주님의 재림을 기다리다가 받는 '의의 면류관' (딤후 4:8), 영혼들을 돌보았기에 받는 '영광의 면류관' (벧전 5:4) 등이다.[6]

사도 요한은 요한계시록에서 주님의 공중 재림보다는 온 족속을 심판하기 위한 재림을 상세히 묘사했다. 물론 공중 재림을 암시하는 내용이 전혀 없는 것은 아니지만 말이다. 사도 요한을 불러올린 사건 (4:1), 두 증인을 불러올린 기적 (11:12), 공중에서 어린 양이 아내인 교회와 하나가 되는 혼인 잔치 (19:7), 신부인 예루살렘이 하늘에서 내려오는 장면 (21:2) 등은 그리스도인들이 휴거되어 공중에서 주님을 만난 사실을 함축적으로 알려준다.

2) 혼인 잔치

위에서 밝힌 대로, 주님의 공중 재림을 함축한 네 가지 사건 중에서 가장 두드러진 것은 혼인 잔치이다. 만일 그리스도인들이 휴거되지 않았다면, 그리고 공중에서 주님을 만나지 못했다면, 어떻게 주님의 혼인예식에 신부로 참여할 수 있겠는가? 그런 까닭에 혼인 잔치가 열린다는 것은 그리스도인들이 이미 휴거되어 하늘로 올라갔다는 가장 두드러진 증거이다. 그 하늘에서 혼인예식이 거행되는 것이다. 사도 요한이 보고 들은 혼인 잔치를 옮겨보자.

> "또 내가 들으니 허다한 무리의 음성과도 같고 많은 물 소리와도 같고 큰 우렛소리와도 같은 소리로 이르되, '할렐루야! 주 우리 하나님 곧 전능하신 이가 통치하시도다. 우리가 즐거워하고 크게 기뻐하며 그에게 영광을 돌리세! 어린 양의 혼인 기약이 이르렀고, 그의 아내가 자신을 준비하였으므로, 그에게 빛나고 깨끗한 세마포 옷을 입도록 허락하셨으니, 이 세마포 옷은 성도들의 옳은 행실이로다' 하더라. 천사가 내게 말하기를, '기록하라! 어린 양의 혼인 잔치에 청함을 받은 자들은 복이 있도다' 하고, 또 내게 말하되, '이것은 하나님의 참되신 말씀이라' 하더라. 내가 그 발 앞에 엎드려 경배하려 하니 그가 나에게 말하기를, '나는 너와 및 예수의 증언을 받은 네 형제들과 같이 된 종이니 삼가 그리하지 말고 오직 하나님께 경배하라. 예수의 증언은 예언의 영이라' 하더라" (19:6-10).

바벨론에 대한 하나님의 참되고 의로운 심판에 대한 반응은 한 마디로 '할렐루야'였다. 이 할렐루야는 소극적으로 심판에 대한 것이었으나, 적극적인 할렐루야도 있다. 그것은 어린 양의 혼인 날짜가 찼기 때문이다. 그리스도인들이 그토록 오랫동안 기다렸던 혼인예식이 마침내 도래했던 것이다. '허다한 무리의 음성과도 같고, 많은 물 소리와 같고, 큰 우렛소리와 같은' 어마어마하게 큰 소리가 '할렐루야'를 외쳤던 것이다.

왜 어린 양의 혼인 잔치에 대해 이처럼 큰 소리로 할렐루야를 외쳤는가? 그 이유는 그 혼인 잔치는 구원의 완성이기 때문이다. 죄인들이 예수 그리스도를 구주로 받아들일 때, 그들은 그분의 신부, 곧 그리스도의 약혼녀가 된 것이다. 바울 사도의 묘사를 빌려보자. "내가 하나님의 열심으로 너희를 위하여 열심을 내노니, 내가 너희를 정결한 처녀로 한 남편인 그리스도께 드리려고 중매함이로다"(고후 11:2).

예수 그리스도를 받아들인 그리스도인들은 그분을 남편으로 섬기기 시작한 것이다. 다시 말해서 그분의 아내로 약혼한 것이다. 그때부터 그리스도와 그리스도인들은 영적으로 남편과 아내의 관계로 들어간 것이다. 그러나 그들이 한 몸을 이룬 부부가 되기 위해서는 혼인예식을 거쳐야 한다. 그러니까 그리스도 예수를 구주로 영접한 순간 그리스도인들은 그분과 약혼식을 거친 법적 아내가 되었지만, 결합한 부부는 아닌 것이다.

이런 이중적인 약혼과 혼인의 과정을 잘 알려주는 사건이 요셉과 마리아였다. 그들은 약혼을 통해 법적으로 부부가 되었지만, 그렇다고 한 몸을 이룬 부부는 아니었다. 그런 이유 때문에 요셉이 마리아와 헤어지려고 작정했을 때, 정식으로 이혼 절차를 거쳐야 했다. 그리스도인들도 마찬가지이다! 그들이 구원받은 순간 예수 그리스도와 정식으로 부부관계에 들어간 것이다. 그러나 그 관계는 혼인예식을 통해서 완성된다.

그러면 왜 그처럼 큰 소리로 할렐루야를 외쳤는지 이해가 간다. 그리스도와 약혼한 그리스도인들은 구원을 받았는데, 이것은 영적 구원이다! (엡 2:8). 그러나 그 구원이 완성되기 위해서는 혼인예식을 거쳐야 된다. 그때 비로소 그들은 그분과 한 몸을 이룬 실제적인 부부가 된다. 신부가 그렇게 오랫동안 기다리던 혼인 기약이 마침내 이르렀다. 이제 영원히 헤어질 수 없는 한 몸을 이루게 된 것이다. 어찌 할렐루야를 외치지 않을 수 있겠는가!

'할렐루야! 주 우리 하나님 곧 전능하신 이가 통치하시도다!' (19:6b). 전능하신 하나님의 통치가 없다면 이런 혼인예식은 결코 가능하지 않았을 것이다. '우리', 곧 모든 그리스도인은 마땅히 '즐거워하고 크게 기뻐하며, 그분에게 영광을 돌리지 않을 수' 없다. 마침내 '어린 양의 혼인 기약이 이르렀기' 때문이다. 영적 구원으로 시작되었다가, 많은 우여곡절을 거쳐서 육적 구원, 곧 구원의 완성을 경험하게 된 것이다.

그런데 이렇게 갑자기 도래한 혼인예식을 위하여 그리스도의 아내인 신부도 '자신을 준비하지' 않으면 안 되었다! (19:7b). 어떻게 준비했단 말인가? 물론 여러 가지로 준비했겠지만, 무엇보다도 다음과 같은 네 분야에서 준비했을 것이다. 첫째, 믿음을 지켰다 (2:13, 13:10, 14:12). 둘째, 주님을 위해 증언했다 (1:9, 6:9, 12:11). 셋째, 어려움을 견디어냈다 (2:3, 3:10, 13:10). 넷째, 하나님의 계명을 지켰다 (12:17, 14:12).

물론 신부가 이처럼 자신을 준비했지만, 결국 하나님의 도움이 없었다면 아무 것도 가능하지 않았을 것이다. 그런 이유 때문에 사도 요한은 이렇게 기록했다. "그에게 빛나고 깨끗한 세마포 옷을 입도록 허락하셨으니, 이 세마포 옷은 성도들의 옳은 행실이로다" (19:8). 하나님이 허락하신 이 예복은 큰 음녀가 '세마포 옷과 자주 옷과 붉은 옷을 입고 금과 보석과 진주로 꾸민' 복장과 얼마나 다른가! (18:16).

'빛나고 깨끗한 세마포 옷'은 승리와 순결을 상징한다.[7] 이런 옷을 입고 신부가 나타난다는 것은 혼인예식을 거행할 시간에 그 식장에 나타난 신부를 소개하는 것이다. 그런데 이 세마포 옷에 대한 해석도 주어졌는데, 곧 '성도들의 옳은 행실이로다.' 이 말씀에서 '옳은 행실'은 헬라어의 *디카이오마*(δικαίωμα)의 복수형으로 한 단어이나, 한글성경에서는 두 단어, 곧 '옳은 행실'로 번역되었다.[8]

이 옷은 선지자 이사야가 종말에 신부가 입을 옷에 대해 한 예언을 상기시키고도 남는다. 그의 예언을 인용해보자. "내가 여호와로 말미암아 크게 기뻐하며 내 영혼이 나의 하나님으로 말미암아 즐거워하리니, 이는 그가 구원의 옷을 내게 입히시며 공의의 겉옷을 내게 더하심이 신랑이 사모를 쓰며 신부가 자기 보석으로 단장함 같게 하셨음이라" (사61:10). 그렇다! 이 예언처럼 마지막 날에 하나님은 신부를 그렇게 단장시키셨던 것이다.

사도 요한은 '기록하라'는 명령을 몇 번 받는데, 너무나 중요하기에 기록하라는 것이다. 첫 번째는 주님이 앞으로 보여주실 것을 '기록하라'고 하셨는데 (1:11), 그렇게 기록해서 일곱 교회에 보내라는 것이다. 두 번째는 '주 안에서 죽은 자'는 복이 있다는 사실을 기록하라는 것이다 (14:13). 세 번째는 '만물을 새롭게 하신다'는 주님의 말씀을 기록하라는 것이다 (21:5). 이제부터 새 하늘과 새 땅이 전개된다는 너무나 중요한 말씀이다.

네 번째이자 마지막으로 '기록하라'고 하신 명령은 '어린 양의 혼인 잔치에 청함을 받은 사람은 복이 있다'는 말씀이다 (19:9). 그리스도 예수의 신부가 되어 그분을 남편으로 맞이하게 된 것이 복이 아니면 무엇이 복이란 말인가? 신부가 그렇게 혼인 잔치에 부름을 받은 것은 전적으로 하나님의 은혜였다. 처음부터 하나님의 은혜로 부르심을 받아 구원받았고, 그 은혜로 신앙의 정절을 지켰고, 마침내 혼인 잔치에 주인공으로 초청을 받은 것이다.

사도 요한은 신부가 혼인 잔치에 초청받았다는 '하나님의 참되신 말씀' 때문에 그 천사를 경배하기 위하여 그 앞에 엎드렸다 (19:10). 그러나 그 천사는 그도 예수님을 증언하기 위하여 부르심을 받은 '형제들과 같이 된 종'이기에 그에게 경배하지 말고, 그들을 부르신 하나님께 경배하라고 부탁한다. 그리고 그 천사는 덧붙인다, '예수의 증언은 예언의 영이라.' 성령을 통해 기록된 요한계시록은 예수님에 대한 증언이자 종말에 대한 예언이라는 말이었다.

2. 온 족속을 위한 재림

그 다음, 이 세상의 온 족속을 위하여 재림하실 주님에 대해서 알아보자. 물론 온 족속을 위한 재림은 그리스도인들을 위한 공중 재림과는 전혀 다르다. 그리스도인들을 위한 재림은 그들을 만나주시고, 깨끗하게 하시고, 보상하시고, 그리고 혼인예식을 치루기 위함이었다. 그 예식을 통해 머리인 그리스도와 몸인 교회가 결합하여 온전한 몸을 이룬 것이며, 신랑인 그리스도와 신부인 그리스도인들이 분리될 수 없는 부부가 된 것이다.

그러나 그리스도가 성도들과 함께 지상으로 재림하실 때는 온 족속을 심판하시기 위함이다. 이 세상의 온 족속은 예수 그리스도를 통해 하나님에게 나아오기를 거부했고 그리고 하나님을 대적했다. 그들은 사탄과 적그리스도와 미혹의 선지자를 따르면서 위로는 하나님을 능멸했을 뿐 아니라, 아래로는 하나님의 성도들을 박해했고 그리고 주저하지 않고 죽이기까지 했다. 그런 자들이 심판을 받지 않는다면 누가 받는단 말인가?

그리스도의 지상 재림은 아마겟돈 전쟁과 연결된다. 아마겟돈에 큰 군대가 집결했는데, 적그리스도를 필두로 열 왕과 천하의 왕들과 수많은 무리였다. 그런데 이들의 집결은 대접 심판 중에 일어났다. 천사가 여섯 번째 대접을 쏟자 유브라데강이 말랐는데, 그것은 큰 군대가 용이하게 이동하기 위함이었다. 말씀으로 확인하자. "또 여섯째 천사가 그 대접을 큰 강 유브라데에 쏟으매 강물이 말라서 동방에서 오는 왕들의 길이 예비되었더라" (16:12).

이처럼 큰 군대가 집결하여 하나님의 군대를 대적한 배후에는 용과 짐승과 거짓 선지자가 있었다. 그것도 말씀으로 확인하자. "또 내가 보매 개구리 같은 세 더러운 영이 용의 입과 짐승의 입과 거짓 선지자의 입에서 나오니, 그들은 귀신의 영이라. 이적을 행하여 온 천하 왕들에게 가서 하나님 곧 전능하신 이의 큰 날에 있을 전쟁을 위하여 그들을 모으더라…세 영이 히브리어로 아마겟돈이라 하는 곳으로 왕들을 모으더라" (16:13-14, 16).

히브리어인 아마겟돈은 이스라엘의 북쪽에 위치한 므깃도 골짜기를 가리킨다. 므깃도는 이스라엘의 역사에서 많은 싸움들이 있던 곳이었다. 드보라와 바락이 가나안을 패배시킨 곳이며 (삿 4장), 기드온이 미디안 족속을 무찌른 곳이다 (삿 6장). 그리고 사울이 블

레셋과 전쟁 중 사망한 곳이며 (삼상 31:8), 아하시아가 예후에 의하여 죽임을 당한 곳이며 (왕하 9:27), 요시야가 애굽 군대에 의하여 죽은 곳이었다 (왕하 23:29-30).

아마겟돈 전쟁은 므깃도를 중심으로 일어났지만, 실제로는 이스라엘 전역에 걸쳐서 양쪽 군대가 진열해 있었다. 북쪽으로 므깃도에서 시작하여 예루살렘에 이르렀고, 동쪽으로는 여호사밧 골짜기와 남쪽으로는 에돔에 이르렀다 (욜 3:2, 사 34:9). 양쪽의 군대는 남북으로 320km에 걸쳐서, 그리고 동서로는 지중해에서 유브라데 강에 걸쳐서 퍼져있었다. 그리고 그 전쟁의 중심은 예루살렘이었다 (슥 12:2).[9]

이 전쟁에 대한 예언이 있는데, 그 말씀을 인용하면서 설명해보자. "여호와의 날이 이르리라. 그 날에 네 재물이 약탈되어 네 가운데에서 나누이리라. 내가 이방 나라들을 모아 예루살렘과 싸우게 하리니 성읍이 함락되며 가옥이 약탈되며 부녀가 욕을 당하며 성읍 백성이 절반이나 사로잡혀 가려니와 남은 백성은 성읍에서 끊어지지 아니하리라. 그 때에 여호와께서 나가사 그 이방 나라들을 치시되 이왕의 전쟁 날에 싸운 것 같이 하시리라" (슥 14:1-3).

이 예언에서 '여호와의 날'은 마지막 때를 가리키는데, 그때 '이방 나라들'이 모여서 예루살렘을 공략할 것이다. 이스라엘 백성은 끊임없이 그들을 압박하는 적그리스도와 그 수하들에 대항하여 항전을 벌인다. 그들은 '부르심을 받고 택하심을 받은 진실한 자들'이었다 (17:14). 그들은 하나님이 그들을 돕고 적군을 치시겠다는 약속을 의지하여 분연히 일어났던 것이다 (슥 12:4-9). 그러나 그 전쟁의 결과 이스라엘 백성은 완전히 패배를 당한다.

이스라엘 백성은 그들을 둘러싼 수 없이 많은 적군들에 의하여 완전히 궤멸된다. 그들은 하나님을 바라보면서 통곡하다가 놀라운 사실을 깨닫게 된다. 말씀으로 확인하자. "내가 다윗의 집과 예루살렘 주민에게 은총과 간구하는 심령을 부어 주리니, 그들이 그 찌른 바 그를 바라보고 그를 위하여 애통하기를 독자를 위하여 애통하듯 하며, 그를 위하여 통곡하기를 장자를 위하여 통곡하듯 하리로다" (슥 12:10).

그들이 거부하고 십자가에 못 박은 예수 그리스도가 그들의 메시야라는 사실을 깨닫게 되는데, 그것도 하나님이 '은총과 간구하는 심령을 부어주시기' 때문에 가능했다. 그 결과 '그들이 그 찌른 바, 그를 바라보게' 된 것이다. 물론 그들이 패배해서 통곡한 것도 사실이겠지만, 그것보다도 그들이 십자가에 못 박은 분에 대한 깨달음 때문에 회개의 통곡을 한 것이었다. 이스라엘의 역사에서 이때만큼 철저하게 회개한 때는 없었다.

그런데 이 예언이 놀라운 것은 그 회개의 애통이 바로 므깃도 골짜기에서 일어난다는 것이다. 그것도 말씀으로 확인하자. "그날에 예루살렘에 큰 애통이 있으리니, 므깃도 골짜기 하다드림몬에 있던 애통과 같을 것이라" (슥 12:11). 이미 언급한 대로, 므깃도 골짜기는 아마겟돈이다. 므깃도는 헬라어이고 아마겟돈은 히브리어이다. 선지자 스가랴가 예언한대로 이스라엘 백성은 므깃도 골짜기에서 철저하게 애통하며 회개한다 (슥 12:12-14).[10]

아마겟돈 전쟁은 대환난 기간 끝자락에서 일어난 사건이다. 공중에서 그리스도인들이 상급을 받으며 혼인 잔치에 참여하고 있는 동안, 사탄과 적그리스도와 거짓 선지자가 날뛰는 세상에는 엄청난 자연재해와 전쟁이 일어나고 있었다. 그러니까 적그리스도가 이끄는 왕들과 무리들이 전쟁을 준비하고, 전열을 가다듬고, 전투한 기간은 한 순간이 아니라 대환난의 기간과 같은 3년 6개월이었다.[11]

한편 공중에서 혼인 예식을 마치고 또 한편 지상에서 이스라엘의 패배와 회개가 있자, 예수 그리스도는 그리스도인들과 더불어 영광 가운데 지상으로 재림하신다. 바울 사도는 그 재림을 이렇게 묘사했다. '우리 주 예수께서 그의 모든 성도와 함께 강림하실 때!' (살전 3:13). 그때 그 모습을 바울 사도는 다른 곳에서 이렇게 묘사했다. "우리 생명이신 그리스도께서 나타나실 그 때에 너희도 그와 함께 영광 중에 나타나리라" (골 3:4).

그리스도인들은 오랫동안 예수 그리스도의 재림을 기다렸다. 그들의 간절한 기다림을 반영하듯, 사도 요한은 요한계시록에서 그분이 다시 오시겠다고 직접 하신 말씀을 9번이나 인용했다.[12] 그 외에도 그분의 재림을 의미하는 내용이 얼마나 많은지 모른다. 예를 들면 주님은 이런 말씀, 곧 '이기는 그에게는 내가 하나님의 낙원에 있는 생명나무의 열매를 주어 먹게 하리라'고 하신 적이 있는데 (2:7), 그것은 주님이 재림하셔서 주실 보상을 의미한다.[13]

사도 요한은 마침내 예수 그리스도의 지상 재림을 본대로 그리고 들은 대로 기록하였는데, 곧 요한계시록 19장 11~21절에서이다. 그리스도인들이 그렇게 오랫동안 기다리고 기다리던 주님이 세상에 임하신다는 것이다. 그런데 이 열한 구절은 다음과 같이 넷으로 나눌 수 있다: 첫째, 재림주에 대한 묘사 (19:11-13); 둘째, 재림주의 전투 (19:14-16); 셋째, 메시야의 잔치에 초청받은 새들 (19:17-18); 넷째, 전쟁과 심판 (19:19-21).

첫째, 재림주에 대한 묘사를 보기 위하여 그 말씀을 인용해보자. "또 내가 하늘이 열린 것을 보니, 보라! 백마와 그것을 탄 자가 있으니, 그 이름은 충신과 진실이라. 그가 공의로 심판하며 싸우더라. 그 눈은 불꽃 같고 그 머리에는 많은 관들이 있고, 또 이름 쓴 것 하나가 있으니 자기밖에 아는 자가 없고, 또 그가 피 뿌린 옷을 입었는데 그 이름은 하나님의 말씀이라 칭하더라" (19:11-13).

마침내 하늘이 열리며 백마를 탄 그리스도가 영광 중에 지상으로 내려오신다! 그렇게 오시는 주님은 일곱 가지로 묘사되는데, 차례로 살펴보자. 먼저, 그분의 이름이 '충신과 진실'로 소개된다. 그런데 '충신'은 '충성'의 뜻이며, '진실'은 '참되다'의 뜻이다.[14] 그분은 다른 곳에서 '충성되고 참된 증인'이라고 소개되었다 (3:14), 두말할 필요도 없이 주님은 부르심에 충실하신 분이다. 그뿐 아니라, 공의에도 진실하신 분이다.

적그리스도는 이룰 수 없는 헛된 약속과 속임수로 사람들을 동원하여 전쟁을 일으켰다. 그 전쟁은 공의와 상반되는 전쟁이었고, 진실하지 못한 불의의 전쟁이었다. 그러나 그리스도는 적그리스도와는 반대로 부르심을 받은 대로, 그리고 공의대로 이 최후의 전쟁에 참여하신다. 그분이 이처럼 '충신과 진실'이시기에 용의 도전--'누가 이 짐승과 같으냐? 누가 능히 이와 더불어 싸우리요?' (13:4)--을 받아들이고 적그리스도와 그 무리들을 제압하신다.

그 다음, 그리스도는 '공의로 심판하며 싸우더라.' 그리스도는 의로운 분이시다! 그 의를 근거로 그분은 심판하실 뿐 아니라 전쟁에도 참여하신다. 사탄과 적그리스도는 그들의 욕구를 채우기 위하여 때로는 물질로 그리고 때로는 거짓말로 무리들을 충동했고, 또 전쟁을 일으켰다. 그들은 위로 하나님을 대항하여 전쟁을 일으켰고, 아래로는 성도들을 지배하기 위하여 전쟁을 일으켰다. 그런 자들을 무찌르기 위하여 그리스도는 분연히 일어나셨던 것이다.

그 다음, 백마를 타고 오시는 그리스도의 '눈은 불꽃같은데', 일찍이 그렇게 소개된 적이 있었다 (1:14, 2:18). 그분의 눈이 불꽃같다는 말은 모든 것을 꿰뚫어보는 눈을 가리키며, 그런 눈으로 살펴본 후에 본대로 심판하신다는 뜻이다. 그렇다! 그리스도의 심판은 불꽃같다. 이것은 모든 것을 아시는 전지全知의 능력을 함축하며, 불의한 자들의 의롭지 못한 행위에 대해 가차 없이 부어지는 심판을 의미한다.[15)

백마를 타고 오시는 그리스도에 대한 네 번째 묘사는 '그 머리에는 많은 관들이 있다'는 것이다. 이미 첫 번째 인 심판에서 제시한 것처럼, 두 종류의 관이 있다. 하나는 정복자가 쓰는 관, 곧 스테파노스이며, 또 하나는 통치자가 쓰는 디아데마가 있다. 백마를 타고 다시 오시는 그리스도 예수가 쓰신 관은 물론 디아데마이다. 그런데 사탄인 용과 적그리스도인 바다에서 올라온 짐승이 쓴 관도 역시 디아데마였다 (12:3, 13:1).

놀랍게도 신약성경 전체에서 디아데마라는 단어는 세 번밖에 나오지 않는데, 바로 요한계시록에서이다 (12:3, 13:1, 19:12). 위에서 언급한 것처럼, 이 관은 통치자가 쓰는 것으로 오직 그리스도만이 쓰실 수 있다. 왜냐하면 그분만이 진정한 의미에서 통치자요 왕이시기 때문이다. 그런데 사탄과 적그리스도는 그리스도의 통치권을 모방하려고 관을 썼다. 그것도 42개월 동안, 그리고 세상에서만 사용된 거짓된 관이었다.

이처럼 그리스도 예수의 왕권을 잠시나마 찬탈한 용과 짐승이 심판을 받지 않는다면 누가 받는단 말인가? 그들은 지상으로 재림하시는 그리스도 예수에 의하여 철저하게 심판을 받는다. 그리고 그분의 통치 밑에서 천년왕국이 시작될 것이다. 그분만이 절대적이며 영원한 통치자이시다. 그런 절대적이며 영원한 통치를 나타내기 위한 모습이 '많은 관'이다.[16] 그리스도는 과연 왕 중의 왕으로 지상으로 오시는 분이시다.

백마를 타고 오시는 그리스도의 다섯 번째 묘사는 '또 이름 쓴 것 하나가 있으니, 자기밖에 아는 자가 없다'는 것이다. 그리스도의 '이름'은 그분의 특성을 알려준다. 예를 들면, 그분의 이름 중 하나는 '충신과 진실'이었는데, 그 이름이 의미하는 바는 분명하다. 그런데 그분의 또 하나의 이름에 대해서는 그분 자신을 제외하고는 아는 자가 없다는 것이다. 물론 지금까지 그리스도의 이름이 여러 가지로 알려진 것도 사실이지만 말이다.

'충신과 진실' 이외에도 '하나님의 거룩한 자'로 알려지기도 했다 (막 1:24). 지금까지 알려진 그리스도의 이름은 모두 계시에 의해 알려진 것이다. 그렇게 알려진 것만을 그리스도인들은 안다. 그 말을 바꾸면, 아직 알려지지 않은 그분의 이름이 있다는 것이다. 그 이름은 주님이 친히 알려주실 때까지는 어떤 그리스도인들도 알 수 없다. 그들은 주님이 재림하셔서 그들에게 숨겨진 이름을 알려주실 때까지 기다려야 한다.

백마를 타고 오시는 그리스도의 여섯 번째 묘사는 '또 그가 피 뿌린 옷을 입었다'는 것이다. 공의의 하나님은 당신을 대적하는 모든 무리를 심판하시며, 그 심판의 결과 수없이 많은 원수들이 피를 뿌리고 죽었다. 그 피는 '말 굴레에까지 닿을' 정도로 넘쳐났다 (14:20). 그 피가 그리스도의 옷에 튀어서 마치 그분이 피투성이가 된 모양이었다. 이처럼 '피 뿌린 옷을 입었다'는 묘사는 심판의 당위성을 증언하고도 남는다.

백마를 타고 오시는 그리스도의 일곱 번째 묘사는 이렇다. '그 이름은 하나님의 말씀이라 칭하더라.' 이것은 재림하시는 그리스도의 셋째 이름이다. 첫째 이름은 '충신과 진실'이다. 둘째 이름은 아직 아무도 알지 못하는 이름이다. 셋째는 '하나님의 말씀'이다. 그분의 이름이 '하나님의 말씀'이라는 것은 세상에 임하시고 역사하시는 하나님이란 뜻이다.[17] 그리스도가 '하나님의 말씀'이시라면, 교회도 그 말씀으로 그리스도의 임재와 역사를 선포해야 된다.

둘째, 재림주의 전투를 보기 위하여 그 말씀을 인용하면서 설명하자. "하늘에 있는 군대들이 희고 깨끗한 세마포 옷을 입고 백마를 타고 그를 따르더라. 그의 입에서 예리한 검이 나오니 그것으로 만국을 치겠고 친히 그들을 철장으로 다스리며, 또 친히 하나님 곧 전능하신 이의 맹렬한 진노의 포도주 틀을 밟겠고, 그 옷과 그 다리에 이름을 쓴 것이 있으니, 만왕의 왕이요 만주의 주라 하였더라" (19:14-16).

이 말씀에 의하면 재림주이신 예수 그리스도가 전투에 임하시는 모습이 묘사되었는데, 그 모습은 네 가지이다. 먼저, 그분은 물론 그분과 함께하는 군대의 복장이다. 이미 본 대로 그분은 백마를 타고 오신다 (19:11). 그런데 그분을 따르는 무수한 군대도 역시 백마를 타고 있었다. 거기다가 '희고 깨끗한 세마포 옷'을 입고 있었다. 그러니까 그리스도와 군대가 모두 백마를 탔는데, 이것은 정복과

승리를 뜻한다.[18]

그 다음, 그렇게 백마를 타고 전진하는 그리스도와 군대가 전투를 벌이는데, 특히 앞장선 그리스도의 모습을 부각시킨다. 그분의 '입에서 예리한 검이 나오니, 그것으로 만국을 치신다.' 그분께만 생과 사를 좌지우지할 수 있는 날카로운 칼이 있으며, 그 칼로 만국을 치시는 것이다. 이 사실을 바울 사도는 이렇게 묘사했다, "그 때에 불법한 자가 나타나리니, 주 예수께서 그 입의 기운으로 그를 죽이시고 강림하여 나타나심으로 폐하시리라" (살후 2:8).

재림주이신 그리스도는 칼만 사용하시는 것이 아니다. 그분은 '그들을 철장으로 다스리신다.' 교회의 주인이기도 하신 주님은 음행으로 교회를 더럽힌 두아디라 교회를 철장으로 다스리셨다 (2:27). 그뿐 아니라, 마지막 때에 철장으로 만국을 다스리실 분이라는 예언대로 그분은 철장으로 만국을 다스리신다. 그 예언을 다시 인용해보자. '여자가 아들을 낳으니, 이는 장차 철장으로 만국을 다스릴 남자라' (12:5).

물론 사도 요한이 철장으로 만국을 다스리실 그리스도 예수에 대해 예언한 것도 사실이지만, 실제로는 그보다 훨씬 전에 이미 그런 예언이 있었다. 그 예언을 인용해보자. "…여호와께서 내게 이르시되, '너는 내 아들이라! 오늘 내가 너를 낳았도다. 내게 구하라! 내가 이방 나라를 네 유업으로 주리니 네 소유가 땅 끝까지 이르리로다. 네가 철장으로 그들을 깨뜨림이여 질그릇 같이 부수리라' 하시도다" (시 2:7-9).

위의 두 예언을 종합해보자. 그리스도 예수가 여자에게서 태어나셨다. 그렇게 태어나신 분이 바로 지상으로 다시 오실 재림주이시었다. 그분은 철장으로 만국을 치심으로 놀라운 승리자가 되실 것이다. 그분에게 엄청난 전리품이 주어지는데, 그것은 온 땅이다. 그러니까 그분은 온 땅을 지배하는 통치자, 곧 '만왕의 왕이요 만주의 주'가 되신다. 그때부터 그분이 통치하시는 천년왕국이 시작된다! 얼마나 놀라운 결과인가!

그 다음, 이 전투의 소극적인 결과를 보자. '또 친히 하나님 곧 전능하신 이의 맹렬한 진노의 포도주 틀을 밟겠고' (19:15b). 이 말씀에서 '진노의 포도주'는 하나님이 바벨론을 심판하실 때에 나온 표현이다. 다시 그 심판을 보자. '큰 성 바벨론이 하나님 앞에 기억하신 바 되어, 그의 맹렬한 진노의 포도주 잔을 받으매…' (16:19). 재림 주이신 예수 그리스도는 적군을 이처럼 철저하게 심판하신다.

'진노의 포도주 틀'은 예수 그리스도의 무서운 심판을 표현한 것인데, 역시 마지막 때의 심판 장면을 연상시킨다. "천사가 낫을 땅에 휘둘러 땅의 포도를 거두어 하나님의 진노의 큰 포도주 틀에 던지매, 성 밖에서 그 틀이 밟히니 틀에서 피가 나서 말 굴레에까지 닿았고, 천육백 스타디온에 퍼졌더라" (14:19-20). 포도가 틀 속에서 짓밟히어 으스러지는 것처럼, 그리스도는 전능하신 하나님처럼 적군을 짓밟아서 으스러뜨리신다는 것이다.

마지막으로, 백마를 타고 내려오셔서 적군을 단칼에 죽이시고 승리를 쟁취하신 재림주의 이름이 또 한 번 소개되는데, 곧 '만왕의 왕이요 만주의 주'이시다. 그러니까 성도들과 함께 땅으로 내려오시는 주님의 이름은 네 가지였는데, 곧 '충신과 진실', '본인만 아시는 이름', '하나님의 말씀' 및 '만왕의 왕이요 만주의 주'이다. 적그리스도는 열 왕을 지배하면서 그를 따르는 자들을 다스렸지만, 재림 주는 세상과 하늘의 모든 것을 다스리시는 분이다.

그분의 이름은 '그 옷과 그 다리'에 기록되어 있었다. 그러니까 백마를 타고 내려오시는 그분은 허리에 큰 칼을 차고 있었을 것이다. 그 모습을 상상해보라! 큰 칼이 있는 곳, 다시 말해서 다리를 덮고 있는 옷에 새겨진 그분의 이름이 빛나고 있다. 그 이름은 '만왕의 왕이요 만주의 주'이다. 지금까지 모든 그리스도인들의 '나라가 임하시라'는 기도가 마침내 응답되는 순간이다! 이제부터 그분이 그 왕국의 통치자가 되신다!

셋째, 메시야의 잔치에 초청받은 새들에 대해 알아보기 위하여 말씀을 인용해보자. "또 내가 보니 한 천사가 태양 안에 서서 공중에 나는 모든 새를 향하여 큰 음성으로 외쳐 이르되, '와서 하나님의 큰 잔치에 모여 왕들의 살과 장군들의 살과 장사들의 살과 말들과 그것을 탄 자들의 살과 자유인들이나 종들이나 작은 자나 큰 자나 모든 자의 살을 먹으라' 하더라" (19:17-18).

'태양 안에 선 천사'는 '영광으로 땅을 환하게 한' 천사를 상기시키고도 남는다. 그 천사에 대한 말씀을 인용해보자. "이 일 후에 다른 천사가 하늘에서 내려오는 것을 보니, 큰 권세를 가졌는데 그의 영광으로 땅이 환하여지더라" (18:1). 이 천사는 영광 중에 내려와서 이렇게 외쳤다. "…무너졌도다, 무너졌도다, 큰 성 바벨론이여! 귀신의 처소와 각종 더러운 영이 모이는 곳과 각종 더럽고 가증한 새들이 모이는 곳이 되었도다" (18:2).

그 천사는 바벨론의 완전한 멸망을 선포하면서, 그곳에 '각종 더럽고 가증한 새들이 모였다'고 했다. 그런데 '태양 안에 선 천사'도 '공중에 나는 모든 새'를 '하나님의 큰 잔치'로 초청한다. 왜냐하면 아마겟돈 전쟁에서 그리스도와 그 군대를 대적하던 무리들이 완전히 패배했기 때문이다. 그 무리들은 높은 자나 낮은 자나, 왕들이나 장군들이나 완전히 섬멸되었다. 얼마나 처절하게 패배했던지, 그들의 모든 시체는 땅에 흩어져 있었다.

이것은 완전한 패배이며 동시에 완전한 심판이다. 시체가 묻히지 못하고 땅에 굴렀다는 것은 수치 중의 수치이며, 동시에 하나님의 심판의 엄위를 단적으로 보여주는 장면이다.[19] 그들은 누구의 시체인가? '왕들과 장군들과 장사들과 말들과 그 말들을 탄 자들과 자유인들과 종들과 작은 자들과 큰 자들이다.' 한 마디로 말해서, 적그리스도를 따르는 모든 무리를 가리킨다. 그들은 하나같이 모두 처절한 죽음으로 끝났다.

요한계시록 19장에는 두 종류의 메시야 잔치가 배설되는데, 하나는 예수 그리스도를 믿은 성도들이 참여하는 그리스도의 혼인 잔치이다 (19:7). 또 하나는 메시야와 그 군대를 대적한 모든 무리들이 먹이가 된 새들의 잔치이다. 성도들은 혼인 잔치에서 주님을 만나는 즐거움을 만끽하나, 죄인들은 새들의 잔치에 먹이가 된 잔치이다. 그들은 한 순간에 의기양양한 군대에서 전락하여 새들의 먹이가 되었던 것이다. 하나님을 대적한 인간의 최후이다!

넷째, 전쟁과 심판을 보기 위하여 그 말씀을 인용하면서 설명해 보자.

> "또 내가 보매 그 짐승과 땅의 임금들과 그들의 군대들이 모여 그 말 탄 자와 그의 군대와 더불어 전쟁을 일으키다가, 짐승이 잡히고 그 앞에서 표적을 행하던 거짓 선지자도 함께 잡혔으

니, 이는 짐승의 표를 받고 그의 우상에게 경배하던 자들을 표적으로 미혹하던 자라. 이 둘이 산 채로 유황불 붙는 못에 던져지고, 그 나머지는 말 탄 자의 입으로부터 나오는 검에 죽으매, 모든 새가 그들의 살로 배불리더라" (19:19-21).

마침내 아마겟돈에 그리스도의 군대와 적그리스도의 군대가 진을 치고 있었다. 먼저 적그리스도의 진영을 보자. "또 내가 보매 개구리 같은 세 더러운 영이 용의 입과 짐승의 입과 거짓 선지자의 입에서 나오니 그들은 귀신의 영이라. 이적을 행하여 온 천하 왕들에게 가서 하나님 곧 전능하신 이의 큰 날에 있을 전쟁을 위하여 그들을 모으더라…세 영이 히브리어로 아마겟돈이라 하는 곳으로 왕들을 모으더라" (16:13-14, 16).

그 반대편에는 그리스도의 군대가 진을 치고 있었다. 그 진영은 이렇게 묘사되고 있다. "하늘에 있는 군대들이 희고 깨끗한 세마포 옷을 입고 백마를 타고 그를 따르더라" (19:14). 전열을 가다듬은 두 진영은 맹렬한 전투를 벌인다. "또 내가 보매, 그 짐승과 땅의 임금들과 그들의 군대들이 모여 그 말 탄 자와 그의 군대와 더불어 전쟁을 일으키다" (19:19). 아마겟돈 전쟁은 이렇게 벌어졌던 것이다.

그런데 이 전쟁의 결과가 간략하게 묘사됐다. '그의 입에서 예리한 검이 나오니, 그것으로 만국을 치겠고…' (19:15). 이런 묘사는 전쟁 없이 그리스도의 입에서 나오는 검으로만 승리했다고 오해할 수 있으나, 실제로 전쟁이 있었다. 단지 그리스도를 '만왕의 왕이요 만주의 주'로 소개하여, 그분의 절대적인 권위와 능력을 강조한 것이다. 그렇지 않다면 '그 짐승과…그들의 군대들이 모여…그의 군대와 더불어 전쟁을 일으키다'는 표현이 없었을 것이다.

그리스도와 그분의 군대를 대적한 적그리스도와 그 군대는 철저하게 패배해서 하나님의 심판을 받는다. 그 심판은 간단하면서도 분명하다! 적그리스도인 짐승과 거짓 선지자가 잡혔다! (19:20). 거짓 선지자는 사람들로 하여금 짐승의 표를 받게 했을 뿐 아니라, 그 우상에게 경배하도록 거짓된 표적으로 속인 작자이다. 적그리스도와 거짓 선지자는 백마를 타신 그리스도에 의하여 '산 채로 유황불 붙는 못'에 던져졌다.

이처럼 불 못에 던져지는 심판을 받는 그룹이 넷인데, 하나는 적그리스도와 거짓 선지자이며, 둘은 마귀이며 (20:10), 셋은 사망과 음부이며 (20:14), 넷은 '생명책에 기록되지 못한' 불신자들이다 (20:15). 이렇게 적그리스도와 거짓 선지자가 산 채로 유황불 불 못에 던져진 후, 남은 무리들은 백마를 타신 분의 입으로부터 나오는 검에 죽는다. 그리고 위에서 본대로, '모든 새가 그들의 살로 배불린다' (20:21).

이렇게 아마겟돈 전쟁이 마무리되자 예수 그리스도는 마침내 지상으로 오셔서 천년왕국의 통치자가 되신다. 지금까지 이루어진 사실을 토대로 도해하면서 더 설명해보자.

요한계시록은 초림주와 재림주이신 예수 그리스도를 소개한다. 그런데 놀랍게도 요한계시록은 초림주와 재림주를 포함하여 7가지로 분류될 수 있다. 그것이 놀라운 것은 항목마다 7가지라는 사실이다. 다시 말해서, 초림주에 대한 묘사도 7가지이고, 재림주에 대한 묘사도 7가지라는 것이다. 그뿐 아니라, 초림주와 재림주 사이

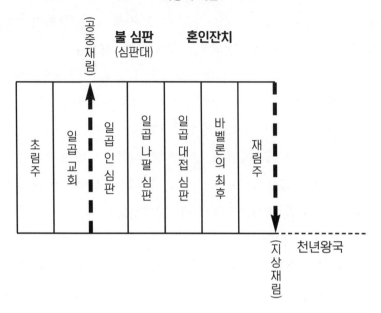

이중적 재림

불 심판 (심판대)   혼인잔치

(공중재림)

초림주 | 일곱 교회 | 일곱 인 심판 | 일곱 나팔 심판 | 일곱 대접 심판 | 바벨론의 최후 | 재림주

(지상재림)   천년왕국

에 있는 항목들도 모두 7가지로 설명될 수 있다는 것이다.

첫째, 초림주에 대한 묘사를 알아보자. 그 묘사는 요한계시록 1장 4~7절 사이에 들어있는데, 차례로 보면 다음과 같다. 1) '이제도 계시고 전에도 계셨고 장차 오실 이', 2) '충성된 증인', 3) '죽은 자들 가운데에서 먼저 나신 분', 4) '땅의 임금들의 머리가 되신 분', 5) '우리를 사랑하사 그의 피로 우리 죄에서 우리를 해방하신 분', 6) '우리를 나라와 제사장으로 삼으신 분', 7) '구름을 타고 오실 분.'

예수 그리스도가 이렇게 초림주로 오신 목적은 두 가지로 요약될 수 있는데, 하나는 죄인들을 구원하기 위함이고, 또 하나는 교회를 이루시기 위함이었다. 그리고 그 계획대로 그분은 많은 '잃은 영혼을 구원하셨을' 뿐 아니라, 수많은 교회도 일구셨다. 이 세상의 모든 교회를 대표하는 교회가 바로 요한계시록에 나오는 일곱 교회이다. 그들은 에베소 교회, 서머나 교회, 버가모 교회, 두아디라 교회, 사데 교회, 빌라델비아 교회, 라오디게아 교회이다.

계획된 대로 교회가 완성되면 초림주는 그 교회를 데리러 오시는데, 그것이 공중 재림이다. 다시 말해서, 교회를 이루고 있는 모든 성도는 '호령과 천사장의 소리와 하나님의 나팔 소리'로 부르심을 받는 순간 공중으로 이끌려서 그들의 구주이시며 주님이신 예수 그리스도를 만난다 (살전 4:16-17). 그리고 그 그리스도인들은 불 심판을 통하여 상급을 결정할 뿐 아니라, 쓸데없는 것들, 곧 나무와 잎과 지푸라기는 태워진다.

이처럼 정결해진 성도들은 그처럼 오래 기다리던 주님의 혼인 잔치에 참여하게 된다. 그 혼인 잔치를 통해 그들은 주님의 신부요 아내가 되는 기쁨을 누린다. 그때부터 그들은 그리스도 예수와 한 몸을 이룬다. 그렇게 한 몸이 된 그리스도와 그리스도인들은 영광 중에 세상으로 내려와서 적그리스도와 그 무리들을 섬멸시키고 천년왕국을 시작한다. 그 천년왕국에서 그리스도는 '왕 중의 왕이요 주중의 주'로서 그리스도인들과 세상을 다스리신다.

그리스도인들이 이처럼 공중에서 주님과 긴밀한 교제를 나누는 동안 세상에서는 적그리스도가 활개를 친다. 그리스도가 없는 틈을 이용하여 적그리스도가 나타나서 그리스도 대신에 세상을 지배하려고 발버둥 친다. 하나님은 그와 그를 따르는 무리를 심판하기 시작하시는데, 그것이 곧 삼중적 심판이다. 다시 말해서, 일곱 인 심판과 일곱 나팔 심판과 일곱 대접 심판이다. 그 심판은 적그리스도와 바벨론에 대한 심판으로 요약될 수 있다.

바벨론이 받은 심판도 역시 7가지 방법으로 나타난다. 1) 정치적인 짐승이 종교적인 바벨론을 발기발기 찢어버렸다 (17:16). 2) 불로 태워지는 심판을 받았다 (18:8). 3) 바벨론은 '한 시간'에 없앴다 (18:10, 17, 19). 4) 온갖 수단방법을 통해 축적한 재물도 허무하게 날아가 버렸다 (18:19). 5) 바벨론의 모든 영광과 사치가 바다 깊은 곳으로 던져졌다 (18:21). 6) 바벨론은 더이상 보이지 않게 되었으며, 7) 모든 삶이 끝났다 (18:22-23).

적그리스도와 그 무리를 섬멸시키신 그리스도 예수는 백마를 타고 지상으로 오시는데, 그 모습도 7가지이다. 1) 그 이름이 '충신과 진실'이다. 2) 그분은 '공의로 심판하며 싸우신다.' 3) 그분의 '눈은 불꽃같다.' 4) '그 머리에는 많은 관들이 있다.' 5) 그분밖에 모르는 이름을 가지고 있다. 6) 그분은 '피 뿌린 옷을 입었다.' 7) '그 이름은 하나님의 말씀이라 칭하더라.' '하나님의 말씀'이라는 이름은 이 묘사에 나오는 세 번째 이름이다.

3. 재림의 목적

왜 주님은 재림하셔야 하는가? 첫째, 하나님의 나라, 곧 하나님의 통치를 위해서이다. 하나님은 당신의 종들을 통해 반복적으로 그 나라에 관하여 말씀하셨다. 한 예를 들어보자. "그[여호와]가 열방 사이에 판단하시며 많은 백성을 판결하시리니, 무리가 그들의 칼을 쳐서 보습을 만들고 그들의 창을 쳐서 낫을 만들 것이며, 이 나라와 저 나라가 다시는 칼을 들고 서로 치지 아니하며 다시는 전쟁을 연습하지 아니하리라" (사 2:4).

죄와 전쟁으로 얼룩진 세상에 더 이상 죄도 없고 전쟁도 없는 평화의 시대가 온다는 놀라운 예언이다. 그런 세상이 가능한 것은 하나님이 손수 판단하시고 판결하시기 때문이다. 다시 말해서, 하나님이 통치하시기 때문이다. 이처럼 하나님이 완전히 통치하시는 세상을 만들기 위하여 예수 그리스도는 재림하셔야 한다. 그렇다! 그분은 백마를 타고 성도들과 함께 영광 중에 이 세상으로 오셔서 천년왕국을 세우셔야 한다.

둘째, 그리스도 예수가 이 세상에 다시 오시겠다는 약속은 놀랍게도 그분이 재판을 받으면서 주고받은 고발과 변론에서 나왔다. 그분을 심문하던 대제사장이 묻고, 그분이 답한 내용을 인용해보자. "…네가 하나님의 아들 그리스도인지 우리에게 말하라. 예수께서 이르시되, '네가 말하였느니라. 그러나 내가 너희에게 이르노니 이후에 인자가 권능의 우편에 앉아 있는 것과 하늘 구름을 타고 오는 것을 너희가 보리라" (마 26:63-64).

그분의 대답에는 놀라운 예언이자 동시에 선포의 말씀이 들어있었는데, 그것은 그분이 하나님 우편에 앉아 있다가 구름을 타고 오시겠다는 것이다. 다시 말해서, 초림주로서 구속의 사역을 마치고 하나님 곁에서 제사장의 역할을 하시다가, 하나님의 나라를 완성하기 위하여 영광 중에 재림하시겠다는 것이다. 초림주가 재림주로 바뀌는 말씀이다. 그분은 그렇게 약속하신대로 다시 오셔야 한다.

셋째, 그리스도 예수의 재림은 하나님과 그분만이 말씀하신 것이 아니었다. 그분의 제자들도 반복적으로 예언한 내용이었다. 그 가운데 한 곳만 인용해보자. "이제 후로는 나를 위하여 의의 면류관이 예비되었으므로 주 곧 의로우신 재판장이 그 날에 내게 주실 것이며, 내게만 아니라 주의 나타나심을 사모하는 모든 자에게도니라"(딤후 4:8). 바울 사도를 비롯해서 주님의 재림을 기다리는 모든 성도를 위하여 '의의 면류관'이 기다리고 있다는 것이다.

성령의 감동으로 기록된 이런 예언의 말씀이 실제로 이루어지지 않는다면, 누가 성경을 하나님의 말씀으로 받아들이겠는가? 주님은 제자들의 예언대로 어느 날 이 세상으로 오셔서 하나님의 나라를 완성하실 것이다. 주님의 재림에 대한 예언은 너무나 많지만, 그중 한 곳만 더 인용해보자. "그러나 우리의 시민권은 하늘에 있는지라. 거기로부터 구원하는 자 곧 주 예수 그리스도를 기다리노라" (빌 3:20).[20]

넷째, 하나님의 나라가 완성된다는 것은 구원의 완성이기도 하다. 그리스도 예수는 죄인들의 구원을 위하여 십자가에서 고난을 감수하셨고, 그 결과 그들 중 많은 사람들이 죄를 용서받고 구원을 받았다. 그러나 그것은 영적 구원이기에, 끊임없이 육체의 소욕과 싸우지 않으면 안 되는 갈등도 없잖아 있다. 그렇다면 그분의 대속적 죽음의 결과는 고작 갈등을 일으키기 위함이었던가?

물론 아니다! 그 어간에도 성령의 충만을 경험하여 갈등을 극복할 수 있지만, 궁극적으로는 육체의 한계를 초월할 수 있도록 그분이 재림하신다. 그분이 재림하실 때, 성도들은 그 몸이 그리스도처럼 변화되는 영광을 갖게 된다. 따라서 영적으로 시작된 구원이 생활의 구원을 거쳐서 마침내 육체의 구원으로 연결된다. 그분이 다시 오실 때, 그리스도인들은 완성된 구원을 누리게 된다. 구원의 완성을 위하여 그분은 다시 오셔야 한다!

다섯째, 그리스도 예수의 재림이 필요한 것은 그리스도인들만이 아니다. 역설적이지만, 이 세상도 그분의 재림을 필요로 한다. 이 세상은 불의와 타락으로 신음하고 있다. 언제까지 세상의 악인들이 불의와 타락을 누리며 이용하겠는가? 그들은 영원히 누리겠다는 착각 속에서 살지만, 세상의 불의와 타락을 제거하기 위해서 그분은 재림하신다. 아니 재림하셔야만 한다! 그렇지 않다면 얼마나 많은 사람들이 속고 당하면서 살아야 되겠는가?

악인들의 불의와 타락이 공의롭게 심판을 받기 위해서라도 주님은 반드시 재림하셔야 한다. 그런 이유 때문에 그리스도 예수의 재림은 필연적으로 심판과 연루되어 있다. 그분은 한편 불의와 타락을 심판하시지만, 또 한편 의롭게 그리고 변화된 삶을 살려고 많은 희생들을 감수한 그리스도인들을 따사하게 받아주시고 또 보상하실 것이다. 그렇다! 주님은 세상의 심판을 위해서도 재림하셔야 하고, 그리스도인들의 보상을 위해서도 재림하셔야 한다.

여섯째, 세상이 이처럼 불의와 타락으로 가득한 근본적인 원인은 그 배후에 있는 사탄 때문이다. 사탄은 그의 졸개들과 더불어 이 세상을 갈수록 더 심각한 불의와 타락의 세상으로 변질시키고 있다. 그러나 사탄을 무너뜨릴만한 사람은 있지 않다. 그런 이유 때문에 그리스도 예수는 다시 오셔서 사탄을 무너뜨리셔야 한다. 실제로 그분은 다시 오셔서 사탄을 불과 유황으로 타는 못으로 던져 넣으실 것이다 (20:10).

일곱째, 그리스도 예수는 그분을 구주와 주님으로 영접한 그리스도인들과 결합하기 위하여 재림하셔야 한다. 그분은 신랑이며 그리스도인들은 신부이다. 그들이 혼인예식을 통해 한 몸을 이루기 위하여 그분은 다시 오셔야만 한다. 그리스도인들은 그분이 다시 오실 때, 그분처럼 부활의 몸으로 그리고 새로운 몸으로 변화된다. 그 몸은 썩지 않고 쇠하지 않는 불멸의 몸이요 동시에 신령한 몸이다 (고전 15:42-44).

여덟째, 그리스도인들이 영원한 몸으로 변화되어야 하는 것처럼, 우주도 변화되어야 한다. 하나님의 나라가 완성된다는 것은 그분의 완전한 통치이다. 그런데 그 통치는 변화된 사람들만이 아니라, 우주도 포함되어야 한다. 우주를 포함시키려면 당연히 우주도 변화되어야 한다. 그 변화를 위하여 그리스도 예수는 재림하시며, 그분의 재림과 더불어 '새 하늘과 새 땅'이 일구어지는 것이다 (벧후 3:13, 21:1).

아홉째, 새로운 역사의 시작을 위해서 그리스도 예수는 재림하셔야 한다. 아담과 하와 이후 전개된 인간의 역사는 불의와 타락의 역사였다. 그 역사를 끝내고 새로운 역사로 진입하기 위하여 그리스도 예수는 이 세상에 다시 오셔야 한다. 새로운 역사의 시작은 하나님과 하나님의 뜻을 거부하는 모든 세력의 종말과 더불어 시작된다. 그분은 재림하셔서 그 세력을 진멸시키고 새로운 역사의 장을 여신다.[21]

열째, 그리스도 예수가 재림하셔야 하는 마지막 목적은 이스라엘의 회복을 위함이다. 본래 이스라엘은 하나님의 선민으로서 특별한 사명을 부여받았는데, 그 사명은 세계 복음화였다. 그러나 불행하게도 그들은 선민사상에 눈이 멀어 세상 사람들을 무시하면서 복음을 전하는 사명을 저버렸다. 하나님은 그들의 소행을 괘씸하게 여기시고 그들을 이방인들의 손에 넘기셨다. 그들은 이방인들의 손에 붙들려 전전긍긍하는 *디아스포라*의 삶을 살았다.

그렇다고 하나님이 그들을 영원히 버리신 것이 아니었다. 하나님이 그들에게 주신 세계 복음화의 사명은 여전히 유효했다. 그 사명을 위해서라도 이스라엘 백성은 다시 원위치로 돌아가야 했다. 그런데 그들의 원위치는 주님의 재림을 통해 이루어질 것이다. 그들은 다시 세상의 제사장답게 세계를 다니면서 복음전파에 매진하게 될 것이다 (출 19:4-6). 이스라엘 백성을 위해서라도 주님은 재림하셔야 한다.

1) 하나님의 영광은 세 가지로 표현되는데, 곧 '본질적 영광'과 '방사적 영광'과 '반사적 영광'이다. 이런 하나님의 영광을 보기 위하여 다음을 참고할 수 있다: 홍성철, "하나님의 영광,"『화목제물』, 224 이하.

2) 이처럼 공중에서 주님을 만나게 되는 것을 휴거라고 하는데, 앞에 나온 '머리와 몸'에 제시된 설명을 참고할 수 있다.

3) W. Bauer, W. F. Arndt, F. W. Gingrich & F. W. Danker, *A Greek-English Lexicon of the New Testament and Other Early Christian Literature* (Chicago: University of Chicago Press, 1979).

4) J. Dwight Pentecost, *Things to Come: A Study in Biblical Eschatology*, 제 10쇄 (Grand Rapids, MI: Zondervan Publishing House, 1958), 224.

5) 같은 책, 223.

6) 이런 다섯 가지 면류관에 대해 자세히 알려면 다음을 참고할 수 있다: 홍성철, 『화목제물』, 294 이하.

7) Osborne, *Revelation*, 674.

8) 이 단어의 단수형은 롬 5:16에서 '의롭다 하심'으로 번역되었다. 그러므로 '하나님 보시기에 옳은 행실'의 원의는 하나님께 의해서 의롭다 하심을 받은 성도의 변화된 삶 때문에 생긴 '의로운 행실'을 뜻한다.

9) Pentecost, *Things to Come*, 341.

10) 이스라엘 백성의 애통과 회개는 유대의 절기에서 '속죄일'의 성취이다. 이 사실을 자세히 보려면 다음을 참고할 수 있다: 홍성철, 『유대인의 절기와 예수 그리스도』(서울: 도서출판 세복, 2010), 199 이하.

11) Pentecost, *Things to Come*, 340.

12) 요한계시록 1:4, 7, 8, 3:3, 11, 16:15, 22:7, 12, 20.

13) 요한계시록에서 그리스도의 재림을 함축한 구절은 다음과 같다: 1:3, 2:7, 10, 11,16, 17, 22, 23, 25, 26, 3:5, 10, 12, 16, 21, 4:8, 5:10, 6:11, 17, 7:9, 15, 16, 17, 11:15, 17, 12:5, 14:1, 7, 14, 15, 15:4, 16:14, 17:14, 18:6, 8, 20, 19:2, 7, 11, 14, 15, 20, 20:6, 11, 13, 21:1, 2, 9, 10, 24, 26, 22:3.

14) '충신'과 '충성'은 *피스토스*(πιστός)이며, '진실'과 '참된'은 *알레디노스* (ἀληθινός)이다.

15) Osborne, *Revelation*, 681.

16) 같은 책.

17) Mulholland, *Revelation*, 300.

18) Johnson, *Revelation*, 575.

19) 강병도, 『요한계시록』, 517.

20) 그 외에도 다음과 같은 말씀이 있다: 행 1:11, 고전 15:23, 골 3:4, 살전 2:19, 3:13, 4:15-27, 살후 1:7, 딛 2:13, 히 9:28.

21) Stephen Travis, *I Believe in the Second Coming of Jesus* (Grand Rapids, MI: Wm. B. Eearmans Pub. Co., 1982), 109-110.

8장

그리스도의 통치

1. 통치의 예언

하나님은 그 아들 예수 그리스도를 통해 공의로 이 세상을 통치하기 원하셨다. 말씀으로 확인하자. "내가 또 밤 환상 중에 보니, 인자 같은 이가 하늘 구름을 타고 와서 옛적부터 항상 계신 이에게 나아가 그 앞으로 인도되매, 그에게 권세와 영광과 나라를 주고 모든 백성과 나라들과 다른 언어를 말하는 모든 자들이 그를 섬기게 하였으니, 그의 권세는 소멸되지 아니하는 영원한 권세요, 그의 나라는 멸망하지 아니할 것이니라" (단 7:13-14).

이 말씀의 '인자 같은 이'는 예수 그리스도를 가리킨다. 그분이 '구름을 타고 와서' 하나님 앞으로 인도되자, 하나님은 그분에게 '권세와 영광과 나라'를 주신다. 본래 '권세와 영광과 나라'는 성부 하나님께 속한 것이다 (마 6:13). 그것을 예수 그리스도에게 주셨고, 그 결과 '모든 백성과 나라들과 다른 언어를 말하는 모든 자들'이 성자 하나님을 섬기는데, 그분의 권세는 영원하며 그분의 나라는 멸망하지 아니할 것이다.

요한계시록을 기록한 사도 요한도 역시 '모든 백성과 나라들'이 외치는 소리를 들었다. "이 일 후에 내가 보니 각 나라와 족속과 백성과 방언에서 아무도 능히 셀 수 없는 큰 무리가 나와 흰 옷을 입고 손에 종려 가지를 들고 보좌 앞과 어린 양 앞에 서서 큰 소리로 외쳐 이르되, '구원하심이 보좌에 앉으신 우리 하나님과 어린 양에게 있도다!'" (7:9-10). 다니엘이 본 성부 하나님과 성자 하나님을 사도 요한도 본 것이다.

이처럼 모든 나라 사람이 외치듯, 그리스도가 영원히 통치하는 것은 하나님의 뜻이다. 왜 모든 사람이 그분의 통치를 그렇게 열렬히 받아들이는가? 몇 가지 이유를 생각해 볼 수 있다.

첫째, 그분의 통치는 우주적이기 때문이다. 다니엘이 본 우주적 통치를 인용해보자. "그 때에 쇠와 진흙과 놋과 은과 금이 다 부서져 여름 타작 마당의 겨 같이 되어 바람에 불려 간 곳이 없었고, 우상을 친 돌은 태산을 이루어 온 세계에 가득하였나이다" (단 2:35).

다니엘이 본 이 예언의 말씀은 이 세상의 왕국들--'금과 은과 놋과 쇠와 진흙'--이 멸망한 후, '우상을 친 돌', 곧 예수 그리스도가 '온 세계에 가득하게 된다'는 것이다.[1] 이런 해석은 그분이 직접 하신 말씀에도 포함되어 있었다. "무릇 이 돌 위에 떨어지는 자는 깨어지겠고, 이 돌이 사람 위에 떨어지면 그를 가루로 만들어 흩으리라" (눅 20:18). 두말할 필요도 없이 이 말씀에서 '돌'은 예수 그리스도를 가리킨다.

그런데 이 예언의 말씀에서 두 가지 진리를 찾을 수 있는데, 하나는 현재에 이 세상을 지배하는 열국이 있다는 것이다. 금은 바벨론을, 은은 메데 바사를, 놋은 헬라를, 그리고 쇠와 진흙은 로마제국을, 각각 가리킨다 (단 8:20-21). 그들의 통치는 광범위한 지역을 포함하나, 그렇다고 온 세계, 곧 우주적인 것은 아니었다. 그리스도 예수가 다시 세상에 오셔서 그 나라들을 무너뜨리고 세상을 통치하실 때, 그 통치는 우주적이다.

그런 우주적 통치를 가리키는 말씀을 더 보자. "내가 에브라임의 병거와 예루살렘의 말을 끊겠고 전쟁하는 활도 끊으리니, 그가 이방 사람에게 화평을 전할 것이요 그의 통치는 바다에서 바다까지 이르고 유브라데 강에서 땅 끝까지 이르리라" (슥 9:10). 이 말씀을 하신 분은 여호와이신데, 그분이 그 아들인 그리스도에게 왕권을 주실 것이다. 그분은 '이방 사람에게 화평을 전하며', 또 '그의 통치는 바다에서 바다까지 이르는' 우주적인 통치이다.

둘째, 모든 사람이 그리스도의 통치를 기뻐하는 또 다른 이유는 그분의 통치는 변함없이 공의롭기 때문이다. 이 세상의 통치자들이 시시때때로 공의로울 수 있지만, 변함없이 공의롭게 통치하는 지도자는 있을 수 없다. 왜냐하면 인간은 근본적으로 불의한 존재이기 때문이다 (롬 3:10). 그러나 마침내 이 세상에 오셔서 통치하실 그리스도는 의로운 분이시기에 언제나 공의로 통치하실 것이다. 그런 통치를 찬양하지 않는다면 무엇을 찬양하란 말인가?

그리스도의 의로운 통치를 인용해보자. "그[그리스도]가 여호와를 경외함으로 즐거움을 삼을 것이며 그의 눈에 보이는 대로 심판하지 아니하며 그의 귀에 들리는 대로 판단하지 아니하며, 공의로 가난한 자를 심판하며 정직으로 세상의 겸손한 자를 판단할 것이며, 그의 입의 막대기로 세상을 치며 그의 입술의 기운으로 악인을 죽일 것이며, 공의로 그의 허리띠를 삼으며 성실로 그의 몸의 띠를 삼으리라" (사 11:3-5).

셋째, 그리스도의 통치는 모든 나라를 하나로 통합시킬 것이다.

이 세상에 있는 열국의 특징 중 하나는 끊임없는 갈등과 분열이다. 그런 갈등과 분열은 필연적으로 아군과 적군으로 나누는 비극을 낳는다. 그 가운데 한 실례가 유다와 이스라엘이었다. 같은 하나님을 모시고 같은 율법을 지키는 남쪽 유다와 북쪽의 이스라엘은 그처럼 작은 땅에서 둘로 갈라져서 서로 시기하고, 모함하고, 싸우고, 죽였다.

그런데 그들이 하나가 된다는 것이다. "그 땅 이스라엘 모든 산에서 그들이 한 나라를 이루어서 한 임금이 모두 다스리게 하리니, 그들이 다시는 두 민족이 되지 아니하며 두 나라로 나누이지 아니할지라"(겔 37:22). 어떻게 갈등을 극복했는가? 그리스도의 통치 때문이다. "내 종 다윗이 그들의 왕이 되리니, 그들 모두에게 한 목자가 있을 것이라"(겔 37:24). 이 말씀에서 '내 종 다윗'은 앞으로 오실 그리스도 예수를 가리킨다.

그분이 통치하시면 인간적으로 하나가 될 수 없던 유다와 이스라엘도 하나가 된다. 그뿐 아니라, 이 세상의 모든 갈등과 분열은 깨끗이 사라질 것이다. 사람들이 그렇게 오랫동안 고대하던 세계의 통일이 이루어지기 때문이다. 두말할 필요도 없이 다윗의 자손인 예수 그리스도가 통치하시기 때문이다. 사도 요한은 예수 그리스도를 다윗의 뿌리라고 소개했다. "유대 지파의 사자 다윗의 뿌리가 이겼으니…"(5:5; 22:16도 참고).

넷째, 그리스도 예수가 평등하게 통치하실 터이므로, 성도들은 그분을 받아들이지 않을 수 없다. "하나님이여 주의 판단력을 왕에게 주시고 주의 공의를 왕의 아들에게 주소서! 그가 주의 백성을 공의로 재판하며 주의 가난한 자를 정의로 재판하리니, 의로 말미암아 산들이 백성에게 평강을 주며 작은 산들도 그리하리로다. 그가 가난한 백성의 억울함을 풀어 주며 궁핍한 자의 자손을 구원하며 압박하는 자를 꺾으리로다" (시 72:1-4).

이 말씀에서 '왕'은 마지막 때에 나타나실 통치자 그리스도 예수를 가리킨다. 실제로 그분은 '만주의 주시요 만왕의 왕'이라고 불린다 (17:14, 19:16). 물론 그분은 언제나 왕이셨다. 왕이 아니셨다면 동방 박사들이 그분을 왕으로 부르며 찾지 않았을 것이고 (마 2:2), 십자가에서 죽으실 때 '유대인의 왕'이라는 팻말을 그에게 붙이지 않았을 것이다 (마 27:37). 마침내 그분은 천년왕국에서 왕권을 가지고 온 세상을 다스리신다.

2. 통치의 실현

이렇게 예언된 그리스도의 통치가 구체적으로 실현된다는 것을 기록한 곳이 요한계시록 20장이다. 그분의 통치를 알아보기 위하여 20장 앞부분을 인용하자.

"또 내가 보매 천사가 무저갱의 열쇠와 큰 쇠사슬을 그의 손에 가지고 하늘로부터 내려와서, 용을 잡으니 곧 옛 뱀이요 마귀요 사탄이라. 잡아서 천 년 동안 결박하여 무저갱에 던져 넣어 잠그고, 그 위에 인봉하여 천 년이 차도록 다시는 만국을 미혹하지 못하게 하였는데, 그 후에는 반드시 잠깐 놓이리라. 또 내가 보좌들을 보니 거기에 앉은 자들이 있어 심판하는 권세를 받앗더라. 또 내가 보니 예수를 증언함과 하나님의 말씀 때문에 목 베임을 당한 자들의 영혼들과 또 짐승과 그의 우상에게 경배하지 아니하고 그들의 이마와 손에 그의 표를 받지 아니한 자들이 살아서 그리스도와 더불어 천 년 동안 왕 노릇 하니 (그 나머지 죽은 자들은 그 천 년이 차기까지 살지 못하더라), 이는 첫째 부활이라. 이 첫째 부활에 참여하는 자들은 복이 있고 거룩하도다. 둘째 사망이 그들을 다스리는 권세가 없고, 도리어 그들이 하나님과 그리스도의 제사장이 되어 천 년 동안 그리스도와 더불어 왕 노릇 하리라. 천 년이 차매 사탄이 그 옥에서 놓여 나와서 땅의 사방 백성 곧 곡과 마곡을 미혹하고 모아 싸움을 붙이리니, 그 수가 바다의 모래 같으리라. 그들이 지면에 널리 퍼져 성도들의 진과 사랑하시는 성을 두르매 하늘에서 불이 내려와 그들을 태워버리고, 또 그들을 미혹하는 마귀가 불과 유황 못에 던져지니, 거기는 그 짐승과 거짓 선지자도 있어 세세토록 밤낮 괴로움을 받으리라" (20:1-10).

이 말씀에 의하면, 예수 그리스도는 '천 년 동안 왕 노릇'을 하신다. 왕 노릇을 하신다는 것은 그분이 전권을 가진 왕으로 통치하신다는 뜻이다. 그러니까 그리스도 예수는 구약성경에서 여러 선지자들이 예언한대로 통치하신다는 것이다. 그런데 선지자들이 보지 못한 사실을 사도 요한은 보고 듣고 그리고 기록했는데, 그것은 그리스도의 통치 기간이 '천 년'이라는 사실이다.

그리스도의 통치는 처음부터 하나님의 뜻이었다. 그 뜻이 처음 개진된 것은 야곱을 통해서였다. 그의 유언이자 예언인 말씀을 들어보자. "유다는 사자 새끼로다! 내 아들아, 너는 움킨 것을 찢고 올라갔도다. 그가 엎드리고 웅크림이 수사자 같고 암사자 같으니 누가 그를 범할 수 있으랴? 규가 유다를 떠나지 아니하며 통치자의 지팡이가 그 발 사이에서 떠나지 아니하기를 실로가 오시기까지 이르리니, 그에게 모든 백성이 복종하리로다" (창 49:9-10).

'유다는 사자 새끼로다'는 예언은 문자 그대로 그리스도 예수를 통해 이루어졌는데, 말씀으로 확인하자. '…유대 지파의 사자 다윗의 뿌리가 이겼으니, 그 두루마리와 그 일곱 인을 떼시리라' (5:5). 창세기와 요한계시록에서 공히 소개한 '사자'는 두말할 필요도 없이 예수 그리스도이시다. 왜 그분이 사자인가? 그 이유를 야곱은 분명하게 밝혔다. '규가 유다를 떠나지 아니하며, 통치자의 지팡이가 그 발 사이에서 떠나지 않기' 때문이다.

'규'는 왕권을 상징하는 왕홀王笏을 가리킨다. 유다 지파이며 다윗의 후손인 예수 그리스도가 통치하실 터인데, 그때 '모든 백성이 복종하리'고 야곱은 예언하였다. 얼마나 분명한 하나님의 뜻인가? 그 예언이 다윗에게 주신 언약에서 다시 확인되었는데, 그 언약은 그 후손의 '나라 왕위를 영원히 견고하게 하겠다'는 것이며, '네 집과 네 나라가 내 앞에서 영원히 보전되고 네 왕위가 영원히 견고하겠다'는 것이다 (삼하 7:13, 16).

다윗의 언약대로 그 후손인 예수 그리스도가 초림의 주로 이 세상에 오셨다. 그런데 그 그리스도 예수가 다름 아닌 다윗의 아들이었다. 그분의 탄생에 대해 마리아에게 알려주신 내용이 이 사실을 확인한다. "보라, 네가 잉태하여 아들을 낳으리니, 그 이름을 예수라 하라…주 하나님께서 그 조상 다윗의 왕위를 그에게 주시리니, 영원히 야곱의 집을 왕으로 다스리실 것이며 그 나라가 무궁하리라" (눅 1:31-32).

그러나 이 약속은 이루어지지 않는 것 같았다. 오히려 예수 그리스도는 십자가에서 처형을 당하고 죽으셨다. 그러나, 여기에 놀라운 사실이 있다. 그분은 죽은 자 가운데서 부활하셨고, 그 후 하나님 우편에 앉아계시다가 때가 차면 재림의 주로 세상에 다시 오실 것이다. 그때 그리스도 예수는 왕권을 갖는 통치자로서 임할 것이다. 그분은 마침내 천 년 동안 나라를 다스리실 것이며, 온 세상이 그분께 복종할 것이다.

이렇게 야곱을 통해서 그리스도의 통치가 예언되었다가, 다윗을 통해 확대되었다. 마리아에게 예수 그리스도가 다윗의 아들이라는 사실을 알려주었고, 그리고 마침내 사도 요한을 통해 그분이 천 년 동안 세상을 다스릴 것을 알려주셨다. 이렇게 점진적으로 알려진 계시를 점진적 계시progressive revelation라고 하는데, 궁극적으로 그 계시의 마지막 단계인 '천 년'이 사도 요한을 통해 알려진 것이다.

다시 위의 인용문으로 돌아가자. 그 인용문에는 '천 년'이란 표현이 여섯 번이나 나온다. 왜 여섯 번씩이나 나오는가? 그 이유는 너무나 분명하다! 그리스도가 절대적인 왕권으로 세상을 통치하실 기간이 '천 년'이란 것을 강조하기 위해서이다. 성경해석에서 제일 원리가 문자적 해석인데, 그 원리대로 '천 년'을 문자적으로 해석해야 한다. 그렇지 않으면 성경을 '사사로이 풀 수' 있기 때문이다 (벧후 1:20).

위의 인용문은 세 부분으로 나누어 접근할 수 있는데, 첫째는 20장 1~3절인데 그 내용은 천년왕국 직전에 일어날 사건에 관한 것이다. 둘째는 4~6절인데 그 내용은 천년왕국의 기간 중에 일어날 사건에 관한 것이다. 셋째는 7~10절인데 그 내용은 천년왕국 이후에 일어날 사건에 관한 것이다. 천년왕국과 그 전후에 일어날 엄청난 사건들을 이처럼 열 구절에 담을 수 있다니, 놀라움을 금할 수 없다.

1) 천년왕국 전 (20:1-3)

천년왕국이 시작되기 전에 한 천사가 '무저갱의 열쇠'를 가지고 내려온다. 이 천사는 전에도 '무저갱의 열쇠'를 하나님께 받아가지고 하늘에서 내려온 적이 있었다 (9:1). 그때는 열쇠로 무저갱을 열어서 황충들을 내보냈고, 그리고 그 황충들은 많은 사람들을 괴롭혔다. 그러나 그 천사가 이번에는 '무저갱의 열쇠'로 무저갱을 *닫았다*. 그 이유는 용을 잡아서 가두어두기 위해서였다. 용은 그 무저갱에서 천 년 동안 갇혀 있을 수밖에 없었다.

무저갱은 사탄과 그 졸개들을 가두는 곳인데, 그들이 그곳에 갇혀 있다가 때가 되면 심판을 받고 지옥으로 던져질 것이다. 그러니까 무저갱은 지옥 대기소라고 할 수 있을 것이다 (벧후 2:4). 그런데 그 천사는 용을 가두고 열쇠로 잠갔을 뿐 아니라, 그 용을 '큰 쇠사슬'로 묶었다. 절대로 빠져나올 수 없게 하기 위한 방법이었다. 비록 거라사의 귀신들린 자는 쇠사슬을 끊을 수 있었지만 (막 5:4), 이 쇠사슬은 용도 끊을 수 없을 만큼 단단한 것이었다.

그 천사는 하나님으로부터 위임받은 권세로 그 용을 그렇게 결박하여 가두었는데, 그 용은 전에 소개된 것처럼 '옛 뱀이요 마귀요 사탄'이었다 (12:9). 그 용이 옛 뱀이라고 불린 것은 그가 아담과 하와를 속여서 죄와 혼돈을 세상에 들여왔기 때문이다. 그가 '대적 자'의 뜻인 마귀요 사탄이라고 불린 것은 한편 하나님을 대적하고, 또 한편 하나님의 백성을 밤낮으로 참소했기 때문이다 (12:10).

사탄이 이처럼 무저갱으로 떨어진 것은 너무나 당연했다. 실제로 그의 특징 중 하나는 '떨어짐'이다. 왜냐하면 그는 네 번이나 떨어졌기 때문이다. 첫 번째는 하나님과 함께 있다가 공중으로 떨어졌다 (12:8, 엡 2:2). 두 번째는 공중에서 땅으로 떨어졌다 (12:9). 세 번째는 땅에서 무저갱으로 떨어졌다 (20:3), 네 번째는 무저갱에서 불과 유황이 활활 타는 지옥으로 떨어질 것이다 (20:10).

용을 천 년 동안 무저갱에 가두어 둔 목적은 너무나 분명했는데, 그가 '다시는 만국을 미혹하지 못하게 하기' 위함이었다. 용은 언제나 불신자들을 속여서 그들의 '마음을 혼미하게 했다' (고후 4:4). 그는 '우는 사자 같이 두루 다니며 삼킬 자를 찾는데' (벧전 5:8), 특히 깨어있지 않은 성도들과 (딤후 2:26) 불순종하는 사람들이 대상이다 (엡 2:2). 그는 과연 '이 세상의 신'이며 (고후 4:4) '이 세상의 임금'이다 (요 12:31).

용이 하늘에서 쫓겨나서 땅으로 던져지자 그는 '땅에 거하는 자들을 미혹했고' (13:14), '만국을 미혹하며' 박해했다 (18:23). 그런데 그 용은 더 이상 땅에서 아무도 미혹할 수 없게 되었는데, 그 이유는 그가 땅 밖으로 쫓겨났기 때문이다. 무저갱은 땅 안에 있지 않고 땅 밖에 있기에 그는 거기에서 묶여 옴짝달싹도 못한 채 천 년을 지내야 했다. 그가 땅으로 쫓겨났을 때는 잠시 동안이었으나, 이제는 천 년이나 갇혀 있어야 했다.

사도 요한은 천년이 지나면 그 용에게 어떤 일이 일어날 것도 예언했다. 그는 늘 그랬듯이, 보고 들은 것을 그대로 기록했다. 그 기록은 천년 후에 그 용에게 일어날 예언이었다. 용이 '그 후에는 반드시 잠깐 놓일' 것이다. 이 말씀에서 '그 후'는 천년이 지난 때를 가리킨다. 그때 잠깐이지만 '반드시 풀려난다'는 것이다. 이것도 역시 하나님이 허용하시기에 잠깐이지만 풀려난다는 것이다.

왜 하나님은 잠깐이라도 용이 풀려나는 것을 허용하시는가? 그 이유는 '새 하늘과 새 땅'에 들어갈 자들과 들어가지 못할 자들을 걸러내기 위함이다. 천년왕국에는 구원받지 못했지만 용의 군대에 들어가지 않은 사람들도 많았을 것이다. 그들은 주님이 성도들과 더불어 지상으로 재림하실 때, 군인들처럼 죽지 않았다. 그래서 그들도 함께 묻혀서 천년왕국에 들어가게 된다. 그들도 천년 동안 그리스도의 통치 하에서 평강과 질서를 누리게 될 것이다.

그럼에도 불구하고 그들 중에는 끝까지 예수 그리스도를 그들의 구주요 주님으로 받아들이기를 거부하는 사람들도 많을 것이다. 비록 그들이 천년왕국의 시민이지만, 그렇다고 '새 하늘과 새 땅'의 시민은 아니다. 그들은 반드시 예수 그리스도를 거부한 죄에 대하여, 그리고 그들의 행위에 대하여 심판을 받아야 한다. 그리고 불과 유황으로 타는 지옥으로 던져져야 한다. 그런 자들을 걸러내기 위하여 용은 잠시 풀려나서 그들을 미혹할 것이다.

2) 천년왕국 (20:4-6)

천년왕국의 주인공은 두말할 필요도 없이 그리스도 예수이다. 그러므로 당연히 그분이 천년왕국에서 어떻게 통치하시는가가 기록되었을 것이라고 기대할 수 있는데, 실제로는 그렇지 않다. 다시 말해서, 천년왕국을 묘사한 20장 4~6절에는 그분의 통치가 전혀 나오지 않는다. 그 대신 그분을 충성스럽게 따른 성도들이 그리스도 때문에 신분과 사역이 완전히 바뀐 사실이 묘사된다.

그렇다면 그리스도 예수께 충성한 성도들의 신분과 사역이 어떻게 바뀌었는가? 세 가지로 바뀌었는데 차례로 알아보자. 첫째는 그들이 '심판하는 권세를 받았다' (20:4a). 그 성도들은 '보좌에 앉아' 있었는데, 그 보좌는 통치의 자리를 뜻한다. 그러니까 그 성도들은 그리스도 예수와 함께 보좌에 앉아서 통치하며 또 심판하고 있었다. 그들이 땅에서는 심판을 받은 죄수들이었지만, 이제는 그들을 심판하던 자들이 죄수가 되어 그들로부터 심판을 받았다.

두 번째 바뀐 것은 성도들이 왕이 되었다는 놀라운 사실이다. 그런데 왕이 된 성도들은 두 종류의 사람들이다. 하나는 '예수를 증언함과 하나님의 말씀 때문에 목 베임을 당한 자들'이다 (20:4b). 그들은 이 세상에서 죽임을 당한 순교자들이었다. 그 이유는 예수에 대한 증언과 하나님의 말씀 때문이었다. 그런데 그들이 지금은 '살아서 그리스도와 더불어 천 년 동안 왕 노릇 한다' (20:4d).

비록 그들이 이 세상에서 주님을 위하여 목숨을 잃었지만, 그것으로 끝난 것이 아니었다. 왜냐하면 그들은 부활의 생명, 곧 영원한 생명을 부여받고 다시 살아났기 때문이다. 그들은 첫째 부활에 참여한 자들로서 다시는 죽지 않는 생명을 갖게 된 것이다 (20:6). 그들은 주님을 위해서 그리고 하나님의 말씀을 위해서 순간이라는 육체의 삶을 포기한 결과 영원이라는 생명을 얻게 된 것이다.

그 성도들은 부활의 생명만 누리게 된 것이 아니다. 그들은 그리스도와 함께 '천 년 동안 왕 노릇'을 한다. 이 세상에서 그들은 속임수와 물질로 다스리는 왕들에 의하여 죽임을 당했지만, 이제는 그 왕들의 운명을 결정하는 영원하면서도 진실된 왕이 된 것이다. 두 말할 필요도 없이 왕 된 성도들의 왕은 '만왕의 왕'이신 예수 그리스도이시다. 다시 말해서, 성도들은 그리스도의 통치를 받으면서 세상을 통치하고 있는 것이다.

왕이 된 성도들 중 두 번째 종류의 사람들은 '짐승과 그의 우상에게 경배하지 아니하고 그들의 이마와 손에 그의 표를 받지 아니한 자들'이다 (20:4c). 이 성도들은 목 베임을 받아 순교하지는 않았지만, 그들의 신앙 때문에 모진 고통과 고난을 견디어낸 사람들이다. 그들은 적그리스도인 짐승에게 경배하지 않았다. 그뿐 아니라, 그들은 그 적그리스도의 우상을 섬기지도 않았다. 종교적인 박해를 견디어냈다는 뜻이다.

그러나 그들이 당한 박해는 종교적인 것만이 아니었다. 그들은 종교적인 이유로 경제적인 압박을 처참할 정도로 받았다. '그들의 이마와 손에 그의 표를 받지 않는다'는 것은 거의 삶을 포기하는 것과 같았다 (13:16-17). 왜냐하면 그 표를 받아야 매일의 양식을 받기 때문이다. 적그리스도가 매일 나누어주는 배급에서 배제된다는 것은 정상적인 매일의 삶을 포기하는 것과 마찬가지이다. 비록 그들은 순교로 죽임을 당하지는 않았지만, 살아있는 순교자였다.

결국, 두 그룹의 성도들이 부활의 생명을 누리면서 '그리스도와 더불어 천 년 동안 왕 노릇'하게 됐는데, 하나는 죽었다가 살아난 순교자들이다. 또 하나는 죽임을 당하지는 않았지만, 종교적으로 그리고 경제적으로 형언할 수 없는 박해를 견디어낸 사람들이다. 그들도 부활의 생명으로 변화되어 왕의 역할을 감당하게 된 것이다. 그러니까 죽은 자들과 산 자들이 첫째 부활에 참여하게 된 것이다.

첫째 부활에 참여하게 된 성도들은 '복이 있고 거룩한' 자들이다 (20:6a). 그들에게는 세 가지 특권이 주어진다. 첫째, 그들에게는 '둘째 사망이 그들을 다스리는 권세가 없다' (20:6b). 첫째 사망은 육체의 죽음을 가리키나, 둘째 사망은 하나님과 영원한 분리를 가리킨다. 하나님과 그렇게 분리된 사람들은 '불과 유황으로 타는 못'에 던져지며, 거기서 영원토록 고통과 고난을 받게 된다.

그러나 첫째 부활에 참여한 성도들은 둘째 사망을 경험하지 않게 된다. 그들은 하나님이 좌정하신 '새 하늘과 새 땅'으로 들어가서 하나님과 영원한 교제와 복을 누리게 될 것이다. 바울 사도가 선언한 대로 "맨 나중에 멸망 받을 원수는 사망인데" (고전 15:26), 그 사망을 이겼기 때문이다. "이 썩을 것이 썩지 아니함을 입고 이 죽을 것이 죽지 아니함을 입을 때에는 사망을 삼키고 이기리라고 기록된 말씀이 이루어지리라" (고전 15:54).

첫째 부활에 참여하게 된 성도들의 둘째 특권은 '그들이 하나님과 그리스도의 제사장이 되'는 것이다 (20:6c). 주님은 그분의 피로 죄인들을 용서하셨고, 또 그들을 하나님을 위하여 제사장으로 삼으셨다. 이것도 말씀으로 확인하자. "그의 아버지 하나님을 위하여 우리를 나라와 제사장으로 삼으셨도다" (1:6). 하나님이 이스라엘 백성과 언약을 맺으시면서 그들을 '제사장 나라'로 삼으시겠다는 말씀이 문자적으로 이루어진 것이다 (출 19:6).

첫째 부활에 참여한 성도들의 셋째 특권은 '천 년 동안 그리스도와 더불어 왕 노릇 한다'는 것이다 (20:6d). 천년왕국을 묘사한 열 구절의 짧은 말씀에서 '천 년 동안 그리스도와 더불어 왕 노릇 한다'는 표현이 두 번씩 나오는 것은 강조를 위한 것이다. 그렇다! 그 왕국에 들어간 성도들은 제사장이지만 동시에 왕이다. 이 두 가지를 한데 묶어서 사도 요한은 이렇게 표현했다. "…제사장들을 삼으셨으니 그들이 땅에서 왕 노릇 하리로다" (5:10).

천년왕국의 통치자는 그리스도 예수이다. 그분이 세상에서 선지자의 사역을 마치신 이후로 그분의 사역은 제사장과 왕의 사역으로 집약된다. 그분이 성도들과 세상으로 재림하실 때까지는 하나님 우편에 계신 제사장이었다. 그러나 그분이 재림주로 다시 오실 때는 '만왕의 왕'이시다. 첫째 부활에 참여한 성도들도 그들의 왕이신 그리스도처럼 제사장들이요 왕들이다. 세상에서 하나님과 주님을 소개하는 제사장들이며 동시에 왕들이다.

그런데 천년왕국을 묘사한 이 장면에서 **첫째 부활**'이란 표현이 두 번이나 나온다. 그것이 함축하고 있는 뜻은 무엇인가? '첫째 부활'이라는 표현은 신구약 전체를 통해 이곳에서 처음 나온다. 그렇다고 그때까지 부활의 역사가 전혀 없던 것도 아닌데 말이다. 예를 들면, 하나님이 엘리야와 엘리사를 통해 죽은 아이들을 살리셨다 (왕상 17:22, 왕하 4:35). 예수님도 세 번씩이나 죽은 자를 살리셨다 (막 5:41-42, 눅 7:14-15, 요 11:43-44).

'첫째 부활'에 대한 힌트가 바울 사도의 가르침에 숨겨져 있는데, 그 가르침을 찾아보자. "아담 안에서 모든 사람이 죽은 것 같이 그리스도 안에서 모든 사람이 삶을 얻으리라. 그러나 각각 자기 차례대로 되리니 먼저는 첫 열매인 그리스도요, 다음에는 그가 강림하실 때에 그리스도에게 속한 자요, 그 후에는 마지막이니 그가 모든 통치와 모든 권세와 능력을 멸하시고 나라를 아버지 하나님께 바칠 때라" (고전 15:22-24).

이 말씀에서 '그리스도 안에서 모든 사람이 삶을 얻으리라'는 표현은 부활의 생명을 가리킨다. 그러니까 누구든지 그리스도 안으로 들어가면, 곧 그리스도 예수를 구주로 받아들인다면, 그 사람은 부활의 삶을 얻게 된다 (엡 1:7). 그 이유는 간단하다! 예수 그리스도가 죽었다가 다시 사셨기 때문이다. 그리스도 안에 있는 그리스도인들은 당연히 그분 안에 있기에 그분과 함께 죽었다가 함께 살아난 것이다 (롬 6:3-5).

그렇다면 '그가 강림하실 때, 그리스도에게 속한 자'는 누구인가? 이미 언급한 것처럼, 그리스도의 강림은 두 단계를 통해 이루어진다. 첫 단계는 공중 재림이고 둘째 단계는 지상 재림이다. 그분이 공중에 오실 때, 그분을 만나게 될 사람들은 거듭난 그리스도인들이다. 그들 중에는 이미 죽은 자들도 있고, 그때까지 산 자들도 있을 것이다. 그리스도가 공중에 임하실 때, 죽은 자들과 산 자들이 부활의 몸으로 변화되어 그분을 만난다 (살전 4:16-17).

그렇게 부활한 그리스도인들이 그리스도의 심판대로 통과하고 그리고 혼인 잔치에 참여하는 동안 세상에서는 환난이 일어나는데, 그 기간은 7년이다. 그 기간이 끝나면 그리스도 예수는 그분과 함께 혼인 잔치를 치룬 그리스도인들과 더불어 지상으로 내려오신다. 그때 그분은 '모든 통치와 모든 권세와 능력을 멸하시고 나라를 아버지 하나님께 바친다.' 그리스도가 그처럼 지상으로 오실 때, 그분을 만날 성도들도 부활의 몸으로 변화된다.

그때 부활의 몸으로 변화될 사람들은 누구인가? 환난 중에 예수 그리스도를 믿은 성도들도 이 그룹에 속한다. 이미 언급한 대로, 환난 중에 믿은 성도들도 제법 많이 있는데, 그들도 부활의 몸으로 변화된다. 물론 이 그룹에 속하지만 그래도 특별한 성도들이 있는데, 그들은 예수 그리스도에 대한 증언과 하나님의 말씀으로 인하여 순교를 당한 성도들이다. 두말할 필요도 없이 그들도 부활의 몸으로 변화된다.

그 외에도 부활의 몸으로 변화될 그룹이 더 있는데, 곧 구약의 성도들이다. 그들도 믿음으로 구원받은 사람들인데, 하나님의 약속에 따라 부활의 몸을 갖게 된다. 하나님의 말씀으로 확인하자. "… 또 환난이 있으리니 이는 개국 이래로 그 때까지 없던 환난일 것이며, 그 때에 네 백성 중 책에 기록된 모든 자가 구원을 받을 것이라. 땅의 티끌 가운데에서 자는 자 중에서 많은 사람이 깨어나 영생을 받는 자도 있겠고…" (단 12:1-2).

결국 '첫째 부활'에 참여하는 자들 가운데는 유대인도 있고, 이방인도 있다. 그뿐 아니라, 환난 중에 박해를 받고 순교를 당한 성도들이 있고, 또 구약의 성도들도 있다.[2] 그들은 천년왕국에서 그리스도와 더불어 왕 노릇할 것이다. 그렇다! 이 모든 사람이 '첫째 부활'에 속한다. 물론 그 이전에도 부활이 있었다 (마 27:52-53). 그들도 '첫째 부활'이라고 할 수 있었는데도 그렇게 부르지 않았다. 그 이유는 무엇인가?

그 이유는 아직도 '첫째 부활'에 참여할 자가 남아있기 때문이다. 아직도 부활에 참여할 자는 환난 중에 예수에 대한 증언과 하나님의 말씀 때문에 순교를 당한 성도들이다. 그들이 영광스러운 부활에 동참하기까지는 완전한 '첫째 부활'이 아니었다. 그들이 부활하므로 비로소 하나님이 계획하신 성도의 부활이 완성된다. 그러므로 '예수를 증언함과 하나님의 말씀 때문에 목 베임을 당한 자들'이 다시 살아나자 '첫째 부활'이라는 표현이 나온다.

'첫째 부활'이란 표현은 이제 이후로는 더 이상 성도의 부활이 없다는 뜻도 함축한다. 물론 부활이 있기는 있지만, 그것은 성도의 부활이 아니라 불신자들의 부활이다. 천년왕국이 끝난 후, 모든 믿지 않는 자들이 부활하는데, 그것은 심판받기 위한 부활이다. 사도 요한은 이렇게 묘사했다. "그 나머지 죽은 자들은 그 천 년이 차기까지 살지 못하더라" (20:5). 천년왕국이 끝난 후, 다시 살아나서 '둘째 사망'으로 가기에 '둘째 부활'이란 표현은 없다.

하나님은 사도 요한에게 천년왕국에 대해선 더 이상 보여주거나 들려주지 않으셨다. 오히려 곧바로 천년 후에 있을 심판을 보여주셨다. 그처럼 엄중한 심판은 어떤 불신자도 피할 수 없다. 천년왕국을 뛰어넘어 급하게 그 심판을 보여준 것은 한편 경고이지만 또 한편 사랑의 초청장이다. 왜냐하면 누구든지 그 심판의 엄중함을 깨닫고, 그리고 그 심판을 피하기 위하여 '왕 중의 왕'이신 그리스도 예수께 나아오라는 하나님의 뜻이 들어있기 때문이다.

그렇다고 하나님의 말씀에 천년왕국에 대한 묘사가 전혀 없는 것은 아니다. 특히 이스라엘 백성에게 허락하신 절기에 그 천년왕국이 숨겨져 있었다. 그들은 일 년에 세 번씩 성전에 나아와서 절기를 지켜야 하는데, 곧 유월절과 오순절과 초막절이다. 물론 유월절은 예수 그리스도의 죽음과 부활을 함축하고 있는가 하면, 초막절은 그리스도 예수의 이중적 재림을 함축하고 있다.[3]

초막절에는 세 가지 세부적인 절기가 들어있는데, 곧 나팔절과 속죄일과 초막절이다. 나팔절은 나팔 소리와 함께 공중으로 재림하실 예수 그리스도를 함축하고, 속죄일은 아마겟돈 전쟁의 패배로 인하여 유대인이 통곡하며 회개하는 모습을 함축한다. 그리고 초막절은 그리스도의 지상 재림을 함축한다. 그분의 지상 재림과 더불어 천년왕국이 시작되기 때문에, 초막절은 천년왕국을 함축하고 있다.

천년왕국은 그리스도 예수의 지상 재림과 더불어 시작되는데, 그분은 '그 날에 그의 발이 예루살렘 앞 곧 동쪽 감람산에 서실 것이요…' (슥 14:4a). '그날에 생수가 예루살렘에서 솟아나서 절반은 동해로, 절반은 서해로 흐를 것이라' (슥 14:8). 많은 사람들이 그처럼 기다리며 고대했던 생수를 마음껏 마실 수 있게 되었다. 그때 '여호와가 천하의 왕이 되실 것이므로' (슥 14:9), 우상, 거짓 선지자 및 더러운 귀신은 발붙일 수 없다 (슥 13:2).

천년왕국에는 "예루살렘을 치러 왔던 이방 나라들 중에 남은 자가 해마다 올라와서 그 왕 만군의 여호와께 경배하며 초막절을 지킬 것이라" (슥 14:16). 그렇다! 그때에는 모든 사람들이 하나님을 경배할 뿐 아니라, 초막절을 지키게 된다. 만일 누구든지 하나님을 경배하지도 않고 초막절을 지키지도 않으면 심판을 받게 된다 (슥 14:17). 천년왕국의 두드러진 특징 가운데 하나는 '성결'이다. 말방울에조차 '여호와께 성결'이 기록될 것이다 (슥 14:20).

또 한 가지 특징은 저주 대신 평안이 넘칠 것이다. "사람이 그 가운데에 살며 다시는 저주가 있지 아니하리니, 예루살렘이 평안히 서리로다" (슥 14:11). '예루살렘'의 의미는 '평강의 도시'이다. 그런데 그 도시가 언제 평강을 누렸는가? 이스라엘의 역사에서 예루살렘이 진정으로 평강을 누린 때는 거의 없었다. 오히려 예루살렘은 질투와 싸움과 분열의 상징이었다. 이스라엘 백성이 늘 입으로 말하는 평강이 실제로는 그들과 상관이 없었다.

이스라엘 백성이 그렇게 고대하던 평강을 마침내 누리게 되었는데, 그때가 바로 천년왕국에서이다. 선지자 이사야의 예언이 이루어진 것이다. "그 때에 정의가 광야에 거하며 공의가 아름다운 밭에 거하리니, 공의의 열매는 *화평*이요 공의의 결과는 영원한 *평안*과 안전이라. 내 백성이 *화평*한 집과 안전한 거처와 조용히 쉬는 곳에 있으리라" (사 32:16-18). 마침내 천년왕국에서 예루살렘이 평강의 도시가 되어 샬롬이 넘칠 것이다.

3) 천년왕국 후 (20:7-10)

하나님이 그의 종 요한에게 천년왕국에 대해서 알려주며 보여준 것은 거의 없다. 단지 첫째 부활에 참여하는 자들이 '하나님과 그리스도의 제사장이 되어 천 년 동안 그리스도와 더불어 왕 노릇 하리라'고 묘사했을 뿐이다. 천년왕국에 대해서는 그것이 전부였다. 어쩌면 천년왕국의 상황과 천국의 상황이 유사하기에 그랬는지도 모른다. 하나님은 사도 요한에게 천국에 대해서는 상당히 자세히 보여주셨고 또 기록하게 하셨다 (21:1~22:5).

이렇게 천년왕국이 순식간에 끝났다. 베드로 사도가 '주께는 하루가 천 년 같고 천 년이 하루 같다'고 한 말이 사실인 것처럼, 천 년이 한 순간처럼 지나갔다 (벧후 3:8). 천년왕국이 끝난 직후 다섯 가지 사건을 사도 요한은 그의 계시록 20장 7-10절에서 기록하고 있다: (1) '사탄이 옥에서 놓인다.' (2) 사탄이 열국을 '미혹한다.' (3) 사탄이 그들을 '모아 싸움을 붙인다.' (4) '하늘에서 불이 내려와 그들을 태워버린다.' (5) 사탄이 '불과 유황 못에 던져진다.'

이런 다섯 가지 사건을 좀 더 설명해보자. 첫째 사탄이 옥에서 놓이는데, 그것은 그가 스스로 '큰 쇠사슬'을 풀고, '무저갱의 인봉'을 떼고 나온 것이 아니다. 하나님이 그렇게 하신 것이다! 그렇다면 왜 하나님은 사탄을 풀어주셨는가? 그것도 하나님의 계획에 들어있는 것이기 때문이다. 그러니까 하나님이 사탄을 잠시 풀어주신 것은 사탄을 통해서 하나님의 뜻을 이루기 위함이었다. 도대체 하나님의 계획과 뜻은 무엇인데 사탄을 통해서 하셔야 하는가?

그리스도 예수가 백마를 타고 오셔서 사탄의 군대를 '그의 입에서 예리한 검이 나와서' 치신 후, 천년왕국의 통치자가 되셨다 (19:15). 그때 그 전쟁에 참여했던 사탄의 군대는 전멸하였고, 새들이 그렇게 죽은 자들의 살로 배를 채웠다 (19:18). 그런데 그 전쟁에 참여하지 않은 많은 사람들, 특히 하나님과 그분의 아들 예수 그리스도를 거부한 사람들은 죽지 않고 자동적으로 천년왕국에 들어갔다.

그렇게 천년왕국의 구성원이 된 그들은 사탄과 그 졸개들이 없는 세상에서, 그리고 그리스도 예수가 통치하시는 질서와 평강의 세상에서 천년을 보냈다. 그럼에도 불구하고 그들과 그 자손들 가운데 대부분은 예수 그리스도를 그들의 구주로 받아들이지 않았다. 그 사실을 어떻게 알 수 있는가? 그것은 사탄이 옥에서 놓여 '사방의 백성'을 미혹하고 속이자 그들은 즉각적으로 사탄을 따른 것을 보면 알 수 있다.

이것이 인간의 마음이다. 어떻게 천 년이란 긴 세월에 그리스도의 통치 밑에서 갖가지 복지와 행복을 누렸는데도 그리스도를 그들의 구주로 영접하지 않았단 말인가? 그들은 사탄이 그들을 미혹하자 한 순간의 주저함도 없이 그를 따랐다. 그러니까 사탄이 옥에서 놓인 것은 두 가지 목적을 위해서였는데, 첫째는 '사방의 백성', 곧 성도들을 제외한 모든 사람을 속이기 위함이고, 둘째는 그들로 하나님을 대적하는 전쟁으로 이끌기 위함이었다.

사탄의 군대는 그야말로 어마어마했다. 사방에서 모여들었는데, 그 숫자는 헤아릴 수 없을 만큼 많아서 '그 수가 바다의 모래 같다'고 했다. 사탄이 순식간에 온 세상을 동원할 수 있었던 것은 그의 탁월한 방법, 곧 속임수를 통해서였는데, 첫째도 속임수였고, 둘째도 속임수였다. 사탄은 처음부터 거짓말쟁이요 거짓의 아비였다 (요 8:44). 그가 사람들을 속이는 것은 식은 죽 먹는 것처럼 쉬운 일이었다.

요한계시록에서 사탄이 사람들을 미혹하고, 꾀고, 속이는 일이 자그마치 일곱 번이나 나온다. 그는 '온 천하를 꾀는 자'였고 (12:9), '땅에 있는 자를 미혹하여 짐승이 우상을 만들게 했다' (13:14). '복술로 만국을 미혹했으며' (18:23), '표적으로 미혹했다' (19:20). 그리고 마침내 '곡과 마곡을 미혹하고 집결시켜서 싸움을 붙였다' (20:8). 그가 만국을 미혹하지 못할 때는 두 번인데, 옥에 갇혀 있을 때와 (20:3), 불과 유황 못에 던져졌을 때이다 (20:10).

사탄이 옥에서 놓인 후 '곡과 마곡을 미혹하고 모아 싸움을 붙이리니, 그 수가 바다의 모래 같으리라' (20:8). '곡과 마곡'은 도대체 누구인가? 그들은 에스겔 선지자가 예언한 나라들이다. "네[곡]

가…많은 백성 곧 다 말을 탄 큰 무리와 능한 군대와 함께 오되, 구름이 땅을 덮음 같이 내 백성 이스라엘을 치러 오리라…이는 내가 너로 말미암아 이방 사람의 눈 앞에서 내 거룩함을 나타내어 그들이 다 나를 알게 하려 함이라"(겔 38:15-16).

선지자 에스겔의 예언을 더 보자.

> "그러므로 인자야 너는 곡에게 예언하여 이르기를, '주 여호와께서 이같이 말씀하시되 로스와 메섹과 두발 왕 곡아, 내가 너를 대적하여 너를 돌이켜서 이끌고 북쪽 끝에서부터 나와서 이스라엘 산 위에 이르러, 네 활을 쳐서 네 왼손에서 떨어뜨리고 네 화살을 네 오른손에서 떨어뜨리리니, 너와 네 모든 무리와 너와 함께 있는 백성이 다 이스라엘 산 위에 엎드러지리라. 내가 너를 각종 사나운 새와 들짐승에게 넘겨 먹게 하리니, 네가 빈 들에 엎드러지리라. 이는 내가 말하였음이니라. 주 여호와의 말씀이니라.' 내가 또 불을 마곡과 및 섬에 평안히 거주하는 자에게 내리리니, 내가 여호와 인줄을 그들이 알리라"(겔 39:1-6).

선지자 에스겔의 예언대로 마곡과 곡은 이스라엘 산 위에 이르렀는데, 이미 살펴본 대로 사탄이 그들을 미혹하였기 때문이다. 그러나 결국 사탄의 미혹도 하나님의 계획과 뜻 가운데서 이루어진 것이다. 그러니까 에스겔이 예언한대로 하나님이 그들을 이스라엘로 불러 모아서 이스라엘 백성을 쳐서 없애려고 했던 것이다. 그러나 하나님이 개입하셔서 그들에게 불을 쏟아 부으심으로 그들을 섬멸시키셨다.

이처럼 놀라운 예언을 이루기 위해서라도 사탄은 옥에서 잠시 놓여야 한다. 그는 옥에서 놓이자마자 그의 속성인 속임수로 만국을 미혹하고, 곡과 마곡을 미혹하여 하나님의 백성과 싸우게 했던 것이다. '그들이 지면에 널리 퍼져 성도들의 진과 사랑하시는 성을 둘렀다' (20:9). 쉽게 말하면 바다의 모래처럼 많은 이 사탄의 군대가 하나님의 성도들의 진과 사랑하시는 성을 완전히 포위했던 것이다.

하나님의 성도들의 진과 사랑하시는 성은 풍전등화와 같은 위기에 처했다. 인간적으로 그 전쟁에서 하나님의 성도들이 이긴다는 것은 불가능했다. 그러나 이것이 하나님의 계획이요 인도하심이었다. 인간이 그의 힘과 방법으로는 아무 것도 할 수 없을 때, 하나님이 다시 개입하셨다. 에스겔의 예언대로 '하늘에서 불이 내려와 그들을 태워버렸다' (20:9). 아마겟돈 전쟁에서 그리스도의 '입에서 나온 예리한 검'으로 만국을 치신 것과는 다르다 (19:15).

그렇게 사탄이 주도하는 군대가 섬멸되자 즉각적으로 하나님은 그 군대의 수장인 사탄을 심판하셨다. '또 그들을 미혹하는 마귀가 불과 유황 못에 던져졌는데', 그곳에는 짐승과 거짓 선지자가 천 년 전에 이미 던져진 곳이었다. 거짓 삼위일체인 마귀, 곧 사탄과 짐승인 적그리스도와 거짓 선지자가 마침내 영원한 지옥으로 던져졌던 것이다. 그곳에서 그들은 '세세토록 밤낮 괴로움을 받으리라!' (20:10).

'세세토록'은 영원을 가리키며, '밤낮'은 매일을 강조한다. 그러니까 사탄과 적그리스도와 미혹의 선지자는 불과 유황으로 타는 못에서 영원히 심판을 받는다. 그런데 그 고통은 밤과 낮의 구분 없이 매일 당하는 것이다. 그들은 인간에게 죄와 어두움과 혼동을 안겨

준 작자들이다. 그들의 죄는 영원하며, 따라서 그들이 받는 심판도 영원하다. 그것이 의로우신 하나님의 공의로운 심판이다.

그리스도인들은 이 날을 얼마나 오랫동안 기다리며 기도해왔는가! 혼돈의 세상! 어두움의 세상! 시기와 질투의 세상! 분열과 전쟁의 세상! 이런 세상으로 몰아간 사탄이 '세세토록 밤낮으로' 괴로움을 당하는 것은 너무나 당연하다. 이것이 바로 하나님이 전개하신 드라마의 결말이다. 하나님을 배반하고, 하나님을 대적하고, 하나님과 싸운 사탄은 마침내 하나님의 심판을 받고 지옥으로 던져져서 영원히 그리고 밤낮으로 고통을 당하게 된 것이다.

천년왕국 후의 사건은 사탄의 심판으로 끝났다. 그는 속임수의 대명사였고, 그처럼 많은 속임수에 대해 결산했던 것이다. 사탄이 그렇게 결산된 것처럼, 사탄의 달콤한 속임수를 빨아먹은 수많은 사람들도 역시 결산해야 한다. 왜냐하면 인생에는 결산이 있어야 하기 때문이다. 결산이 없는 삶은 없다! 무엇보다도 예수 그리스도가 없는 삶을 영위한 인생에 대해서도 결산해야 한다. 그 결산에 대한 묘사가 천년왕국 후에 오는 또 다른 심판이다.

그 심판을 보기 위하여 사도 요한이 묘사한 내용을 읽어보자.

"또 내가 크고 흰 보좌와 그 위에 앉으신 이를 보니, 땅과 하늘이 그 앞에서 피하여 간 데 없더라. 또 내가 보니 죽은 자들이 큰 자나 작은 자나 그 보좌 앞에 서 있는데, 책들이 펴 있고 또 다른 책이 펴졌으니 곧 생명책이라. 죽은 자들이 자기 행위를 따라 책들에 기록된 대로 심판을 받으니, 바다가 그 가운데에서 죽은 자들을 내주고 또 사망과 음부도 그 가운데에서 죽은 자들을

내주매, 각 사람이 자기의 행위대로 심판을 받고, 사망과 음부
도 불못에 던져지니 이것은 둘째 사망 곧 불못이라. 누구든지 생
명책에 기록되지 못한 자는 불못에 던져지더라" (20:11-15).

사도 요한은 이미 이 보좌를 본 적이 있었는데, 그가 하늘로 불려
올려갔을 때였다 (4:1-4). 그때는 성부 하나님과 성자 하나님을 보
았을 뿐 아니라, 24 장로들과 네 생물도 보았다. 그런데 이번에도
역시 그 보좌를 보았는데, 그 보좌에는 성부 하나님과 성자 하나님
이 있었지만, 24 장로들과 네 생물은 보이지 않았다. 그때는 그들
이 하나님에게 경배를 드렸지만, 지금은 세상을 마지막으로 심판하
시는 하나님만 보였다.

그가 본 것은 '크고 흰 보좌였다.' 심판의 보좌는 성도들의 보좌보
다 컸고 (20:4), 깨끗한 흰 색의 보좌는 불의를 심판하는 거룩한 곳
을 가리킨다. 그 보좌에 앉으신 분은 하나님의 아들 예수 그리스도
였을 것이다. 왜냐하면 하나님이 그분께 심판의 권세를 주셨기 때
문이다. "내가 아무 것도 스스로 할 수 없노라. 듣는 대로 심판하노
니 나는 나의 뜻대로 하려 하지 않고 나를 보내신 이의 뜻대로 하려
하므로 내 심판은 의로우니라" (요 5:30).

보좌에 앉으신 분 앞에서 '땅과 하늘이 피하여 간 데 없더라.' 이
런 현상은 종말에 대한 이사야 선지자의 예언이 문자 그대로 이루어
진 것을 뜻한다. "너희는 하늘로 눈을 들며 그 아래의 땅을 살피라.
하늘이 연기 같이 사라지고 땅이 옷 같이 해어지며 거기에 사는 자
들이 하루살이 같이 죽으려니와, 나의 구원은 영원히 있고 나의 공
의는 폐하여지지 아니하리라" (사 51:6). 그분의 심판과 구원은 동

전의 양면과 같이 한 가지를 가리킨다.

'썩어지면서 탄식하는' 하늘과 땅이 없어지지 않으면 (롬 8:21-22), '새 하늘과 새 땅'이 생길 수 없기 때문이다. 그러니까 심판의 주님 앞에서 '땅과 하늘'이 사라졌다. 새 옷으로 갈아입기 위함이다. 베드로 사도도 같은 맥락에서 이렇게 말했다. "이제 하늘과 땅은 그 동일한 말씀으로 불사르기 위하여 보호하신 바 되어, 경건하지 아니한 사람들의 심판과 멸망의 날까지 보존하여 두신 것이니라" (벧후 3:7).

히브리서도 이 사실을 이렇게 확인하였다. "또 주여 태초에 주께서 땅의 기초를 두셨으며 하늘도 주의 손으로 지으신 바라. 그것들은 멸망할 것이나 오직 주는 영존할 것이요, 그것들은 다 옷과 같이 낡아지리니 의복처럼 갈아입을 것이요, 그것들은 옷과 같이 변할 것이나 주는 여전하여 연대가 다함이 없으리라" (히 1:10-12). 그렇다! 땅과 하늘은 더 이상 존재해야 될 이유가 없었다. 그래야 새로운 '땅과 하늘'이 태어나기 때문이다.

땅과 하늘만 심판을 받는 것이 아니다. 그 땅과 하늘을 마음대로 착취하고 더럽힌 사람들도 심판을 받아야 마땅하다. 그들에 대한 심판은 이렇게 묘사된다. '또 내가 보니 죽은 자들이 큰 자나 작은 자나 그 보좌 앞에 서 있는데….' 이미 하나님은 사도 요한에게 이렇게 말씀하셨다, "그 나머지 죽은 자들은 그 천 년이 차기까지 살지 못하더라" (20:5). 그런데 천 년이 지나갔으며, 따라서 '죽은 자들'이 살아났던 것이다.

위의 말씀에서 '산다'는 표현은 영원한 몸으로 영원히 산다는 것을 뜻한다. 다시 말해서, 모든 '죽은 자들'이 영원한 몸으로 부활했다는 것이다. 그렇다! 하나님이 처음 인간을 창조하셨을 때, 한 인생 살다가 죽고, 죽으면 끝나서 없어지는 그런 유한한 인간을 창조하지 않으셨다. 하나님은 인간이 한 번 태어나면 영원히 사는 존재, 곧 불멸의 존재로 창조하셨다. 그렇다면 왜 인간은 짧은 천수를 다한 후 죽는가?

하나님의 말씀에서 '죽음'은 분리를 뜻한다. 인간이 죽는 순간 그 몸을 지배하던 영혼이 몸과 분리된다. 몸은 썩지만 영혼은 없어지지 않고 존재하는데, 그렇게 존재하는 곳이 바로 음부이다. 음부는 히브리어로 스올(שׁאוֹל)이고 헬라어로는 하데스(ἄδης)이다. 예수 그리스도를 통해 하나님 앞으로 나아오지 않은 사람들, 곧 불신자들의 영혼은 육체적으로 죽는 순간 이 음부로 간다. 그리고 '흰 보좌 앞에서' 심판을 받기 위해 다시 살아날 때까지 대기한다.

그러니까 음부는 지옥 대기소라고 할 수 있다. 헬라어로 게헨나(γέεννα)인 '지옥'은 신약성경에서 13번 나오는데, 11번은 예수님이 직접 사용하셨다.[4] 지옥의 심판을 강조하는 요한계시록에서는 지옥이라는 단어가 나오지 않는다. 그 대신 지옥을 뜻하는 표현들이 사용되었는데, 곧 '유황 불'(19:20), '불과 유황 못'(20:10), '불 못'(20:14, 15), '불과 유황으로 타는 못'(21:8) 등이다. 이런 표현을 사용한 것은 사도 요한이 본대로 기록했기 때문이다.

구약과 신약 시대를 초월해서 예수 그리스도를 구주로 받아들이지 않은 사람들은 죽을 때 그들의 영혼이 음부로 간다. 그런 사실을 실례로 가르친 분이 바로 예수님이었는데, 곧 나사로와 부자의 비유에서이다. 나사로는 죽은 후, 그 영혼이 아브라함의 품, 곧 낙원으로 갔으나, 부자는 음부로 가서 '불꽃 가운데서 괴로워하고' 있었다 (눅 16:24). 반면, 예수 그리스도를 받아들인 자들의 영혼은 나사로처럼 낙원으로 간다 (눅 23:43).

낙원에 있던 영혼들은 그리스도 예수가 죽음에서 부활하실 때, 함께 부활하여 하나님이 계신 곳으로 옮겨진다 (고후 5:1). 그러다가 주님이 공중으로 재림하실 때, 그들은 부활의 몸을 입어서 주님을 만나고, 정화되고, 그리고 혼인 잔치에 참여한다. 그러다가 7년 환난이 끝날 때, 주님과 더불어 지상으로 재림하여 '제사장과 왕'의 역할을 감당한다 (20:6). 결국, 성도와 불신자는 시기적으로 천 년의 차이는 있지만, 모두 영원한 몸으로 다시 살아난다.

다시 '죽은 자들'로 돌아가자 (20:12). '죽은 자들'은 두 가지 의미를 가지고 있는데, 하나는 영적으로 죽은 자들을 가리킨다. 거듭나지 못한 사람들은 '큰 자나 작은 자나' 다 영적으로 죽은 자들이다. 다시 말해서, 그들 안에 하나님의 영이 거하지 않는다. 바울 사도는 이렇게 확인했다. "만일 너희 속에 하나님의 영이 거하시면 너희가 육신에 있지 아니하고 영에 있나니, 누구든지 그리스도의 영이 없으면 그리스도의 사람이 아니라" (롬 8:9).

또 하나는 육체적으로 죽은 자들을 가리킨다. 위에선 언급한 것처럼, 거듭나지 못한 채 육체적으로 죽은 자들의 몸은 썩지만 그들의 영혼은 음부에 있다. 그러다가 천년왕국이 끝나고, 사탄이 불과 유황 못으로 던져진 후, 그들은 모두 다시 살아난다. 다시 말해서, 그들의 몸이 영원한 몸으로 변화되면서 영혼이 다시 그 몸 안으로 들어간다. 두말할 필요도 없이 심판을 받아 '둘째 사망'으로 들어가기 위해서이다.

'죽은 자들이 큰 자나 작은 자나 그 보좌 앞에 서 있다'는 표현은 천년왕국이 끝날 당시 살아있지만 거듭나지 못해서 영적으로 죽은 자들도 영원히 죽지 않는 몸으로 변화된다는 뜻이다. 그리고 그들과 함께 이미 죽었지만 다시 살아난 자들도 모두 심판을 받기 위하여 '크고 흰 보좌 앞에 서 있다'는 것이다. 그들은 그리스도 예수의 심판을 받고 '불 못에 던져져서' 영원히 괴로움을 당할 것이다.

이것이 결산이다! 그들이 이 세상에 잠시 머무는 동안 그들을 창조하셨고, 그들에게 호흡과 생명을 주신 하나님을 만날 수 있는 기회가 그렇게 많았건만, 그들은 "다만 네 고집과 회개하지 아니한 마음을 따라 진노의 날 곧 하나님의 의로우신 심판이 나타나는 그 날에 임할 진노를 네게 쌓았다" (롬 2:6). 잠시의 쾌락을 위하여 영원의 고통을 선택한 그들이 받을 결산이다. 이날은 그들의 고집과 회개하지 않은 마음을 드러내는 날이다.

모든 심판관에게 판결문이 있듯, 그리스도 예수께도 판결문이 있는데, 하나가 아니라 둘이다. 그 판결문을 직접 인용해보자. '책들이 펴 있고 또 다른 책이 펴졌으니, 곧 생명책이라' (20:12b). 이 말씀에 의하면 두 가지 책이 있는데, 하나는 불신자들의 행위가 기록되어 있는 책이고, 또 하나는 생명책이다. 예수 그리스도의 보배로운 피로 모든 잘못된 행위를 그 행위의 책에서 지워버리고, 대신 그 이름이 등록되어 기록된 것이 바로 생명책이다.

'죽은 자들이 자기 행위를 따라 책들에 기록된 대로 심판을 받으니.' 그들의 모든 행동, 언어, 생각 등 모든 행위가 기록되어 있는데, 그 기록대로 심판하신다. 그런 까닭에 심판자의 판결은 조금도 잘못되거나 치우치지 않는 공의로운 것이다. 만일 요한계시록이 현재에 기록되었다면, 행위의 책 대신에 행위를 영상화한 비디오와 모든 언어를 녹화한 녹음기였을 것이다. 그러나 그것이 책이건 비디오건 전지하신 심판관은 기록된 대로 심판하신다.

최후의 심판을 묘사한 이 부분에서 사도 요한은 '죽은 자들'이라는 표현을 두 번, '둘째 사망'을 두 번, '행위대로'를 두 번, '생명책'을 두 번, '음부'를 두 번, 그리고 '심판을 받고'를 두 번씩 사용했다. 이렇게 여섯 가지를 두 번씩 사용한 것은 그 사실을 강조하거나, 아니면 증언의 효력을 강조하기 위해서인지도 모른다 (신 19:15 참고). 그런데 '불 못'이란 표현이 세 번 나오는 것은 지옥의 실제를 강조하기 위해서일 것이다.

'바다가 그 가운데서 죽은 자들을 내주고 또 사망과 음부도 그 가운데서 죽은 자들을 내주었다.' 이것은 마지막 심판을 피할 수 있는 존재가 결코 있을 수 없다는 사실을 강조한다. 바다에 숨어도, 그리고 사망과 음부에 숨어도 결코 영원한 것이 될 수 없다. 왜냐하면 바다와 사망과 음부가 '죽은 자들'을 내주기 때문이다. 그들 모두는 심판을 받고 사탄과 적그리스도와 거짓 선지자가 있는 지옥으로 던져진다.

이 부분에서 사도 요한의 마지막 호소를 들어보라. "누구든지 생명책에 기록되지 못한 자는 불 못에 던져지더라" (20:15). 지금까지 끊임없이 회개의 기회를 주었건만 의도적으로 거부한 자들이 받을 결산이다 (9:20-21, 16:9, 11). 그런 자들이 불 못에 던져지는 것은 당연하지만, 그래도 그곳으로 던져지기 전에 회개하여 그들의 이름을 생명책에 기록하라는 호소로 들으면 지나칠까?

지금까지 전개된 요한계시록을 한 눈에 볼 수 있도록 도해해보자.

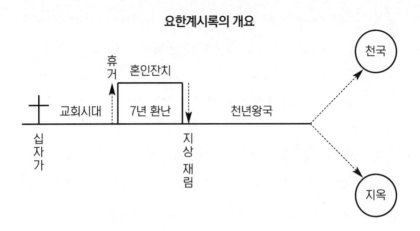

요한계시록의 개요

그러면 위의 도해를 설명해보자. 예수 그리스도가 십자가에서 대속의 죽음을 통과하신 후에 부활하셨다. 그분이 부활하실 때, 이미 예수 그리스도를 구주로 믿고 죽은 영혼들은 낙원에서 나와서 하나님에게로 갔다. 그들은 그리스도 예수가 재림하실 때까지 그곳에 있었다. 바울 사도를 통해 이것을 확인하자. "우리가 담대하여 원하는 바는 차라리 몸을 떠나 주와 함께 있는 그것이라" (고후 5:8).

그리스도 예수가 부활하신 이후 믿고 죽은 그리스도인들의 영혼은 하나님에게로 간다. 결국 낙원은 그리스도가 부활하신 후에는 어떤 영혼도 거하지 않는 텅텅 비어있는 곳이 되었다. 부활하신 주님은 승천하시어서 하나님으로부터 성령을 받아서 세상으로 보내셨다. 베드로 사도의 말이다. "하나님이 오른손으로 예수를 높이시매, 그가 약속하신 성령을 아버지께 받아서 너희가 보고 듣는 이것을 부어 주셨느니라" (행 2:33).

그렇게 강림하신 성령이 가장 먼저 일구신 것은 교회였다. 그때부터 교회의 시대로 들어간 것이다. 그런데 교회 시대의 특징 가운데 하나는 은혜이다. 왜냐하면 자격 없는 사람들이 은혜로 구원을 받기 때문이다. 그러므로 교회 시대를 은혜의 시대라고도 한다. 그 은혜로 구원받은 사람들은 대부분 이방인들이기에 이방인의 시대라고도 한다. 그러니까 성령의 시대이기도 한 교회 시대는 말세이기도 하다.

그 말세, 곧 성령의 시대가 끝나면 예수 그리스도는 공중으로 오신다. 그때 부활의 몸으로 변화된 그리스도인들이 공중에서 그분을 만나게 된다. 이미 언급한 것처럼, 그 휴거를 통해 그리스도인들은 그분과 한 몸을 이루기 위하여 혼인예식을 치른다. 한편 지상에서는 7년 환난으로 들어가서 삼중적 심판을 받게 된다. 그 심판 끝에 적그리스도는 하나님의 군대와 싸우기 위하여 아마겟돈으로 군대를 몰고 온다.

그 군대를 그리스도는 입에서 나오는 검으로 죽이고 그리스도인들과 함께 지상으로 재림하신다. 그때 그리스도 예수는 백마를 타고 오셔서 '왕 중의 왕이요 만주의 주'로 천년왕국의 통치자가 되신다. 천 년이 지나자 그동안 무저갱에 묶여있던 용이 잠깐 놓이게 된다. 그리고 그때까지 거듭나지 못한 무수한 사람들을 속여서 하나님의 성도들을 공격한다. 이때 동원되는 대표적인 국가가 곡과 마곡이다.

수없이 많은 사탄의 군대를 하나님은 불로 섬멸시키신다. 그리고 사탄을 불과 유황으로 타는 지옥에 던지신다. 그것이 끝이 아니다! 그때 예수 그리스도를 거부하고 죽은 모든 사람이 다시 살아난다. 그들은 영원한 몸을 갖게 되는데, 음부에 있던 그들의 영혼이 그 몸 안으로 들어간다. 그리고 흰 보좌의 심판을 받고 지옥으로 던져진다. 그러니까 음부는 모든 불신자들의 영혼이 대기하던 곳이었다.

인간은 영원한 존재라고 이미 언급한 바 있다. 이 짧은 인생에서 가장 중요한 것은 인간의 창조주이며 구속주인 하나님을 만나는 것이다. 그 하나님을 만나려면 반드시 예수 그리스도를 통해야 된다. 그러나 예수 그리스도와 하나님을 거부한 사람들은 지옥으로 떨어질 것이며, 거기서 고통 가운데 영원히 지낼 것이다. 그러나 하나님을 만난 사람들은 하나님이 계신 곳, 곧 천국에서 영원한 복을 누리게 될 것이다.

1) 이 '돌'이 예수 그리스도를 가리키는 해석을 위하여 다음을 보라. 홍성철,『다니엘의 역설적인 인생』, 119.
2) J. Dwight Pentecost, *Thy Kingdom Come* (Wheaton, IL: Victor Books, 1990), 313-316.
3) 이에 대한 자세한 설명을 위해서, 홍성철,『유대인의 절기와 예수 그리스도』, 55 이하와 199 이하를 보라.
4) 마 5:22, 29, 30, 10:28, 18:9, 23:15, 33, 막 9:43, 45, 47, 눅 12:5, 약 3:6, 벧후 2:4.

The Lamb and The Bride
Revelation in a New Approach

9장

재창조

하나님은 '처음 하늘과 처음 땅'을 없애고 '새 하늘과 새 땅'을 창조하신다. 처음 하늘과 땅을 창조하셨을 때도 하나님만이 하실 수 있는 대역사였다. 그런데 '새 하늘과 새 땅'을 창조하시는 재창조의 역사도 역시 전능하신 하나님만이 이루실 수 있는 장엄한 역사이다. 재창조의 역사에 대한 묘사는 요한계시록의 끝자락에 이르렀다는 뜻이기도 하다. 재창조의 역사에서 1. '새 하늘과 새 땅', 2. '새 예루살렘', 3. 마지막 메시지를 차례로 보자.

1. '새 하늘과 새 땅' (21:1, 3-8, 22:1-5)

마침내 요한계시록의 피날레^{finale}이자 역사의 피날레가 전개된다. 그런데 그 피날레는 또 다른 시작으로 인도하는데, 그 시작이 바로 '새 하늘과 새 땅'이다. 피날레이자 새로운 시작은 이렇게 소개된다. "또 내가 새 하늘과 새 땅을 보니, 처음 하늘과 처음 땅이 없어졌고 바다도 다시 있지 않더라"(21:1). 이 말씀에서 '처음 하늘과 처음 땅' 대신에 '새 하늘과 새 땅'이 소개된다.

사도 요한은 요한계시록에서 일곱 교회의 실상, 삼중적 심판, 삼중적 막간, 큰 성 바벨론의 최후 및 마지막 때에 일어날 사건들, 곧 그리스도의 이중적 재림, 천년왕국 및 최후의 심판을 차례로 전개했다. 그렇게 개진한 목적은 너무나 분명했는데, 곧 '새 하늘과 새 땅'을 소개하기 위함이었다. 지금까지 사도 요한에게 보여주었고 그리고 기록하게 한 모든 것들 중 '새 하늘과 새 땅'만큼 그리스도인들에게 소망과 꿈을 준 것은 없다고 해도 과언이 아니다.

예수 그리스도가 성령을 보내어 죄인들을 성도로 변화시켜서 교회를 일구신 이래, 얼마나 많은 그리스도인들이 그들의 믿음 때문에 박해를 당했는지 모른다. 그들 중 많은 사람이 투옥되기도 했고, 먼 곳으로 유배되기도 했다. 그들 중에는 육체적인 상해를 받은 사람도 허다하고, 심지어는 목숨까지 잃은 사람이 얼마나 많은지 모른다. 그럼에도 불구하고 그들이 신앙을 고수한 이유 중 하나는 '새 하늘과 새 땅'에 대한 소망 때문이었다.

그런 '새 하늘과 새 땅'에 대한 소망은 사도 요한만 기술한 게 아니었다. 베드로 사도도 그런 소망을 다음과 같이 피력한 바 있었다. "하나님의 날이 임하기를 바라보고 간절히 사모하라. 그 날에 하늘이 불에 타서 풀어지고 물질이 뜨거운 불에 녹아지려니와, 우리는 그의 약속대로 의가 있는 곳인 새 하늘과 새 땅을 바라보도다" (벧후 3:12-13). 이 말씀에 의하면, 하나님의 날은 한편 옛 땅('물질')과 하늘이 불에 타서 없어지는 날이다.

이처럼 하늘과 땅이 불에 타서 없어지면, 곧바로 '새 하늘과 새 땅'이 창조된다. 그리스도인들은 그렇게 창조된 '새 하늘과 새 땅'으로 들어가게 된다. 예수 그리스도의 수제자인 베드로와 그분으로부터 가장 많은 사랑을 받은 요한이 공통적으로 표현한 소망의 곳, 곧

'새 하늘과 새 땅'이다. 그 소망 때문에 베드로는 십자가에 거꾸로 달려서 죽을 수 있었고, 요한은 밧모 섬에 유배되어 가진 고난과 고통을 감내할 수 있었다.

베드로 사도처럼 사도 요한도 똑같이 옛 땅과 바다가 없어지면서 '새 하늘과 새 땅'이 창조된다고 표현했다. 왜 '처음 하늘과 처음 땅이 없어져야' '새 하늘과 새 땅'이 생성되는가? 그 이유는 분명하다! '처음 하늘과 처음 땅'은 죄로 인하여 더러워졌고 또 부패해졌기 때문이다. 결국 '처음 하늘과 처음 땅', 곧 '피조물'이 '다 이제까지 함께 탄식하며 함께 고통을 겪고 있기' 때문이다 (롬 8:22).

비록 하나님이 아름답게 창조하신 피조물이라도 죄로 인하여 더럽게 해어졌기에 새 옷으로 갈아입지 않으면 안 되었던 것이다. 히브리서의 말씀 대로이다. "또 주여 태초에 주께서 땅의 기초를 두셨으며 하늘도 주의 손으로 지으신 바라. 그것들은 멸망할 것이나 오직 주는 영존할 것이요 그것들은 다 옷과 같이 낡아지리니, 의복처럼 갈아입을 것이요 그것들은 옷과 같이 변할 것이나, 주는 여전하여 연대가 다함이 없으리라" (히 1:10-12).

'새 하늘과 새 땅'에 대한 소망은 구약시대의 선지자들도 가지고 있었다. 선지자 이사야의 소망을 인용해보자. "내가 지을 새 하늘과 새 땅이 내 앞에 항상 있는 것 같이, 너희 자손과 너희 이름이 항상 있으리라. 여호와의 말이니라" (사 66:22). 이 말씀에 의하면, '새 하늘과 새 땅'이 영원한 것처럼, 너희 자손도 영원하다는 것이다. 다시 말해서, '새 하늘과 새 땅'에 들어갈 성도들도 영원한 존재로 변화된다는 것이다.

이사야는 '새 하늘과 새 땅'에 대해 보다 자세히 기록했다. "보라!

내가 새 하늘과 새 땅을 창조하나니, 이전 것은 기억되거나 마음에 생각나지 아니할 것이라. 너희는 내가 창조하는 것으로 말미암아 영원히 기뻐하며 즐거워할지니라. 보라! 내가 예루살렘을 즐거운 성으로 창조하며 그 백성을 기쁨으로 삼고, 내가 예루살렘을 즐거워하며 나의 백성을 기뻐하리니, 우는 소리와 부르짖는 소리가 그 가운데에서 다시는 들리지 아니할 것이라"(사 65:17-19).

이 말씀에 언급된 대로 하나님은 '새 하늘과 새 땅'을 창조하신다. 그분이 처음 하늘과 땅을 창조하셨을 때와 똑같이 창조하신다는 것이다. 그러나 처음 하늘과 땅은 인간의 불순종과 죄로 말미암아 더러워졌고 또 부패했다. 그런 이유 때문에 처음 창조하셨을 때는 '보시기에 심히 좋았다'고 하셨지만 (창 1:31), '기뻐하고 즐거워'하지는 않으셨다. 그러나 '새 하늘과 새 땅'을 창조하셨을 때는 하나님이 '기뻐하며 즐거워하셨다.'

얼마나 즐거웠으면 '즐거움'과 '기쁨'을 6번씩이나 표현했겠는가? '새 하늘과 새 땅' 때문에 기뻐하셨고, 새롭게 창조하실 예루살렘 때문에 기뻐하셨고, 그 백성들 때문에 기뻐하셨다. 이처럼 새롭게 창조된 '새 하늘과 새 땅' 때문에 더 이상 이전의 것은 기억에서 완전히 사라질 것이다. 그뿐 아니라, 그곳에는 기쁨과 즐거움만이 넘치기에, '우는 소리와 부르짖는 소리'가 더 이상 들리지 않을 것이다.

그런데 '새 하늘과 새 땅'이 창조되기 전에 제거돼야 할 것이 하나 더 있는데, 그것은 바다였다. 다시 말씀으로 그것을 확인하자. '바다도 다시 있지 않더라.' 어떤 이유 때문에 '바다'도 없어져야 했는가? '처음 하늘과 처음 땅이 없어졌다'는 것으로 충분하지 않았는가? 물론 충분하다! 그러나 이처럼 '바다'를 추가한 이유가 있는데,

그것은 '바다'는 악에 대한 상징이기 때문이다. [1]

바다는 사탄인 용이 성도들을 박해한 중심지였다. 요한계시록은 그 사실을 이렇게 표현했다. "용이 여자에게 분노하여 돌아가서 그 여자의 남은 자손 곧 하나님의 계명을 지키며 예수의 증거를 가진 자들과 더불어 싸우려고 *바다* 모래 위에 서 있더라" (12:17). 그뿐 아니라 적그리스도인 짐승도 바다에서 나타났다. "내가 보니 *바다*에서 한 짐승이 나오는데 뿔이 열이요 머리가 일곱이라…그 머리들에는 신성모독 하는 이름들이 있더라" (13:1).

그 외에도 '바다'는 죽은 자들이 있던 곳이며 (20:13), 우상을 섬기는 자들이 무역하던 곳이었다 (18:17-19). 한마디로 말해서, '바다'는 하나님을 향해서는 신성모독의 죄를 범했고, '하나님의 계명을 지키며 예수의 증거를 가진 자들'에게 갖은 박해를 가한 악의 상징이었다. 그런 악이 '새 하늘과 새 땅'에 들어가는 것은 있을 수 없는 일이었다. 그런 이유 때문에 '바다도 다시 있지 않더라'고 했다.

천년왕국의 주인이 '만주의 주시요 만왕의 왕'이신 예수 그리스도라면, '새 하늘과 새 땅'의 주인은 그것들을 창조하신 하나님이다. 그런 이유 때문에 사도 요한은 '새 하늘과 새 땅'을 소개하면서 하나님이 하시는 일들과 말씀을 집중적으로 드러내었다. '보좌에서 큰 음성'이 하나님이 하시는 일들을 알렸고, 말씀은 하나님이 직접 하셨다. 어떻게 드러냈는지 말씀을 통해 알아보자.

"내가 들으니 보좌에서 큰 음성이 나서 이르되, '보라! 하나님의 장막이 사람들과 함께 있으매 하나님이 그들과 함께 계시리니, 그들은 하나님의 백성이 되고 하나님은 친히 그들과 함께

계셔서, 모든 눈물을 그 눈에서 닦아 주시니, 다시는 사망이 없고 애통하는 것이나 곡하는 것이나 아픈 것이 다시 있지 아니하리니, 처음 것들이 다 지나갔음이러라.' 보좌에 앉으신 이가 이르시되, '보라! 내가 만물을 새롭게 하노라' 하시고 또 이르시되, '이 말은 신실하고 참되니 기록하라' 하시고, 또 내게 말씀하시되, '이루었도다! 나는 알파와 오메가요, 처음과 마지막이라. 내가 생명수 샘물을 목마른 자에게 값없이 주리니, 이기는 자는 이것들을 상속으로 받으리라. 나는 그의 하나님이 되고 그는 내 아들이 되리라. 그러나 두려워하는 자들과 믿지 아니하는 자들과 흉악한 자들과 살인자들과 음행하는 자들과 점술가들과 우상 숭배자들과 거짓말하는 모든 자들은 불과 유황으로 타는 못에 던져지리니 이것이 둘째 사망이라'" (21:3-8).

'큰 음성'이 **첫 번째**로 알려준 것은 '하나님의 장막이 사람들과 함께 있다'는 사실이다. 하나님은 첫 인간을 창조하시고 함께 있기를 원하셨다. 그러나 첫 인간의 불순종으로 인하여 그렇게 함께 하면서 나누던 사랑의 교제는 깨어졌다. 그 교제가 깨지자 하나님은 그 교제를 회복시키셔서 인간과 함께 있기를 원하셨다. 그런 하나님의 마음이 제일 먼저 표출된 것은 성막을 통해서였다.

하나님은 성막의 지성소에 임재하시면서 인간과 교제를 나누기 원하셨다 (출 25:22). 성막 대신 만들어진 성전의 역할도 마찬가지였다. 하나님이 솔로몬을 통해 지으신 성전에 임재하셨는데, 역시 인간과 함께 하기를 원하시는 하나님의 마음이 표출된 것이다. 그 하나님의 마음이 인격적으로 표출된 것은 그분의 아들 예수 그리스도를 통해서였다. 예수 그리스도는 외형적 성전 대신 인간과 함께 하신 인격적 성전이었다.

그분이 승천하신 후에도 인격적 성전은 계속되었는데, 이번에는 그리스도인들이 그 역할을 했다. 그들 안에 성령이 임재하심으로 그리스도인들이 성전이 되었던 것이다 (고전 3:16). 그러나 그 성전 도 영원하지 않았는데, 그 이유는 그들이 휴거되었기 때문이다. 인 간과 함께 하기를 그렇게 원하셨던 하나님의 뜻이 마침내 이루어졌 는데, 그것은 '새 하늘과 새 땅'에서 '하나님의 장막이 사람들과 함 께 하시기' 때문이다.[2]

위의 말씀 중 하나님의 임재를 언급한 부분을 인용하면서 설명하 자. '하나님이 그들과 함께 계시리니 그들은 하나님의 백성이 되고 하나님은 친히 그들과 함께 계신다.' 이것은 하나님이 일찍이 이스 라엘 백성과 맺은 언약의 성취였다. 그 언약을 직접 인용해보자. "그러나 그 날 후에 내가 이스라엘 집과 맺을 언약은 이러하니, 곧 내가 나의 법을 그들의 속에 두며 그들의 마음에 기록하여, 나는 그 들의 하나님이 되고 그들은 내 백성이 될 것이라. 여호와의 말씀이 니라" (렘 31:33).

'큰 음성'이 **두 번째** 알려준 것을 다시 인용해보자. "모든 눈물을 그 눈에서 닦아 주시니, 다시는 사망이 없고 애통하는 것이나 곡하 는 것이나 아픈 것이 다시 있지 아니하리니, 처음 것들이 다 지나갔 음이러라" (21:4). 하나님은 그 백성을 친 아들처럼 그들이 지금까 지 신앙 때문에 흘린 많은 눈물을 손수 닦아주신다. 눈물 대신 하나 님은 그들에게 기쁨과 행복을 듬뿍 안겨주시는 것이다.[3]

'사망'은 죄 때문에 주어진 부산물인데, 인간은 결코 그 '사망'의 문제를 해결할 수 없었다. 그런데 '사망'은 물론이고 그와 더불어 오는 '애통과 곡과 아픔이 다시 있지 않게' 된 것이다. 하나님이 예수 그리스도를 통해 시작하신 구원의 역사가 드디어 완성된 것인데, 마침내 육체가 구원받았기 때문이다. 영적 구원으로 시작된 구속 사역이 육적 구원으로 마치게 된 것이다. 왜냐하면 '처음 것들이 다 지나갔기' 때문이다.

세 번째부터 알려준 분은 '큰 음성'이 아니라 하나님 자신인데, 그 이유는 '보좌에 앉으신 이'가 말씀하셨기 때문이다. 요한계시록에서 하나님이 직접 말씀하신 것은 두 번뿐인데, 한 번은 이 말씀에서이고, 또 한 번은 1장 8절에서이다. 그 말씀을 다시 인용해보자. "주 하나님이 이르시되 나는 알파와 오메가라. 이제도 있고 전에도 있었고 장차 올 자요 전능한 자라 하시더라."[4] 하나님이 직접 말씀하셨다는 것은 그만큼 중요하다는 뜻이기도 하다.

하나님이 처음으로 하신 말씀은 곧 세 번째의 알림이다. 그 알림은 '보라! 내가 만물을 새롭게 하노라!'이다. 이 말씀은 처음 창조된 만물은 없어졌고, 그 대신 새로운 만물을 만드셨다는 사실을 함축한다. 사도 요한은 '만들다'의 뜻인 '하노라'라는 단어를 사용했는데, 헬라어로는 *포이에오*(ποιέω)이다. 사도 요한은 처음 '창조'도 같은 동사를 사용했고 (14:7), 구속의 결과로 그리스도인들을 제사장과 왕으로 '삼으신' 것도 같은 동사를 사용했다 (1:6).

사도 요한이 이처럼 중요한 세 가지 역사를 왜 같은 단어로 사용했는가? 그 세 가지는 모두 하나님이 직접 역사하신 사실을 강조하기 위함이었다. 최초의 창조는 무에서 유를 만들어낸 엄청난 하나님의 역사였다. 그 가운데 구속의 역사도 하나님의 계획이 없었다면 가능하지 않은 역사였다. 그리고 그 구속의 역사는 재창조의 역사로 연결된다. 그런 이유 때문에 '보라! 내가 만물을 새롭게 하노라!'도 같은 선상에 있는 것이다.

그 다음으로 하나님이 하신 말씀은 동시에 **네 번째** 알림인데, '이 말은 신실하고 참되니 기록하라'이다. 사도 요한은 보고 들은 것을 기록하라는 명령을 여러 번 받았는데, 그때 본 것과 들은 것을 기록하라는 것이다 (1:11, 19, 14:13). 이번에 하나님이 하신 '이 말'은 요한계시록의 메시지 전체를 담고 있다. 다시 말해서, 하나님의 창조, 구원, 심판 및 '새 하늘과 새 땅'의 재창조를 가리킨다.[5]

하나님은 '이 말은 신실하고 참되다'고 말씀하셨다. 선지자 이사야의 예언대로 '진리의 하나님'이 말씀하셨다.[6] "이러므로 땅에서 자기를 위하여 복을 구하는 자는 *진리의 하나님*을 향하여 복을 구할 것이요, 땅에서 맹세하는 자는 *진리의 하나님*으로 맹세하리니, 이는 이전 환난이 잊어졌고 내 눈 앞에 숨겨졌음이라. 보라 내가 새 하늘과 새 땅을 창조하나니 이전 것은 기억되거나 마음에 생각나지 아니할 것이라" (사 65:16-17).

다시 말해서 *진리의 하나님*이 재창조의 역사를 이루셨기에 '새 하늘과 새 땅'은 분명한 사실이라는 것이다. 그 하나님은 진리의 하나님이실 뿐 아니라 신실하신 하나님이시다. '신실하다'는 표현은 "일단 약속하시면 그 약속을 깨지 않고 반드시 그리고 진실하게 지킨다는 뜻이다."[7] 그러므로 하나님이 거듭거듭 '새 하늘과 새 땅'을 창조하시겠다고 말씀하신 대로 창조하셨다는 뜻이다 (사 65:17, 66:22, 벧후 3:13).

하나님의 세 번째 말씀은 동시에 **다섯 번째** 알림인데, '이루었도다! 나는 알파와 오메가요 처음과 마지막이라'이다. '이루었도다'는 하나님의 계획과 섭리가 모두 이루어졌다는 것이다. 이제 모든 과거의 역사를 뒤로 하고 앞에 있는 새로운 시대로 맞이할 수 있게 되었다는 것이다. 좀 더 구체적으로 표현하면, 지금까지 있었던 모든 사건은 좋든 나쁘든 다 끝났기에 새로운 시대가 펼쳐진다는 것이다.

이렇게 '다 이룰 수 있었던' 것은 하나님이 역사의 주관자이시기 때문이다. 그 하나님은 '알파와 오메가요 처음과 마지막'이시기에 가능했던 것이다. 이 칭호는 요한계시록 서두와 말미에서 나오는데 (1:8, 22:13), 그 이유는 그분이 역사의 처음과 마지막을 주관하시는 섭리의 하나님이시기 때문이다. 다시 말해서, 하나님은 첫 창조와 재창조의 주관자이시며, 또한 그 사이에 있는 모든 것을 주관하시는 분이시다.

하나님의 네 번째 말씀은 동시에 **여섯 번째** 알림인데, '내가 생명수 샘물을 목마른 자에게 값없이 주리니'이다. 여기에서 '목마른 자'는 두 종류의 사람들을 가리키는데, 하나는 '새 하늘과 새 땅'에 들어간 성도들이고 또 하나는 불신자들이다. 전자에게는 이제부터 영적이면서도 영원한 삶을 누리게 된다는 약속이나, 후자에게는 이 샘물을 마시고 영원한 생명을 얻으라는 사랑의 초대이다.

하나님의 다섯 번째 말씀은 동시에 **일곱 번째** 알림인데 다음과 같다. "이기는 자는 이것들을 상속으로 받으리라. 나는 그의 하나님이 되고 그는 내 아들이 되리라." '이기는 자'는 한마디로 표현하면 '어린 양의 피와 그들의 증거로 이긴 자들이다' (12:11). 일곱 교회, 곧 에베소 교회, 서머나 교회, 버가모 교회, 두아디라 교회, 사데 교회, 빌라델비아 교회, 라오디게아 교회에게 '이기는 자'가 되라고 하면서 갖가지 축복도 약속되었다 (2:7. 11. 17. 26. 3:5, 12, 26).[8]

그러나 축복 중의 축복이며 가장 존귀한 축복은 성도들 한 사람 한 사람이 하나님의 아들이 된다는 사실이다. 그리스도를 통해 거듭난 그리스도인들은 이미 하나님의 양자가 되었다. "너희는 다시 무서워하는 종의 영을 받지 아니하고 *양자*의 영을 받았으므로, 우리가 아빠 아버지라고 부르짖느니라" (롬 8:15). 그러나 '새 하늘과 새 땅'에서는 더 이상 양자가 아니라, 완전한 아들이다. 하나님을 아버지라 부를 수 있는 아들이 된 것이다!

하나님의 여섯 번째 말씀은 동시에 **여덟 번째** 알림이다. 그 알림을 다시 인용해보자. "그러나 두려워하는 자들과 믿지 아니하는 자들과 흉악한 자들과 살인자들과 음행하는 자들과 점술가들과 우상 숭배자들과 거짓말하는 모든 자들은 불과 유황으로 타는 못에 던져지리니, 이것이 둘째 사망이라" (21:8). 요한계시록에서 죄의 목록이 열거된 곳이 이 밖에도 두 군데 더 있는데, 곧 9장 21절과 22장 15절이다.

이 구절에 열거된 8가지 죄악 가운데 처음의 목록은 나머지와 다른 점이 있다. 나머지 목록은 두말할 필요도 없이 불신자들이 범하는 죄악들이다. 그러나 '두려워하는 자들'은 다르다. 누가 무엇을 두려워했단 말인가? 이들은 틀림없이 성도들의 무리 가운데 있는 사람들이나, 박해를 두려워하며 배급에서 빠지게 될 것을 걱정한 나머지 '이기지' 못하고 타협한 자들일 것이다. 그들은 '두려움' 때문에 신앙의 절개를 버린 '성도들'이다.

'새 하늘과 새 땅'의 모습에 대한 마지막 알림, 곧 아홉 번째 알림은 22장 앞부분이다. 그 말씀을 인용하면서 그 모습을 알아보자.

"또 그가 수정 같이 맑은 생명수의 강을 내게 보이니, 하나님
과 및 어린 양의 보좌로부터 나와서 길 가운데로 흐르더라, 강
좌우에 생명나무가 있어 열두 가지 열매를 맺되 달마다 그 열매
를 맺고, 그 나무 잎사귀들은 만국을 치료하기 위하여 있더라,
다시 저주가 없으며, 하나님과 그 어린 양의 보좌가 그 가운데
에 있으리니, 그의 종들이 그를 섬기며, 그의 얼굴을 볼 터이요,
그의 이름도 그들의 이마에 있으리라. 다시 밤이 없겠고 등불과
햇빛이 쓸 데 없으니, 이는 주 하나님이 그들에게 비치심이라.
그들이 세세토록 왕 노릇 하리로다" (22:1-5).

아홉 번째 알려준 '새 하늘과 새 땅'의 모습은 에덴동산과 성부 성
자 하나님과 누리는 성도들의 특권으로 요약할 수 있다. 먼저, '에
덴동산'에 대한 묘사를 보자. 하나님이 창설하신 에덴동산에는 세
가지가 있었는데, 곧 생명나무와 선악을 알게 하는 나무와 강이었
다. 그리고 아담과 하와가 '선악을 알게 하는 나무의 열매'를 먹자,
에덴동산에 저주가 찾아왔다. 그들을 꼬드긴 뱀도 저주를 받았고,
땅도 저주를 받았다 (창 3:14, 17).

'새 하늘과 새 땅'에도 에덴동산처럼 세 가지가 있는데, 곧 생명나
무와 생명수의 강과 보좌이다. 그런데 거기에는 에덴동산에 있었던
것이 없어진 것들도 있는데, 곧 선악을 알게 하는 나무와 저주이다.
왜 이 두 가지는 없어졌는가? '새 하늘과 새 땅'으로 들어간 사람들
은 모두 예수 그리스도의 구속적 죽음을 통해 구원받은 사람들이

다. 그뿐 아니라 그들은 그리스도처럼 몸이 변화되어 그곳으로 들어갔다 (요일 3:2).

그런 까닭에 그들은 하나님과 어린 양과 더불어 영원하면서도 복된 교제를 누리게 된 것이다. 그들은 하나님과 어린 양을 섬기며, 예배하며, 찬양한다. 그들에게는 악이 완전히 배제된 상태, 곧 선이 충만한 상태에 존재한다. 그러므로 그들은 선과 악 둘 중 하나를 선택해야 할 상황을 초월해서 오로지 하나님과 어린 양을 따르면서 교제하면 된다. '새 하늘과 새 땅'에 선악을 알게 하는 나무가 없는 이유이다.

그뿐 아니라, 그곳에는 저주도 없다. 저주는 궁극적으로 완전한 멸망을 뜻한다. 그런데 죄와 불순종으로 인하여 저주를 받은 죄인들을 위하여 그리스도 예수가 대신 저주를 받으셨다. 그분은 십자가에서 몸이 찢기며 피를 쏟으면서 저주를 받으셨다. '나무에 달린 자는 하나님께 저주를 받았다'는 율법대로 (신 21:23), 그분은 십자가 위에서 저주를 받으셨다. 바울 사도는 그리스도가 당하신 저주를 이렇게 설명했다.

"그리스도께서 우리를 위하여 저주를 받은 바 되사 율법의 저주에서 우리를 속량하셨으니, 기록된 바 나무에 달린 자마다 저주 아래에 있는 자라 하였음이라" (갈 3:13). 그분이 당하신 저주 때문에 죄인들의 저주 문제가 해결되었다는 뜻이다. 이렇게 저주의 문제를 해결 받은 사람들이 마지막으로 들어간 곳이 '새 하늘과 새 땅'이다. 그곳에는 '하나님과 어린 양'의 보좌가 있는 곳으로, 저주가 있을 수 없다.

에덴동산과 이곳의 **생명나무**는 같은 점도 있고 다른 점도 있다.

같은 점은 양자가 생명을 주는 나무이다. 에덴동산에서 아담과 하와가 범죄한 후, 그 생명나무의 열매를 먹는 것이 허락되지 않았는데, 그들이 죄를 가진 채 영생을 누릴 수 있기 때문이다. 하나님의 말씀이다. "그가 그의 손을 들어 생명나무 열매도 따먹고 영생할까 하노라…하나님이 그 사람을 쫓아내시고 에덴동산 동쪽에…불 칼을 두어 생명나무의 길을 지키게 하시니라"(창 3:22, 24).

다른 점은 세 가지나 된다. 하나, 에덴동산의 생명나무는 하나뿐인데, 이곳엔 많이 있다. 둘, 에덴동산의 생명나무의 열매는 하나뿐인데 '새 하늘과 새 땅'의 생명나무는 열두 가지나 되며, 그것도 다달이 열매를 맺는다. 셋, 에덴동산의 생명나무와는 달리 이곳의 생명나무는 '만국을 치료하기 위하여 잎사귀들'을 가지고 있다.[9] 그런데 강 좌우에 잎사귀가 그득한 생명나무는 선지자 에스겔의 예언의 성취였다.

그 말씀을 인용하자. "강 좌우 가에는 각종 먹을 과실나무가 자라서 그 잎이 시들지 아니하며, 열매가 끊이지 아니하고 달마다 새 열매를 맺으리니, 그 물이 성소를 통하여 나옴이라. 그 열매는 먹을 만하고 그 잎사귀는 약 재료가 되리라"(겔 47:12). 아담과 하와가 범죄한 후, 창세기 3장의 생명나무는 더 이상 언급되지 않다가 에스겔 47장에서 예언되었고, 그리고 그 예언대로 요한계시록 22장에서 성취된 것이다. 얼마나 놀라운 예언과 성취인가!

에덴동산과 '새 하늘과 새 땅'의 **생명수의 강**도 공통점과 차이점이 있다. 에덴동산의 강은 그 동산을 적시며, 동시에 비손강, 기혼강, 힛데겔강, 유브라데강의 근원이 되었다. 이곳의 강도 역시 '길 가운데로 흐르는' 근원이 된다. 그러나 차이점도 세 가지나 된다.

하나, 에덴동산의 강은 에덴에서 흘러 에덴을 적시고 사방으로 퍼졌다. 이곳의 강은 '하나님과 및 어린 양의 보좌로부터 나왔다.' 참고로 에스겔의 강은 성전에서 흘러나온다 (겔 47:1).

'새 하늘과 새 땅'의 강물은 생명의 근원이신 하나님과 그 근원의 통로인 어린 양으로부터 흘러나왔기에 '생명수의 강'이라 불린다. 이런 생명의 물을 공급받아서 자란 나무들은 당연히 생명나무가 되며, 그 나무에서 생긴 열매는 생명의 열매가 된다. 그뿐 아니라, 그 나무에 달린 잎사귀들은 '만국을 치료하는' 생명의 잎사귀가 된다. '새 하늘과 새 땅'으로 들어간 모든 성도는 그 열매를 언제나 먹을 수 있으며, 당연히 영원한 생명을 누린다.

둘, 에덴동산과 '새 하늘과 새 땅'의 강이 다른 점은 이 강의 물은 '수정 같이 맑은 강'이다. '수정 같이 맑다'는 것은 하나님의 영광과 깨끗함과 거룩함을 상징한다. 그렇지 않다면 보좌 앞의 바다를 이렇게 묘사하지 않았을 것이다. "보좌 앞에 수정과 같은 유리 바다가 있고…" (4:6). 또한 거룩한 성 예루살렘도 이렇게 묘사하지 않았을 것이다: "하나님의 영광이 있어, 그 성의 빛이 지극히 귀한 보석 같고 벽옥과 수정 같이 맑더라" (21:11).

셋, 에덴동산의 물은 그 동산으로 흘러 적셨으나 (창 2:10), '새 하늘과 새 땅'의 강은 '길 가운데로 흐르더라.' 도대체 어떤 길이기에 이렇게 수정 같이 맑은 생명수의 강이 그 길 가운데로 흐르는가? 그 길의 묘사를 보자. "그 열두 문은 열두 진주니 각 문마다 한 개의 진주로 되어 있고, 성의 길은 맑은 유리 같은 정금이더라" (21:21). 수정 같이 *맑은* 물이 *맑은* 유리 같은 정금 길로 흐르다니, 얼마나 아름답고 영광스러운가!

그 다음, 성도들이 성부 성자 하나님과 누리게 된 특권에 대하여 알아보자. 그 특권이 다섯 가지나 되는데, 첫째 특권은 그들이 그들 가운데 좌정하신 하나님과 어린 양을 섬기는 특권이다. 그들은 어린 양에 의하여 제사장이 되었다 (1:6, 5:10, 20:6). 그들은 마침내 그들 가운데 성막으로 임하신 하나님과 어린 양을 섬기는 제사장의 역할을 하는 특권을 갖게 된 것이다. 영원한 하나님의 나라에서 영원한 제사장이 되어 영원하신 하나님을 섬기게 되다니!

둘째 특권은 그들이 하나님의 '얼굴을 볼 터이요!' 지금까지 하나님의 얼굴을 볼 수 있는 사람은 없었다. 사도 요한의 선언과 가능성을 다음의 말씀에서 보자. "본래 하나님을 본 사람이 없으되, 아버지 품 속에 있는 독생하신 하나님이 나타내셨느니라" (요 1:18). 그렇다! 모세를 포함해서 어떤 누구도 하나님의 얼굴을 본 사람은 없었다. 그런데 그것이 가능할 수 있도록 문을 여신 분이 바로 그분의 아들 그리스도 예수이시었다.

그리스도 예수는 하나님의 '영광의 광채'이시며 '본체의 형상'이시었다 (히 1:3). 그런데 그분이 인간이 되셔서 하나님의 영광을 나타내셨다 (요 1:14). 어렴풋하게나마 그분을 통해 하나님을 간접적으로 본 것이다. 그분이 빌립에게 하신 말씀이다. "너희가 나를 알았더라면 내 아버지도 알았으리로다. 이제부터는 너희가 그를 알았고 또 보았느니라" (요 14:7). 그분은 볼 수 없는 하나님을 사람들에게 드러낸 하나님의 현현顯現이시었다.

이렇게 하나님을 볼 수 없었고, 그리고 기껏해야 소수의 사람들이 예수 그리스도를 통해 간접적으로 하나님의 모습을 볼 수 있었다. 그런데 마침내 그들이 하나님의 얼굴을 직접 볼 수 있게 된 것이다. 이것처럼 큰 특권이 어디 있겠는가? 성도들은 영원하신 하나님과 함께 영원한 천국에서 얼굴과 얼굴을 맞대는 교제를 하면서, 그리고 그분을 섬기면서 영원히 보내게 된 것이다.

셋째 특권은 '그의 이름도 그들의 이마에 있으리라.' 이것은 일찍이 예수 그리스도가 빌라델비아 교회에게 주신 약속의 성취이다. 그분의 약속을 보자. "…내가 하나님의 이름과 하나님의 성 곧 하늘에서 내 하나님께로부터 내려오는 새 예루살렘의 이름과 나의 새 이름을 그이 위에 기록하리라"(3:12). 하나님과 그 아들의 이름이 이마에 새겨진다는 것은 곧 야훼를 가리킨다. 왜냐하면 구약의 야훼가 신약의 예수이기 때문이다.[10]

넷째 특권은 '주 하나님이 그들에게 비취심이라.' 이것은 강렬한 하나님의 영광을 내포한다. 왜냐하면 하나님의 영광이 강렬하게 나타난 결과 빛이 되기 때문이다.[11] 다시 말해서, 성도들은 밤도 없고, 등불도 필요 없고, 햇빛도 쓸 데 없는 천국에서 지내는 특권을 갖는데, 그 이유는 하나님의 영광으로 충분하고도 완전하기 때문이다. 이 세상에서 하나님의 영광을 한 순간만 경험해도 놀라운데, 그 영광을 영원히 누리게 된다니 얼마나 큰 특권인가!

다섯째 특권은 '그들이 세세토록 왕 노릇하리로다.' 성도들은 이미 천년왕국에서 왕 노릇을 했다. 그러나 그때는 여러 가지로 한계도 없지 않아 있었다. 왜냐하면 거기에는 불신자들도 있었고, 죽음의 문제도 있었기 때문이다. 그러나 '새 하늘과 새 땅'에서는 어떤 한계와 제한도 없는 왕이 된다. 그것도 만왕의 왕이신 그리스도 예수와 더불어 영원한 나라에서 영원한 통치를 하는 영원한 복을 만끽하게 된다.

2. '새 예루살렘' (21:2, 21:9-27)

하나님은 '새 하늘과 새 땅'만을 다시 창조하신 것이 아니다. 하나님은 예루살렘도 다시 창조하셨는데, 그렇게 새롭게 창조된 예루살렘도 '새 예루살렘'이라고 불린다. 사도 요한이 보고 기록한 것을 인용해보자. "또 내가 보매 거룩한 성 *새 예루살렘*이 하나님께로부터 하늘에서 내려오니, 그 준비한 것이 신부가 남편을 위하여 단장한 것 같더라" (21:2). 이 말씀에 의하면, '새 예루살렘'은 '거룩한 성'이라고도 불리고, '신부'라고도 불린다.

우선, '새 하늘과 새 땅'과 '새 예루살렘'이란 칭호에 사용된 *새*라는 표현의 뜻을 알아보자. 이 표현은 본래 있었던 옛 것을 새롭게 치장하고 보충했기 때문에 *새* 것이 되었다는 뜻이 아니다. 마치 낡은 집을 뜯고, 고치고, 칠하고, 정돈해서 *새* 집으로 만들었다는 개념이 아니라는 말이다. 그뿐 아니라, '새 하늘과 새 땅'과 '새 예루살렘'의 *새*는 시간의 개념도 없다. 대통령의 임기가 다해서 *새* 대통령을 선출했다는 뜻도 아니다.

'새 하늘과 새 땅'은 그때까지 있었던 '하늘과 땅'을 흔적조차 없애고 완전히 새로운 '하늘과 땅'을 다시 창조했다는 뜻이다. '새 예루살렘'도 마찬가지이다! 이스라엘에 있던 예루살렘을 새롭게 단장해서 '새 예루살렘'으로 바꾼 것이 아니다. 그 예루살렘은 이방인들에 의하여 짓밟혔고 (11:2), 두 증인이 죽임을 당한 곳이고 (11:7), 예수 그리스도가 십자가에 못 박히신 곳이다 (11:8).

하나님은 그처럼 더럽고 타락한 예루살렘을 뜯어고쳐서 '새 예루살렘'으로 바꾸지 않으셨다. 하나님은 종교적으로나 정치적으로 타락할 대로 타락한 예루살렘을 아예 없애버리시고, 그 대신 '새 예루살렘'을 재창조하신 것이다. 그런 이유 때문에 *새*라는 표현은 과거와 현재라는 시간을 내포하지 않고, 질적으로 전혀 다른 것을 뜻한다. '새 하늘과 새 땅' 그리고 '새 예루살렘'은 지금까지 있었던 것이 새롭게 된 것이 아니라, 전혀 다른 것이라는 뜻이다.[12]

사도 요한이 보고 기록한 '새 예루살렘'에 대한 말씀을 인용해보자. "또 내가 보매 거룩한 성 *새 예루살렘*이 하나님께로부터 하늘에서 내려오니, 그 준비한 것이 신부가 남편을 위하여 단장한 것 같더라" (21:2). 위에서 언급한 것처럼, '새 예루살렘'은 '거룩한 성'이자 동시에 남편을 위해 단장한 '신부'이다. 다시 말해서, '새 예루살렘'은 장소이자 동시에 사람이라는 것이다. 이런 묘사는 흔히 볼 수 있다.

예를 들면, 북한에 금강산이 있다는 말에서 북한은 장소를 가리킨다. 그러나 북한은 가난하다는 말에는 북한이라는 장소가 아니라 그 장소에 사는 사람들이 가난하다는 뜻이다. '새 예루살렘'도 마찬가지이다! 그곳은 장소를 가리키며 동시에 그곳에 거하는 사람들을 가리킨다. 장소를 강조하는 표현이 '거룩한 성'인데, 곧 '거룩한 도시'이다. 사람을 강조하는 표현이 '신부'인데, 혼인예식으로 입장하는 아름다운 신부를 가리킨다.

본래 예루살렘은 이스라엘이라는 곳에 있었으나, '새 예루살렘'은 땅에 속한 것도 아니며 인간이 만든 것도 아니다. 그런 사실을 강조하기 위하여 사도 요한은 '새 예루살렘이 하나님께로부터 하늘에서 내려오니'라고 묘사했다. 하늘로부터 땅으로 내려온 '새 예루살렘'은 새로운 기원紀元의 시작이다. 왜냐하면 하늘과 땅이 하나가 되기 때문이다. 하나님이 기획하시고 준비하신 영광의 순간이 마침내 이른 것이다.

이처럼 신기원을 이루는 영광스러운 순간과 모습을 이렇게 간단히 소개하고 끝날 수 없어서, 사도 요한은 21장 9절 이하에서 '새 예루살렘'에 대하여 구체적으로 그리고 상세하게 묘사한다. 우선 9절과 10절 두 절을 인용하면서 설명해보자.

> "일곱 대접을 가지고 마지막 일곱 재앙을 담은 일곱 천사 중 하나가 나아와서 내게 말하여 이르되, '이리 오라! 내가 신부 곧 어린 양의 아내를 네게 보이리라' 하고, 성령으로 나를 데리고 크고 높은 산으로 올라가 하나님께로부터 하늘에서 내려오는 거룩한 성 예루살렘을 보이니" *(21:9-10).*

신비하게도 이 묘사와 거의 같은 것이 있는데, 그것은 바벨론에 대한 것이었다. "또 일곱 대접을 가진 일곱 천사 중 하나가 와서 내게 말하여 이르되, '이리로 오라! 많은 물 위에 앉은 큰 음녀가 받을 심판을 네게 보이리라…' 하고, 곧 성령으로 나를 데리고 광야로 가니라. 내가 보니 여자가 붉은 빛 짐승을 탔는데, 그 짐승의 몸에 하나님을 모독하는 이름들이 가득하고 일곱 머리와 열 뿔이 있으며" (17:1, 3).

사도 요한에게 바벨론과 새 예루살렘을 보여준 천사는 같은 천사이다. 그런데 그 천사는 사도 요한에게 두 번 다 똑같이 '이리 오라!'고 부른다. 그 천사가 보여준 내용도 똑같이 여자에 관한 환상인데, 이번에는 공통점이 조금도 없는 전혀 다른 두 여자이다. 바벨론의 환상에서는 '음녀'인데 반하여, 새 예루살렘의 환상에서는 '어린 양의 아내'이다. 전자는 악의 상징인 음녀이나, 후자는 미^{美}의 상징인 신부이다.

바벨론의 환상에서는 심판의 완성을 강조한 반면, 새 예루살렘의 환상에서는 새로운 기원의 시작을 강조한다. 전자는 마무리를 묘사하고 있으나, 후자는 시작을 묘사하므로 이 두 가지 사건이 동시적인 것을 강조한다. 왜냐하면 심판의 마무리가 없으면 새로운 기원이 시작될 수 없기 때문이다. 이런 사실을 강조하기 위하여 사도 요한은 이 두 가지 사건을 똑같이 묘사했을 것이다.

바벨론의 환상과 새 예루살렘의 환상에서 똑같은 것이 또 있는데, 그것은 '성령으로 나를 데리고' 가셨다는 표현이다. 이것은 이 모든 과정에서 성령의 인도가 없다면 가능하지 않은 환상임을 가리킨다. 성령의 인도가 없이 어떻게 인간이 마지막 심판을 볼 수 있겠는가? 뿐만 아니라, 성령의 인도가 없이 어떻게 인간이 새로운 기원을 미리 볼 수 있겠는가? 그 기원은 '신부, 곧 어린 양의 아내'로부터 시작된다.

그런데 '성령으로 데리고' 가신 곳은 전혀 다르다. 바벨론의 환상에서는 '광야'로 데리고 갔는데, 그곳은 악령과 귀신들의 집합소이다.[13] 그러나 새 예루살렘의 환상에서는 '높은 산'으로 데리고 갔다. 이 산은 어린 양이 십사만 사천 명과 더불어 섰던 시온산으로 (14:1), '거룩한 성 새 예루살렘'이 자리할 산이다. 선지자 이사야는 마지막 때에 예루살렘과 시온에 있는 자가 거룩할 것이라고 예언했다 (사 4:2-3). 선지자 미가도 이렇게 예언했다.

"끝날에 이르러는 여호와의 전의 산이 산들의 꼭대기에 굳게 서며, 작은 산들 위에 뛰어나고, 민족들이 그리로 몰려갈 것이라. 곧 많은 이방 사람들이 가며 이르기를 오라 우리가 여호와의 산에 올라가서 야곱의 하나님의 전에 이르자. 그가 그의 도를 가지고 우리에게 가르치실 것이니라. 우리가 그의 길로 행하리라 하리니 이는 율법이 시온에서부터 나올 것이요, 여호와의 말씀이 예루살렘에서부터 나올 것임이라" (미 4:1-2).

1) '새 예루살렘'의 외적 모습

'새 예루살렘'의 모습을 사도 요한은 이렇게 묘사하면서 시작한다. "하나님의 영광이 있어, 그 성의 빛이 지극히 귀한 보석 같고 벽옥과 수정 같이 맑더라" (21:11). '하나님의 영광'이 새 예루살렘에 나타난 것이다. 달리 표현하면, 하나님이 새 예루살렘에 임하셨다는 것이다. '거룩한 성'에 하나님의 영광이 임했다는 것은 그 성이 성전이 되었다는 뜻이기도 하다. 왜냐하면 하나님은 종종 성전에 영광으로 임하셨기 때문이다 (출 40:34, 대하 7:1, 사 6:3).

'새 예루살렘'은 거룩한 성이지만 동시에 어린 양의 아내이다. 그 아내에게 하나님의 영광이 임했다는 것은 하나님이 그 신부를 기쁨으로 감싸주었다고 말할 수 있을 것이다. 그 신부는 '빛나고 깨끗한 세마포 옷'을 입고 있었는데 (19:8), 그 옷에 하나님의 영광이 임하므로 그 옷의 찬란함은 절정에 달했을 것이다. 어떤 학자는 그 신부가 '세마포 옷'에 '하나님의 영광'이라는 옷을 덧입었다고까지 했다.[14]

하나님의 영광이 임한 그 성에서 빛이 발하지 않을 수 없는데, 그 사실을 사도 요한은 '그 성의 빛이 지극히 귀한 보석 같고 벽옥과 수정 같이 맑다'고 묘사했다. '벽옥과 같은' 하나님의 영광이 임했으니 그 성이 벽옥처럼 맑을 수밖에 없다 (4:3). 그뿐 아니라 하나님의 임재로 '성곽도 벽옥 같고' (21:18), '성곽의 첫째 기초석도 역시 벽옥'이었다 (21:19). 하나님이 임하셨기에 '거룩한 성', '성곽', '기초석'이 모두 하나님의 벽옥이었다.

(1) '거룩한 성'

사도 요한은 이처럼 '거룩한 성'을 전체로 묘사한 후, 그 성을 이루고 있는 성곽과 문과 기초석을 세부적으로 묘사하기 시작했다. 우선 그 묘사부터 인용해보자.

> "크고 높은 성곽이 있고 열두 문이 있는데, 문에 열두 천사가 있고 그 문들 위에 이름을 썼으니 이스라엘 자손 열두 지파의 이름들이라. 동쪽에 세 문, 북쪽에 세 문, 남쪽에 세 문, 서쪽에 세 문이니, 그 성의 성곽에는 열두 기초석이 있고, 그 위에는 어린 양의 열두 사도의 열두 이름이 있더라" (21:12-14).

왜 하나님은 성곽을 벽옥으로 만드셨는가? 요한계시록이 기록될 당시 성곽의 목적은 적의 침공을 막기 위함이었다. 그런데 그 성곽을 벽옥으로 만들었다는 것은 방어의 목적이 아니라는 것이 분명하다. 왜냐하면 벽옥으로 된 성곽은 오히려 적의 침공을 유도하기 때문이다. 고귀한 벽옥을 캐가기 위해서 말이다. 위에서 언급한 것처럼, 하나님의 모습은 벽옥과 같다. 그러니까 벽옥으로 된 성곽은 하나님의 임재와 영광을 드러내기 위한 것이다.

이 성곽에는 문이 열둘이나 되었다. 문이 열둘이나 되는 것은 선지자 에스겔의 예언이 문자 그대로 성취된 것이다. 에스겔은 마지막 때에 생길 성곽을 묘사하면서, 동서남북에 각각 세 개씩 도합 열두 문을 예언했다. 그리고 문마다 각 지파에 할애되었기에 각각 지파의 이름이 주어졌다 (겔 48:30-34). 다시 말해서, 지파마다 그들만이 사용할 수 있는 문이 주어졌다는 것이다.

반면, '새 예루살렘'의 성곽에 있는 열두 문에는 이름이 구체적으로 거론되지 않고, 그냥 '열두 지파의 이름들이라'고만 되어 있다. 왜 열두 지파의 이름이 새겨져 있지 않은가? 그 이유는 두 가지인데, 첫째는 누구든지 아무 문이나 사용할 수 있기 때문이다. 둘째는 이스라엘 백성뿐 아니라 천국에 들어간 모든 성도가 자유롭게 사용할 수 있기 때문이다.[15] 그 문들이 사방에 존재한다는 것은 어느 곳에 있든지 그 성으로 들어올 수 있게 하기 위함이다.

이 성곽은 12개의 기초석이 있는데, '그 위에는 어린 양의 열두 사도의 열두 이름이 있더라.' 그러니까 위로 열두 문에는 열두 지파의 이름들이 쓰여 있고, 아래로 열두 기초석에는 열두 사도의 이름이 쓰여 있다. 두말할 필요도 없이 열두 지파는 이스라엘 백성을 대표하고, 열두 사도는 교회를 대표한다. 그리고 이 두 그룹은 온 인류를 대표한다. 결국, 거룩한 성 '새 예루살렘'은 누구나 평등하게 드나들 수 있는 곳이다.

본래 유대인과 이방인은 하나가 되기 어려운 별개의 집단이었다. 유대인은 이방인을 개와 돼지처럼 취급하면서 지옥의 불쏘시개라고 치부했다. 이방인은 유대인을 융통성 없는 독선자로 치부했다.

실제로 구약성경 전체는 유대인과 이방인 사이의 갈등이라고 해도 지나친 말이 아니다. 그런데 이처럼 다른 두 집단이 한 성을 이루고 있다니, 참으로 하나님의 역사요, 그 아들 예수 그리스도의 값진 희생의 결과이다 (엡 2:11-18).

(2) 측량

사도 요한은 '새 예루살렘'을 본대로 묘사했다. 그런데 이번에는 천사가 나서서 그 성과 성곽을 측량한다. 그 사실을 인용하면서 설명해보자.

> "내게 말하는 자가 그 성과 그 문들과 성곽을 측량하려고 금 갈대 자를 가졌더라. 그 성은 네모가 반듯하여 길이와 너비가 같은지라. 그 갈대 자로 그 성을 측량하니 만 이천 스다디온이요, 길이와 너비와 높이가 같더라. 그 성곽을 측량하매 백사십사 규빗이니, 사람의 측량 곧 천사의 측량이라" (21:15-17).

그 천사는 '금 갈대 자'로 '그 성과 그 문들과 성곽'을 측량하였다. 그런데 실제로는 문들은 측량하지 않았는데, 십중팔구 성곽의 측량에 포함되었기 때문이었을 것이다. 여하튼, 그 천사는 '금 갈대 자'로 측량했는데, 왜 하필이면 금으로 된 자인가? 그 이유는 십중팔구 그 성과 그 성의 길이 정금으로 이루어졌기 때문이었을 것이다. 그렇지 않다면 구태여 '금 갈대 자'라고 하면서 '금'을 강조하지 않았을 것이다.

그 성은 정사각형이었는데, 그 길이와 너비와 높이가 같았다. 다시 말해서, 그 성은 정육면체였는데, 각 길이가 만 이천 스다디온 (στάδιον)이었다. 스다디온은 스타디움stadium의 헬라식 복수형이다. 한 스타디움이 대략 180m라면, 만 이천 스다디온은 2,160km나 된다. 결국, '거룩한 성', 곧 '새 예루살렘'은 사방이 2,160km나 되는 거대한 영역인데, 거기다 높이까지 그만큼 된다.

그 성이 그렇게 큰 이유도 분명한데, 예수 그리스도를 통해 하나님을 구주로 모신 모든 성도들이 거할 곳이기 때문이다. 사도 요한이 본 성도들만 해도 엄청나다. 그의 표현을 다시 빌려보자. 이스라엘의 144,000외에도 "이 일 후에 내가 보니 각 나라와 족속과 백성과 방언에서 아무도 능히 셀 수 없는 큰 무리가 나와 흰 옷을 입고 손에 종려 가지를 들고 보좌 앞과 어린 양 앞에" 섰다 (7:9). 얼마나 다양하면서도 많은 하나님의 사람들인가!

그 성은 정육면체라고 했는데, 그 이유는 하나님이 거하시는 곳이기 때문이다. 일찍이 하나님이 거하실 성막의 지성소도 정육면체였는데, 길이와 너비와 높이가 각각 10 규빗이었다 (출 26:16). 그 후 솔로몬이 지은 성전의 지성소는 삼면이 모두 20 규빗이었다 (왕상 6:20). '새 예루살렘'에는 성전이 없었는데, 하나님과 어린 양이 성전이기 때문이다 (21:22). 하나님이 거하시는 '거룩한 성'은 완전한 정육면체이어야 한다.

성곽은 백사십사 규빗인데, '사람의 측량 곧 천사의 측량이다.' 이 측량은 성곽의 두께인지 높이인지 알 수 없지만, 한 규빗이 대략 50cm라고 한다면 (중지 손가락에서 팔꿈치까지의 길이), 총 72m인 셈이다. '거룩한 성'인 '새 예루살렘'에 비하여 너무나 작은 것이 사실인데, 그것이 천사의 측량이라는 것이다. 천사가 사람처럼 측량한 결과 백사십사 규빗이었다. 그러니까 천사의 규빗이 얼마인지 알지 못하기에 이 성곽의 크기도 알 수 없다.

(3) 재료

그 천사는 이처럼 성과 성곽을 측량한 후, 그것들이 무엇으로 이루어졌는지 재료에 대하여 제법 소상하게 알려준다. 틀림없이 모든 성도들이 천국에 대해 가지고 있는 궁금증을 풀어주기 위해서 이처럼 자상하게 묘사했는지 모른다. 그뿐 아니라, 그 성, 곧 '어린 양'의 신부가 얼마나 아름다운지를 자랑스럽게 소개하기를 원했는지 모른다. 하여튼 그 말씀을 인용하면서 설명해보자.

> "그 성곽은 벽옥으로 쌓였고, 그 성은 정금인데 맑은 유리 같더라. 그 성의 성곽의 기초석은 각색 보석으로 꾸몄는데, 첫째 기초석은 벽옥이요 둘째는 남보석이요 셋째는 옥수요 넷째는 녹보석이요, 다섯째는 홍마노요 여섯째는 홍보석이요 일곱째는 황옥이요 여덟째는 녹옥이요 아홉째는 담황옥이요 열째는 비취옥이요 열한째는 청옥이요 열두째는 자수정이라. 그 열두 문은 열두 진주니 각 문마다 한 개의 진주로 되어 있고, 성의 길은 맑은 유리 같은 정금이더라" (21:18-21).

이렇게 아름답게 꾸민 '새 예루살렘'을 이사야 선지자는 미리 보았다. 그는 하나님이 이스라엘의 남편이라고 언급했는데 (사 54:5), 그곳을 대표하는 곳이 예루살렘이다.[16] 이사야는 하나님이 그 예루살렘을 신부처럼 아름답게 꾸밀 것이라고 이렇게 예언했다. "…보라, 내가 화려한 채색으로 네 돌 사이에 더하며 청옥으로 네 기초를 쌓으며, 홍보석으로 네 성벽을 지으며 석류석으로 네 성문을 만들고, 네 지경을 다 보석으로 꾸밀 것이며" (사 54:11-12).

하나님은 헐벗고 굶주리고 학대를 당하며 이방인들에게 노리개였던 예루살렘을 회복시켜 주실 뿐 아니라, 아름답게 치장시켜서 신부로 맞이하시겠다는 것이다. 이사야의 예언이 오랜 세월이 지난 후에 위의 인용문에서처럼 문자 그대로 성취되다니, 놀라움을 금할 수가 없다! 하나님은 영광과 광채를 드러내시는 분인데, '어린 양'의 신부도 똑같이 영광과 광채를 드러내지 않는다면, 어떻게 '어린 양'의 신부가 될 수 있단 말인가?

사도 요한이 본 '새 예루살렘'의 모습은 이사야 선지자의 묘사보다 더 아름답고 찬란하다. 그렇게 찬란하게 치장시킨 재료를 하나씩 열거하면서 '어린 양'의 신부를 소개하고 있었다. 사도 요한은 '새 예루살렘'을 이루고 있는 다섯 가지의 재료를 다음과 같이 차례로 알려 준다: 성곽, 성, 기초석, 문 및 길. 이것들은 이미 묘사된 바 있지만, 그것들을 이루고 있는 재료를 설명하기 위하여 다시 하나씩 언급하고 있다.

첫째, 성곽의 재료는 무엇인가? '그 성곽은 벽옥으로 쌓였다.' 이미 언급한 대로, 벽옥은 '하나님의 모양'이다 (4:3). 하나님은 두말할 필요도 없이 영광과 위엄이 넘치는 분이시다. 그분이 재창조하시는 성곽도 영광과 위엄을 드러내게 하신다. 그것이 당연한 것은 하나님이 그곳에서 백성과 함께 거하실 것이기 때문이다. 그뿐 아니라, '새 예루살렘'은 '어린 양'의 신부이기에 당신과 똑같이 치장시켜 주시는 것이다.

둘째와 다섯째, 성과 길의 재료에 대해 알아보자. 이미 언급한 것처럼, '그 성은 정금인데 맑은 유리 같더라.' 그 성은 길과 똑같이 '맑은 유리 같은 정금'으로 만들어졌다 (21:21). '맑은 유리'는 투명한 유리를 가리키는데, 이런 묘사는 하나님의 보좌 앞의 모습을 상기시킨다, '보좌 앞에 수정과 같은 유리 바다가 있고…' (4:6). 그러니까 바다도 투명하고 정금으로 된 성과 길도 투명하다. 하나님의 영광이 투명한 것처럼 말이다.[17]

셋째, 기초석의 재료로 가보자. 열두 기초석은 각기 다른 보석으로 되어 있다. 그러니까 열두 가지의 다른 보석들로 이루어졌다는 것이다. 그 보석들은 다음과 같다: 벽옥, 남보석, 옥수, 녹보석, 홍마노, 홍보석, 황옥, 녹옥, 담황옥, 비취옥, 청옥 및 자수정. 이상의 열두 보석은 제사장의 흉패에 붙인 열두 보석을 연상시키고도 남는다 (출 28:17-20). 이 열두 보석에는 이스라엘의 열두 지파의 이름이 새겨져 있었다.

기초석의 열두 보석과 제사장 복장의 열두 보석의 이름을 자세히 보면 서로 다른 것들도 없잖아 있다. 그러나 그것은 큰 문제가 되지 않는다. 그 이유는 제사장의 흉패에 붙인 보석들은 히브리어로 새겨져 있었는데 반하여 그것들을 헬라어로 새기면서 똑같은 이름이 없어서 달라졌기 때문이다.[18] 기초석의 열두 보석은 이름보다도 그것이 제사장의 흉패에 붙인 열두 보석과 숫자가 같다는 사실이 더 중요하다.

사도 요한은 열둘을 강조하기 위하여 21장 12절과 14절에서 열둘을 세 번씩 사용하므로, 도합 여섯 번을 사용했다. 12절에서 세 번 사용된 열둘은 이스라엘의 열두 지파를 강조하고, 14절에서 세 번 사용된 열둘은 열두 사도를 강조한다. 이 둘이 합치면 스물넷이 되는데, 하나님의 보좌에 둘려 있는 스물넷의 보좌에 앉은 스물네 장로를 소개한 바 있다 (4:4). 이미 언급한 대로, 이 스물네 명의 장로들은 이스라엘과 교회를 각각 대표한다.

그런데 제사장의 흉패에 붙인 열두 보석과 기초석을 꾸민 열두 보석 사이에 다른 점도 있고 같은 점도 있다. 먼저, 다른 점 세 가지를 보자. 첫째로 다른 것은 전자는 이스라엘을 대표하고, 후자는 교회를 대표한다. 둘째, 전자는 가슴에 붙였는데, 후자는 '거룩한 성'의 기초석으로, 쉽게 말하면 '땅 속'에 자리했다. 제사장이 이스라엘 백성의 이름을 가슴에 달아야 하는 것과 달리, 기초석은 성곽을 지탱하는 근본이다.

셋째로 다른 점은 둘째의 연장일 수도 있다. 이스라엘의 제사장은 백성을 가슴에 품고 그들을 위하여 하나님께 나아와야 한다. 제사장은 하나님과 백성 사이를 연결하는 중보자이기 때문이다. 특히 제사장은 백성을 위해 하나님 앞에서 기도해야 한다. 사도인 기초석은 기초를 튼튼히 쌓아야 하는 책임을 가지고 있다. 그런 이유 때문에 사도는 교회를 강건하게 만들기 위하여 말씀의 기초로 다져야 한다.

그 다음, 같은 점 세 가지를 보자. 흉패에 붙인 열두 보석과 '거룩한 성'의 열두 기초석의 첫째 같은 점은 둘 다 값비싼 보석이라는 것이다. 하나님의 제사장도 보석으로 꾸몄고, 하나님의 처소인 '새 예루살렘'도 보석으로 꾸몄다. 둘째로 같은 것은 둘 다 하나님의 영광과 아름다움을 드러낸다는 것이다. 제사장의 보석에 대한 말씀이다. "네 형 아론을 위하여 거룩한 옷을 지어 영화롭고 아름답게 할

지니" (출 28:2). 물론, 아론은 제사장을 대표했다.

제사장이 지성소로 들어가서 하나님을 만날 때는 속옷만 입어야 한다. 그러나 그렇게 하나님을 만난 후, 백성에게 나올 때는 열두 보석이 달린 아름다운 옷을 입는다. 왜냐하면 하나님의 영광과 아름다움을 나타내야 하는 제사장이기 때문이다. 마찬가지로, 열두 기초석도 하나님의 영광과 아름다움을 드러내기 위하여 열두 보석으로 꾸며졌다. 이미 언급한 대로, 하나님의 모양은 벽옥인데 (4:3), 기초석의 첫 번째 보석도 역시 벽옥이다.

셋째로 같은 점은 그들의 역할이다. 이스라엘의 열두 지파의 이름을 가슴에 붙이고 성소로 들어갔다가 백성에게로 나오는 사람은 물론 제사장이다. 그는 제사장의 역할을 신실하게 수행하기 위하여 가슴에 열두 보석을 달았다. 그런데 열두 기초석인 사도들의 역할도 역시 제사장이다. 왜냐하면 어린 양이신 예수 그리스도가 그들을 제사장으로 삼으셨기 때문이다. 이 사실을 강조하기 위하여 사도 요한은 세 번씩이나 언급했다 (1:6, 5:10, 20:6).

넷째, 열두 문의 재료에 대해서 알아보자. 열두 문은 모두 진주로 되어있는데, 다시 한 번 말씀으로 확인하자. "그 열두 문은 열두 진주니, 각 문마다 한 개의 진주로 되어 있고…" (21:21a). 문들은 열두 가지 다른 보석으로 이루어진 기초석과는 달리 각각 한 가지 진주로 이루어졌다. 이처럼 거대한 진주로 된 문은 열두 지파의 귀함을 말해주고 있다. 왜냐하면 열두 지파의 이름이 문들 위에 기록되었기 때문이다 (21:12).

2) '새 예루살렘'의 내적 모습

사도 요한은 '새 예루살렘'의 외적 모습을 세 가지로 묘사한 후, 내적 모습을 네 가지로 묘사한다. '새 예루살렘'의 내적 모습은 겉모습이 아니라, 내적 상태를 강조한다. 어떻게 보면 '새 예루살렘'의 영적 상태라고도 할 수 있을 것이다. 그런데 특이한 것은 네 가지가 다 소극적인 면을 강조하면서 묘사하고 있는데, 첫째는 성전이 없으며, 둘째는 해와 달이 없으며, 셋째는 성문들은 닫히지 않으며, 넷째는 거룩하지 않은 것이 없다.

(1) 성전이 없다

먼저, '새 예루살렘'에 성전이 없다는 사실에 대해 알아보자. 성전은 하나님의 임재를 상징하기에, '새 예루살렘'에 당연히 성전이 있으리라고 기대할 수 있다. 사도 요한의 표현을 보면 그도 성전을 기대한 것 같다. 그렇지 않다면 그는 이렇게 기록하지 않았을 것이다. '성 안에서 내가 성전을 보지 못하였으니.' 그는 '새 예루살렘' 안에서 무엇보다도 먼저 성전을 찾았던 것 같다.

사도 요한이 성전을 찾은 이유는 이미 그에게 들려준 약속 때문이었다. 그 약속을 보자. "이기는 자는 내 하나님 *성전*에 기둥이 되게 하리니, 그가 결코 다시 나가지 아니하리라. 내가 하나님의 이름과 하나님의 성 곧 하늘에서 내 하나님께로부터 내려오는 새 예루살렘의 이름과 나의 새 이름을 그이 위에 기록하리라"(3:12). 이 약속은 빌라델비아 교회에게 주신 것인데, 분명히 '이기는 자는 내 하나님 *성전에 기둥이 된다*'고 하셨다.

사도 요한이 성전을 찾은 두 번째 이유는 환상 중에 이미 성전을 보았기 때문이다. 그의 환상을 인용해보자. "그러므로 그들이 하나님의 보좌 앞에 있고, 또 그의 성전에서 밤낮 하나님을 섬기매 보좌에 앉으신 이가 그들 위에 장막을 치시리니, 그들이 다시는 주리지도 아니하며 목마르지도 아니하고 해나 아무 뜨거운 기운에 상하지도 아니하리라" (7:15-16). 그러니까 사도 요한은 그에게 들려주고 또 보여준 대로 성전을 찾았을 것이다.

그러나 거기에는 성전이 보이지 않았다. 그리고 그곳에 성전이 없는 이유를 금방 깨닫고 이해한 것 같다. 왜냐하면 조금도 지체하지 않고 곧바로 그 이유를 설명했기 때문이다. 그의 설명을 다시 인용해보자. '이는 주 하나님 곧 전능하신 이와 및 어린 양이 그 *성전*이심이라.' 성전은 하나님의 임재를 상징한다고 했는데, 그분이 '새 예루살렘'에 친히 임하셨던 것이다. 세상에서처럼 한순간만 임하신 것이 아니라, 그곳에 상주하시는 것이다.

그러니까 '새 예루살렘'은 하나님이 상주하시는 지성소이다. 하나님 뿐 아니라 그분의 아들 예수 그리스도도 하나님과 더불어 상주하시는 곳이다. 결국, 하나님과 예수 그리스도가 성전이심으로 다른 성전이 있을 이유가 없었다. 사도 요한이 말한 대로이다. '하나님의 장막이 사람들과 함께 있으매, 하나님이 그들과 함께 계시리라' (21:3). 예수 그리스도도 살아 생전에 자신이 '성전'이라고 분명히 말씀하신 적도 있었다 (요 2:17).

'새 예루살렘'에서 성전이 되시는 분은 '주 하나님 곧 전능하신 이'시다. 하나님이 전능하시다는 칭호는 요한계시록에서 9번이나 나온다 (1:8, 4:8, 11:17, 15:3, 16:7, 16:14, 19:6, 19:15, 21:22).

이처럼 전능하신 하나님은 현세는 물론 내세에서도 어느 곳에나 계시면서 주권적으로 다스리신다. 이 세상에서 국가와 세월을 다스리신 것처럼, '새 예루살렘'에서도 주권적으로 성전이 되신 것이다.

(2) 해와 달이 없다

하나님이 임하시면 당연히 그분의 영광도 나타난다. 하나님의 임재와 영광을 아울러 표현하는 단어가 있는데, 곧 *쉐키나*(שכינה)이다. 본래 이 단어는 하나님의 임재를 뜻했는데, 그분이 임하시면 반드시 그분의 영광도 나타나기에 영광과 혼용되기 시작했다. 예를 들면, 선지자 이사야는 하나님이 임하신 모습을 보았는데, 그 모습은 영광이기도 했다. 그의 표현을 빌려보자. '만군의 여호와여, 그의 영광이 온 땅에 충만하도다' (사 6:3).

'새 예루살렘'에 하나님이 그 백성과 함께 하신다는 말씀은 그분의 영광이 함께 한다는 표현이다. 그분의 영광이 가득하면 빛으로 환하게 되는 것은 당연하다. 그런 이유 때문에 '새 예루살렘'에서는 '해와 달의 비침이 쓸 데 없다.' 사도 요한은 그 이유도 분명히 제시했다. '이는 하나님의 영광이 비치고 어린 양이 그 등불이 되심이라.' 하나님의 영광은 동시에 하나님의 빛이다 (사 60:1).

그런데 해와 달이 쓸 데 없게 된다는 사실은 이미 선지자 이사야가 예언한 바 있었다. 그의 예언을 인용해보자. "다시는 낮에 해가 네 빛이 되지 아니하며, 달도 네게 빛을 비추지 않을 것이요, 오직 여호와가 네게 영원한 빛이 되며 네 하나님이 네 영광이 되리라" (사 60:19). "창조주이신 하나님의 빛이 떠오르면, 피조물인 해와 달의 빛이 무슨 쓸모가 있겠는가?"[19] 그렇다! 하나님은 영광이시며 빛이시다! (요일 1:5).

빛을 언급한 후, 사도 요한은 이렇게 덧붙였다. "만국이 그 빛 가운데로 다니고, 땅의 왕들이 자기 영광을 가지고 그리로 들어가리라" (21:24). 빛으로 만국과 왕들이 들어온다는 것도 이사야가 예언한 대로이다. "나라들은 네 빛으로, 왕들은 비치는 네 광명으로 나아오리라" (사 60:3). 세상의 나라들과 왕들이 빛을 보고, 그 빛 가운데로 나왔다는 것이다. 다시 말해서, 그들이 회개하고 하나님의 품으로 돌아왔다는 말이다.

그들이 빛 안으로 들어오지 않았다면 '그 빛 가운데로 다닐' 수 없다. 그들이 '새 예루살렘'에서 빛 가운데로 다닐 수 있는 것은 이미 어두움에서 빛으로 돌아왔다는 사실을 함축한다. 그런데 '왕들이 자기 영광을 가지고 그리로 들어가리라'는 내용의 뜻은 무엇인가? 이사야 선지자는 '영광' 대신 '재물'을 사용했다 (사 60:5). 어떤 의미에서 재물은 그들의 소유를 뜻하기에, 그들 자신을 가리키기도 한다. 결국, 자신들을 드리면서 나아왔다는 것이다.[20]

하나님이 영광 중에 나타나시고 어린 양이 등불로 오셨기에, 많은 나라들과 군왕들이 예수 그리스도를 통해서 하나님께로 돌아왔다. 하나님의 크신 긍휼이 아니었더라면 있을 수 없는 역사였다. 하나님은 못된 인간들에게 빛으로 그리고 등불로 찾아오셨고, 그 결과 많은 나라들과 왕들이 빛으로 들어왔다. 그래서 그들도 '새 예루살렘'에서 하나님과 함께 지내는 특권을 갖게 된 것이다. 사도 요한은 그런 하나님의 마음을 놓치지 않고 기록하였다.

(3) 닫힌 문들이 없다

사도 요한은 '새 예루살렘'에는 성전도 없고 해와 달도 없다고 한 후, '낮에 성문들을 도무지 닫지 아니하리니'라고 표현한다. 성문이 닫히지 않는 것도 역시 구약성경에서 예언된 대로였다. 그 예언을 인용해보자. "네 성문이 항상 열려 주야로 닫히지 아니하리니, 이는 사람들이 네게로 이방 나라들의 재물을 가져오며 그들의 왕들을 포로로 이끌어 옴이라"(사 60:11). 선지자 이사야는 성문이 닫히지 않는 이유도 밝혔다.

그 이유는 사람들이 재물과 포로로 잡힌 왕들을 끌어오기 위함이라는 것이다. 그런데 사도 요한도 거의 비슷하게 표현했다. 곧 "사람들이 만국의 영광과 존귀를 가지고 그리로 들어가겠다"는 것이다(21:26). 이미 위에서 언급한 것처럼, '만국의 영광'은 일차적으로는 재물을 뜻하지만, 이차적으로는 사람들 자신을 뜻한다. '사람들', 곧 새 예루살렘에 들어간 성도들은 그들의 모든 것과 더불어 자신을 하나님께 바치면서 예배한다는 것이다.

그럼 왜 새 예루살렘에서는 '낮에 성문들을 도무지 닫지 아니하는가?' 두말할 필요도 없이 불청객이 성으로 들어오지 못하도록 밤에는 성문들을 닫았다. 불청객은 반란군일 수도 있고, 적군일 수도 있다. 그런데 이 성의 문들이 닫히지 않았다는 것은 반란군이나 적군이 없다는 것도 함축한다. 왜냐하면 하나님은 이미 모든 적군들과 악인들을 심판하셨고, 그리고 지옥으로 던져버리셨기 때문이다.

사도 요한은 성문들을 닫지 않은 이유를 덧붙였다. 그 이유는 '거기에는 밤이 없음이라'이다. 헬라어 성경에는 '왜냐하면'이라는 접속사, 가르(γάρ)가 있기에 '거기에는 밤이 없음이라'는 표현이 성문들을 닫지 않는 이유임을 분명히 밝히고 있다. 실제로는 '성전'이 없는 이유와 '해와 달이 없는' 이유도 똑같이 가르라는 접속사를 통하여 알려준다. 한글성경에서도 '이는'으로 번역하므로 그 이유를 알려준다 (21:22, 23).[21] 그러나 25절엔 '이는'이 없다.

여하튼 성문들을 닫지 않는 이유는 새 예루살렘에는 밤이 없기 때문이라는 것이다. 그러니까 그곳에는 영원히 '낮'만 존재한다. '밤'은 어두움의 상징일 뿐 아니라, 때로는 '죄'도 상징한다. 예수님의 말씀에서 확인하자. "예수께서 대답하시되 낮이 열두 시간이 아니냐? 사람이 낮에 다니면 이 세상의 빛을 보므로 실족하지 아니하고, 밤에 다니면 빛이 그 사람 안에 없는 고로 실족하느니라" (요 11:9-10).

'새 예루살렘'에는 어두움이 전혀 없는데, 그 이유는 그곳에 영광과 빛의 하나님이 계시기 때문이다. '새 예루살렘'에는 죄도 있을 수 없다. 그 이유는 그곳에 들어간 성도들은 이미 예수 그리스도의 피로 그들의 모든 죄를 씻었기 때문이다. 그뿐 아니라, 하나님은 모든 죄인들을 이미 심판하신 후, 지옥으로 보내셨기 때문이다. '새 예루살렘'에는 '밤'이 있을 수 없기에 성문들이 '도무지 닫히지 않는다.'

(4) 거룩하지 않은 것이 없다

사도 요한은 재론의 여지가 없는 사실을 덧붙였는데, 그것은 '속된 것이나 가증한 일 또는 거짓말하는 자'는 새 예루살렘에 절대로 들어가지 못한다는 것이다. '어린 양의 생명책에 기록된 자들만 들어간다.' 요한계시록에서 '생명책'이 여섯 번 나오는데, 흥미롭게도 세 번은 생명책에 이름이 기록된 자들을 묘사하고 (3:5, 20:12,

21:27), 나머지 세 번은 그 생명책에 이름이 기록되지 못한 자들을 강조한다 (13:8, 17:8, 20:15).[22]

그렇다! '생명책에 기록된 자들만' 새 예루살렘에 들어간다. 그렇다면 생명책에 이름이 기록되지 못한 사람들의 특징은 무엇인가? 사도 요한은 21장 27절에서 세 가지의 특징을 열거했는데, 곧 '속된 것', '가증한 일' 및 '거짓말 하는 자'이다. 왜 8절에서는 목록이 8가지나 되는데, 이번에는 3가지만을 기록했는가? 이 세 가지 목록의 속성을 알면 사도 요한의 깊은 성찰을 이해하게 될 것이다.

먼저 **'속된 것'**에 대하여 알아보자. 이 단어의 헬라어는 코이노스 (κοινός)인데, 한글성경에서는 '부정한' (막 7:2, 5, 히 10:29)과 '속된'으로 각각 (행 10:14, 28, 11:8, 롬 14:14, 계 21:27) 번역되었다. 예수님의 제자들이 음식을 먹을 때 '부정한' 손으로 먹었다고 바리새인과 서기관들로부터 힐난을 받았는데, '더러운' 손으로 먹었기에 힐난을 받은 것이 아니다 (막 7:2, 5). 물로 손을 씻어야 되는 율법의 가르침을 깨뜨렸기 때문이다.

율법이 주어진 목적은 거룩하신 하나님을 가르쳐줄 뿐 아니라, 그 백성도 하나님처럼 거룩하게 하기 위해서였다. 그 율법 중 하나가 음식에 관한 것이었다. 이스라엘 백성이 음식을 먹기 전에 손을 씻는 정결 의식을 거치지 않으면 거룩하게 음식을 먹을 수 없기 때문이다. 그런데 그들이 거룩함을 유지하기 위하여 손을 씻는 것 못지않게 중요한 것이 있는데, 그것은 음식의 종류였다. 그들은 '속된' 음식을 먹을 수 없었다.

베드로 사도는 '속된' 동물을 먹을 수 없다고 강변했다. 하나님이 먹으라고 하셨는데도 말이다. 그는 여태까지 속된 것은 먹은 적이 없었다고 했다 (행 10:14). 속되지 않은 동물만을 먹었다는 뜻이다. 속되지 않은 동물들에 대해서 하나님은 레위기 11장에서 상세하게 열거하셨다. 그렇게 그 목록을 주신 이유는 베드로를 포함한 이스라엘 백성이 거룩한 삶을 영위하게 하기 위함이었다.

하나님은 먹을 수 있는 동물과 그렇지 않은 동물을 열거하신 후, 그 목적을 이렇게 말씀하셨다. "나는 여호와 너희의 하나님이라. 내가 거룩하니 너희도 몸을 구별하여 거룩하게 하고, 땅에 기는 길짐승으로 말미암아 스스로 더럽히지 말라" (레 11:44). 거룩하신 하나님이 그 백성도 거룩해야 하기에 '부정한' 손이나 '속된' 음식을 먹으면 안 된다고 말씀하신 것이다. 거룩하신 하나님이 백성과 공존하기 위해 그 백성도 거룩해야 된다는 말씀이다.

하나님이 상존하시는 '새 예루살렘'에는 거룩한 사람들만이 들어가서 거할 수 있는 곳이다. 그런 이유 때문에 '속된' 것이나 '부정한' 것, 곧 거룩하지 않은 것은 그곳에 있을 수 없다. 다시 말해서, 거룩한 하나님과 공존할 수 없는 거룩하지 않은 사람들은 그곳에 들어갈 수 없다. 물론 하나님 앞에서 거룩한 사람은 없지만, 예수 그리스도의 피로 그 죄를 씻은 사람들은 하나님처럼 거룩해졌기에 '새 예루살렘'으로 들어갈 수 있다.

히브리서 저자는 죄인들이 예수 그리스도를 통해 거룩해진다고 가르친다. 율법을 지켜서 거룩해지는 것이 아니라, 그분을 통해 죄를 용서받아야 거룩해진다는 말이다. 히브리서를 인용해보자. "예수 그리스도의 몸을 단번에 드리심으로 말미암아 우리가 거룩함을 얻었노라" (히 10:10). 그렇다! 그분이 십자가에서 몸을 드리셨기에, 죄인들이 그분을 통하여 '거룩함을 얻은' 것이며, 그렇게 거룩한 사람들만이 '새 예루살렘'에 들어갈 수 있다.

이처럼 '속된' 것은 '결코 그리로 들어가지 못하리라'고 선언한 후, 사도 요한은 **'가증한 일'**도 들어가지 못한다고 했다. 하나님이 가증하게 여기시는 죄들이 얼마나 많은가! 그러나 하나님이 가장 싫어하시는 것은 우상 숭배의 죄이다. 하나님은 먼저 우상의 제조를 가증하다고 하셨다. "장색의 손으로 조각하였거나 부어 만든 우상은 여호와께 가증하니, 그것을 만들어 은밀히 세우는 자는 저주를 받을 것이라" (신 27:15).

우상을 만드는 것이 가증할진대, 그 우상을 섬기는 자들은 얼마나 가증하겠는가? 하나님은 이스라엘 백성에게 가나안을 점령한 후, 그곳의 일곱 족속을 진멸하라고 하시면서 그 이유를 이렇게 말씀하셨다. "이는 그들이 그 신들에게 행하는 모든 *가증한* 일을 너희에게 가르쳐 본받게 하여, 너희가 너희의 하나님 여호와께 범죄하게 할까 함이니라" (신 20:18). 그렇다! 우상을 섬기는 일체의 행위가 하나님 앞에서는 *가증*하다.

사도 요한은 이런 하나님의 마음을 염두에 둔 듯, '가증한 일'을 행하는 자들은 '새 예루살렘'에 절대로 들어가지 못한다고 선언했다. 이런 사람들은 창조주요 구속자이신 하나님을 거부했을 뿐 아니라, 우상을 섬긴 자들이다. 창조주 대신 피조물을 섬긴 어리석은 사람들이다. 그들은 그들이 섬기는 우상을 경배했을 뿐 아니라, 많은 재물도 바쳤을 것이다. 그들은 더 나아가서 우상 숭배와 연루된 갖가지 죄들도 주저하지 않고 범했을 것이다.

이처럼 *가증한* 일에 연루된 사람들은 틀림없이 하나님을 대적하며 하나님의 사람들을 박해했을 것이다. 사도 요한은 그들의 행위를 요한계시록에서 제법 소상히 묘사하고 있는데, 그 대표적인 장면이 13장이다. 사탄과 적그리스도와 거짓 선지자가 나타나서 그들을 따르는 무리들을 선동하여 하나님의 백성을 박해하고 죽였다. 그뿐 아니라, 큰 음녀인 바벨론과 합세하여 하나님의 백성을 대적했다 (17:14).

그 큰 음녀는 '땅의 음녀들과 가증한 것들의 어미'였다 (17:5). 그녀의 손에는 '*가증한 물건과 그의 음행의 더러운 것들이 가득하더라*' (17:4b). 이처럼 가증한 음녀는 당연히 멸망당했다. 그뿐 아니라, 그녀와 더불어 가증한 일에 연루된 작자들도 멸망당했다. 그렇게 멸망당한 '가증한 일'이 어떻게 '새 예루살렘'에 들어갈 수 있겠는가? 절대로 불가능하다! 오히려 그들은 불과 유황으로 타는 불못으로 던져져야 한다.

마지막으로 '**거짓말 하는 자**'도 절대로 '새 예루살렘'으로 들어가지 못한다. 왜 *거짓말 하는 자*는 못 들어가는가? 그 이유는 너무나 분명하다. *거짓말*은 사탄의 속성이기 때문이다. 최초의 인간인 아담과 하와를 꼬드길 때, 사탄은 *거짓말*을 사용했다. 그것은 성경에 기록된 최초의 *거짓말*이었다. 그 거짓말을 인용해보자. "뱀[사탄]이 여자에게 이르되 너희가 결코 죽지 아니하리라" (창 3:4).

하나님의 반드시 죽는다는 선언을 뒤집기 위하여 거짓말을 한 것이다. 아담과 하와는 그 거짓말에 속아서 결국 죽음에 이르게 되었다. 그 이후 아담과 하와의 성품을 물려받은 인류는 모두 거짓말을 한다. 거짓말을 하지 않는 인간은 결코 없다는 말이다. 모든 인간이 거짓말을 한다는 것은 사탄이 배후에서 작업하고 있다는 것을 뜻한다. 사탄의 사주를 받는 사람들이 '새 예루살렘'에 들어간다는 것은 있을 수 없다.

그렇게 사탄의 영향력 밑에 있는 거짓말쟁이들이 '새 예루살렘'에 들어갈 수 있다는 것은 하나님의 은혜와 긍휼이 아니면 절대로 가능하지 않다. 하나님이 그 아들을 희생시키시면서 거짓말로 찌든 죄인들을 구원해내신 것이다. 비록 머리와 마음의 중심을 차지한 거짓말도 예수 그리스도를 구주로 영접한 순간에 거짓말처럼 사라져버린 것이다. 그렇게 그리스도인들이 된 사람들은 변화되어 정직하고도 투명한 삶을 영위하기 시작한다.

맑은 유리처럼 투명해진 성도들은 맑은 수정처럼 깨끗한 '새 예루살렘'으로 들어가서 그렇게 맑고 깨끗하신 어린 양은 물론 하나님과 영원한 교제를 누리게 된다. 그곳에 사탄의 속성인 거짓말을 하는 자들이 거한다는 것은 결코 있을 수 없는 일이다. 그런 이유 때문에 사도 요한은 '새 예루살렘'으로 들어올 수 없는 죄들을 열거할 때마다, 거짓말을 마지막으로 언급했다 (21:8, 21:27, 22:15).

하나님의 말씀인 성경에서 최초로 나오는 거짓말은 창세기 3장이다. 그리고 성경에서 마지막으로 나오는 죄도 거짓말이다. 달리 표현하면, 아담과 하와가 범죄한 이후 인간의 역사는 거짓말의 역사이다. 인간의 역사에서 거짓말이 존재하지 않는 때는 두 번뿐이다. 한 번은 아담과 하와가 죄를 범하기 전인 창세기 1~2장이고, 또 한 번은 '새 하늘과 새 땅'을 기록한 요한계시록 21~22장이다. 이런 곳에 거짓말 하는 자는 물론 들어올 수 없다.[23]

3. 마지막 메시지 (22:6-21)

요한계시록의 마지막 메시지이며 동시에 결문結文이기도 한 이 부분은 한 사람을 통해서 주어진 메시지가 아니다. 어떤 때는 천사가 말하고 (22:6, 10-11), 어떤 때는 사도 요한이 직접 말하고 (22:18-19, 21), 또 어떤 때는 성령과 신부가 말한다 (22:17). 물론 요한계시록의 주인공이신 예수 그리스도도 말씀하신다 (22:7, 12, 13-15, 16, 20). 누가 말했든 상관없이 다 중요하지만, 그래도 역시 보좌에 높이 들리신 그리스도의 말씀이 가장 중요하다.[24]

그런데 누구를 통해서 말했느냐가 중요한 것이 아니라, 그렇게 말하게 한 분이 중요하다. 사도 요한은 요한계시록을 열면서 이렇게 시작했다. "예수 그리스도의 계시라. 이는 하나님이…속히 일어날 일들을 그 종들에게 보이시려고 그의 천사를 그 종 요한에게 보내어 알게 하신 것이라" (1:10). 하나님이 계시의 시발점이라는 말씀이다. 하나님이 천사를 통하여 요한에게 알려주신 것을 다시 종들에게 보이셨는데, 곧 예수 그리스도에 대한 것이다.

계시의 매개를 도해하면 이렇게 된다.

하나님 → 예수 → 천사들 → 요한 → 종들

위의 도해에 의하면, 하나님은 그 종들에게 메시지를 전하시기 위하여 어떤 때는 예수 그리스도를, 어떤 때는 천사들을, 또 어떤 때는 요한을 통하여 말씀하신다. 누가 통로가 되든 상관없이 그 메시지의 근원이 하나님이기에 그 메시지는 하나님의 메시지이다. 결국, 요한계시록의 마지막 메시지는 하나님이 그 종들에게 알려주시기 위하여 여러 도구를 사용해서 전해주신 것들이다.

마지막 메시지는 열두 가지인데, 8~9절의 내용은 천사에게 경배하기 위해 엎드린 사도 요한한테 천사가 그렇게 하지 말라고 요한에게 직접 한 말이다. 그런 까닭에 그 천사의 말은 하나님이 그 종들에게 주시는 메시지라고 할 수 없다. 그러므로 그 천사의 말은 열두 가지 메시지에서 배제하였다. **우선**, 사도 요한의 행동과 천사의 말을 인용하면서 설명해보자.

> *"이것들을 보고 들은 자는 나 요한이니, 내가 듣고 볼 때에 이 일을 내게 보이던 천사의 발 앞에 경배하려고 엎드렸더니, 그가 내게 말하기를, '나는 너와 네 형제 선지자들과 또 이 두루마리의 말을 지키는 자들과 함께 된 종이니, 그리하지 말고 하나님께 경배하라' 하더라" (22:8-9).*

이미 앞에서 설명한 것처럼, 그리고 부록 B에서 열거한 것처럼, 하나님의 계시를 받아들이는 통로는 눈과 귀이다. 사도 요한은 눈으로 본 것과 귀로 들은 것들, 곧 앞날에 있을 예언과 환상을 기록한 것이다. 8절에서 사도 요한은 자신을 '보고 들은 자'라고 했으며, 또 이어서 '내가 듣고 볼 때에'라고 반복했다. 그는 눈 앞에 펼쳐진 '새 하늘과 새 땅'과 '새 예루살렘'에 압도되었을 뿐 아니라, 그것들에 대한 설명으로 무아지경에 빠진 것 같다.

그렇지 않았다면 사도 요한처럼 주님을 사랑하는 영적 자녀들에게 "너희 자신을 지켜 우상에게서 멀리하라"고 충언한 그가 어떻게 천사에게 무릎을 꿇고 경배하려고 했겠는가? (요일 5:21). 그것도 이번에 한 번만 그런 것이 아니었다. 그는 앞에서도 어린 양의 혼인 잔치에 대한 천사의 말을 듣고 '그 발 앞에 엎드려 경배하려' 하였다. 그때도 그 천사는 사도 요한을 말리면서 '오직 하나님께 경배하라'고 했다 (19:10).

그 천사는 그도 사도 요한과 같은 선지자들과 같은 종이며, '이 두 루마리의 말을 지키는 자들과 함께 된 종'이라고 했다. 그렇다! 사도 요한도 종이며, 선지자들도 종이며, 천사들도 종이다. 종의 임무는 주인을 위해서 혼신을 바치는 것인데, 그들의 주인은 하나님이시다! 그러므로 그들은 창조주요 재창조자이신 하나님만을 경배해야 한다. 실제로 하나님께 대한 경배가 요한계시록의 주제라고도 할 수 있다. 누구든지 그분만을 경배해야 한다!

요한계시록에서 '경배하다'가 22번이나 나오는데, 그 중 8번은 하나님에게 올리는 경배이나, 또 다른 10번은 사탄과 짐승에게 하는 경배이다. 그리고 4번은 사도 요한이 천사에게 경배하려 했던 경우이다.[25] 왜 하나님과 사탄에게 '경배하는' 표현이 이처럼 많이 나오는가? 그 이유는 간단하다! 인간은 나와 너를 막론하고 경배의 대상을 선택해야 한다는 것이다. 하나님을 경배하는 자들만이 '새 하늘과 새 땅'으로 그리고 '새 예루살렘'으로 들어갈 수 있다.

'경배하다'는 헬라어로 프로스큐네오(προσκυνέω)인데, 한글성경에서는 상황에 따라서 세 가지로 번역되었다. 마태복음에서는 '절하다' (마 8:2, 9:18, 14:33, 18:26, 20:20)와 '경배하다'로 (마 2:2, 8, 11, 4:9, 28:9, 17), 그리고 요한복음 4장에서는 7번 다 '예배하다'로 번역되었다 (요 4:20-24). 요한계시록에서는 모두 '경배하다'

로 번역되었는데,[26] 그리스도 예수와 하나님만이 '만주의 주시요 만왕의 왕'이시기에 경배를 받으실 분이시기 때문이다.

그 다음, **천사**가 전한 메시지를 살펴보자. 천사는 메시지를 두 번 주었는데, 그 메시지를 인용하면서 설명해보자.

> *"또 그가 내게 말하기를, '이 말은 신실하고 참된지라. 주 곧 선지자들의 영의 하나님이 그의 종들에게 반드시 속히 되어질 일을 보이시려고 그의 천사를 보내셨도다'"* (6절). *"또 내게 말하되, '이 두루마리의 예언의 말씀을 인봉하지 말라. 때가 가까우니라. 불의를 행하는 자는 그대로 불의를 행하고, 더러운 자는 그대로 더럽고 의로운 자는 그대로 의를 행하고 거룩한 자는 그대로 거룩하게 하라'"* (22:10-11).

천사는 하나님이 이미 하신 말씀을 그대로 인용하는데, 곧 21장 5절에 있는 말씀이다. "보좌에 앉으신 이가 이르시되…'이 말은 신실하고 참되니 기록하라.'" 이미 위에서 설명한 대로, 메시지의 시발점은 언제나 하나님이시다. 하나님이 직접 말씀하셨든, 아니면 하나님이 천사를 통해서 말씀하셨든, 모두 하나님의 메시지이다. 하나님의 메시지인데, '신실하고 참되지' 않을 수 없다.

'신실하다'는 표현은 반드시 이루어진다는 뜻이며, '참되다'는 절대적인 진리라는 뜻이다. 그 이유는 분명하다! 창조와 재창조를 이루실 수 있는 전능하신 하나님의 메시지이기 때문이다. 그분이 천사를 통해 보여주며 들려주었듯, '새 하늘과 새 땅'은 물론 '새 예루살렘'이 반드시 나타난다는 것이다. 그런 이유 때문에 하나님이 직접 말씀하셨든 아니면 천사를 통해서 말씀하셨든, 믿을 수 있다는 것이다.

그뿐 아니라, 그 메시지에 귀를 기울여야 한다는 것이다. 두말할 필요도 없이 귀를 기울인다는 것은 주님이 재림하실 때까지 '새 하늘과 새 땅'과 '새 예루살렘'을 소망하면서 모든 박해를 헤쳐나가라는 것이다. 그 소망에 대해서 사도 요한만 보고 들을 것이 아니라, 이미 많은 선지자들을 통해서 약속하셨다는 것이다. 하나님은 선지자들을 영적으로 감동하셔서 종말의 성취를 보여주셨고 또 들려주셨고, 그리고 기록하게 하셨다.

종말에 대한 내용은 아주 간단하게 요약하면, '반드시 속히 될 일'이다. 그렇다면 사도 요한의 말대로 종말이 속히 이루어졌는가? 아니다! 벌써 2,000여 년이나 지났는데도, 아직 이루어지지 않았다. 그렇다면 어떻게 '반드시 속히 될 일'이라고 할 수 있었는가? 그 이유도 분명한데, '주께는 하루가 천 년 같고 천 년이 하루 같기' 때문이다 (벧후 3:8). '천년'은 인간의 시간이나, '하루'는 주님의 시간이다. 주님의 시간에 따르면 겨우 이틀이 지난 셈이다.

그 천사는 이어서 '이 두루마리의 예언의 말씀을 인봉하지 말라! 때가 가까우니라'고 말했다. '인봉하지 말라'는 지시는 '개봉하라', '열라', '나타내라', '계시하라'는 말이다. 이것은 옛적에 주님이 다니엘에게 지시하신 것과는 정반대이다. 그 지시를 인용해보자. "다니엘아! 마지막 때까지 이 말을 간수하고 이 글을 봉함하라" (단 12:4). 마지막 때까지 기다리라는 지시였는데, 마침내 마지막이 이른 것이다.

그 사실을 천사는 이렇게 덧붙였다, '때가 가까우니라!' 다니엘이 받은 지시와 다르지 않은데, '마지막 때까지…봉함하라'는 것은 마지막 때가 되면 봉함한 것을 열라는 뜻이기 때문이다. 마지막이 되면 특히 유대인들은 상황을 파악하고 대처할 수 있어야 한다. 그렇지 않으면 그들도 용과 짐승의 속임수에 넘어가서 이마나 손에 인을 맞을 수 있기 때문이다. 그러니 마지막 때가 이르면 인봉한 것을 열고, 적그리스도를 파악하고 대처하라는 지시였다.[27]

지금까지 요한계시록은 하나님의 심판과 보상을 자세히 알려주었다. 그쯤 되면 모든 사람이 회개하고 하나님께로 돌아올 법한데, 실제로는 그렇지 않다. 심판의 엄위와 보상의 풍요를 그만큼 알려주었건만, 사람들의 마음은 조금도 변화되지 않았다. 아담과 하와 이후 늘 그랬던 것처럼, 하나님 앞에서 인간은 두 종류이다. 하나는 '불의한 자와 더러운 자'이고, 또 하나는 '의로운 자와 거룩한 자'이다. 가인과 아벨은 첫 번째 실례에 지나지 않는다.

'불의한 자'는 의롭지 못한 자를 가리키기에 거듭나서 의롭게 되지 못한 불신자를 가리킨다. 그들이 할 수 있는 것은 불의한 행위일 수밖에 없다. 바탕이 불의한데 어떻게 거기에서 의로운 행위가 나올 수 있겠는가? 이런 자들은 삶이 더러울 수밖에 없다. 왜냐하면 도덕과 윤리의 시발점은 마음이기 때문이다. 그들은 마음 밭이 불의하니, 불의한 행위와 더러운 행동으로 점철되어 있을 뿐이다.

반면, 의로운 자와 거룩한 자는 거듭나서 하나님처럼 의롭게 된 사람이다. 마음 밭이 의로우니 그들의 행위가 의로울 수밖에 없다. 그뿐 아니라, 그들은 하나님께 속한 자이기에 거룩한 자들이다. 그들은 '불의한 자'와 '더러운 자'와는 다르다. 마음의 밭도 다르고 행동도 다르다. 왜냐하면 그들은 거룩하신 하나님을 닮아가는 자들이기 때문이다. 이렇게 두 종류의 사람들이 있는데, 그들의 결정에 따라서 구분된다.

비록 죄인이었지만, 그들을 위하여 십자가에서 죽으신 예수 그리스도 앞으로 나온 사람들은 의롭고 거룩한 사람이 된 것이다. 그러나 그 앞으로 나오지도 않고, 많은 경우 예수 그리스도와 하나님을 향해 주먹질을 한 사람들도 있다. 그들은 불의하고 더러운 사람들로 하나님의 의로운 심판을 피할 수 없다. 그 천사가 '불의를 행하는 자는 그대로 불의를 행하고, 더러운 자는 그대로 더럽다'고 한 것은 더 이상 회개의 기회가 주어지지 않는다는 뜻이다.

그 다음, **사도 요한**이 전한 세 번의 메시지를 인용하면서 설명해 보자.

> "내가 이 두루마리의 예언의 말씀을 듣는 모든 사람에게 증언하노니, '만일 누구든지 이것들 외에 더하면, 하나님이 이 두루마리에 기록된 재앙들을 그에게 더하실 것이요. 만일 누구든지 이 두루마리의 예언의 말씀에서 제하여 버리면, 하나님이 이 두루 마리에 기록된 생명나무와 및 거룩한 성에 참여함을 제하여 버리시리라"* (22:18-19). "아멘, 주 예수여 오시옵소서. 주 예수의 은혜가 모든 자들에게 있을지어다! 아멘"* (22:20b-21).

사도 요한은 그의 계시록을 마치면서 대단히 엄중하게 경고한다. 그런데 이 경고를 한 분은 요한이 아니라 예수 그리스도라고도 한다. '나'는 사도 요한일 수도 있고, 예수 그리스도일 수도 있다. 그러나 위에서 언급한 것처럼, 그 경고의 진원지는 하나님이시기에, 크게 문제 될 것이 없다. 여하튼, 사도 요한은 지금까지 그의 손으로 기록한 계시의 예언은 절대로 가감할 수 없다고 힘주어 경고한다.

사도 요한이 이렇게 경고한 배경에는 이스라엘의 역사가 있다. 일찍이 하나님은 그 백성에게 현현하여 십계명과 율법을 주시면서, 절대로 우상을 섬겨서는 아니 된다고 경고하셨는데, 신명기에서만 15번이나 된다 (신 4:25, 6:2, 7:4, 8:19, 11:16, 28, 12:30, 13:2, 16:21, 20:18, 27:15, 28:14, 29:18, 30:17, 31:16). 그렇게 반복적으로 경고하셨는데도 불구하고, 이스라엘 백성은 하나님을 등지고 우상을 섬겼다 (겔 8:5-16).

하나님은 그들을 보호하기 위하여 이렇게 말씀하셨다. "내가 너희에게 명령하는 말을 너희는 *가감하지* 말고, 내가 너희에게 내리는 너희 하나님 여호와의 명령을 지키라" (신 4:2). 신명기에서 이런 명령을 한 번만 하신 것이 아니라 두 번이나 하셨다. "내가 너희에게 명령하는 이 모든 말을 너희는 지켜 행하고 그것에 *가감하지 말지니라*" (신 12:32). 이렇게 반복적으로 명령하셨는데도 이스라엘 백성은 하나님의 말씀을 가감하면서 그대로 지키지 않았다.

그 결과는 너무나 비참했다. 이스라엘은 바벨론에 의하여 멸망했고 나라를 잃었다. 하나님의 말씀은 천지가 없어지는 한이 있더라도 절대로 변하지 않는다 (마 5:18). 하나님의 경고를 무시한 이스라엘 백성에게 임한 하나님의 심판을 너무나 잘 아는 사도 요한은 모세처럼 똑같이 경고했던 것이다. 그 경고는 한마디로 말해서, 요한계시록에 기록된 예언을 가감하지 말라는 것이다.

요한계시록의 내용을 가감하기란 너무나 용이한 데, 그 이유는 아직 이루어지지 않은 미래, 곧 종말에 관한 예언이기 때문이다. 누구든지 미래의 사건을 마음대로 가감할 수 있는 것이다. 왜냐하면 아무도 아직 이루지 않은 미래의 사건을 확정적으로 말하기가 어렵기 때문이다. 그런 이유 때문에 대부분의 이단은 요한계시록을 근거로 생성되었고, 그리고 많은 사람들이 미혹되었다.

요한계시록은 모든 예언의 마무리이기에 말할 수 없이 중요하다. 예언의 마무리일 뿐 아니라, 역사의 마무리이기에 중요하다. 그러므로 그리스도인은 당연히 요한계시록의 내용을 숙지해야 한다. 사도 요한은 서두에 이렇게 언급했다. "이 예언의 말씀을 읽는 자와 듣는 자와 그 가운데에 기록한 것을 지키는 자는 복이 있나니, 때가 가까움이라"(1:3). 그러나, 그 내용을 가감해서는 결코 안 된다.

모세는 하나님의 말씀을 가감할 경우 그들에게 임할 엄중할 심판을 명시했다. "내가 오늘 천지를 불러 증거를 삼노니 너희가 요단을 건너가서 얻는 땅에서 속히 망할 것이라. 너희가 거기서 너희의 날이 길지 못하고 전멸될 것이니라. 여호와께서 너희를 여러 민족 중에 흩으실 것이요, 여호와께서 너희를 쫓아 보내실 그 여러 민족 중에 너희의 남은 수가 많지 못할 것이며, 너희는 거기서 사람의 손으로 만든 바 보지도 못하며 듣지도 못하며 먹지도 못하며 냄새도 맡지 못하는 목석의 신들을 섬기리라"(신 4:26-28).

그런데 놀랍게도 이 예언은 이스라엘 백성에게 문자 그대로 이루어졌다. 사도 요한도 역시 모세처럼 심판을 명시했는데, 모세보다 훨씬 무서운 심판이다. "만일 누구든지 이것들 외에 *더하면*, 하나님이 이 두루마리에 기록된 재앙들을 그에게 더하실 것이요." 요한계시록 이외의 것을 더한 사람들이 받을 심판은 그 책에 기록된 재앙들이다. 삼중적 심판 뿐 아니라, 바벨론의 최후를 맞이한 것과 같은 심판을 받게 된다. 불신자처럼 최후를 맞이한다는 것이다!

그 예언의 말씀을 제하면 더 큰 심판이 기다린다. "만일 누구든지 이 두루마리의 예언의 말씀에서 *제하여 버리면*, 하나님이 이 두루마리에 기록된 생명나무와 및 거룩한 성에 참여함을 제하여 버리시리라." '생명나무와 거룩한 성'에 참여하지 못한 사람이 갈 곳은 불과 유황이 활활 타는 지옥뿐이다. *더한* 사람은 이 세상에서 가장 혹독한 심판을 받는데 반하여, *제한* 사람은 영원한 심판을 받는다. 요한계시록을 그대로 읽고 지켜야 하는 이유이다.

그 후 사도 요한은 그리스도 예수가 '내가 진실로 속히 오리라'는 말씀을 듣자, 이렇게 반응한다. '아멘! 주 예수여 오시옵소서!' 이것을 다른 말로 표현하면, '마라나다'(μαρὰν ἀθά)이다! (고전 16:22). '마라나다'는 아람어로 '주여 오시옵소서!'이다. 그리고 그는 이렇게 끝을 맺는다, "주 예수의 은혜가 모든 자들에게 있을지어다. 아멘!" 이런 끝맺음은 요한계시록이 묵시적 예언서이면서 동시에 서신임을 말해준다.

예수 그리스도는 다시 오신다! 이것은 너무나 확실한 예언이며 약속이다. 주님의 재림은 언제나 약속이자 동시에 경고이다. 거듭나서 하나님의 말씀을 따르며 전하는 성도들에게는 엄청난 약속이다. 그러나 거듭났지만, 하나님의 말씀과 상관없는 삶을 사는 성도들에게는 엄청난 경고이다. 그뿐 아니라, 거듭나지 못한 사람들에게는 너무나 무시무시한 경고이다. 왜냐하면 행위대로 심판을 받고 불과 유황으로 타는 지옥으로 던져질 것이기 때문이다.

그런 이유 때문에 사도 요한은 "주 예수의 은혜가 모든 *자*들에게 있을지어다"라고 끝맺은 것 같다. 이런 끝맺음은 바울 서신과는 다르다. 바울은 수신자와 그리스도인들에게 은혜가 있기를 빌면서 끝을 맺었다. 그러나 사도 요한이 언급한 '모든 자들'은 십중팔구 불신자들도 포함되었을 것이다.[28] 그들도 요한계시록을 읽고 종말에 대해 알게 되었다면 회개하고 하나님 앞으로 돌아오라는 것이다. 그것이야말로 진정한 의미에서 은혜이기 때문이다.

그 다음, **예수 그리스도**의 메시지를 인용하면서 설명해보자. 그분의 메시지는 가장 많은데 여섯 가지나 된다.

"보라! 내가 속히 오리니 이 두루마리의 예언의 말씀을 지키는 자는 복이 있으리라 하더라" (22:7). "보라! 내가 속히 오리니, 내가 줄 상이 내게 있어 각 사람에게 그가 행한 대로 갚아주리라. 나는 알파와 오메가요 처음과 마지막이요 시작과 마침이라. 자기 두루마기를 빠는 자들은 복이 있으니, 이는 그들이 생명나무에 나아가며 문들을 통하여 성에 들어갈 권세를 받으려 함이로다. 개들과 점술가들과 음행하는 자들과 살인자들과 우상 숭배자들과 및 거짓말을 좋아하며 지어내는 자는 다 성 밖에 있으리라. 나 예수는 교회들을 위하여 내 사자를 보내어 이것들을 너희에게 증언하게 하였노라. 나는 다윗의 뿌리요 자손이니 곧 광명한 새벽 별이라 하시더라" (22:12-16). "이것들을 증언하신 이가 이르시되 내가 진실로 속히 오리라 하시거늘…" (22:20a).

주님은 이 여섯 가지의 메시지 가운데 세 번이나 같은 내용을 반복적으로 말씀하셨는데, 곧 "내가 속히 오리라"이다. 22장 7~21

절의 짧은 말씀에서, 그것도 15절밖에 안 되는 구절에서, 똑같은 내용을 세 번씩이나 말씀하신 것은 흔치 않은 경우이다. 그럼 왜 주님은 세 번씩이나 말씀하셨는가? 그 이유는 그 메시지가 너무나 중요하고 또 절박하기 때문이다. 요한계시록을 읽는 모든 성도는 그 메시지를 귀담아 들어야 한다.

그러므로 주님은 첫 번째 '내가 속히 오리라'고 말씀하시면서 '이 두루마리의 예언의 말씀을 지키는 자는 복이 있으리라'고 하셨다. 이 말씀은 요한계시록의 서두에 있는 말씀을 그대로 옮긴 것이다. "이 예언의 말씀을 읽는 자와 듣는 자와 그 가운데에 기록한 것을 지키는 자는 복이 있나니 때가 가까움이라" (1:3). 그러니까 요한계시록에 나오는 일곱 번의 복 가운데 첫 번째와 여섯 번째의 복은 같은 내용이다.

요한계시록을 읽는 것이 복인 이유는 그분이 다시 오실 때가 가깝기 때문이다. 그렇다! 예수 그리스도는 속히 다시 오실 것이다! 요한계시록의 마지막 메시지에서 속히가 네 번씩 나오는 것도 그분의 재림이 그만큼 임박했다는 사실을 강조한다 (22:6, 7, 12, 20). **속히**는 *빨리*라는 뜻도 있지만, *갑자기*라는 뜻도 있다.[29] 그러니까 주님은 빨리 그리고 갑자기 다시 오신다는 것이다.

그런 까닭에 그리스도인들은 그분의 재림을 기다리면서 준비하고 있어야 한다. 주님의 권면대로이다. "이러므로 너희도 준비하고 있으라. 생각하지 않은 때에 인자가 오리라" (마 24:44). 주님이 더디 오신다고 생각하고 준비하지 않은 미련한 다섯 신부처럼 되어서는 안 될 것이다 (마 25:6-12). 열 처녀들의 비유를 마치면서 주님은 이렇게 결론을 맺으셨다. "그런즉 깨어 있으라! 너희는 그 날과 그 때를 알지 못하느니라" (마 25:13).

주님은 두 번째 '내가 속히 오리라'고 말씀하시면서 그 이유도 알려주셨다. '내가 줄 상이 내게 있어 각 사람에게 그가 행한 대로 갚아 주리라' (22:12b). 다시 오시는 주님은 성도들을 만나실 뿐 아니라, 그들의 행위에 대해 갚아주신다. '주님의 이름을 경외하는 자들'도 상을 받을 것이다 (11:18). 주님을 신실하게 따른 자들도 상을 받을 것이며 (14:4), 주님을 증언하면서 희생을 치른 자들도 상을 받을 것이다 (6:9-11).

그런데 이 상은 그들이 행한 대로 갚으신다는 말씀이 함축하고 있듯, 다른 뜻도 있다. 성도가 하나님의 뜻대로 살지 못했다면, 그에 대한 책임도 져야 한다는 것이다. 그분이 다시 오셔서 상을 주신다는 말씀은 약속이자 동시에 경고이다. 그러니까 '상'은 적극적인 뜻과 동시에 소극적인 뜻을 가지고 있다. 고린도교회에게 주신 메시지와 같은 맥락으로, 보석과 금과 은 같은 신앙은 상을 받고, 나무와 풀과 짚과 같은 신앙은 해를 받는다 (고전 3:12-15).

주님은 세 번째 '내가 속히 오리라!'고 선언하셨는데, 그렇게 선언하시면서 기대하신 것이 있었던 것 같다. 그 기대는 성도들의 적극적인 반응이다. 그런 주님의 마음을 잘 알듯, 사도 요한은 적극적으로 반응했는데, 곧 '주 예수여 오시옵소서!'이다 (22:20b). 이제 주님이 왜 같은 말씀을 세 번씩 하셨는지 이해가 된다. 첫째는 시간의 화급함을 알려주시기 위해서였다. 둘째는 다시 오시면 반드시 성도들의 행위에 따라 상을 주시겠다는 것이다. 셋째는 사도 요한처럼 모든 성도는 주님의 재림을 기대하면서 살아야 한다는 것이다.

주님의 네 번째 메시지는 속히 오실 그리스도 예수가 어떤 분인지 밝히는 것이다. "나는 알파와 오메가요, 처음과 마지막이요, 시작과 마침이라" (22:13). 하나님도 자신을 가리켜 '알파와 오메가라. 이제도 있고 전에도 있었고 장차 올 자요 전능한 자라'고 하셨고 (1:8), 다른 곳에서 '알파와 오메가요 처음과 마지막'이라 하셨다 (21:6). 또 다른 곳에서 그리스도 예수도 자신을 가리키면서 '나는 처음이요 마지막'이라고 하셨다 (1:17, 2:8).

그런데 22장 13절에서 그리스도 예수는 이 세 가지, 곧 '알파와 오메가요, 처음과 마지막이요, 시작과 마침'을 한꺼번에 사용한다. 그 이유는 인간의 역사를 능력으로 주관하시는 그리스도의 주권을 특별히 강조하기 위해서이다.[30] 그렇다! 그리스도 예수는 하나님과 똑같이 인간의 창조와 재창조는 물론이고 그 둘 사이에 있는 모든 역사를 주관하신다는 사실을 강력하게 전달하고 있다.

주님의 다섯 번째 메시지는 구원받은 자들이 받을 복과 구원받지 못한 자들에 대한 경고이다. 먼저 구원받은 자들이 받을 복에 대해 알아보자. '자기 두루마기를 빠는 자들은 복이 있으니….' 두루마기를 빤다는 것은 구원으로 인도하는 믿음의 행위를 가리킨다. 앞에서 이미 언급된 말씀을 다시 인용해보자: "…이는 큰 환난에서 나오는 자들인데 어린 양의 피에 그 옷을 씻어 희게 하였느니라" (7:14).

이것은 하나님의 보좌에 둘러 있는 스물네 장로 중 하나가 한 말이다. 그런데 그 말에는 이상한 표현이 들어있는데, 곧 '어린 양의 피에 그 옷을 씻어 희게 하였다'는 말이다. 피로 씻으면 당연히 붉어져야 하는데, 그렇지 않고 희게 되었다는 것이다. 물론 '어린 양'은 예수 그리스도를 가리키는데, 그분이 십자가에서 피를 흘리며 죽으셨다. 그 피로 씻으며 옷이 희게 되었다는 것은 죄가 완전히 소멸되었다는 사실을 강조한 표현이다.

그러니까 '두루마기를 빠는 자들'은 예수님의 보혈로 죄를 용서받아서 깨끗해졌다는 뜻이다. 다시 말해서, 그들은 물과 성령으로 거듭났다는 것이다. 그렇게 거듭났기에 그들의 옷이 희게 되었다는 것이다. 그들은 바울 사도의 말처럼 그리스도 예수로 옷을 입었던 것이다 (롬 13:14). 그분이 '피 뿌린 옷을 입고 재림하시는 것처럼' (19:13), '두루마기를 빠는 자들'도 흰 옷을 입고 그분과 함께 지상으로 내려왔던 것이다 (19:14).

그렇게 '두루마기를 빠는 자들은 복이 있다'고 주님은 말씀하셨다. 물론 그들이 죄를 용서받고 구원을 경험한 것은 큰 복이다. 그런데 주님은 한 발 더 나아가서 그들을 기다리고 있는 더 많은 복에 대해 말씀하셨는데, 그들에게 권세가 주어졌기 때문이라는 것이다. 어떤 권세인가? 주님의 말씀에 의하면, 그 권세는 두 가지이다. 하나는 '생명나무에 나아갈 수 있는' 권세이며, 또 하나는 '문들을 통하여 성에 들어갈' 권세이다.

아담과 하와가 범죄한 이후 그들은 생명나무에 접근할 수 없었다 (창 3:24). 물론 그들의 후손도 역시 생명나무에 접근할 수 없었다. 죄를 가진 채로 영생을 얻으면 안 되기 때문이다 (창 3:22). 그러나 '두루마기를 빠는 자들'은 그 생명나무에 접근할 수 있게 되었다. 왜냐하면 그들은 이미 영생을 소유했기 때문이다 (요일 5:11). 그들은 회복된 '에덴 동산', 곧 '새 예루살렘'에 있는 생명나무에 나아갈 수 있는 권세가 주어진 것이다.

그뿐 아니라, 그들은 '문들을 통하여 성에 들어갈 권세를 받았다.' 이미 언급한 대로, 그 성의 문들을 결코 닫지 않았는데, 거기에는 밤이 없기 때문이다 (21:25). 문들이 항상 활짝 열려있다고 아무나 그 문들을 통과할 수 있는 특권이 주어진 것은 아니다. 권세를 받은 자들만이 언제라도 그 문들을 통해서 들락날락할 수 있는 것이다. 진주로 된 문들을 통과해서 하나님을 만나는 권세가 흰 두루마기를 입은 자들에게만 주어진 것이다.

이런 권세를 받지 못한 사람들은 누구든지 '성 밖에 있어야' 한다. '성 밖'은 하나님과 분리된 곳을 가리킨다. 하나님이 없는 곳은 어두움의 장소이다. 예수님은 율법은 지키려고 하면서 죄를 용서받지 못한 사람들을 향해 이렇게 말씀하신 적이 있다. "그 나라의 본 자손들은 바깥 어두운 데 쫓겨나 거기서 울며 이를 갈게 되리라" (마 8:12). 그렇다! 그 어두움의 곳에서 그들은 영원한 심판을 받을 것이다.

그뿐 아니라, '성 밖'은 불이 활활 타는 곳이다. 다시 예수님의 말씀으로 이것을 확인하자. "…불법을 행하는 자들을 거두어 내어, 풀무 불에 던져 넣으리니 거기서 울며 이를 갈게 되리라" (마 13:41-42). 이처럼 예수님이 하신 말씀에는 '울며 이를 갈게 되리라'는 표현이 있다. 물론 고통 때문에도 통곡하겠지만, 그보다도 하나님과 영원히 분리된 사실 때문에 더욱 '울며 이를 갈' 것이다. 그렇다! '성 밖'은 분리와 수치의 곳이다.

이처럼 어두움과 풀무 불에 던져질 사람들은 누구인가? 한마디로 말해서, 어린 양의 피로 죄를 씻지 못한 죄인들이다. 그들은 '개들과 점술가들과 음행하는 자들과 살인자들과 우상 숭배자들과 및 거짓말을 좋아하며 지어내는 자들이다' (22:15). 유대인들은 이방인들을 개처럼 취급했다. 그러나 바울 사도는 육체를 신뢰하면서 육체의 노력으로 구원받으려는 유대인들을 개라고 표현했다 (빌 3:2). 한 마디로, 구원받지 못한 사람들이 '개들'이다.

개들 이외에도 '성 밖'에서 슬피 울며 이를 갈 불신자들은 점술가들, 음행하는 자들, 살인자들, 우상 숭배자들 및 거짓말을 좋아하며 지어내는 자들이다. 이런 죄들은 위로 하나님을 거부하고 아래로 부도덕한 삶을 영위하는 자들을 가리킨다. 점술가들과 우상 숭배자들은 하나님께 대항하는 자들이며, 음행하는 자들과 살인자들과 거짓말을 좋아하며 지어내는 자들은 부도덕한 자들인데, 바울 사도는 이 두 가지를 '경건치 않음과 불의'로 요약했다 (롬 1:18).

주님의 여섯 번째 메시지는 천사를 통해 이 모든 계시를 증언하게 하신 본인을 더 소개한다. 본인 소개는 이미 13절에서 "나는 알파와 오메가요, 처음과 마지막이요, 시작과 마침이라"고 하셨는데, 거기에다 이렇게 덧붙이셨다. '나는 다윗의 뿌리요 자손이니, 곧 광명한 새벽 별이라.' 사도 요한은 일찍이 '다윗의 뿌리'가 바로 유다의 사자라고 하면서, 그 뿌리가 이겼다고 이렇게 진술했다. '유대 지파의 사자 다윗의 뿌리가 이겼으니…' (5:5).

다윗의 뿌리가 '이겼다'는 것을 이사야 선지자는 이렇게 예언하였다. "그 날에 이새의 뿌리에서 한 싹이 나서 만민의 기치로 설 것이요, 열방이 그에게로 돌아오리니, 그가 거한 곳이 영화로우리라" (사 11:10). '만민의 기치'이신 예수 그리스도께로 열방이 돌아온다. 그분이 '거한 곳이 영화롭다'는 예언은 그분의 궁극적인 승리를 뜻한다. 그렇다! 지금까지 본대로 그분은 '만주의 주시요 만왕의 왕'으로서 사탄을 비롯한 모든 대적자들을 물리치셨다.

예수 그리스도는 '다윗의 뿌리'일 뿐 아니라, '다윗의 자손'이었다.

이 칭호는 하나님이 다윗에게 허락하신 언약에 포함되어 있었다. 그 언약의 핵심은 이렇다. '내가 네 몸에서 날 네 씨를 네 뒤에 세워 그의 나라를 견고하게 하리라' (삼하 7:12). 다윗의 씨는 다윗의 자손이다. 왜냐하면 히브리어에서 '씨'와 '자손'은 같은 단어인 *제라*(זֶרַע)이기 때문이다. 다른 말로 표현하면, 다윗의 자손의 '나라 왕위를 영원히 견고하게 하시겠다'는 것이다 (삼하 7:13).

마침내 그 다윗의 언약이 문자 그대로 성취되었는데, 하나님이 재창조하신 '새 하늘과 새 땅'에서였다. 이스라엘 백성이 역사적으로 그렇게 많은 고통과 고난을 겪으면서 그렇게 오랫동안 소망하던 다윗의 자손이 마침내 나타난 것이다. 나중에는 이스라엘 백성은 물론, 예수 그리스도에 대한 믿음과 증거 때문에 고통을 당했을 뿐 아니라 생명까지 잃은 그리스도인들도 기다리던 소망이었다. 그런데 그들의 소망도 마침내 이루어진 것이다.

그분이 마지막으로 덧붙이신 본인 소개는 '광명한 새벽 별'이다. 이것은 다윗의 언약보다 훨씬 전에 주어진 예언인데, 그 예언도 성취되었다는 것이다. 이스라엘 백성이 출애굽 후 가나안으로 들어갈 때, 그들을 위한 발람의 예언 중에 이런 표현이 있었다, '*한 별*이 야곱에게서 나오며, 한 규가 이스라엘에게서 일어나서…셋의 자식들을 다 멸하리로다' (민 24:17). 그 새벽 별이 통치자가 되어 원수들을 멸하신다는 예언이 그대로 성취된 것이다.

마지막으로, **성령과 신부**가 한 번 전한 중요한 메시지를 인용하면서 설명해보자. "성령과 신부가 말씀하시기를, '오라! 하시는도다. 듣는 자도 오라 할 것이요, 목마른 자도 올 것이요, 또 원하는 자는 값없이 생명수를 받으라' 하시더라" (22:17). 신부는 이미 나온 것처럼 교회를 가리킨다. 그런데 성령과 신부가 한목소리로 메시지를 전한다. 어떻게 성령과 신부가 한목소리로 똑같은 메시지를 전할 수 있는가?

성령의 가장 중요한 사역은 그리스도 예수의 영광을 드러내는 것이다. 주님은 이렇게 말씀하셨다, "그[성령]가 내 영광을 나타내리니, 내 것을 가지고 너희에게 알리시겠음이라"(요 16:14). 성령이 불신자들에게 그리스도의 영광을 나타내는 방법은 그분의 죽음과 부활을 증언하는 것이다. 왜냐하면 그 역사적인 죽음과 부활만이 불신자들을 죄와 형벌에서 건져내어 구원하기 때문이다.

예수님은 십자가에서 죽기 직전 이런 기도를 하나님께 올린 적이 있는데, 그 기도에 대한 응답도 즉각적이었다. "아버지여, 아버지의 이름을 영광스럽게 하옵소서! 하시니, 이에 하늘에서 소리가 나서 이르되, '내가 이미 영광스럽게 하였고 또다시 영광스럽게 하리라'"(요 12:28). 이 응답에서 '이미 영광스럽게 하였다'는 것은 나사로의 부활을 가리키고, '또다시 영광스럽게 하리라'는 그리스도의 부활을 가리킨다.

그렇다! 그리스도 예수의 영광을 드러내는 것이 성령의 주된 사역이다. 그렇다면 신부, 곧 교회의 가장 중요한 사역은 무엇인가? 역시 그 머리이신 주님의 영광을 드러내는 것이다. 바울 사도는 교회가 그리스도의 피로 속량함을 받은 사람들로 이루어졌는데(엡 1:7), 그 목적은 그분의 영광을 찬송하게 하는 것이라고 했다. "이는 우리[교회]가 그리스도 안에서 전부터 바라던 그의 영광의 찬송이 되게 하려 하심이라"(엡 1:12).

성령과 신부의 가장 중요한 사역은 그리스도 예수의 영광을 드러내는 것인데, 특히 불신자들이 구원을 받을 때, 그분의 영광이 드러난다. 왜냐하면 그들의 구원을 위해 그리스도 예수는 이 세상에 오셨기 때문이다. "인자가 온 것은 잃어버린 자를 찾아 구원하려 함이니라" (눅 19:10). 그렇다! 한 영혼이 회개하고 주님께로 돌아와서 구원을 받는 것만큼, 그분을 기쁘시게 하는 것은 없다 (눅 15:7).

성령과 신부는 그리스도의 영광을 위하여 한목소리로 외친다. '오라! 하시는도다. 듣는 자도 오라 할 것이요, 목마른 자도 올 것이요, 또 원하는 자는 값없이 생명수를 받으라!' 요한계시록의 말씀을 듣거나 읽는 불신자에게 주어지는 마지막 초청인데, 그것은 한마디로, '오라!'이다. 이 말씀에서 '오라'가 세 번씩 반복되는 것은 요한계시록의 강조법이기도 하다. '땅에 사는 자들에게' 임할 무서운 심판을 말할 때도 '화'를 세 번 말했다 (8:13).

'오라'는 동사는 현재 시제를 사용하므로, 그리스도 예수가 재림하실 때까지 불신자들을 끊임없이 초청한다는 뜻도 포함되어 있다. 왜냐하면 그분이 재림하시는 순간부터 불신자들에 대한 초청은 더 이상 없을 것이기 때문이다.[31] 불신자의 구원이 바로 주님의 마음이다. 이런 주님의 마음을 가장 잘 아는 성령과 교회는 요한계시록 말미에서 외친다: '오라!' 이런 외침 때문에 죄인들이 성도가 되었고, 그렇게 성도가 된 사람들이 모여서 교회를 일구었다.

그런 까닭에 교회는 필연적으로 전도 지향적이어야 한다. 교회는 누구에게 외쳐야 하는가? 세 종류의 사람들인데, 첫째는 '듣는 자'이며, 둘째는 '목마른 자'이며, 셋째는 '원하는 자'이다. 물론 전도의 대상자는 이 세상에 있는 모든 죄인들이다. 그러나 어떤 교회도 그들 모두에게 전도할 수 없다. 그런 이유로 성령과 신부는 위에 열거한 세 종류의 사람들에게 초청하는 것이다. 왜냐하면 그들 중에 그 초청을 받아들일 사람들이 있기 때문이다.

그렇게 초청에 적극적으로 화답하는 사람들은 '생명수'를 받을 수 있다. 아담과 하와 이래 이 생명수를 값없이 받은 사람들은 오직 성령과 교회의 초청에 응답한 사람들뿐이다. 그 외의 사람들은 목마른 상태에서 삶을 영위하다가 불과 유황으로 타는 못에 던져져서 영원히 목마른 상태로 존재하게 될 것이다. 그러나, 이처럼 놀라운 성령과 교회의 초청에 화답하면 생명수를 값없이, 다시 말해서, 공짜로 받아 마시며 영생을 누리게 된다.[32]

1) Beale, *The Book of Revelation*, 1042.
2) '하나님의 장막'의 상세한 전개를 위하여 다음을 참고할 수 있다: 홍성철, 『화목제물』, 251-265.
3) Osborne, *Revelation*, 735.
4) 그 외에도 하나님이 말씀하신 것 같은 내용이 나오는데, 모두 '하늘의 음성' 내지 '성전의 음성'으로 묘사된다 (10:4, 14:13, 16:1, 17, 18:4).
5) Osborne, *Revelation*, 737.
6) '참되다'는 '진리이다'와 같은 단어 *알레디노스*(ἀληθινός)라는 형용사를 달리 번역한 것이다.
7) 홍성철, 『거룩한 삶, 사랑의 삶: 요한일서 강해』 (서울: 도서출판 세복, 2018), 154.
8) 도전과 약속이 이루어진 말씀은 이렇다: 2:7→22:2, 2:11→21:7-8, 2:17→19:9, 2:26→22:5, 3:5→19:14, 3:12→22:4, 3:21→22:5.
9) 어떤 학자는 마지막 전쟁에서 받은 상처를 치료하기 위하여 치료의 잎사귀들이 필요하다고 역설한다. 이를 위해 다음을 보라. G. B. Caird, *The Revelation of St. John the Divine* (New York: Harper & Row, Publishers, 1966), 280.
10) 구약의 야훼가 신약의 예수라는 사실을 자세히 알려면 다음을 보라. 홍성철, 『화목제물』, 17-21. 이마에 새겨진 이름이 Philo와 Josephus를 인용하면서 야훼라고 주장한 학자도 있다: J. P. M. Sweet, *Revelation* (Philadelphia, PA: The Westminster Press, 1979), 312.
11) 하나님의 영광과 빛의 관계를 알기 위해서 다음을 보라. 홍성철, 『화목제물』, 223-236.

12) *새*는 헬라어로 *카이노스*(καινός)인데, 여기에서는 시간이 아니라 질(quality)을 나타낸다. Johnson, *Revelation*, 592.

13) Osborne, *Revelation*, 610.

14) Beale, *The Book of Revelation*, 1066.

15) Osborne, *Revelation*, 750.

16) LaHay는 이사야 54장을 둘로 나누면서, 전자는 이스라엘에 관한 예언이고 (1-10), 후자는 예루살렘에 관한 예언이라고 한다 (11-17). 이를 위하여 다음을 보라: *Tim LaHaye Prophecy Study Bible*, 이사야 54장.

17) Osborne, *Revelation*, 755.

18) 그뿐 아니라, 사도 요한의 기억이 정확하지 않을 수 있다고 주장하는 학자도 있다. 이를 위하여 다음을 보라. Sweet, *Revelation*, 306.

19) John N. Oswalt, *The Book of Isaiah, Chapters 40-66* (Grand Rapids, MI: William B. Eerdmans Pub. Co., 1998), 557.

20) '왕들의 영광'을 왕들 자신들이라고 해석하기도 한다. 이를 위해 다음을 보라. Beale, *The Book of Revelation*, 1095.

21) 참고로 21:25엔 *가르*가 번역되지 않았다.

22) 20:12에는 두 종류의 책이 나오는데, 하나는 '생명책'이고 또 하나는 '행위의 책'이다. '죽은 자들이 자기 행위를 따라 책들에 기록된 대로 심판을 받으니'라고 표현하므로, '생명책'에 그 이름이 기록된 자들은 심판을 받지 않는다는 것을 함축한다.

23) 그 대신 '새 예루살렘'에서의 삶을 다음과 같이 묘사한 저자가 있다. 1) 그분과 교제를 나누는 삶 (계 22:4), 2) 쉼의 삶 (14:13), 3) 완전한 지식의 삶 (고전 13:12), 4) 거룩한 삶 (계 21:27), 5) 기쁨의 삶 (21:4), 6) 섬김의 삶 (22:3), 7) 풍요의 삶 (21:6), 8) 영광의 삶 (고후 4:17), 9) 경배의 삶 (계 19:1). 이를 위하여 다음을 보라. Pentecost, *Things to Come*, 580-582.

24) 요한계시록은 한마디로 "높이 들려진 하나님의 아들"에 대한 책이라는 주장도 있다. 이를 위하여 다음을 보라. Stephen S. Smalley, *Thunder and Love: John's Revelation and John's Community* (Milton Keynes, England: Word Publishing, 1994), 99.

25) 하나님께 올리는 경배는 다음과 같다: 4:10, 5:14, 7:11, 11:1, 16, 14:7, 15:4, 19:4. 사탄에게 경배하다는 이렇다: 13:4 (2회), 8, 12, 15, 14:9, 11, 16:2, 19:20, 20:4. 천사에게 경배하려는 시도는 다음과 같다: 19:10 (2회), 22:8, 9.

26) 이 단어의 쓰임새를 자세히 알려면 다음을 참고하라. 홍성철, 『절하며 경배하세』(서울: 도서 출판 세복, 2006), 112 이하.

27) 홍성철, 『다니엘의 역설적인 인생』, 450-451.

28) Osborne, *Revelation*, 798.

29) LaHaye, *Prophecy Study Bible*, 22:7의 각주를 보라.

30) Osborne, *Revelation*, 789.

31) 강병도 편, 『요한일서-요한계시록』, 579.

32) 초청에 응하여 구속함을 받은 사람들은 다른 불신자들을 초청해야 한다. 이를 위하여 다음을 보라. *The Wesely Bible: A Personal Study Bible for Holy Living* (Nashville, TN: Thomas Nelson, Inc., 1990), 22:17 각주.

The Lamb and The Bride
Revelation in a New Approach

10장

'일곱'

'일곱'은 성경에서 말할 수 없이 중요한 숫자이다. '일곱'이란 단어가 구약성경에서 595번, 신약성경에서 89번이나 나온다. 그런데 요한계시록 한 권에서 자그마치 58번이나 나오는 것을 볼 때, 그 책은 '일곱'으로 도배를 했다고 해도 지나친 표현은 아닐 것이다. 그렇다면 '일곱'이란 숫자가 어떻게 또 어떤 뜻으로 시작되었는지 알아보자. 그 숫자가 처음 나오는 성경은 모든 성경의 첫 번째 책인 창세기이다.

'일곱'이 처음 나오는 말씀을 인용해보자. "천지와 만물이 다 이루어지니라. 하나님이 그가 하시던 일을 *일곱째* 날에 마치시니, 그가 하시던 모든 일을 그치고 *일곱째* 날에 안식하시니라. 하나님이 그 *일곱째* 날을 복되게 하사 거룩하게 하셨으니, 이는 하나님이 그 창조하시며 만드시던 모든 일을 마치시고 그 날에 안식하셨음이니라"(창2:1-3). 이 말씀에 의하면, 하나님은 안식하시기 전에 계획대로 모든 창조를 끝내셨다.

그렇게 끝낸 사실을 강조하기 위하여 위의 말씀에서 '이루어지다', '마치다'(2회), '그치다'는 동사를 사용했다.[1] 그렇게 끝낸 천지창조에 대해 하나님은 지극히 만족하셨다. 만족하지 않으셨다면 이렇게 말씀하지 않으셨을 것이다, '하나님이 지으신 그 모든 것을 보시니 보시기에 심히 좋았더라' (창1:31). 하나님은 그렇게 일곱째 날에 천지창조를 마치시고, 만족하시고, 그리고 안식하셨다.

성경에 나오는 최초의 '일곱'은 하나님의 천지창조의 완성과 만족을 함축하고 있다고 할 수 있다. 그런 이유 때문에 '일곱'이란 숫자는 완전^{completeness} 내지 완성^{perfection}을 상징한다. '일곱'을 구태여 히브리어로 말하면 *쉐바*(עבש)이다. 그런데 이 단어에서 *쉰*이라 불리는 **ש**이 포함되어 있는데, 왼쪽 위에 점을 붙이면(**שׁ**) 신이라고 읽고, 오른쪽 위에 붙이면(**שׁ**) 쉰이라고 읽는다. 그래서 *세바*의 오른쪽에 점을 붙이면 *쉐바*가 되며, 그 뜻은 '일곱'이다.

반면, 왼쪽에 점을 붙이면 *세바*라고 읽히며, 그 뜻은 '만족하다'가 된다. 간단히 말해서 '일곱'과 '만족하다'는 어원이 같다.[2] '일곱째' 날에 천지창조가 완성되었고 그리고 만족스러웠기에 '일곱'이란 숫자는 이미 언급한 것처럼 완전 내지 완성을 상징한다. 그 날에 하나님은 안식하셨는데, 안식은 히브리어로 *샤밧*(תבשׁ)이다. 일곱째 날, 곧 *쉐바*(일곱)의 날에 지극히 *세바*(만족)하신 하나님은 *샤밧*(안식)을 취하셨던 것이다.

1. '일곱'이 들어간 표현

위에서 언급한 것처럼, 사도 요한은 요한계시록에서 '완전'을 상징하는 '일곱'을 58번이나 사용했는데, 그것들을 열거해보자.

1) 일곱 교회 (1:4, 11, 20)

2) 일곱 영 (1:4, 3:1, 4:5, 5:6)

3) 일곱 금 촛대 (1:12, 20, 21, 2:1)

4) 일곱 별 (1:16, 20-2번, 2:1, 3:1)

5) 일곱 교회의 사자 (1:20)

6) 일곱 촛대 (1:20)

7) 일곱 등불 (4:5)

8) 일곱 인 (5:1, 5, 6:1, 8:1)

9) 일곱 뿔 (5:6)

10) 일곱 눈 (5:6)

11) 일곱 천사 (8:2, 10:7, 11:15, 15:1, 6, 8, 16:1, 17, 17:1, 21:9)

12) 일곱 나팔 (8:2, 6)

13) 일곱 우레 (10:3, 4-2번)

14) 일곱 머리 (12:3, 13:1, 17:3, 7, 9)

15) 일곱 왕관 (12:3)

16) 일곱 재앙 (15:1, 6, 8, 21:9)

17) 일곱 금 대접 (15:7, 16:1)

18) 일곱 대접 (17:1, 21:9)

19) 일곱 산 (17:9)

20) 일곱 왕 (17:10, 11)

21) 일곱째 황옥 (21:20)

2. '일곱' 번 사용된 단어들

사도 요한은 이처럼 '일곱'이 들어간 묘사를 많이 했지만, 그것이 전부가 아니다. 그가 요한계시록에서 같은 단어를 일곱 번씩 사용한 경우도 허다하다. 두말할 필요도 없이 그렇게 일곱 번씩 사용한 것도 '완전'을 강조하기 위함인데, 그 단어들을 열거해보자.

1) '합당한' (3:4, 4:11, 5:2, 4, 9, 12, 16:6)

2) '인내' (1:9, 2:2, 3, 19, 3:10, 13:10, 14:12)
   * 이 단어는 헬라어로 *후퍼모네*(ὑπομονή)인데, 1:9와 2:3에서 '참음'으로 번역

3) '살' (17:16, 19:18-5번, 21)

4) '열 뿔' (12:3, 13:1-2번, 17:3, 7, 12, 16)

5) '예언' (1:3, 11:6, 19:10, 22:7, 10, 18, 19)

6) '이적' (12:1, 3, 13:13, 14, 15:1, 16:14, 19:20)
   * 이 단어는 헬라어로 *세메이온*(σημεῖον)인데, 19:20에서 '표적'으로 번역

7) '영혼' (6:9, 8:9, 12:11, 16:3, 18:13, 14, 20:4)
   * 이 단어는 헬라어로 *푸슈케*(ψυχή)인데, 8:9와 12:11에서 '생명'으로, 16:3에서 '생물'로 번역

8) '때' (1:3, 11:18, 12:12, 14-3번, 22:10)
   * 한글성경에는 '때'가 많이 나오나, 헬라어로 *카이로스*(καιρός)인 '때'는 일곱 번 나옴

9) '지진' (6:12, 8:5, 11:13-2번, 19, 16:18-2번)

10) '준비하다' (8:6, 9:7, 15, 12:6, 16:12, 19:7, 21:2)
    * 이 단어는 헬라어로 *헤토이마조*(ἑτοιμάζω)인데, 12:6과 16:12에서 '예비하다'로 번역

11) '옷' (3:4, 5, 18, 4:4, 16:15, 19:13, 16)

　　　　* 이 단어는 헬라어로 *히마티온*(ἱμάτιον)인데, 그 밖에 나오는 '옷'은
　　　　다른 명사이든지 아니면 동사

12) '왕 노릇 하다' (5:10, 11:15, 17, 19:6, 20:4, 6, 22:5)

　　　　* 이 단어는 헬라어로 *바실류오*(βασιλεύω)인데, 직역하면 '다스리다,
　　　　통치하다'로, 한글성경에서는 '왕 노릇 하다'로 번역되었고, 19:6에
　　　　서 '통치하다'로 번역

13) '무저갱' (9:1, 2, 11, 11:7, 17:8, 20:1, 3)

14) '구름' (1:7, 10:1, 11:12, 14:14-2번, 15, 16)

15) '넷째' (4:7, 6:7-2번, 8, 8:12, 16:8, 21:19)

　　　　* 이 단어는 헬라어로 *테타르토스*(τέταρτος)인데, 6:8에서 '사분의 일'
　　　　로 번역

16) '낫' (14:14, 15, 16, 17, 18-2번, 19)

17) '곳' (2:5, 6:14, 12:6, 8, 14, 16:16, 20:11)

　　　　* 이 단어는 헬라어로 *토포스*(τόπος)인데, 2:5와 6:14에서 '자리'로,
　　　　20:11에서 '데'로 번역

18) '복' (1:3, 14:13, 16:15, 19:9, 20:6, 22:7, 14)

19) '예리한' (1:16, 2:12, 14:14, 17, 18-2번, 19:15)

　　　　* 이 단어는 헬라어로 옥수수(ὀξύς)인데, 1:16과 2:12에서 '날선'으로
　　　　번역

20) '우레' (4:5, 8:5, 10:3, 4, 11:19, 16:18, 19:6)

21) '따르다' (6:8, 14:4, 8, 9, 13, 18:5, 19:14)

22) '엎드리다' (4:10, 5:8, 14, 7:11, 11:16, 19:4, 10)

23) '주 하나님, 전능하신 분' (1:8, 4:8, 11:17, 15:3, 16:7, 19:6, 21:22)

24) 성부와 성자가 하나 된 모습 (5:6, 7:10, 11:15, 14:4, 20:6, 21:22, 22:1)

'일곱'이 들어간 표현이 21가지나 되는데, 7번씩 사용된 단어도 24개나 된다. 사도 요한은 '일곱'에 대하여 남다른 애착을 가지고 있었음에 틀림없다. 사도 요한은 요한일서에서도 '증언' (요일 1:2, 4:14, 5:6, 7, 9-2번, 10), '범죄' (요일 1:10, 3:6-2번, 8, 9, 5:16, 18), '어둠' (요일 1:5, 6, 2:8, 9, 11-3번) 등도 일곱 번씩 사용했다. 그뿐 아니라, 요한복음에서도 에고 에이미(ἐγώ εἰμί; '나는…이다') 를 일곱 번, '표적'을 일곱 가지로, 각각 요약해서 기록하였다.

3. 일곱 교회

1) 권면

사도 요한이 요한계시록에서 '일곱' 가지로 묘사한 것들도 적지 않은데, 우선 이해하기 쉬운 '일곱' 교회부터 알아보자. 일곱 교회에 보내는 편지에서 사도 요한은 '귀 있는 자는 성령이 교회들에게 하시는 말씀을 들을지어다'라는 권면을 일곱 번 했다. 교회마다 그 권면을 들었다는 말이다 (2:5, 11, 17, 29, 3:6, 13, 22). 물론 주님이 성령을 통해 '들으라'고 권면한 것은 '듣고 순종하라'는 뜻이다.

2) 내용

일곱 교회에게 보낸 편지의 내용도 일곱 가지이다. 첫째, '바람직한'의 뜻을 지닌 에베소 교회를 보자. 1) 편지를 보내는 분--'오른

손에 있는 일곱 별을 붙잡고 일곱 금 촛대 사이를 거니시는 이.' 2) 칭찬--"내가 네 행위와 수고와 네 인내를 알고 또 악한 자들을 용납하지 아니한 것과, 자칭 사도라 하되 아닌 자들을 시험하여 그의 거짓된 것을 네가 드러낸 것과, 또 네가 참고 내 이름을 위하여 견디고 게으르지 아니한 것을 아노라" (2:2-3).

에베소 교회는 많은 칭찬을 받았는데, 더 열거해보자. "오직 네게 이것이 있으니 네가 니골라 당의 행위를 미워하는도다. 나도 이것을 미워하노라" (2:6). 그러나 에베소 교회는 잘못한 것도 있었는데, 그것을 주님은 이렇게 꾸짖으셨다. 3) "그러나 너를 책망할 것이 있나니 너의 처음 사랑을 버렸느니라" (2:4). 꾸짖음으로 끝난 것이 아니라 권면도 곁들였다. 4) '그러므로 어디서 떨어졌는지를 생각하고 회개하여 처음 행위를 가지라' (2:5a).

그러나 이런 사랑의 권면을 거부한다면 그에 대한 책임도 져야 하기에 이런 경고가 따랐다. 5) '만일 그리하지 아니하고 회개하지 아니하면 내가 네게 가서 네 촛대를 그 자리에서 옮기리라' (2:5b). 촛대는 교회를 뜻하기에 이 경고는 참으로 엄중하다 (1:20). 교회를 옮기시겠다는 경고였는데, 역사적으로 그렇게 되었다. 그러나 주님은 교회를 사랑하시기에 6) '귀 있는 자는 성령이 교회들에게 하시는 말씀을 들을지어다'라는 충고도 하셨다.

비록 교회가 이처럼 부족한 것이 많지만, 주님의 권면과 경고를 겸손히 받아들인다면, 엄청난 상급이 따르리라는 약속도 주셨다. 7) '이기는 그에게는 내가 하나님의 낙원에 있는 생명나무의 열매를 주어 먹게 하리라' (2:7). 아담과 하와의 불순종으로 먹을 수 없게 된 생명나무의 열매를 먹고 영생을 누리게 되리라는 약속이다. 결국,

에베소 교회는 주님의 권면을 받아들일 수도 있고 거부할 수도 있는 기로에 있었던 것이다.

일곱 교회에 보내는 편지는 이와 같이 일곱 가지 내용을 담고 있는데, 다음과 같다: 1) 편지를 보내는 분, 2) 칭찬, 3) 꾸짖음, 4) 권면, 5) 경고, 6) 충고 및 7) 약속이다. '높음'의 뜻인 버가모 교회, '향기로운 냄새'의 뜻인 두아디라 교회, '기쁨의 왕자'의 뜻인 사데 교회에게 보낸 편지는 이처럼 일곱 가지의 내용이 들어있다. 그러나 '몰약'의 뜻인 서머나 교회가 받은 편지에는 '꾸짖음'과 '경고'가 들어있지 않았다.

그 이유는 너무나 간단하다. 서머나 교회는 꾸짖음과 경고를 받을 잘못된 행위나 신앙이 없었기 때문이다. 그 교회는 육신적으로는 '환난과 궁핍'을 당하고 있었지만, 주님이 보시기에는 '부요한 자'였다. 그 이유도 분명한데, 그 교회는 온갖 고난과 환난을 당하고 있었기 때문이다. 틀림없이 그들 중에는 '하나님의 말씀과 예수에 대한 증거' 때문에 목숨을 잃은 자들도 있었을 것이다 (6:9).

'형제 사랑'의 뜻인 빌라델비아 교회도 꾸짖음을 받지 않았는데, 두말할 필요도 없이 잘못된 것이 없었기 때문이다. 그 교회는 한편 '인내의 말씀을 지켰고' (3:10), 또 한편 복음을 힘차게 전했기 때문이다. 그 결과 '자칭 유대인이라하나 그렇지 아니하고 거짓말하는 자들' 중에 회개하여 신앙을 갖게 된 사람들이 나왔던 것이다 (3:9). 그러나 서머나 교회와는 달리 경고를 받았는데, 그들이 가지고 있는 면류관을 잃을 수 있기 때문이었다 (3:11).

'평신도'의 뜻인 라오디게아 교회는 주님으로부터 어떤 칭찬도 받지 못한 유일한 교회였다. 그 교회는 신앙적으로 '미지근하여 뜨겁

지도 아니하고 차지도 아니했다'(3:16). 그 교회는 물질적인 부요에 빠져 신앙의 맛을 잃은 불행한 교회였다. 그러나 영적으로는 '곤고하고 가련하고 가난하고 눈이 멀고 벌거벗은' 교회였다 (3:17). 이 교회는 엄중한 꾸짖음과 심각한 경고를 받았다.

3) '이기다'

요한계시록만큼 영적 전쟁의 실상을 적나라하게 보여준 성경은 없다. 하늘과 땅에서 선하신 하나님의 세력과 악한 사탄의 세력 간의 갈등을 알알이 드러내는 책이 요한계시록이다. 그런데 전쟁에서는 반드시 승자와 패자가 있게 마련이다. 요한계시록에서 그런 승패를 가름하는 중요한 단어가 나오는데, 곧 '이기다'이다. 이 단어의 헬라어는 *니카오*(νικάω)인데, 요한계시록에서 17번이나 나온다.

어떤 때는 악의 세력이 '이기고'(6:2-2번, 11:7, 12:8, 13:7), 어떤 때는 예수 그리스도가 '이기신다'(3:21, 17:14). 또 어떤 때는 그리스도와 함께한 성도들이 '이긴다'(15:2, 17:14, 21:7). 두말할 필요도 없이 최후의 승자는 '만주의 주시요 만왕의 왕'이신 예수 그리스도이시다. 그분은 악의 세력을 무찌르신 후, 천년왕국을 세우실 것이다. 그뿐 아니라, 하나님과 더불어 '새 하늘과 새 땅'을 일구실 것이다.

사도 요한은 일곱 교회도 '이겨야' 한다고 권면했는데, '이기면' 주님으로부터 엄청난 선물을 받게 되리라는 약속도 담았다. 그런데 일곱 교회가 '이겨야' 된다는 권면도 '일곱' 번 주어지고, 이길 때 따르는 약속도 '일곱' 번이다. 물론, 교회가 이기기 위해서는 그리스도 안에 있어야 한다. 왜냐하면 승리의 발판은 그분의 죽음과 부활이기 때문이다. 교회 편에서는 인내와 충성을 다짐하면서 그리스도와 동행해야 한다.

에베소 교회에게 주어진 권면과 약속을 보자. '이기는 그에게는 내가 하나님의 낙원에 있는 생명나무의 열매를 주어 먹게 하리라' (2:7). 원래 '생명나무의 열매'는 아담과 하와에게 주어졌던 선물이었다. 그러나 그들이 불순종하므로 그 열매를 먹을 수 없게 되었다. 그러나 마침내 에베소 교회는 그 '생명나무의 열매'를 먹을 수 있게 될 것이다 (22:2). 만일 그 교회가 회개하여 첫사랑을 회복한다면 말이다 (2:5).

둘째로 서머나 교회에게 주어진 권면과 약속을 보자. '이기는 자는 둘째 사망의 해를 받지 아니하리라' (22:2). '둘째 사망'은 천년왕국 이후에 나오는 표현인데 (20:6, 14, 21:8), 육체의 죽음 너머에 있는 영원한 죽음을 가리킨다. 다시 말해서, 하나님과 영원히 분리된 상태를 가리키는 심판으로, '불과 유황'이 종착역이다. 만일 서머나 교회가 '이기면', 다시 말해서, 시험 중에도 죽도록 충성하면, 그런 심판을 받지 않는다는 약속이다.

셋째로 버가모 교회에게 주어진 약속을 보자. "이기는 그에게는 내가 감추었던 만나를 주고 또 흰 돌을 줄 터인데, 그 돌 위에 새 이름을 기록한 것이 있나니, 받는 자 밖에는 그 이름을 알 사람이 없느니라" (2:17). '이기는 자'는 그들의 잘못을 회개하면서 주님의 말씀에 순종하는 자이다. 그런 자에게 약속된 '만나'는 새 하늘과 새 땅에 거하는 자들의 잔치를 가리키며,[3] '새 이름'은 그곳에서 약속대로 얻게 될 새 이름이다 (사 62:2).

넷째로 두아디라 교회에게 주어진 권면과 약속을 보자. "이기는 자와 끝까지 내 일을 지키는 그에게 만국을 다스리는 권세를 주리니, 그가 철장을 가지고 그들을 다스려 질그릇 깨뜨리는 것과 같이 하리라…내가 또 그에게 새벽 별을 주리라" (2:26-28). 이 교회가 이길 수 있는 방법은 주님의 일을 끝까지 지키는 것이다. 두아디라 교회에게 주님의 '일'은 '사랑과 믿음과 섬김과 인내'였다 (2:19).

끝까지 주님의 일을 하면서 '이기는 자'에게 두 가지가 약속되었다. 하나는 '만국을 다스리는 권세'이고, 또 하나는 '새벽 별'이다. 하나님이 철장으로 다스리는 권세를 그 아들에게 주셨는데, 그분은 그것을 두아디라 교회에게 주시겠다는 것이다. 성도들을 방해하는 만국을 질그릇처럼 산산조각으로 부술 수 있는 권세를 주시겠다는 것이다. 그뿐 아니라, '새벽 별'을 주시겠다는 것이다. 그분의 영광에 참여시키시겠다는 약속이다 (22:16).[4]

다섯째로 사데 교회에게 주어진 권면과 약속을 보자. "*이기는 자는 이와 같이 흰 옷을 입을 것이요, 내가 그 이름을 생명책에서 결코 지우지 아니하고 그 이름을 내 아버지 앞과 그의 천사들 앞에서 시인하리라*" (3:5). 이기려면 옷을 더럽히려는 유혹을 극복해야 한다. 예를 들면, 이방인들이 저지르는 음행은 하나님 앞에서 더럽게 되는 것이며, 따라서 옷도 더러워진다 (14:4). 그러므로 '그 옷을 더럽히지 아니하는 것'이 '이기는' 것이다 (3:4).

'이기는 자'에게 세 가지 약속이 주어졌는데, 하나는 '흰 옷을 입을 것인데', 주님이 흰 옷을 입고 지상으로 재림하시는 대열에 참여하게 될 것이다. 둘은 '그 이름을 생명책에서 결코 지우지 않는데',

이 말은 결코 하나님으로부터 멀어지거나 분리될 수 없는 축복을 뜻한다. 셋은 '그 이름을 내 아버지 앞과 그의 천사들 앞에서 시인하리라'이다. 이것은 완전히 하나님의 소유가 되었다는 뜻이며, 따라서 하나님의 영원한 백성이 되었다는 뜻이다.

여섯째로 빌라델비아 교회에게 주어진 권면과 약속을 보자. "이기는 자는 내 하나님 성전에 기둥이 되게 하리니, 그가 결코 다시 나가지 아니하리라. 내가 하나님의 이름과 하나님의 성 곧 하늘에서 내 하나님께로부터 내려오는 새 예루살렘의 이름과 나의 새 이름을 그이 위에 기록하리라" (3:12). 이 교회는 '내 말을 지키며, 내 이름을 배반하지 아니하였다'는 칭찬을 들었는데, 앞으로도 계속해서 그렇게 하는 것이 '이기는' 것이다.

'이기는 자'에게 두 가지 약속이 주어졌는데, 하나는 '내 하나님 성전에 기둥이 되게 한다'는 것이다 (3:12). 빌라델비아에는 지진이 자주 발생해서 많은 건물들이 무너지곤 했는데, 그런 지진에도 끄떡없는 '기둥', 곧 튼튼하고도 오래 버티는 기둥으로 삼겠다는 것이다.[5] 그러니까 '이기는 자'는 하나님의 나라에서도 '결코 다시는 나가지 아니하는' 튼튼하면서도 항구적인 사람들로 만들어주겠다는 약속이다.

두 번째 약속은 '이기는 자'에게 이름을 기록해주겠다는 것이다. 그런데 그 이름은 세 가지로서, 첫째는 하나님의 이름인데, 이것은 '이기는 자'가 하나님의 소유가 된다는 뜻이다. 둘째는 '새 예루살렘'의 이름인데, 이것은 '이기는 자'가 영원한 도성에 속한 백성이 된다는 것이다. 셋째는 '나의 이름', 곧 그리스도 예수의 이름인데, 그분의 구속적 희생의 대가로 그분께 속한 사람이 된다는 것이다.[6]

일곱째로 라오디게아 교회에게 주어진 권면과 약속을 보자. "이기는 그에게는 내가 내 보좌에 함께 앉게 하여 주기를 내가 이기고 아버지 보좌에 함께 앉은 것과 같이 하리라" (3:21). '이기는 자'는 '열심히 회개하고' (3:19), '금을 사서 부유하게 하고, 흰 옷을 입어서 벌거벗은 수치를 가리고, 안약을 사서 눈에 발라 보게 된' 자이다 (3:18). 그렇게 '이기는 자'에게 주어진 약속은 참으로 큰데, '내 보좌에 함께 앉게 해 준다'는 것이다.

'이기는 자'도 그리스도와 함께 보좌에 앉아서 함께 다스린다는 것이다. 물론 보좌에 앉으신 분은 하나님이신데, 그 하나님이 그분의 아들에게 보좌를 나누어주셨다. 그리고 그 아들은 그 보좌를 성도들에게 나누어주셨다. 그분의 약속대로이다. "세상이 새롭게 되어 인자가 자기 영광의 보좌에 앉을 때에 나를 따르는 너희도 열두 보좌에 앉아 이스라엘 열두 지파를 심판하리라" (마 19:28).

이처럼 성도가 보좌에 앉아서 다스리기 시작한 것은 아마겟돈 전투에서 악의 세력을 궤멸시키면서 시작된다. 이것을 말씀으로 확인하자. "그들이 [아마겟돈에서] 어린 양과 더불어 싸우려니와, 어린 양은 만주의 주시요 만왕의 왕이시므로 그들을 이기실 터이요; 또 그와 함께 있는 자들 곧 부르심을 받고 택하심을 받은 진실한 자들도 이기리로다" (17:14). '이기는 자들'도 그리스도 예수와 더불어 이기면서 다스림에 참여한다.

'이기는 자들'의 다스림은 천년왕국으로 이어지는데, 그것도 말씀으로 확인하자. "또 내가 보좌들을 보니 거기에 앉은 자들이 있어 심판하는 권세를 받았더라. 또 내가 보니 예수를 증언함과 하나님의 말씀 때문에 목 베임을 당한 자들의 영혼들과 또 짐승과 그의 우상에게 경배하지 아니하고 그들의 이마와 손에 그의 표를 받지 아니한 자들이 살아서 그리스도와 더불어 천 년 동안 왕 노릇 하니"(20:4).

마침내 '이기는 자들'이 그리스도와 함께 보좌에 앉아서 함께 통치하게 된 것이다. 그들의 통치는 '새 하늘과 새 땅'에서도 계속된다. 그 놀라운 사실도 말씀으로 확인하자. "다시 밤이 없겠고 등불과 햇빛이 쓸 데 없으니, 이는 주 하나님이 그들에게 비치심이라. 그들이 세세토록 왕 노릇 하리로다"(22:5). '이기는 자들'이 이처럼 성부성자와 더불어 보좌에 앉아서 통치할 것이다. 이처럼 엄청난 약속을 라오디게아 교회에게 주신 것이다 (3:21).

4. 그리스도 예수

그리스도는 교회의 머리이시며, 교회는 그 머리에 붙어있는 몸이다. 그러므로 몸이 있는 곳에는 머리가 있어야 하고, 머리가 있는 곳에는 몸이 있어야 한다. 그 머리가 몸을 향하여 '귀 있는 자는 성령이 교회들에게 하시는 말씀을 들을지어다'라고 명령하셨다. 그렇게 몸을 향해 명령하신 머리는 어떤 분이시며, 어떻게 불리시며, 또 어떤 모습으로 세상 끝에 나타나시는지 차례로 알아보자.

1) 일곱 가지 칭호

요한계시록에서 예수 그리스도는 일곱 가지의 칭호로 소개된다. 첫 번째 칭호는 '**충성된 증인**'이다. 이 칭호가 들어간 말씀을 인용하면서 설명해보자. "또 충성된 증인으로 죽은 자들 가운데에서 먼저 나시고 땅의 임금들의 머리가 되신 예수 그리스도로 말미암아 은혜와 평강이 너희에게 있기를 원하노라" (1:5). 요한계시록에서 예수 그리스도가 다른 이름으로 불린 최초의 칭호가 '충성된 증인'이다.

'증인'은 헬라어로 *마르투스(μάρτυς)*인데, 그 단어는 '순교자'의 뜻도 갖는다. 증인은 그가 증언하는 말에 모든 것을 걸어야 한다. 어떤 때는 증언하다가 목숨을 잃기도 한다. 왜냐하면 그 '증인'이 보고 들은 진실을 있는 그대로 증언해야 하기 때문이다. 예수 그리스도도 마찬가지였다! 그분은 하나님 아버지를 신실하게 증언하다가 마침내 생명을 잃으셨다. 그분은 문자 그대로 '신실한 증인'이셨다.

예수 그리스도는 증언하다가 십자가에서 죽으셨는데, 그것은 과거에 일어난 사건이었다. 그러나 그분은 죽은 지 삼일 만에 다시 살아나셔서 신실하게 증인의 역할을 감당하고 계시는데, 그것은 현재의 역할이다. 그뿐 아니다! 그분은 어느 날 이 세상으로 다시 오셔서 '땅의 임금들의 머리가 되실' 것인데, 그것은 미래에 일어날 사건이다. 끝 날에 그분은 '만주의 주시요 만왕의 왕'으로 세상을 통치하실 것이다. 이분만큼 신실한 증인은 없다.

예수 그리스도의 두 번째 칭호는 **'인자 같은 이'**이다 (1:13). 이 칭호는 다니엘이 처음으로 사용했는데, 후에는 예수님이 자신을 가리키신 칭호였다.[7] 우선 다니엘을 인용해보자. "내가 또 밤 환상 중에 보니, *인자 같은 이가 하늘 구름을 타고 와서 옛적부터 항상 계신 이에게 나아가 그 앞으로 인도되매*" (단 7:13). '인자 같은 이', 곧 예수 그리스도가 '옛적부터 항상 계신 이', 곧 하나님 앞으로 인도되셨다.

왜 그분은 하나님 앞으로 인도되셨는가? 그 이유는 '권세와 영광과 나라'를 받기 위해서였다. 다시 말씀으로 확인하자. "그에게 권세와 영광과 나라를 주고, 모든 백성과 나라들과 다른 언어를 말하는 모든 자들이 그를 섬기게 하였으니, 그의 권세는 소멸되지 아니하는 영원한 권세요 그의 나라는 멸망하지 아니할 것이니라" (단 7:14). 이 묘사에서 예수 그리스도에 대한 것이 세 가지였는데, 모두 요한계시록에서 실현된 예언이었다.

첫째는 '모든 백성과 나라들과 다른 언어를 말하는 모든 자들이 그를 섬기게 하였다.' 그렇다! 그분이 천년왕국을 다스리실 때, 모든 사람들이 그분을 섬기게 된다. 둘째는 그분의 권세는 '소멸되지 아니하는 영원한 권세'인데, 그것도 천년왕국에서는 물론 '새 하늘과 새 땅'에서 문자 그대로 이루어진다. 셋째는 '그의 나라는 멸망하지 아니할 것'인데, 그분이 세우실 왕국이 누구에게 멸망당한단 말인가? 아니다! 그분의 왕국은 영원할 것이다.

예수 그리스도의 세 번째 칭호는 **'다윗의 뿌리'**이다. 이 칭호를 먼저 사용한 자는 이십사 장로 중 한 사람이었다. 하나님의 보좌 주변에 있던 장로들인데, 그 중 한 장로의 말에 이 칭호가 들어있었다. "장로 중의 한 사람이 내게 말하되, '울지 말라! 유대 지파의 사자 다윗의 뿌리가 이겼으니, 그 두루마리와 그 일곱 인을 떼시리라 하더라" (5:5). 이것은 하나님의 두루마리를 인봉한 인을 뗄 사람이 없어서 사도 요한이 울 때 한 말이다.

'다윗의 뿌리'는 선지자 이사야의 예언에 들어있었다. 그의 예언을 보자. "이새의 줄기에서 한 싹이 나며, 그 뿌리에서 한 가지가 나서 결실할 것이요" (사 11:1). 이새는 다윗의 아비인데, 그에게는 아들이 여덟이나 있었다. 그 중 막내가 다윗인데, 그는 가정의 천덕꾸

러기였다. 그렇지 않았다면 양 몇 마리나 치는 양치기 소년이었을 이유가 없었다. 반대로, 그의 형들은 왕을 가까이 모시는 중책을 가진 자들이었다 (삼상 17:13).

그러나 그 막내는 처음엔 미미한 가지에 지나지 않았으나, 나중에는 그 가지가 결실해서 우뚝 솟았다. 이사야의 예언에 의하면 그는 이런 왕이 될 것이다. "공의로 가난한 자를 심판하며 정직으로 세상의 겸손한 자를 판단할 것이며, 그의 입의 막대기로 세상을 치며 그의 입술의 기운으로 악인을 죽일 것이라" (사 11:4). 물론 다윗은 당대에도 약한 자들을 위해서는 어질지만, 악한 자들을 용납하지 않는 강한 왕이었다.

그런데 그것이 전부가 아니었다! 이사야는 이런 예언도 했다. "그날에 이새의 뿌리에서 한 싹이 나서 만민의 기치로 설 것이요, 열방이 그에게로 돌아오리니 그가 거한 곳이 영화로우리라" (사 11:10). 이 예언에서 '만민'은 이방인들을 가리킨다. 모든 이방인들이 그분의 통치를 받게 된다는 것이다. 이런 예언은 다윗을 가리키지 않고, '다윗의 뿌리'이신 예수 그리스도를 가리킨다.

실제로 이사야가 이런 예언을 할 당시 다윗은 이미 이 세상 사람이 아니었다. 그럼에도 불구하고 '이새의 뿌리에게로 열방이 돌아온다'는 예언은 요한계시록에 기록된 천년왕국에서 성취되는 것이다. '그가 거한 곳이 영화로우리라'는 예언은 '새 예루살렘'에서 '만주의 주시요 만왕의 왕'으로 통치하는 영광스러운 모습을 가리킨다. 그곳이 영화로운 이유는 영광의 하나님이 함께 하시기 때문이다.

장로 중 하나가 예수 그리스도를 '다윗의 뿌리'로 불렀는데, 그 칭호를 예수님도 다음과 같이 인정하셨다. "나 예수는 교회들을 위하여 내 사자를 보내어 이것들을 너희에게 증언하게 하였노라. 나는 *다윗의 뿌리요 자손이니 곧 광명한 새벽 별이라 하시더라*" (22:16). 그렇다! 예수 그리스도는 교회를 위하여 다윗의 뿌리가 되셨다. 또한 공의로 가난한 자들을 판단하시고, 악한 자들을 심판하시기 위해 다윗의 뿌리가 되셨다.

예수 그리스도의 네 번째 칭호는 '**어린 양**'이다. 그분을 '어린 양'이라고 불린 말씀을 인용해보자. "그 어린 양이 나아와서, 보좌에 앉으신 이의 오른손에서 두루마리를 취하시니라" (5:7). '다윗이 뿌리'라는 칭호가 악한 자들을 섬멸시키는 강한 장군의 이미지를 가지고 있다면, '어린 양'은 그와 정반대이다. '어린 양'은 연약하고 유약한 이미지를 가지고 있다. 그렇다! 예수 그리스도는 어떤 때는 강한 분이나, 어떤 때는 약한 분이시다.

'열방이 그에게로 돌아온다'는 말씀은 그분이 큰 칼을 치켜세우고 백마를 타고 달려오는 장군의 모습을 나타낸다. 그렇게 해서 그분은 영원한 왕이 되신다. 그런데 그것이 전부가 아니다! 예수 그리스도가 세상을 정복하신 방법은 칼을 통해서가 아니다. 물론 마지막 때에 악의 세력을 무찌르실 때는 칼을 사용하신다. 그러나 세상을 정복하는 방법은 희생, 곧 죽음을 통해서였다.

그 사실을 사도 요한은 아무도 오해할 수 없도록 아주 분명히 표현했다. "내가 또 보니, 보좌와 네 생물과 장로들 사이에 한 어린 양이 서 있는데 일찍이, 죽임을 당한 것 같더라" (5:6). 그렇다! 예수 그리스도는 유월절의 '어린 양'처럼 제물로 죽으셨다 (**출 12:1-14**). 그뿐 아니라, 그분은 고난의 종처럼 십자가에서 채찍으로 맞으며 찔림을 당하며 질고를 당하셨다 (**사 53:5-7**).

요한계시록에서 예수 그리스도의 일곱 가지 칭호 가운데 가장 많이 나오는 것이 바로 '어린 양'이다. 이미 언급한 것처럼, '어린 양'이란 칭호는 한글성경에서는 31번, 헬라어 성경에서는 29번 나온다. 요한계시록을 크게 두 부분으로 나눈다면 하나는 교회에 보내는 편지이고 (1~3장, 21~22장), 또 하나는 나머지 부분, 곧 4~20장에 나오는 환상이다.[8] 그런데 전자의 주인공은 교회인데, '교회'라는 단어가 20번이나 나온다.

그러나 4~20장에서는 '교회'는 한 번도 나오지 않고, 대신 '어린 양'이 29번이나 나온다. 그 이유는 두말할 필요도 없이 예수 그리스도가 '일찍 죽으심'으로 인류의 구주가 되셨다는 사실을 강조하기 위해서이다. 그 사실이 바탕이 되지 않으면, 그분이 심판주로 그리고 재림주로 묘사된 요한계시록의 의미가 크게 희석될 것이다. 왜냐하면 희생을 통한 승리가 요한계시록의 가르침이며, 또 기독교의 본질이기 때문이다.

요한계시록에서 '어린 양'은 심판자로보다는 구원자로서 경배를 받으시는 분으로 등장한다.[9] 이런 사실을 확인해주는 부분이 요한계시록 21~22장이다. 그 두 장은 '새 하늘과 새 땅'에 대한 묘사요 '새 예루살렘'에 대한 묘사이다. 그곳에서는 하나님과 그분의 아들이 경배를 받으신다. 그런데 그 두 장에 '어린 양'이 자그마치 7번이나 나온다 (21:9, 14, 22, 23, 27, 22:1, 3). '어린 양'은 찬양과 경배를 받으시기에 합당한 분이다.

요한계시록에 나오는 예수 그리스도의 다섯 번째 칭호는 **'충신과 진실'**이다. 이것도 말씀으로 확인하자. "또 내가 하늘이 열린 것을 보니 보라 백마와 그것을 탄 자가 있으니 그 이름은 충신과 진실이

라. 그가 공의로 심판하며 싸우더라" (19:11). '충신'을 구태여 영어로 표기하면 *faith*의 형용사인 *faithful*이다. 그러니까 '충신'은 '믿음', '신실'로도 번역될 수 있다. 이런 여러 가지 가능한 번역 때문에 원어가 필요한가 보다.

'충신'은 헬라어로 피스티스(πίστις: '믿음' 또는 '신실함')에서 파생된 형용사이다. 이 단어가 그리스도와 더불어 사용된 말씀을 인용해보자. "사람이 의롭게 되는 것은 율법의 행위로 말미암음이 아니요 오직 예수 그리스도를 믿음으로 말미암는 줄 알므로 우리도 그리스도 예수를 믿나니, 이는 우리가 율법의 행위로써가 아니고 그리스도를 믿음으로써 의롭다 함을 얻으려 함이라. 율법의 행위로써는 의롭다 함을 얻을 육체가 없느니라" (갈 2:16).

이 말씀에서 '오직 예수 그리스도를 믿음으로 말미암는 줄'의 원어는 많이 다른데, 곧 '오직 예수 그리스도의 믿음으로 말미암는 줄'이다. 그러니까 헬라어 성경에 의하면, 우리가 예수 그리스도를 믿음으로 의롭다 하심을 받는 것이 아니라, *예수 그리스도의 믿음* 때문에 의롭다 하심을 받는다는 것이다. 그 다음에 나오는 표현, 곧 '우리도 그리스도 예수를 믿나니'는 원어를 그대로 번역한 것이다.

그 뒤에 나오는 표현, 곧 '그리스도를 믿음으로써 의롭다 함을 얻으려 함이라'도 헬라어 성경에서는 '그리스도의 믿음 때문에 의롭다 함을 얻는다'는 것이다. '그리스도 예수의 믿음 때문에'라는 표현은 이 구절에서만 나오는 것이 아니다. 원어에 그 표현이 들어간 곳은 다음과 같다: 로마서 3장 22절, 26절, 에베소서 3장 12절, 4장 13절, 빌립보서 3장 9절. 그러나 한글성경에서는 모두 우리가 예수 그리스도를 믿는 것으로 번역되었다.

물론 우리가 예수 그리스도를 믿어야 의롭다 하심을 받는다. 그런데 그 표현에는 자칫하면 우리가 '믿음'이라는 행위를 구사했기에 의롭다 하심을 받는다는 오해를 일으킬 수 있다. 그리스도 예수가 십자가에서 죽었다가 부활하지 않으셨다면, 우리의 믿음은 헛것이다 (고전 15:14). 그분은 하나님의 뜻을 이행하기 위하여 세상에 오셨고, 그리고 하나님이 그분을 죽음에서 다시 살리실 것을 믿으셨기에 죽음도 불사하셨던 것이다.

그런 믿음이 없었다면 그분은 죽기 전에 이런 말씀을 못하셨을 것이다. "내가 내 목숨을 버리는 것은 그것을 내가 다시 얻기 위함이니 이로 말미암아 아버지께서 나를 사랑하시느니라. 이를 내게서 빼앗는 자가 있는 것이 아니라, 내가 스스로 버리노라. 나는 버릴 권세도 있고 다시 얻을 권세도 있으니, 이 계명은 내 아버지에게서 받았노라 하시니라" (요 10:17-18). 그렇다! 그분은 하나님에게서 받은 '계명', 곧 약속 때문에 부활을 믿으셨다.

다시 예수 그리스도의 이름, 곧 '충신과 진실'로 돌아가자. '충신'의 일차적인 뜻은 '믿음'이다. 그분이 '충신' 내지 '믿음'으로 불린 것은 너무나 당연하다. 그렇지 않다면 어떻게 생명을 담보로 하나님의 구원 계획을 실천하실 수 있었겠는가? '충신'의 이차적인 뜻은 하나님을 향해서 충성했다는 것이다. 전자가 구원을 위한 의미라면, 후자는 도덕적인 삶을 가리킨다. 그분은 도덕적으로 하나님의 뜻을 끝까지 이루어내셨던 것이다.

'진실'도 마찬가지이다. 이 단어의 기원은 '진리'인데, 예수 그리스도는 그 자신이 '진리'라고 선언하신 적이 있었다. '나는 길이요 진리요 생명이니…' (요 14:6). '진실'로 번역된 단어의 영어는 *true*인데, 나무^{tree}와 어근語根이 같다.[10] 뿌리가 깊이 박힌 나무는 눈보라와 비바람에도 흔들리지 않고 자리를 지키면서 표지물이 된다. 그런 것이 나무이자 진리이다. 진리는 어떤 풍파에도 끄떡없이 자리를 지키면서 길 잃은 자들에게 방향을 제시한다.

'진실'이라고 불리신 예수 그리스도는 얼마나 많은 사람들을 생명의 길로 인도하셨는가? 그뿐 아니다! 그분의 언어와 행동은 조금도 흔들리지 않고 '진리'를 드러내는 것이었다. 그분이 약속하신 대로 백마를 타고 그리스도인들을 위하여 재림하실 것이다. 그리고 그분과 그리스도인들을 대적한 적그리스도는 물론, 그를 따르는 수많은 악인들을 진리대로 심판하실 것이다. 바울 사도의 말대로 '진리대로 된 심판'이다 (롬 2:2).

예수 그리스도의 여섯 번째 칭호는 **만주의 주시요 만왕의 왕**'이다. 요한계시록에서 이 칭호는 두 번 나오는데, 인용하면서 설명해 보자. "그들이 어린 양과 더불어 싸우려니와 어린 양은 만주의 주시요 만왕의 왕이시므로 그들을 이기실 터이요, 또 그와 함께 있는 자들 곧 부르심을 받고 택하심을 받은 진실한 자들도 이기리로다" (17:14). 이 말씀에서 '그들'은 누구를 가리키는가?

'그들'의 선봉장은 짐승이었는데, 용이 그에게 큰 능력과 권세를 주었다. 그 사실을 말씀에서 다시 확인하자. "…짐승은 표범과 비슷하고 그 발은 곰의 발 같고 그 입은 사자의 입 같은데, 용이 자기의 능력과 보좌와 큰 권세를 그에게 주었더라" (13:2). 그 짐승 이외에도 열 왕이 있었는데, 그들은 그들의 '능력과 권세를 짐승에게' 바쳤다 (17:13). 그 짐승과 열 왕의 목적은 같았는데, 곧 '어린 양'을 대적하는 것이었다.

'그들'을 이루고 있는 무리가 또 있었는데, 곧 '온 천하 왕들'이었다 (16:14). 그 외에도 그 짐승을 따르는 수많은 사람들도 있었다. 그러니까 '그들'은 네 그룹이었는데, 짐승과 열 왕, 천하의 왕들, 그리고 마지막으로 수없이 많은 졸개들이었다. '그들'이 이처럼 엄청난 무리가 되어 아마겟돈에 집결한 것은 위에서 언급한 것처럼, 하나님의 군대와 싸워서 세상의 통치권을 움켜잡기 위해서였다.

이것이 바로 '만주의 주시오 만왕의 왕'의 전략이었다. 만일 '그들'이 한 곳에 집결하지 않았다면, 전쟁은 장기전이 될 수도 있었을 것이다. 그러나 '그들'에게 주어진 기간은 3년 6개월이었는데, 그 기간이 거의 끝나가고 있었다. 그 짐승, 곧 적그리스도가 어떤 책략을 이용한다고 해도, 그것은 주권적인 하나님의 계획 속에 있을 뿐이었다. '만주의 주요 만왕의 왕'이신 어린 양은 단칼에 그들을 섬멸시키셨다.

그 승리를 묘사하기 위하여 이 칭호가 두 번째 사용되었는데, 그것도 말씀으로 확인하자. "하늘에 있는 군대들이 희고 깨끗한 세마포 옷을 입고 백마를 타고 그를 따르더라. 그의 입에서 예리한 검이 나오니 그것으로 만국을 치겠고 친히 그들을 철장으로 다스리며 또 친히 하나님 곧 전능하신 이의 맹렬한 진노의 포도주 틀을 밟겠고, 그 옷과 그 다리에 이름을 쓴 것이 있으니 만주의 주시요 만왕의 왕이라 하였더라" (19:14-16).

예수 그리스도의 일곱 번째 칭호는 '**알파와 오메가요, 처음과 나중이요 시작과 마침**'이다. 이 칭호는 세 가지인 것 같으나, 자세히 들여다보면 한 가지 칭호를 다르게 묘사한 것임을 알 수 있다. 이 칭호는 주님이 자신을 가리키면서 직접 칭하신 것인데, 말씀으로 확인하자. "보라! 내가 속히 오리니 내가 줄 상이 내게 있어 각 사람에게 그가 행한 대로 갚아 주리라. 나는 알파와 오메가요 처음과 마지막이요 시작과 마침이라" (22:12-13).

'알파'와 '처음'과 '시작'은 첫 번째 창조를 가리킨다. '오메가'와 '나중'과 '마침'은 재창조를 가리킨다. 하나님은 당신의 뜻과 계획에 따라 첫 번째 창조를 이루셨다. 그때 어떤 사람이나 피조물이 그 창조에 관여한 적이 있었는가? 물론 없었다! 그 창조는 하나님의 절대적인 주권에 따라 이루어진 것이다. 재창조는 어떤가? 그것도 역시 하나님의 절대적인 주권에 따라 이루어진 것이다.

창조와 재창조 사이에 있는 인간의 역사歷史와 구원의 역사役事는 어떤가? 그것들도 역시 하나님의 절대적인 주권에 의하여 진행되었다. 그런데 하나님과 그분의 아들 예수 그리스도는 한 분이시다. 그런 까닭에 예수 그리스도는 이렇게 선언하신 것이다. "나는 알파와 오메가요 처음과 마지막이요 시작과 마침이라." 그런 절대 주권적인 분이 한편 불신자들을 심판하시고 (22:11), 또 한편 성도들에게 복을 안겨주시는 것이다 (22:14).

2) 초림주의 일곱 가지 모습

사도 요한은 요한계시록의 주인공인 예수 그리스도를 이름으로만 소개하는 것이 아니라, 그분을 초림주와 재림주로 소개한다. 먼저 초림주를 소개한 말씀을 인용한 후 설명해보자.

"요한은 아시아에 있는 일곱 교회에 편지하노니, 이제도 계시

고 전에도 계셨고 장차 오실 이시며, 그의 보좌 앞에 있는 일곱 영과, 또 충성된 증인으로 죽은 자들 가운데에서 먼저 나시고, 땅의 임금들의 머리가 되신 예수 그리스도로 말미암아 은혜와 평강이 너희에게 있기를 원하노라. 우리를 사랑하사 그의 피로 우리 죄에서 우리를 해방하시고, 그의 아버지 하나님을 위하여 우리를 나라와 제사장으로 삼으신 그에게 영광과 능력이 세세토록 있기를 원하노라. 아멘! 볼지어다! 그가 구름을 타고 오시리라. 각 사람의 눈이 그를 보겠고 그를 찌른 자들도 볼 것이요 땅에 있는 모든 족속이 그로 말미암아 애곡하리니 그러하리라 아멘" (1:4-7).

이 인용문에서 초림주이신 예수 그리스도는 일곱 가지로 소개되었는데, 그 소개를 열거해보자. 1) '이제도 계시고 전에도 계셨고 장차 오실 이', 2) '충성된 증인', 3) '죽은 자들 가운데에서 먼저 나신 분', 4) '땅의 임금들의 머리가 되신 분', 5) '우리를 사랑하사 그의 피로 우리 죄에서 우리를 해방하신 분', 6) '우리를 나라와 제사장으로 삼으신 분', 7) '구름을 타고 오실 분.' 이런 일곱 가지 소개를 하나씩 알아보자.

첫째, 예수 그리스도는 '이제도 계시고 전에도 계셨고 장차 오실 이'로 소개되었다. 그분이 이렇게 소개된 것은 요한계시록에 네 번 더 있다 (1:8, 4:8, 11:17, 16:15). 주님이 '이제도 계시고 전에도 계셨고 장차 오실 이'이신데, 그 뜻을 갖는 이름이 처음 소개된 것은 출애굽기 3장에서였다. 하나님이 모세에게 당신의 이름을 '스스로 있는 자'라고 하셨는데, 그것은 과거와 현재와 미래를 아우르는 표현이다 (출 3:14-15).

'스스로 있는 자'를 영어로는 "I Am That I Am"으로 표현할 수 있고," "I Was That I Was"나 "I Will Be That I Will Be"로도 할 수 있다. 왜냐하면 하나님은 과거와 현재와 미래를 망라하는 분이시기 때문이다. 하나님은 인간의 시간에 매이지 않는 영원하신 분이시나, 모세가 이해할 수 있도록 인간의 시간으로 자신을 알려주신 것이다. 그렇게 계시하신 하나님이 바로 야훼 하나님이시었다.

그런데 그 야훼 하나님이 인간의 모습으로 인간 속으로 오셨는데, 그분이 바로 예수이다. 야훼 곧 여호와 하나님이 예수가 되신 것이다.[11] 그런 이유 때문에 요한계시록에서 그분을 처음으로 소개하면서 '이제도 계시고 전에도 계셨고 장차 오실 이'로 소개했던 것이다. 그런데 보통은 '전에도 계셨고 이제도 계시고 장차 오실 이'라고 하면서 과거에서 현재로, 그리고 현재에서 미래로 묘사하는데, 이곳에서는 현재, 곧 '이제도 계시고'를 앞에 두었다.

그 이유는 다음과 같다. 과거에 이스라엘 백성을 구원하셨고 또 교회를 창조하신 주님이셨고, 미래에 '새 하늘과 새 땅'으로 모든 성도들을 인도하실 분이시다. 그러나 요한계시록에서는 현재의 예수님을 강조한 것이다. 비록 현재에는 악의 세력이 세상을 지배하는 것 같고 그리고 성도들이 박해와 순교를 당하면서 패배하는 것 같지만, 주님은 현재에도 역사를 주장하며 이기고 계시는 것이다. 순교를 통해서도 승리를 일구어내시는 주님이시기 때문이다!

둘째, 예수 그리스도는 **'충성된 증인'**으로 소개되었다. '충성된 증인'은 그분의 현재 사역을 강조한다. 그분의 과거 사역을 대표하는 것은 두말할 필요도 없이 부활이다. 그 부활을 사도 요한은 '죽은 자들 가운데에서 먼저 나시고'라고 묘사했다. 그 다음에 나오는 '땅의 임금들의 머리가 되신'은 그분의 재림을 가리킨다. 그러니까 사도 요한은 이 한 구절에서 그분의 과거의 사역은 물론 현재와 미래의 사역을 망라했다.

이런 삼중적인 사역은 앞에 나온 소개, 곧 '이제도 계시고 전에도 계셨고 장차 오실 이'를 구체적으로 실례를 들어서 설명했다고 할 수 있다. 이미 언급한 대로, 첫 번째 소개에서 현재——'이제도 계시고'——가 강조되었는데, 그분에 대한 두 번째 소개인 '충성된 증인'이 바로 그분의 현재 사역을 강조한다. '충성된 증인'은 그 표현 자체가 사역을 의미하지는 않지만, 그래도 사역이라고 할 수 있는 이유는 충분하다.

'증인'이란 단어는 다분히 사역을 함축한다고 할 수 있다. 그 이유를 찾기는 어렵지 않다. '증인'은 보고 들은 것, 곧 몸소 체험한 확실한 사실을 증언하는 사람을 가리킨다. 예수 그리스도만큼 하나님께 대하여, 그리고 미래에 대하여 잘 아는 분은 없다. 그분은 하나님을 소개하기 위하여 세상에 오셨다. 그뿐 아니라, 미래에 대하여 아무 것도 알지 못하는 인류에게 미래의 심판과 보상을 구체적으로 가르치셨다.

그렇게 무지몽매한 인류에게 그처럼 놀라운 미래를 증언하신 결과는 무엇이었는가? 한마디로 말해서 죽음이었다. 그분은 모진 박해와 죽음을 감수하시면서 하나님을 증언하셨다. 헬라어로 '증인'은 순교자의 뜻도 내포되어 있다. 그리고 그 단어가 내포하고 있는 것처럼, 그분은 증언하셨고 그 결과 십자가의 죽음을 맛보셨다. 그렇게 결론이 날 줄을 뻔히 아시면서도 증언을 멈추지 않으셨다.

그런 모습을 사도 요한은 '충성된'이라는 수식어로 묘사했다. 그렇다! 그분의 사역은 '충성' 그 자체였다. 만일 그분이 도중에 증인의 삶을 포기하셨다면, 죽음을 피하실 수 있었을 것이다. 그러나 부활의 능력과 재림의 영광이 결코 따르지 않았을 것이다. 그뿐 아니다! 그분이 '충성된 증인'의 삶을 영위하셨기에, 그처럼 수많은 그리스도인들이 그들의 구주를 본받는 '충성된 증인'이 되었던 것이다.

그들 중에는 요한계시록의 저자인 사도 요한도 있다. 그의 말을 직접 들어보자. "나 요한은 너희 형제요 예수의 환난과 나라와 참음에 동참하는 자라. 하나님의 말씀과 예수를 증언하였음으로 말미암아 밧모라 하는 섬에 있었더니" (1:9). 만일 그가 이처럼 충성되게 증언하지 않았다면 밧모섬으로 유배되지도 않았을 것이며, 따라서 이처럼 장엄한 미래를 담은 요한계시록도 나오지 못했을 것이다.

그뿐 아니라 주님을 위하여 그처럼 기꺼이 생명을 내놓고 증언한 성도들도 없었을 것이다 (6:9, 12:11, 20:4). 그들의 충성된 증언이 없었다면, 기독교가 그렇게 빨리 그리고 능력 있게 세상에 전파되지 못했을 것이다. 그렇다! 사도 요한이나 많은 성도들이 그렇게 충성되게 증언한 것은 모델이 있었기 때문에 가능했다. 과연 예수 그리스도가 왜 '충성된 증인'의 역할을 마다하지 않으셨는지 감사할 따름이다.

셋째, 예수 그리스도는 '죽은 자들 가운데에서 먼저 나신 분'으로 소개되었다. 이 묘사는 그분이 죽음의 장벽을 뚫고 부활하셨다는 것이다. 인간이 결코 뛰어넘을 수 없는 장벽이 둘인데, 하나는 죄의 문제이고 또 하나는 죽음의 문제이다. 물론 죄의 삯이 죽음이기에 죄와 죽음은 분리될 수 없는 동전의 양면과 같은 것이다 (롬 6:23).

그런데 예수님은 인간의 죄 문제를 해결하시기 위하여 십자가에서 참혹한 죽음을 맛보셨다.

그분은 '충성된 증인'으로 그렇게 죽으셨던 것이다. 그러나 그분은 그 뒤에 있을 부활과 승천이라는 영광을 이미 알고 계셨다. 히브리서 저자는 이것을 확인했다. "…그는 그 앞에 있는 기쁨을 위하여 십자가를 참으사 부끄러움을 개의치 아니하시더니, 하나님 보좌 우편에 앉으셨느니라" (히 12:2). 이 말씀에서 '기쁨'은 부활의 기쁨을 가리키고, '보좌 우편에 앉으셨다'는 것은 영광스러운 승천을 가리킨다.

그분의 부활과 승천은 모든 그리스도인들이 경험하게 될 영광이기도 하다. 왜냐하면 그리스도의 부활은 첫 열매였기 때문이다. 다시 말해서, 그리스도인들도 그분처럼 부활을 맛보게 된다는 말이다. 이것도 말씀으로 확인하자. "그러나 이제 그리스도께서 죽은 자 가운데서 다시 살아나사 잠자는 자들의 첫 열매가 되셨도다" (고전 15:20). 이 말씀은 그리스도 이후 수많은 부활의 열매가 따른다는 약속이기도 하다.

그뿐 아니다! 모든 성도들은 승천의 영광을 누리게 될 것이다. 그리스도처럼 부활의 몸, 곧 영원한 몸으로 변화되어 그분과 더불어 '새 하늘과 새 땅'에서 영원한 생명과 복을 누리게 될 것이다. 왜냐하면 성도들은 그들의 구주이신 그리스도 예수의 발자취를 따라가는 사람들이기 때문이다. 그런 약속과 소망이 없다면, 어떻게 사도 요한과 수많은 성도들이 목숨을 잃으면서도 그분을 증언할 수 있었겠는가?

넷째, 예수 그리스도는 **'땅의 임금들의 머리가 되신 분'**으로 소개되었다. 죄와 죽음의 장벽을 뚫고 부활하신 그리스도 예수는 '땅의 임금들의 머리'가 되시는데, 그 이유는 땅의 임금들은 잠시 권력을 행사하나 죽음 앞에서 무기력한 존재이기 때문이다. 그럼에도 불구하고 땅의 임금들은 음행을 비롯한 갖가지 죄악에 연루된 종들이다 (17:2, 18:3). 거기다가 그리스도를 대적하여 싸움을 벌이는 작자들이다.

그러나 그들의 '머리가 되신' 그리스도 예수는 그들을 섬멸시키신다. "그들이 어린 양과 더불어 싸우려니와 어린 양은 만주의 주시요 만왕의 왕이시므로 그들을 이기실 터이요, 또 그와 함께 있는 자들 곧 부르심을 받고 택하심을 받은 진실한 자들도 이기리로다" (17:14). 그분의 발자취를 따르는 성도들도 왕이 되어 그분과 더불어 그 왕들을 이기게 된다 (5:10, 20:4, 6, 22:5). 이처럼 왕권을 누릴 성도들에게 부여된 책임도 있는데, 그것은 전도이다.

'땅의 임금들'도 결국 하나님의 흰 보좌 심판대 앞에 서게 될 것이다. 그들도 그리스도 예수를 거부한 죄에 대하여, 그리고 그들의 갖가지 악행에 대하여, 심판을 받게 될 것이다. 그들도 불과 유황으로 타는 못으로 던져질 것이며, 거기서 영원히 울부짖을 것이다. 그러나 그들에게도 한 가지 희망이 있는데, 그것은 '충성된 증인'들의 복음 전파이다. 만일 그들이 그 복음을 받아들인다면 지옥 대신 천국으로 가게 될 것이다.

다섯째, 예수 그리스도는 '**우리를 사랑하사 그의 피로 우리 죄에서 우리를 해방하신 분**'으로 소개되었다. 그분은 '우리를 사랑하신다.' 그렇지 않으면 우리를 죄에서 해방시키려고 피를 흘리며 십자가에서 죽으실 이유가 없었다. 그분은 자격 없는 죄인들을 조건 없이 사랑하셨는데, 그것이 바로 아가페 사랑이다. 달리 표현하면, 그분의 피 값으로 우리를 해방시키신 동기는 사랑이다.

요한계시록에서 '사랑'은 세 번밖에 나오지 않지만 (1:5, 3:9, 20:9), 그래도 요한계시록 전체에는 그리스도의 사랑이 도도히 흐르고 있다. 그런 무조건적인 사랑이 없다면, 그렇게 많은 사람들에게 인을 쳐주지 않으셨을 것이다. 또한 하나님의 말씀과 예수에 대한 증언 때문에 죽은 자들을 위로하면서 잠시 더 쉬라고 말씀하지 않으셨을 것이다 (6:9). 그리고 마침내 모든 악의 세력을 심판하시고, 그들을 '새 하늘과 새 땅'으로 인도하지 않으실 것이다.

결국, 그분의 사랑은 현재 박해를 받고 있는 성도들을 버리지 않고 챙기시는 모습에서 찾을 수 있다. 그뿐 아니라, 미래에 대한 확실한 약속에서 찾을 수 있다. 그런데 그 사랑이 현재적이든 미래적이든 그 뿌리는 모두 과거의 사랑이다. 과거의 사랑은 두말할 필요도 없이 그분이 십자가 위에서 몸을 제물로 드린 희생적인 사랑이다. 그런 이유 때문에 사도 요한은 그분을 사랑의 절정인 '피로 우리 죄에서 우리를 해방하신 분'으로 소개한다.

여섯째, 예수 그리스도는 '**우리를 나라와 제사장으로 삼으신 분**'으로 소개되었다. 그분이 하신 사역은 보배로운 피로 우리를 죄에서 해방시킨 것만이 아니었다. 그렇게 구원받은 그리스도인들을 '나라와 제사장'으로 삼으셨다. 이것은 출애굽한 이스라엘 백성과 맺은 하나님의 언약을 상기시킨다. 하나님이 이스라엘 백성을 '제사장 나라'로 삼으셨기 때문이다 (출 19:6). 그 목적은 그들이 경험한 하나님의 사랑과 능력을 세상에 전파하기 위함이었다.[12]

이스라엘 백성에게는 하나님을 대리해서 세상을 다스리며 그 하나님을 세상에 전해야 할 책임이 주어졌는데, 그 책임을 뜻하는 표현이 바로 '제사장 나라'였다. 영적으로 '출애굽'을 경험한 그리스도인들도 역시 '나라와 제사장'으로 임명되었다.[13] 그 목적도 한편 하나님을 대리해서 세상을 다스리며, 또 한편 제사장의 역할을 감당하게 하기 위함이다. 그런데 세상을 다스린다는 것은 그리스도와 함께 다스리는 것을 의미한다 (20:6).

'제사장'은 백성을 대신해서 하나님 앞으로 나아갈 수 있으며, 그렇게 만난 하나님을 백성에게 전해야 하는 사명을 갖는다. 비록 그들 중에는 '하나님의 말씀과 예수에 대한 증거'로 인하여 목숨을 잃은 사람들도 있지만, 그래도 그들이 경험한 구원을 전하지 않으면 안 되었다. 비록 목숨을 잃기도 하지만, 그들은 부활의 소망과 주님이 마련해 놓으신 '썩지 않는 면류관'을 기대할 수 있다 (고전 9:23-25).

일곱째, 예수 그리스도는 '**구름을 타고 오실 분**'으로 소개되었다. 요한계시록은 주님이 다시 오신다는 약속으로 가득한데 직접 말씀하신 것만도 11번이나 된다. 1장의 서론 부분, 곧 1-8절 밖에 안 되는 짧은 말씀에서 그분이 다시 오신다는 사실을 세 번씩 언급하고 있다. 4절에서는 '장차 오실 이'라고 했는데 똑같은 표현을 8절에서도 했다. 그리고 그분을 일곱 번째로 소개한 이 부분에서 '오실 분'이라고 했다.

마지막 장인 22장에서도 주님은 '내가 속히 오리라'는 말씀을 세 번씩 하셨다 (22:7, 12, 20). 다시 말해서, 요한계시록은 그리스도 예수의 재림의 약속으로 시작해서, 그 약속으로 끝낸다고 해도 지나친 말은 아니다. 그뿐 아니라, 주님은 그 사이에 다시 오실 것을 반복적으로 약속하셨다. 예를 들면 두아디라 교회에게 권면하신 말씀에서이다. "다만 너희에게 있는 것을 내가 올 *때*까지 굳게 잡으라" (2:25; 3:3과 3:11도 참고).

네 생물도 '장차 오실 이'라고 하면서 찬송했다 (4:8). 아마겟돈 전쟁을 앞둔 성도들에게도 다시 오겠다는 약속을 하셨다. "보라 내가 도둑 같이 *오리니*, 누구든지 깨어 자기 옷을 지켜 벌거벗고 다니지 아니하며 자기의 부끄러움을 보이지 아니하는 자는 복이 있도다" (16:15). 이 외에도 요한계시록 전체에는 주님의 재림을 함축한 표현이 자그마치 52가지나 된다. 이것들을 구체적으로 찾아보려면, '이중적 재림'에 나오는 각주 12를 참고할 수 있다.

'구름을 타고' 오신다는 묘사는 그분이 승천하실 때의 장면을 상기시키고도 남는다. "…그들이 보는데 올려져 가시니 구름이 그를 가리어 보이지 않게 하더라" (행 1:9). 그뿐 아니라, 그분이 교회를 위하여 다시 오실 때도 그 교회를 구름 속으로 끌어들이셨다. "그 후에 우리 살아 남은 자들도 그들과 함께 구름 속으로 끌어 올려 공중에서 주를 영접하게 하시리니 그리하여 우리가 항상 주와 함께 있으리라" (살전 4:19).

사도 요한은 그분이 이처럼 '구름을 타고 오실' 때, '각 사람의 눈이 그를 보겠고 그를 찌른 자들도 볼 것'이라고 했다. '각 사람'은 이 세상에 사는 모든 사람을 가리키고, '찌른 자들'은 예수 그리스도를 십자가에 못 박은 유대인과 로마인은 물론 모든 죄인들도 그분을 보게 된다는 것이다. 그리고 '땅에 있는 모든 족속이 그로 말미암아 애곡한다'고 했는데, '애곡하는' 이유는 두 가지일 것이다.

첫째는 그리스도 예수가 재림하실 때, 많은 사람들이 회개하면서 주님께로 돌아올 터인데, 그때 그들은 '애곡하면서' 회개할 것이다.

그때 그들은 놀라운 회심을 경험하게 될 것이고, 따라서 영광의 주님을 뵐 것이다. 둘째는 그분이 이처럼 재림하시는데도 완악한 마음을 갖는 사람들도 적잖을 것이다. 그들은 주님의 형벌을 면치 못할 터인데, 그때 그들은 비통하게 '애곡할' 것이다 (살후 1:7-8).

3) 재림주의 일곱 가지 모습

재림주도 일곱 가지로 묘사되었다. (1) 그분의 이름은 '충신과 진실'이다. (2) 그분은 '공의로 심판하며 싸우더라.' (3) 그분의 '눈은 불꽃 같다.' (4) '그 머리에는 많은 관들이 있다.' (5) '이름 쓴 것 하나가 있으니 자기밖에 아는 자가 없다.' (6) 그분은 '피 뿌린 옷을 입었다.' (7) '그 이름은 하나님의 말씀이었다' (19:11-13). 초림주에 대한 묘사처럼 재림주에 대한 묘사도 일곱 가지이다. 이 일곱 가지 묘사는 "이중적 재림"에서 자세히 볼 수 있다.

4) 일곱 가지 찬양

하나님의 보좌를 둘러 선 많은 천사들이 큰 음성으로 '어린 양'이신 예수 그리스도를 찬양하는데, 그분의 일곱 가지 특성을 찬양하고 있었다. "…일찍이 죽임을 당하신 어린 양은 능력과 부와 지혜와 힘과 존귀와 영광과 찬송을 받으시기에 합당하도다" (5:12). 이미 언급한 대로, 이 일곱 가지 특성 중 처음 네 가지는 '어린 양'의 속성을 가리키고, 나머지 세 가지는 그 '어린 양'에 대한 천사들의 찬양하는 태도를 가리킨다.[14]

주님에 대한 찬양은 그것으로 끝나지 않는다. 이스라엘 백성 중 144,000명이 인이 쳐진 후, '각 나라와 족속과 백성과 방언에서 아무도 능히 셀 수 없는 큰 무리가 나와 흰 옷을 입고' 나아와서 '구원하심이 보좌에 앉으신 우리 하나님과 어린 양에게 있도다'라고 찬양하였다 (7:9-10). 그 찬양이 반응을 일으킨 듯, 앞에서 주님의 일곱 가지 특성을 찬양한 천사들이 다시 큰 음성으로 찬양했다.

그것을 말씀으로 확인하자. "모든 천사가 보좌와 장로들과 네 생물의 주위에 서 있다가 보좌 앞에 엎드려 얼굴을 대고 하나님께 경배하여 이르되, '아멘! 찬송과 영광과 지혜와 감사와 존귀와 권능과 힘이 우리 하나님께 세세토록 있을지어다. 아멘!' 하더라" (7:11-12). 그런데 이번에도 그들의 찬양은 예수 그리스도의 일곱 가지 특성에 대한 것이었다. 이 두 찬양 중 다른 것은 5장의 부 대신 7장에서는 *감사*가 나온다.

이 두 찬양을 비교해보자. 5장에서는 예수 그리스도가 '어린 양'으로서 일찍 죽임을 당하셨기에 찬양을 올리는 것이었다. 그분은 죽으러 이 세상에 오셨고, 그리고 그 목적을 성취하셨던 것이다. 그런 분을 찬양한 것이다. 7장에서는 그 죽음을 통해 구원받은 수없이 많은 영혼들로 인하여 찬양한 것이다. 이스라엘 백성은 물론 많은 이방인들이 구원을 받았다. 그 사실 때문에 천사들은 '어린 양'의 일곱 가지 특성을 찬양했다.

5) '어린 양'

"어린 양"에서 언급한 것처럼, '어린 양'의 사역은 일곱 가지였다.

첫째, 죄인들이 받아야 할 죄의 값을 치루셨다 (5:6). 둘째, 죄의 값인 피로 죄인들을 구원하셨다 (7:9). 셋째, '어린 양'은 목자가 되셨다 (7:16-17). 넷째, '어린 양'은 원수를 쳐부순 개선장군이셨다 (17:14). 다섯째, '어린 양'은 신부를 맞이하는 신랑이셨다 (19:7). 여섯째, '어린 양'은 심판자이셨다 (14:9-11). 일곱째, '어린 양'은 경배받으시는 분이셨다 (5:12).[15]

5. 천상의 존재

사도 요한이 천상^{天上}으로 불리어 올라갔는데, 그 내용이 요한계시록 4~5장에 있다. 그곳에는 일곱 존재^{being}가 있었는데, 모두 하나님의 보좌를 중심으로 있었다. 당연히 첫째 인물은 '보좌에 앉으신 이', 곧 하나님이었다 (4:2). 둘째 인물은 '어린 양'이신 예수 그리스도였는데, 하나님으로부터 일곱 인으로 봉한 두루마리를 받아서 그 인을 하나씩 떼시었다. 그러면서 하나님의 심판이 땅에 떨어졌다.

셋째 인물은 하나님의 보좌 주위에 네 생물이었는데, 그들은 요한계시록에서 최초로 주님을 찬양한다. 그 찬양은 14번(7×2)의 찬양 중 첫 번째 찬양이기에 중요하다.[16] 그 찬양을 옮겨보자. "거룩하다, 거룩하다, 거룩하다! 주 하나님 곧 전능하신 이여, 전에도 계셨고 이제도 계시고 장차 오실 이시라" (4:8). 이 찬양은 하나님의 속성 중 가장 중요한 '거룩'을 세 번씩 반복하는데, 그런 삼중적 반복은 삼위의 하나님을 함축한다.

넷째 인물은 이십사 장로들인데, 그들은 네 생물에 이어 찬양했다. 대부분의 경우 이십사 장로들은 네 생물과 더불어 찬양하고 행동한다. 그들은 함께 '어린 양' 앞에 엎드렸고, 함께 거문고와 성도들의 기도가 담긴 금 대접을 가졌다 (5:8). 그들은 함께 보좌에 앉으신 하나님께 경배했다 (19:4). 어떤 때는 이십사 장로들만 행동할 때도 없잖아 있었는데, 곧 하나님이 일곱 번째 천사의 나팔로 세상을 심판하실 때였다 (11:17-18).

다섯 번째 존재는 '힘 있는 천사'였다. 그 천사는 '누가 그 두루마리를 펴며 그 인을 떼기에 합당하냐?'라고 외쳤다 (5:2). 아무도 없기에 사도 요한은 펑펑 울었다. 요한도 그 천상에 있던 여섯 번째 인물이었다. 만일 그가 불리어 올라가지 않았다면 보좌에 앉으신 이와 그 주변에 대해서는 영원히 신비에 싸였을 것이다. 일곱 번째 존재는 '많은 천사', 곧 '그 수가 만만이요 천천인' 천사들이었는데, 그들은 마음껏 '어린 양'을 찬양했다 (5:11-12).

6. 인물

요한계시록의 주인은 하나님이고, 그 하나님이 다루시는 인물들은 하늘에도 있고 땅에도 있다. 그뿐 아니라, 좋은 사람들과 나쁜 사람들이 있으며, 좋지도 않고 나쁘지도 않은 중간의 사람들도 있다. 편의상 이 인물에 천사들도 포함시켰는데, 그들도 사람들처럼 생각하고, 결정하고, 행동하기 때문이다. 역시 천사들 가운데에서도 선한 천사가 있는가 하면, 나쁜 천사도 있다. 그럼 일곱 인물에 대해 하나씩 알아보자.

1) '족속과 백성과 방언과 나라'

사도 요한은 많은 사람들을 가리키기 위하여 '족속과 백성과 방언과 나라'라는 표현을 사용했는데, 그것도 역시 일곱 번이다. 딱 한 곳에서 '족속' 대신 '임금'을 사용했지만, 큰 차이는 없다 (10:11). 이 표현이 좋은 뜻으로 두 번 사용되었는데, 한 번은 '어린 양'의 피로 구원받은 사람들을 가리키면서 사용되었다 (5:9). 또 한 번은 예수님의 피로 씻어 흰 옷을 입은 사람들이 구원의 하나님과 '어린 양'을 찬양하고 있었다 (7:9).

'족속과 백성과 방언과 나라'가 나쁜 뜻으로 사용된 경우가 세 번 있는데, 첫 번째는 '두 증인'의 시체를 장사하지 못하게 한 사람들이었다 (11:9). 두 번째는 적그리스도인 짐승의 지배를 받는 사람들이었다 (13:7). 그리고 세 번째는 음녀의 지배를 받는 사람들이었다 (17:15). 짐승과 음녀의 지배를 받는 '족속과 백성과 방언과 나라'는 하나님과 어린 양을 알지 못하기에 적당히 악의 세력에 빌붙어서 살려고 하는 사람들이었다.

위의 두 범주에 들어있지 않은 '족속과 백성과 방언과 나라'도 있다. 사도 요한은 '힘 센 천사'로부터 '작은 두루마리'를 받아먹는데, 그렇게 한 목적 중 하나는 '족속과 백성과 방언과 나라'에게 예언하기 위함이었다 (10:11). 이처럼 중립적인 사람의 뜻으로 나오는 두 번째는 복음을 들어야 할 사람들인데, 그 표현이 들어간 말씀을 보자. '땅에 거주하는 자들 곧 모든 민족과 종족과 방언과 백성에게 전할 영원한 복음을 가졌더라' (14:6).

2) 일곱 종류의 사람들

하나님이 인 심판으로 세상을 치실 때, 일어난 사건 중 하나가 큰 지진이었다. 얼마나 지진이 컸던지 하늘과 땅과 산과 섬들이 흔들렸고, 움직였고, 엉클어졌다. 그때 그런 지진의 여파를 피하려고 울부짖는 사람들이 일곱 종류였는데, 다시 인용해보자. '땅의 임금들과 왕족들과 장군들과 부자들과 강한 자들과 모든 종과 자유인'이었다 (6:15). 꼭대기에서 밑바닥에 이르는 모든 사람을 아우르는 여러 부류의 사람들이 강조되었다.

3) 황충의 일곱 가지 모습

무저갱에서 올라온 황충들은 사람들을 다섯 달 동안 괴롭히는데, 그때는 사람들이 너무나 괴로워서 죽기를 구해도 죽지 못했다. 그 황충들은 '전쟁을 위하여 준비한 말들과 같았다. 그렇게 나열한 황충들을 하나씩 눈여겨 본 사도 요한은 일곱 가지로 묘사했다 (9:7-10). (1) '그 머리에 금 같은 관 비슷한 것을 썼다.' (2) '그 얼굴은 사람의 얼굴과 같았다.' (3) '여자의 머리털 같은 머리털이 있었다.' (4) '그 이빨은 사자의 이빨 같았다.' (5) '또 철 호심경 같은 호심경이 있었다.' 다시 말해서, 그 황충들은 모두 철로 된 가슴 막이를 입고 있었다. (6) '그 날개들의 소리는 병거와 많은 말들이 전쟁터로 달려 들어가는 소리 같았다.' 이들의 소리는 마치 천둥소리와 같이 큰 소리를 내면서 지나가는 수 많은 탱크를 연상시키고도 남는다. (7) '또 전갈과 같은 꼬리와 쏘는 살이 있었다.' 그 꼬리에서 살이 쏟아져 나와서 사람들을 해치고 있었다.

4) 셋째 막간의 일곱 인물

세 번째 막간은 12장 1절부터 14장 20절 사이이다. 그 기간 중에 나타난 중요한 인물들이 나오는데 일곱이다. 그들을 열거하면서 설명해보자. (1) 여자, (2) 용, (3) 아들, (4) 미가엘, (5) 바다에서 올라온 짐승, (6) 땅에서 올라온 짐승, (7) 144,000. 이 외에도 천사들이 다섯이나 나오면서 하나님의 심판을 수행하지만, 그들은 도구로 쓰였기에 주연主演 측에 들지 않는다. 그러므로 위에서 열거한 대로 주연인 일곱 인물에 대해서 알아보자.

이 일곱 인물은 크게 두 그룹으로 나눌 수 있는데, 선한 그룹과 악한 그룹이다. 선한 그룹에 속한 세 인물은 여자와 아들과 144,000이나, 악한 그룹에 속한 인물은 용과 두 짐승이다. 미가엘은 선한 그룹에 속했지만, 사람이 아니기에 별도의 인물로 다루었다. 그러니까 위에는 미가엘 천사장이 있고, 아래로는 두 그룹이 대치하고 있었다. 이 대치는 요한계시록에 들어있는 선의 세력과 악의 세력 간의 치열한 싸움을 대표한다.

먼저, 선한 그룹을 살펴볼 터인데, 첫째 등장인물은 '여자'이다. "삼중적 막간"에서 설명한 것처럼, 이 '여자'는 유대인들을 가리킨다. 그 이유는 간단하다! 이 '여자'가 철장으로 세상을 다스리실 예수 그리스도를 낳았기 때문이다. 그분을 낳은 마리아도 유대인이고, 생부生父도 유대인이었다. 만일 하만의 계획대로 유대인들이 진멸되었다면, 그분은 이 세상에 태어나지 못하셨을 것이다 (에 3:13).

이 '여자'는 하나님의 계획과 예정에 따라 아들을 해산했다. 그 아들과 여자를 죽이려는 용의 공격은 무섭고도 날카로웠다. 그러나 하나님이 예비하신 처소에서 그 공격을 피했다. 두말할 필요도 없이 용은 이 여자뿐 아니라, 여자가 낳은 아들, 곧 예수 그리스도도 죽이려고 광분했다. 그의 의도가 실패로 끝났는데도 포기하지 않았다. 그는 대환난이라는 마지막 기간에도 이 '여자'를 박해하고 죽이려 했다.

선한 그룹의 둘째 등장인물은 '아들'인데, 곧 예수 그리스도이시다. '삼중적 막간'에서 그분은 여러 가지로 불렸는데, 처음엔 '아이'였다 (12:4). 그 다음 '아들'로 불렸는데, 그런 칭호는 그분이 양육의 단계를 거쳐서 그만큼 성숙했다는 사실을 가리킨다 (12:6). 그 다음, 그분은 '어린 양'으로 불렸는데 (14:1), 그 칭호는 두말할 필요도 없이 인간의 죄를 위하여 대속의 죽음을 마다하지 않으신 예수 그리스도를 가리킨다.

그분은 네 번째로 '인자 같은 이'로 불렸는데, '그 머리에는 금 면류관이 있고 그 손에는 예리한 낫을 가졌더라' (14:14). 이 칭호는 다니엘이 처음으로 사용한 것인데 (단 7:13), 다음 절에서 그분이 통치자이심을 선언한다. "그에게 권세와 영광과 나라를 주고 모든 백성과 나라들과 다른 언어를 말하는 모든 자들이 그를 섬기게 하였으니, 그의 권세는 소멸되지 아니하는 영원한 권세요 그의 나라는 멸망하지 아니할 것이니라" (단 7:13-14).

다섯 번째로 '구름 위에 앉으신 이'라고 불렸는데, 그 목적은 '낫을 땅에 휘두르매 땅의 곡식이 거두어지니라' (14:16). 그분은 통치자로서 심판과 수확의 낫을 휘두르시는 것이다. 마지막으로 그분은 '철장으로 만국을 다스릴 남자'라는 칭호로 불리시는데 (12:5), 그 목적은 천년왕국에서 절대적인 통치자가 되시기 위함이다. 사도 요한은 삼중적 막간에서 이런 여섯 가지 칭호로 예수 그리스도의 탄생부터 통치자가 되기까지의 과정을 나타냈다.

선한 그룹의 셋째 인물은 '144,000'이다 (14:1). 요한계시록에 144,000이 두 번 나오는데, 한 번은 이곳에서이고 또 한 번은 7장에서이다. 이들의 숫자가 같기에 같은 그룹으로 볼 수도 있는데, 그렇지 않다. 7장에 나오는 144,000은 유대인들로, 각 지파에서 일만 이천 명씩 인침을 받은 자들이다. 14장의 144,000은 '땅에서 속량함을 받은' 자들이며 (14:3), '사람 가운데에서 속량함을 받아 처음 익은 열매'이다 (14:4).

유대인 144,000이 인침을 받고 하나님의 종이 되어 그분과 어린 양을 각처에서 전했고 (7:3), 그 결과 구원받은 '각 나라와 족속과 백성과 방언에서 아무도 능히 셀 수 없는 큰 무리'가 구원의 하나님과 어린 양을 찬양하였다 (7:9-10). 그렇게 구원받은 헤아릴 수 없을 정도로 많은 사람들 가운데 신앙 때문에 목숨을 잃은 자들이 많았다. 그들 중 14장에 나오는 144,000도 있었다. 그들은 유대인 144,000처럼 땅에 있지 않고 하늘에 있었다.

육체적으로 하늘에 있다는 것이 아니다. 왜냐하면 육체적으로 죽은 영혼들이 하나님께로 가기 때문이다 (고후 5:1, 8). 그러니까 14장에 나오는 144,000은 육체가 아니라 영혼이다.[17] 마지막 때에 그들이 육체적으로 부활하여 예수 그리스도와 더불어 왕 노릇을 하게 될 것이다 (20:4). 그런 왕권이 당연한 것은 그들이 '여자와 더불어 더럽히지 아니하고 순결한 자라. 어린 양이 어디로 인도하든지 따라가는 자'이기 때문이다 (14:4).

이미 언급한 것처럼, 악한 그룹에도 셋이 있었는데, 용과 두 짐 승이다. 피에 굶주려 있기에 그 용은 '붉은 용'이라고 불렸다 (12:3). 이 용은 두말할 필요도 없이 사탄이요, 마귀이며, 옛 뱀으로 온 천 하를 꾀는 자이다 (12:9, 20:2). 용은 먼저 여자가 아들을 해산하면 그를 죽이려고 혈안이 되어 있었다. 실제로 헤롯을 통해 죽이려 했고, 갈릴리 바다의 폭풍을 통해 죽이려 했고, 그리고 절벽에 떨어뜨려 죽이려 했다 (눅 4:29).

예수 그리스도는 이미 승천하셔서 더 이상 세상에 계시지 않기에, 용은 그 대신 여자를 박해하며 죽이려 했다. 이미 언급한 것처럼, 여자는 유대인들을 가리킨다. 용은 유대인들을 죽이려고 모든 수단과 방법을 동원했다. 유대인과 맺은 언약도 깨뜨렸고, 유대인들의 제사도 금했고, 오히려 부정한 동물을 제단에 올렸다. 마지막 3년 6개월, 곧 대환난의 기간에 유대인들이 받은 박해는 상상을 초월하는 것이었다.

그렇게 유대인들을 박해하며 죽이려고 혈안이 된 용은 그런 일들을 앞장서서 행할 사람을 보내는데, 그가 바로 악의 세력에서 두 번째 인물이다. 그 인물은 '바다에서 나온 짐승', 곧 적그리스도이다 (13:1). 지금까지 용은 여러 가지 매개를 사용했는데, 어떤 때는 동물을 (창 3:1), 그리고 어떤 때는 사람을 사용했다 (요 13:27). 그런데 용의 가장 크고도 막강한 매개는 역시 적그리스도인 짐승이었다.

이 적그리스도는 여러 가지 칭호로 불렸는데, 그만큼 그의 세력이 컸다는 증표였다. 그에게 직접적이든 간접적이든 붙여진 칭호는 다음과 같다: '바벨론의 왕' (사 14:4), '계명성' (사 14:12), '작은 뿔' (단 7:8, 8:9), '뻔뻔한 얼굴' (단 8:23), '장차 올 왕' (단 9:26), '마음 대로 행하는 왕' (단 11:36), '불법의 사람'이자 '멸망의 아들' (살후 2:3), '대적하는 자' (살후 2:4), '적그리스도' (요일 2:18), '짐승' (13:1).

이 짐승은 바다에서 나오는데, 그 바다는 지중해 주변을 뜻한다. 그가 이방인이라는 것을 함축한다. 그는 헬라를 가리키는 숫염소의 '작은 뿔'이기에 헬라인일 수 있다 (단 8:8-9). 그는 장차 올 왕이기에 그 당시 세계를 지배한 로마의 혈통도 가졌을 것이다 (단 9:26). 그는 '그의 조상들의 신들을 돌아보지 않기에' 유대인일 수도 있다 (단 11:36-37). 그는 이처럼 혼합된 혈통을 가진 자로서 다음과 같은 짓을 할 것이다.

그는 전쟁이 아닌 교활한 외교술로 권력을 얻을 것이다. 평화를 약속하여 세상의 열 왕으로부터 후원을 받다가 나중에는 그들 모두를 지배할 것이다 (단 8:15, 17:12). 그렇게 권력을 장악한 후, 세계를 통치하는 하나의 정부를 이룰 것이다 (17:13). 아울러 그는 세계의 경제도 마음대로 주무를 것이다 (13:16-17). 이 적그리스도는 자신을 높여 '스스로 하나님이라고 하면서 성전에 오를 것이다' (살후 2:4, 단 11:36-37).

적그리스도는 이스라엘 백성과 7년간의 평화조약을 맺을 것이다. 그러나 7년의 절반인 3년 6개월 만에 그 언약을 깨뜨릴 것이다 (단 9:27). 그때부터 그는 유대인들이 제사도 드리지 못하게 하며, 한발 더 나아가서 성소를 무너뜨릴 것이다. 그는 죽음과 부활이라는 거짓 기적을 행할 수 있는 능력도 갖게 되면서 (13:3, 살후 2:9-10), 가능하면 '택하신 자들'도 속이려 할 것이다 (마 24:24).

용은 하나님의 위치를 찬탈하려는 목적을 이루기 위하여 또 다른 짐승을 보내는데, 그가 악의 세력 중 세 번째에 해당한다. 그는 '땅에서 올라온 미혹의 선지자'이다 (13:11). 그가 올라온 '땅'은 팔레스타인을 가리킬 것이며, 따라서 그는 십중팔구 유대인일 것이다. 그는 배교자로서 적그리스도와 힘을 합하여 유대인들을 속여서 거짓 평화조약에 협조하도록 유도할 것이다.

이 짐승도 적그리스도로부터 받은 권세를 활용하여 여러 가지 기적을 행할 것이다. 그뿐 아니라 적그리스도의 우상을 만들게 하여 사람들로 하여금 그 우상을 경배하게 할 것이다 (13:12). 그 우상으로 말을 할 수 있게 하였으니, 누가 경배하지 않겠는가? (13:15). 그뿐 아니라, 이 짐승은 적그리스도에게 세계의 경제권을 쥐어주려고 모든 사람에게 표를 받게 할 것이다 (13:16).

그러나 용과 적그리스도와 미혹의 선지자가 이렇게 기적을 행하며 사람들로 그들에게 경배하게 하는 기간은 3년 6개월로 제한되어 있다. 그 기간이 끝나면 그들은 하나님으로부터 심판을 받을 것이다. 그들은 불과 유황으로 타는 지옥으로 던져져서 영원히 지내게 될 것이다. "또 그들을 미혹하는 마귀가 불과 유황 못에 던져지니 거기는 그 짐승과 거짓 선지자도 있어 세세토록 밤낮 괴로움을 받으리라" (20:10). 이것이 그들의 최후이다!

"삼중적 막간"에 등장하는 인물 가운데 미가엘도 있다. 그는 일곱 번째 등장인물인데, 그 이름은 '누가 하나님과 같은가?'를 의미한다. 그는 천사장이라고 불렸는데 (유 1:9), 다른 곳에서는 '가장 높은 군주'(단 10:13), 또는 '큰 군주'라고 불렸다 (단 12:1). 그밖에도 미가엘은 이스라엘의 군주라고도 불렸는데, 그 이유는 그가 특별히 이스라엘 백성을 위한 천사장이기 때문이다 (단 10:21).

다니엘에 의하면 미가엘은 두 가지 역할을 감당하는데, 하나는 다니엘에게 보낸 하나님의 사자를 도와준 것이다 (단 10:13, 21). 또 하나는 마지막 때에 일어나서 유대인들의 구원을 돕는 것이다. 그 말씀을 인용해보자. "그 때에 네 민족을 호위하는 큰 군주 미가엘이 일어날 것이요 또 환난이 있으리니, 이는 개국 이래로 그 때까지 없던 환난일 것이며, 그 때에 네 백성 중 책에 기록된 모든 자가 구원을 받을 것이라"(단 12:1).

이처럼 놀라운 예언을 성취하는데 미가엘은 두 번이나 중요한 역할을 해냈다. 한 번은 그리스도인들의 휴거 때이다. 다시 그 말씀을 인용하면서 설명해보자. "주께서 호령과 천사장의 소리와 하나님의 나팔 소리로 친히 하늘로부터 강림하시리니 그리스도 안에서 죽은 자들이 먼저 일어나고, 그 후에 우리 살아 남은 자들도 그들과 함께 구름 속으로 끌어 올려 공중에서 주를 영접하게 하시리니, 그리하여 우리가 항상 주와 함께 있으리라"(살전 4:16-17).

이미 살펴본 대로, 이스라엘 백성의 7년 환난은 그리스도인들의 휴거와 더불어 시작된다. 그런데 그 휴거에 '천사장의 소리'도 포함되어 있었다. 이 천사장은 다름 아닌 미가엘인데,[18] 지금까지 이스라엘이 겪어보지 못할 만큼 비참한 환난에 들어가게 하는 역할을 맡는다. 그러나 놀랍게도 그 환난의 결과 이스라엘 백성이 민족적으로 회개하고 구원을 받게 된다. 이처럼 놀라운 다니엘의 예언을 이루는데 미가엘의 역할이 있었던 것이다.

7. 계시록

'계시'는 헬라어로 *아포카룹시스*(ἀποκάλυψις)인데, 이 단어에서 *apocalypse*라는 영어 단어가 생성되었다. '계시'는 인간의 지력이나 능력으로 알 수 없는 것을 하나님이 보여주시는 것을 뜻한다. 하나님은 사도 요한에게 하나님이 아니면 아무도 알 수 없는 하늘의 비밀을 알려주셨고, 그리고 그는 그 '계시'를 신실하게 기록하였다. 그래서 요한계시록이라 이름을 붙였는데, 이 계시는 한마디로 말해서 예수 그리스도에 관한 것이다 (1:1).

이미 언급한 것처럼, 사도 요한은 '일곱'이란 숫자를 중시했는데, 그것도 하나님의 계시 때문이었다. 요한계시록 자체가 '일곱' 부분으로 구분될 수 있다고 언급한 바 있는데, 그것을 다시 도해해보자. 그런데 놀랍게도 각 부분도 '일곱' 가지가 들어있다. 요한계시록 자체가 이렇게 일곱 부분으로 구분될 뿐 아니라, 그 책의 여러 부분이 '일곱'을 염두에 두었다는 증거가 여기저기에 있다.

1) '일곱' 심판의 매개

"삼중적 막간"에 14장도 포함되어 있는데, 그 장에도 심판을 퍼붓는 '일곱' 가지의 매개가 있다. 그 가운데 네 번째인 '인자 같은 이'를 제외하면 모든 매개가 천사들인데, 하나씩 살펴보자. 첫 번째 천사가 심판의 시간이 이르렀다고 선포하면서 다음과 같이 큰 음성으로 외친다.

요한계시록의 일곱 분해

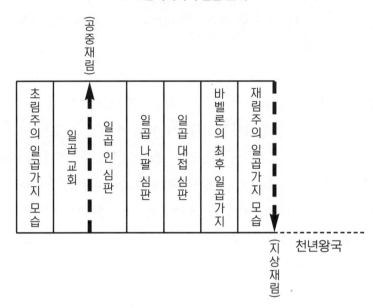

"또 보니 다른 천사가 공중에 날아가는데, 땅에 거주하는 자들 곧 모든 민족과 종족과 방언과 백성에게 전할 영원한 복음을 가졌더라. 그가 큰 음성으로 이르되, '하나님을 두려워하며 그에게 영광을 돌리라. 이는 그의 심판의 시간이 이르렀음이니 하늘과 땅과 바다와 물들의 근원을 만드신 이를 경배하라' 하더라" (14:6-7).

하나님의 마음을 얼마나 놀랍게 대언했는가? 확실한 심판을 앞둔 모든 인간에게 회개하고 하나님께 돌아와서 그분을 경배하라는 간절한 호소이다. 이 선포에 '두려워하라'는 것은 '회개하라'는 말이고, 하나님께 '영광을 돌리라'는 말은 '믿으라'는 말이다. '모든 민족과 종족과 방언과 백성'은 이 세상에 있는 모든 인간을 가리키는데, 하나님을 떠난 그들은 모두 죄인이기 때문이며, 따라서 심판의 대상이기 때문이다.

이처럼 간절한 호소를 죄인들은 회개와 믿음으로 받아들였는가? 물론 아니다! 요한계시록에서 '회개하라'는 단어는 12번 나오는데, 8번은 일곱 교회를 향해서 권면한 말씀에 들어있다. 그러나 나머지 4번은 '회개하기'를 거부한 악인들에 대한 말씀에 들어있다 (9:20, 9:21, 16:9, 11). 그 중 한 곳만 인용해보자. '…이 재앙들을 행하는 권세를 가지신 하나님의 이름을 비방하며 또 회개하지 아니하고 주께 영광을 돌리지 아니하더라' (16:9).

두 번째 천사는 요한계시록에서 중요한 악역을 맡은 바벨론에 대한 심판을 선포한다. "또 다른 천사 곧 둘째가 그 뒤를 따라 말하되, '무너졌도다, 무너졌도다, 큰 성 바벨론이여! 모든 나라에게 그의 음행으로 말미암아 진노의 포도주를 먹이던 자로다' 하더라" (14:8). 두 번째 천사가 선포한 대로 바벨론은 큰 맷돌같이 바다에 던져져서 보이지 않게 될 것이다 (18:21). 얼마나 무서운 선포이며 심판인가?

세 번째 천사는 심판 받을 자들이 행한 못된 행위를 묘사하는데, 그것도 한 번이 아니라 두 번씩 묘사한다. 그들의 행위는 '짐승과 그 우상에게 경배하고 이마에나 손에 표를 받은' 것이다 (14:9, 11). 그런 자들은 '하나님의 진노의 포도주를 마실' 뿐 아니라, '불과 유황으로 타는 곳에서 쉼을 얻지 못한 채', 심판의 고통만을 받게 될 것이다 (14:10-11). 반면, 성도들은 '하나님의 계명과 예수에 대한 믿음'을 지키는 자들이다.

위에서 이미 언급한 대로, 네 번째 심판의 매개는 천사가 아니라,

'인자 같은 이', 곧 그리스도 예수이시다. 다섯 번째 천사가 '인자 같은 이'에게 '낫을 휘둘러 땅의 곡식을 거두라'고 부탁한다 (14:15). 그리고 그 부탁을 받은 '이'는 '낫을 땅에 휘두르셨고', 그리고 '곡식이 거두어졌다' (14:16). 이 짧은 말씀에서 '휘두르다'는 동사가 네 번이나 나오는데 (14:14-16), 그 이유는 격렬한 행동을 함축하기 때문이다.[19] 가차 없는 심판의 모습을 묘사한 것이다.

여섯 번째와 일곱 번째 심판의 매개인 천사들이 한꺼번에 나온다. 여섯 번째 천사는 '예리한 낫을 가졌고', 일곱 번째 천사는 여섯 번째 천사에게 '예리한 낫을 휘둘러 땅의 포도송이를 거두라'고 외쳤고, 그 천사는 그대로 한다. 그렇게 거두어들인 포도송이는 '하나님의 진노의 큰 포도주 틀에 던져진다.' 그 결과 그 틀에서 엄청 많은 피가 흘러나왔는데, 그 양이 얼마나 많은지 높이 쌓였고 그리고 널리 퍼졌다 (14:17-20).

2) '일곱' 환상 vision

앞의 도해가 보여주듯, 초림주를 일곱 가지로 소개한 후, 일곱 교회가 나온다. 여기까지는 지상에서 현재에 나타난 현상을 묘사한 것이다. 그 후부터, 다시 말해서, 4장부터는 지상과 현재의 현상을 묘사한 것이 아니다. 하늘의 현상이며 동시에 미래에 일어날 현상이다. 그런 이유 때문에 4장부터 마지막 장인 22장의 내용은 사도 요한이 모두 환상을 통해서, 곧 보고 들은 것을 신실하게 기록한 것이다.

그런데 놀랍게도 그 환상은 일곱 가지인데, 모두 하늘의 현상을 본 것이다.[20] **첫 번째** 환상은 4장에서 시작하는데, 8장 1절까지이다. 이 환상은 사도 요한이 하늘로 불려 올라가는 것으로 시작되는데, 말씀으로 확인하자. "이 일 후에 내가 *보니 하늘*에 열린 문이 있는데, 내가 들은 바 처음에 내게 말하던 나팔 소리 같은 그 음성이 이르되, '이리로 올라오라 이 후에 마땅히 일어날 일들을 내가 네게 보이리라' 하시더라" (4:1).

첫 번째 환상에서 사도 요한은 '어린 양'으로 불리는 예수 그리스도가 하나님으로부터 인으로 봉해진 두루마리를 받는 것을 목격한다. 그리고 그 '어린 양'이 인을 차례로 떼시는 것도 목격하며, 그에 따른 무서운 심판도 목격한다. 그뿐 아니라, 그런 심판의 와중에서 인 맞은 유대인들과 헤아릴 수 없을 만큼 많은 무리도 보게 된다. 그들은 '어린 양'의 피로 씻긴 구원받은 성도들이었다. 그러니까 사도 요한이 본 것은 심판의 무서움과 구원의 은총이었다.

사도 요한이 **두 번째** 본 하늘의 환상은 8장 2절에서 11장 18절에 기록되어 있다. 이 환상에서 사도 요한이 본 것은 일곱 나팔 심판이었다. 그 심판은 일곱 인 심판보다 더 혹독하며 무서웠다. 그런데 그 심판만 본 것이 아니었다! 그처럼 무서운 심판의 와중에서 하나님은 그에게 두루마리 책을 받아서 먹게 하시는 은총을 베푸셨다. 그뿐 아니라, 하나님이 두 증인을 보내셔서 능력의 복음을 온 세상에 전하게 하시는 은총도 보았다.

사도 요한이 **세 번째** 본 하늘의 환상은 11장 19절에서 13장 18절에 기록되어 있다. 그 환상이 어떻게 시작되었는지 말씀으로 확인하자. "이에 하늘에 있는 하나님의 성전이 열리니 성전 안에 하나님의 언약궤가 *보이며*, 또 번개와 음성들과 우레와 지진과 큰 우박이 있더라"(11:19). 일곱 인 심판 중에 하나님은 사도 요한에게 하늘의 보좌를 보여주셨을 뿐 아니라, 성도들을 보호하시며 사랑하시는 손길을 보여주셨다 (7:15-17).

역시 일곱 나팔 심판 중에 하나님은 사도 요한에게 성전과 언약궤를 보여주셨다. 그 이유도 분명하다! 복음을 전하다 순교를 당한 두 증인처럼 복음을 전하면서 박해와 순교를 마다하지 않은 성도들을 보상하기 위함이었다. 그것도 말씀으로 확인하자. "…종 선지자들과 성도들과 또 작은 자든지 큰 자든지 주의 이름을 경외하는 자들에게 상 주시며…"(11:18). '하나님의 말씀과 예수를 증언하다'가 유배당한 사도 요한에게 큰 위안이 되었을 것이다 (1:9).

그렇다! 하나님은 당신의 종들을 끝까지 책임지실 뿐 아니라 보상하신다. 그런 확신 때문에 '장차 철장으로 만국을 다스릴 남자'를 낳은 여자도 사탄의 모든 박해를 견디어낼 수 있었다. 그뿐 아니라, 사탄과 적그리스도와 거짓 선지자가 힘을 합하여 성도들을 공격했지만 견디어낼 수 있었다. 그들은 종교적으로는 물론이고 경제적으로도 압박했고, 또 많은 성도들을 죽이기까지 했다. 그러나 하나님의 보호와 보상 때문에 모든 박해를 감수할 수 있었다.

사도 요한이 **네 번째** 본 하늘의 환상은 14장에 기록되어 있다. 다시 말씀으로 확인하자. "또 내가 *보니*, 보라! 어린 양이 시온 산에 섰고 그와 함께 십사만 사천이 서 있는데, 그들의 이마에는 어린 양의 이름과 그 아버지의 이름을 쓴 것이 있더라. 내가 하늘에서 나는 소리를 들으니 많은 물 소리와도 같고 큰 우렛소리와도 같은데, 내가 들은 소리는 거문고 타는 자들이 그 거문고를 타는 것 같더라"(14:1-2).

이 환상에서도 사도 요한은 두 가지 현상을 보는데, 그것들은 서로 달랐다. 하나는 하나님의 무서운 심판이나, 또 하나는 하나님의 보상이다. 사탄을 따르던 자들은 가차 없이 무서운 심판을 받으나 (14:9-11), '하나님의 계명과 예수에 대한 믿음을 지키는 자'들 (14:12), 곧 하나님과 어린 양에게 속해 있으면서 "그 입에 거짓말이 없고 흠이 없는 자들"은 비록 순교를 당해도 영원한 쉼을 누리게 될 것이다 (14:4-5, 13).

사도 요한이 **다섯 번째** 본 하늘의 환상은 15장 1절에서 16장 21절에 있다. 이번에도 하나님은 사도 요한에게 두 가지 서로 상반되는 것을 보여주셨는데, 곧 심판과 증거 장막이다. 이 심판은 요한계시록에 기록된 세 번째 심판인데, 소위 일곱 대접 심판이다. 이 심판은 앞에 나온 일곱 인 심판과 일곱 나팔 심판보다 훨씬 더 엄중하고 무서웠다. 이 심판의 결과 하늘과 땅이 뒤엉켰고, 무수히 많은 불신자들이 죽음을 면치 못했다.

이처럼 무서운 심판의 와중에서도 찬양이 넘쳤는데, 곧 박해를 이긴 성도들의 경배였다. 땅에서는 피로 범벅이 되었지만, 하늘에서는 이런 찬양이 있었다. "주 하나님 곧 전능하신 이시여! 하시는 일이 크고 놀라우시도다. 만국의 왕이시여! 주의 길이 의롭고 참되시도다. 주여, 누가 주의 이름을 두려워하지 아니하며 영화롭게 하지 아니하오리이까? 오직 주만 거룩하시니이다! 주의 의로우신 일이 나타났으매 만국이 와서 주께 경배하리이다" (15:3-4).

사도 요한이 **여섯 번째**로 본 하늘의 환상은 17장 1절에서 19장 5절에 있다. 이번의 환상에서는 한 인물을 콕 집어서 구체적으로 보여주었는데, 곧 음녀에 관한 것이었다. 그것도 말씀으로 확인하

자. "···이리로 오라. 많은 물 위에 앉은 큰 음녀가 받을 심판을 네게 *보이리라*" (17:1). 이 음녀는 하나님을 대적하면서 우상을 섬기며, 성도들을 무자비하게 죽인 못된 작자였다. 그런 음녀가 하나님의 심판을 받지 않는다면 누가 받는단 말인가?

그 음녀는 '큰 바벨론'이라고도 불렸는데, 바벨론은 언제나 하나님을 방해하고, 대적하고, 우상을 섬기면서, 수많은 사람들을 잘못된 길로 인도하던 작자였다. 일곱 대접 심판 끝에 바벨론도 철두철미하게 심판받는 것은 너무나 당연하다. 바벨론은 이처럼 종교적으로 하나님을 대적했지만, 물질적으로도 하나님을 대적했다. 물질이 전부인양 유물사관에 물들여져 있었다. 하나님은 마지막 때에 철두철미하게 바벨론을 심판하셨다.

그런데 그런 심판의 와중에서도 하나님은 다시 사도 요한에게 적극적인 것도 보여주셨다. 그것은 하나님께 올리는 찬양이었는데, 찬양의 이유는 두 가지였다. 하나는 하나님이 일구신 구원의 능력이며, 또 하나는 참되고 의로우신 하나님의 심판이었다 (19:1-2). 찬양의 주체는 허다한 무리와 이십사 장로, 그리고 네 생물이었다 (19:1, 4). 요한계시록에 '할렐루야'가 네 번 나오는데, 이 찬양에 세 번이 나온다. 그만큼 힘차게 하나님을 찬양한 것이다.

사도 요한이 **일곱 번째**로 본 하늘의 환상은 19장 6절에서 22장 5절에 있다. 이 환상은 요한계시록의 절정이며, 동시에 성경 전체의 절정이다. 틀림없이 밧모섬에 유배 중이던 사도 요한도 이처럼 놀라운 환상을 *보고* 기쁨이 넘쳤을 것이다. 동시에 이처럼 온갖 심판을 피할 수 없는 불신자들에 대한 연민으로 가득했을 것이다. 그렇지 않다면 그는 이 환상을 기록하면서 다음과 같은 말씀을 기록하지 않았을 것이다.

"오라 하시는도다. 듣는 자도 오라 할 것이요, 목마른 자도 올 것이요, 또 원하는 자는 값없이 생명수를 받으라" (22:17). 물론 이처럼 불신자들의 구원은 원래 하나님의 마음이었다. 그런 이유 때문에 '성령과 신부'의 입을 빌려서 초청했던 것이다. 이 환상은 요한계시록의 절정이라고 언급했는데, 그 절정도 역시 환상을 통해서 차례로 보여준다. 그 환상도 역시 일곱 가지인데, 다음 부분에서 다루어보자.

3) 마지막 절정의 '일곱' 장면과 환상

요한계시록은 마지막 때에 일어날 일들을 기록한 계시록이다. 그런데 그 마지막의 절정이 묘사된 곳은 19장 11절부터 22장 5절까지이다. 그 부분에서 사도 요한이 본 것도 '일곱' 가지인데, 모두 '내가 보니'로 시작된다. 첫 번째 '*내가 본*' 장면은 백마를 타고 오시는 분, 곧 예수 그리스도이시다. 그분은 '충신과 진실'이라고도 불리며, '하나님의 말씀'이라고도 불리며, '만주의 주시요 만왕의 왕'이라고도 불린다 (19:11-16).

두 번째 '*내가 본*' 장면은 '하나님의 큰 잔치'에 모든 새들을 초청하는 초청이다 (19:17-18). 물론 이 잔치는 어린 양의 혼인 잔치와는 전혀 다르다 (19:6-8). 새들이 초청받은 곳은 틀림없이 전쟁터일 터인데, 왕들, 장군들, 장사들, 말들, 그 말들을 탄 자들, 자유인들, 종들, 큰 자와 작은 자들 등 각양각색의 사람들의 시체가 널려있었다. 초청받은 새들은 그렇게 널려있는 시체로 큰 잔치를 하게 된 것이다.

세 번째 '내가 본' 장면은 실전과 그 결과이다 (19:19-21). 적그리스도인 짐승이 세상의 열왕들과 함께 주님을 대항했는데, 두말할 것도 없이 그들은 궤멸되었다. 그렇게 모든 사람이 죽는 중에도 둘은 산채로 포로가 되었는데, 곧 적그리스도와 거짓 선지자이다. 그들은 '산 채로 유황불 붙는 못에 던져졌다.' 그곳에서 천년동안 쉼을 얻지 못하고 고통을 당할 것이다. 그 외에 모든 죽은 자들은 새들의 잔치밥이 되었다.

이상의 세 장면은 그리스도 예수의 재림과 적군의 궤멸을 그리고 있는데, 용의 운명에 대해서 궁금하지 않을 수 없다. 그 용이 받는 심판을 묘사한 장면이 '내가 본' 네 번째이다 (20:1-3). 한 천사가 하늘로부터 내려와서 그 용을 묶어서 무저갱에 던져 넣었다. 용은 큰 쇠사슬에 결박되었을 뿐 아니라, 그 무저갱의 뚜껑을 인봉했기에 천년동안 꼼짝달싹 못하고 그곳에 갇혀있게 되었다.

다섯 번째 '내가 본' 장면의 초점은 용이 아니라 성도들이다 (20:4-6). 그들의 특징은 '예수를 증언함과 하나님의 말씀 때문에 목 베임을 당한 자들'이며', 또한 '짐승과 그의 우상에게 경배하지 아니하고 그들의 이마와 손에 그의 표를 받지 아니한 자들'이다. 이처럼 인내와 헌신으로 신앙의 절개를 지킨 성도들은 첫째 부활에 참여하면서 천년동안 그리스도와 더불어 왕 노릇을 하게 된다. 얼마나 놀라운 결말인가!

짐승의 표는 요한계시록에서 '일곱' 번 나온다. 처음 두 번은 '땅에서 올라온 짐승'이 사람들에게 짐승의 표를 받지 않으면 매매를 못하게 하는 장면에서 나온다 (13:16, 17). 그 후에 나오는 다섯 번은 모두 짐승의 표를 받은 사람들이 받을 심판을 묘사하는 장면에서 나온다 (14:9, 11, 16:2, 19:20, 20:4). 잠시의 경제적 고통을 면하려고 짐승을 따르면서 표를 받은 사람들이 받을 철저한 심판을 강조하기 위해서이다.

여섯 번째 '*내가 본*' 장면은 최후의 심판이다 (20:11-15). 두말할 여지없이 최후의 심판자는 하나님이시다. 누가 심판을 받는가? 예수 그리스도를 통해 하나님 앞으로 나아오기를 거부한 모든 불신자들이다. 죽은 자들도 부활하여 심판을 받고 불못에 던져진다. 그들이 심판받는 이유는 두 가지인데, 하나는 불신이고 또 하나는 그들의 행위이다. 행위의 책에 기록된 대로 그들의 모든 악한 행위에 대해 심판을 받고 지옥불에 던져진다.

일곱 번째 '*내가 본*' 장면은 하나님이 새롭게 창조하신 역사이다 (21:1-22:5). 사도 요한에게 마지막으로 보여준 장면은 역사의 절정이요 동시에 신앙의 결정체인 천국이다. 그런데 그 천국은 두 가지로 묘사되는데, 하나는 '새 하늘과 새 땅'이며 또 하나는 '새 예루살렘'이다. 하나님의 첫 창조가 더럽혀진 이후, 재창조의 역사를 위하여 하나님은 지금까지 구속의 역사를 일구고 계시는데, 마침내 그 역사가 마쳐진 것이다! 할렐루야!

4) 마지막 절정의 '일곱' 환상

'일곱' 환상은 위에서 '내가 보니'와 비슷한데, 그 이유는 '본 것'이 바로 환상이기 때문이다. 그러나 '내가 보니'로 시작되는 '일곱' 장면과 '내가 보니'와 상관없이 마지막 절정의 '일곱' 환상은 약간 다를 수 있다. 그 환상들을 차례로 열거해보면, (1) 그리스도의 재림, (2) 사탄의 패배, (3) 사탄의 결박, (4) 천년왕국, (5) 사탄의 종말, (6) 마지막 심판, (7) 새 하늘과 새 땅과 새 예루살렘이다.

5) '일곱' 가지 있는 것과 없는 것

하나님의 재창조에는 새로 생긴 것도 없어진 것도 각각 '일곱' 가지가 된다. 먼저, 새로 생긴 것은 다음과 같다. (1) 새 하늘, (2) 새 땅, (3) 새 거주자, (4) 새 예루살렘, (5) 새 성전, (6) 새 빛, (7) 새 낙원.[21] 반면에 없어진 것도 '일곱' 가지이다. (1) 사망, (2) 애통, (3) 곡, (4) 아픈 것 (21:4), (5) 저주 (22:3), (6) 밤, (7) 불과 빛 (22:5). 하나님께서 재창조하신 새로운 곳에서 살게 되는 새로운 거주자들은 그들에게 주어진 영원한 복락과 생명을 세세토록 누리기만 하면 되는 것이다! 할렐루야!

1) 1절의 '이루다'와 2절의 '마치다'는 히브리 성경에서 같은 단어인 *칼라*(כָּלָה)인데, 한글성경에서 2절의 '그치다'와 3절의 '마치다'는 원어에는 없지만 이해를 돕기 위해 더해진 것이다.
2) E. W. Bullinger, *Number in Scripture: Its Supernatural Design and Spiritual Significance*, 재판 (Columbia, SC: Alacrity Press, 2020), 115-116.
3) Osborne, *Revelation*, 149.
4) 같은 책, 168.
5) Johnson, *Revelation*, 455.
6) 같은 책.
7) 예수님은 사복음서에서 자신을 '인자'라고 81번이나 부르셨다. 홍성철, 『다니엘의 역설적인 인생』, 263.
8) 이를 위하여 다음을 보라. Byong Kie Choi, "The "ἀρνίον", Lamb, as a Christological Figure in the Visions of the Apocalypse (4:1-22:5): A Christological Study of the Book of Revelation," 1. Ph.D. dissertation, Drew University, 2001.
9) Osborne, *Revelation*, 256.
10) 'tree'의 고대 영어는 *treow,* 'true'의 고대 영어는 *treowe*이다. 이를 위하여 www.origin of true/tree를 보라.
11) 야훼 하나님이 예수가 되신 유래를 위하여 다음을 보라. 홍성철, 『화목제물』, 17-21.
12) 이스라엘 백성에게 주어진 특별한 신분과 사명을 위하여 다음을 보라. 홍성철, 『주님의 지상명령』, 2006, 167 이하.
13) 이 말씀에서 '삼다'와 막 3:14의 '세우다'는 같은 헬라어인 *포이에오*(ποιέω)인데, '임명하다'로 번역할 수 있다.
14) 이 일곱 가지 특성에 대해 더 알려면 제3장 "어린 양"을 참고하라.
15) '어린 양'의 일곱 가지 사역을 더 자세히 보려면 "어린 양"을 참고하라.
16) 요한계시록에서 14번의 찬양은 다음에 나온다: 1) 4:8, 2) 4:11, 3) 5:9-10, 4) 5:12, 5) 5:13, 6) 7:10, 7) 7:12, 8) 11:15, 9) 11:17-18, 10) 12:10-12, 11) 15:3-4, 12) 19:1-2, 13) 19:5, 14) 19:6-8.
17) LaHaye, *Revelation*, 192-193.
18) LaHaye, *Prophecy Study Bible*, 데살로니가전서 4:16-17의 각주.
19) James Strong, *Strong's Exhaustive Concordance of the Bible*, 제36쇄 (Nashville, TN: Abingdon, 1977), 'βάλλω'를 보라.
20) 이 구분을 위하여 다음을 보라. Charles H. Talbert, *The Apocalypse: A Reading of the Revelation of John* (Louisville, KY: Westminster John Knox Press, 1994), 59.
21) DeHaan, *Revelation*, 283.

부록 A. 요한계시록에 나오는 '듣다'와 '보다'

1. '듣다'

요한이 큰 음성을 들으니 (1:10 이하)

일곱 사자에게 보내는 말씀 (2-3)

다시 말하는 처음 목소리 (4:1)

장로들과 생물들의 찬양 (4:8 이하)

힘 있는 천사의 큰 음성 (5:2)

장로가 울지 말라는 명령 (5:5)

새 노래 (5:9)

많은 천사의 음성 (5:11)

모든 피조물의 말 (5:13)

네 생물의 말 (6:1, 3, 5, 7)

네 생물 사이로부터 나는 듯한 음성 (6:6)

두려움에 떠는 인간들의 소리 (6:16)

땅이나 바다나 나무들을 해하지 말라는 소리 (7:3)

인침을 받은 자의 수 (7:4)

무리의 노래들 (7:10, 12)

그 무리에 대한 질의응답 (7:13)

무리의 노래 (7:15f.)

(삼중적) 화, 화, 화 (8:13)

제단 네 뿔에서 난 음성 (9:13)

마병대의 수 (9:16)

하늘에서 나는 소리 (10:4)

천사의 맹세 (10:6)

요한에게 두루마리를 가지라고 명하다 (10:8 이하)

측량하라 명하다 (11:1)

세세토록 왕 노릇 하리라는 소리 (11:15)

이십사 장로의 경배 (11:16)

큰 음성이 있어 이르되 그리스도의 권세가 나타났다는 큰 음성 (12:10 이하)

온 땅에 거하는 주민의 울부짖음 (13:4)

하늘에서 나는 소리 (14:2)

영원한 복음 (14:6)

바벨론의 멸망에 대한 예언 (14:8)

짐승에게 경배한 자들의 진노 (14:9)

하늘의 음성 (14:13)

곡식을 거두라는 명령 (14:15)

포도송이를 거두라는 반복된 명령 (14:18)

모세의 노래 (15:3)

성전에서 나는 큰 음성 (16:1)

물을 차지한 천사 (16:5)

제단의 말 (16:7)

일곱 대접을 가진 일곱 천사 중 하나의 말 (17:1)

비밀에 대한 천사의 설명 (17:7 이하)

천사의 힘찬 음성 (18:2)

하늘로부터 나는 다른 음성 (18:4)

땅의 왕들이 가슴을 치며 우는 소리 (18:9)

땅의 상인들이 울며 애통해하는 소리 (18:14, 16)

땅의 선장과 선객들과 선원들이 울며 애통해하는 소리 (18:18)

힘찬 천사가 돌을 바다에 던지는 소리 (18:21 이하)

무리의 큰 음성 (19:1, 6)

이십사 장로와 네 생물이 경배하는 음성 (19:4 이하)

경배하지 말고 기록하라는 천사의 명령 (19:9 이하)

하나님의 큰 잔치에 모이라는 음성 (19:17)

보좌에서 나는 큰 음성 (21:3 이하)

일곱 대접을 가진 일곱 천사 중 하나가 말하는 소리 (21:9)

예언의 중요성을 확인시켜주는 천사의 말 (22:6)

예수님의 말씀 (22:16)

2. '보다'

인자 같이 이의 형상 (1:13 이하)

하늘에 있는 보좌 (4:1)

두루마리 (5:1 이하)

한 어린 양 (5:6)

요한이 첫째 인, 셋째 인, 넷째 인, 다섯째 인과 여섯째 인 (6:1f., 2, 5, 9, 12)

땅 모퉁이에 선 네 천사 (7:1)

해 돋는 데로부터 올라온 천사 (7:2)

큰 무리 (7:9)

일곱 나팔을 가진 일곱 천사 (8:2)

공중에 날아가는 독수리 (8:13)

하늘에서 땅에 떨어진 별 (9:1)

말들 (9:17)

힘 센 다른 천사 (10:1)

측량하는 지팡이와 두 증인의 환상 (11:1 이하)

하늘에 있는 하나님의 언약궤 (11:19)

부록 B. Gematria (히브리어와 헬라어의 숫자 값)

* 히브리어의 숫자 값

א 1	י 10	ק 100
ב 2	כ 20	ר 200
ג 3	ל 30	ש 300
ד 4	מ 40	ת 400
ה 5	נ 50	ך 500
ו 6	ס 60	ם 600
ז 7	ע 70	ן 700
ח 8	פ 80	ף 800
ט 9	צ 90	ץ 900

* 헬라어의 숫자 값

A, α´, 1.	I, ι´, 10.	P, ρ´, 100.
B, β´, 2.	K, κ´, 20.	Σ, σ´, 200.
Γ, γ´, 3.	Λ, λ´, 30.	T, τ´, 300.
Δ, δ´, 4.	M, μ´, 40.	Y, υ´, 400.
E, ε´, 5.	N, ν´, 50.	Φ, φ´, 500.
ϛ´, 6.	Ξ, ξ´, 60.	X, χ´, 600.
Z, ζ´, 7.	O, ο´, 70.	Ψ, ψ´, 700.
H, η´, 8.	Π, π´, 80.	Ω, ω´, 800.
Θ, θ´, 9.	ϟ, ϟ´, 90.	ϡ´, 900.

참고 도서

Anderson, Robert. *The Coming Prince*. Grand Rapids, MI: Kregal Publications, 2008.

Barclay, William. *The Revelation of John*. Vol. 2. Revised Version. Philadelphia, PA: The Westminster Press, 1976.

Bauer, W., W. F. Arndt, F. W. Gingrich & F. W. Danker. *A Greek-English Lexicon of the New Testament and Other Early Christian Literature*. Chicago: University of Chicago Press, 1979.

Beale, G. K. *The Book of Revelation*. Grand Rapids, MI: Wm. Eerdmans Publishing Co., 1999.

Bullinger, E. W. *Number in Scripture: Its Supernatural Design and Spiritual Significance*. 재판. Columbia, SC: Alacrity Press, 2020.

Caird, G. B. *The Revelation of St. John the Divine* (New York: Harper & Row, Publishers, 1966.

Choi, Byong Kie. "The 'ἀρνίον', LAMB, as a Christological Figure in the Visions of the Apocalypse (4:1–22:5): A Christological Study of the Book of Revelation." Ph.D. diss., Drew University, 2001.

Coleman, Robert E. *Songs of Heaven*. Grand Rapids, MI: Fleming H. Revell Co., 1980.

DeHaan, M. R. *Revelation: 35 Simple Studies on the Major Themes in Revelation*. 제18쇄. Grand Rapids, MI: Zondervan Publishing House, 1960.

Epp, Theodore H. *Practical Studies in Revelation*, Lincoln, NB: Back to the Bible Publication, 1969.

Goldsworthy, Graeme. *The Lamb & the Lion: The Gospel in Revelation*. Nashville, TN: Thomas Nelson Publishers, 1984.

Harper, Albert, 편집. *The Wesely Bible: A Personal Study Bible for Holy Living*. Nashville, TN: Thomas Nelson, Inc., 1990.

Hendriksen, William. *More Than Conquerors: An Interpretation of the Book of Revelation*. 제2쇄. Grand Rapids, MI: Baker Books.

Ironside, H. A. *Revelation*. 제29쇄. Neptune, NJ: Loizeaus Brothers, 1971.

Johnson, Alan F. *Revelation in The Expositor's Bible Commentary*. 제12권: Hebrews *through Revelation*. Grand Rapids, MI: Zondervan, 1981.

Ladd, George E. A *Commentary on the Revelation of John*. Grand Rapids, MI: Wm. Eerdmans Publishing Co., 1972.

Lahaye, Tim. *Revelation*. 개정판. Grand Rapids, MI: Lamplighter Books, 1975.

_____, ed. *Tim LaHaye Prophecy Study Bible*. Grand Rapids, MI: AMG Publishers, 2000. S. V. "The Antichrist" by Edward Hindson.

Mounce, Robert H. 홍성철 역. 『요한계시록』. 서울: 생명의 말씀사, 1987.

Mulholland, M. Robert, Jr. *Revelation: Holy Living in an Unholy World*. Grand Rapids, MI: Francis Asbury Press, 1990.

Osborne, Grant R. *Revelation*. Grand Rapids, MI: Baker Academic, 2002.

Oswalt, John N. *The Book of Isaiah, Chapters 40-66*. Grand Rapids, MI: William B. Eerdmans Pub. Co., 1998.

Pentecost, J. Dwight. *Things to Come: A Study in Biblical Eschatology*. 제10쇄. Grand Rapids, MI: Zondervan Publishing House, 1958.

_____. *Thy Kingdom Come*. Wheaton, IL: Victor Books, 1990.

Roloff, Jurgen. *Revelation*. Tr. J. E. Alsup. Minneapolis, MN: Augsburg Fortress Publishers, 1993.

Smalley, Stephen S. *Thunder and Love: John's Revelation and John's Community*. Milton Keynes, England: Word Publishing, 1994.

Strong, James. *Strong's Exhaustive Concordance of the Bible*. 제36쇄. Nashville, TN: Abingdon, 1977.

Stedman, Ray C. *God's Final Word: Understanding Revelation*. Grand Rapids, MI: Discovery House Publishers, 1991.

Sweet, J. P. M. *Revelation*. Philadelphia, PA: The Westminster Press, 1979.

Talbert, Charles H. *The Apocalypse: A Reading of the Revelation of John*. Louisville, KY: Westminster John Knox Press, 1994.

Travis, Stephen. *I Believe in the Second Coming of Jesus*. Grand Rapids, MI: Wm. B. Eearmans Pub. Co., 1982.

강병도 편. 『호크마 종합주석 10. 요한일서-요한계시록』. 서울: 기독지혜사, 1993.

이필찬. 『요한계시록 어떻게 읽을 것인가』. 초판3쇄. 서울: 한국성서유니온선교회, 2001.

홍성철. 『거룩한 삶, 사랑의 삶: 요한일서 강해』. 서울: 도서출판 세복, 2018.

_____. 『다니엘의 역설적인 인생』. 서울: 도서출판 세복, 2016.

_____. 『유대인의 절기와 예수 그리스도』. 서울: 도서출판 세복, 2010.

_____. 『절하며 경배하세』. 서울: 도서출판 세복, 2006.

_____. 『주님의 지상명령: 성경적 의미와 적용』. 제2쇄. 서울: 도서출판 세복, 2006.

_____. 『화목제물』. 서울: 도서출판 세복, 2020.

9:23-25	413
9:25	249
15:14	402
15:20	410
15:22-24	295
15:26	293
15:42-44	275
15:51	18
15:51-52	245
15:54	293
16:22	367

고린도후서

4:4	175, 289
5:1	190, 308, 423
5:8	190, 311, 423
5:10	247
6:5	100
11:2	251
11:23	100
12:2	65

갈라디아서

2:16	401
3:13	328

에베소서

1:4-5	57
1:7	295, 376
1:12	376
1:21-22	56
2:2	130, 289
2:4-6	66
2:8	252

2:11-18	340
3:12	401
4:13	401
5:23	49, 56
6:12	130

빌립보서

2:12	60
3:2	374
3:9	401
3:20	273

골로새서

2:15	174
3:4	67, 258

데살로니가전서

2:19	249
3:13	258
4:16	18
4:16-17	65, 246, 270, 295, 427
4:17	18
4:19	414

데살로니가후서

1:7-8	18, 415
1:7-9	243
1:8-9	19
2:3	83, 425
2:3-8	84
2:4	81, 84, 162, 425
2:7	74
2:8	83, 263
2:9-10	426

주제 색인